민족종교의 두 얼굴

동학·천도교의 저항과 협력

민족종교의 두 얼굴

초판 1쇄 발행 2015년 4월 30일

글쓴이 ㅣ 조성운
발행인 ㅣ 윤관백
발행처 ㅣ 도서출판 선인

등록 ㅣ 제5-77호(1998.11.4)
주소 ㅣ 서울시 마포구 마포대로 4다길 4(마포동 324-1) 곶마루 B/D 1층
전화 ㅣ 02)718-6252 / 6257
팩스 ㅣ 02)718-6253
E-mail ㅣ sunin72@chol.com
Homepage ㅣ www.suninbook.com

정가 26,000원
ISBN 978-89-5933-882-5 93910

· 잘못된 책은 바꿔 드립니다.

민족종교의 두 얼굴

동학 · 천도교의 저항과 협력

조성운 지음

|책을 내면서|

　동학과 천도교는 우리의 민족종교로서 잘 알려져 있다. 특히 동학농민운동은 한국근대사상 반봉건·반제운동으로 중고등학교의 교과서에 수록되어 있다. 이 운동이 정부와 일제의 탄압으로 실패한 이후 우리나라와 우리 민족은 일제의 본격적인 침탈을 받게 되었고, 결국은 식민지가 되는 운명을 맞게 되었다. 이는 근대적 변혁을 위한 우리 민족의 노력이 외세에 의해 좌절되었다는 것을 의미한다. 또한 동학농민운동을 통해 표출된 우리 민족의 근대적 여망을 담은 갑오개혁 역시 일제의 간섭에 의해 좌절되었다. 이러한 역사적 과정에서 동학은 새로운 노선을 정립해야 하였다. 최시형을 이어 동학의 3대 교주가 된 손병희는 1905년 동학을 천도교라 개칭하고, 천도교의 노선을 반봉건과 친외세로 표방하였다. 친외세란 우리 민족의 근대적 발전을 위해 서양의 근대문물을 수용해야 한다는 것이었다. 이를 위해 손병희와 천도교단은 일본에 유학생을 파견하여 근대문물의 수용에 적극적으로 나섰다. 이는 진보회운동으로 나타났으나 이용구 등 일부 인사의 배신으로 큰 성과를 거두지 못하고, 오히려 천도교의 친일논란을 불러일으켰다. 이에 천도교는 이용구 등을 출교하고 친일논란에서 벗어나고자 하였다.

　1910년 우리나라가 일제에 의해 강점된 이후 천도교는 3·1운동과 1920년대의 천도교청년회와 천도교청년동맹, 천도교청년당 등의 청년운동, 조선농민사운동과 조선노동사운동 등 농민운동과 노동운동, 내수사와 내성단 등의 여성운동, 1930년대에는 조선농민공생조합운동을 통해 공동경작을 전개하였다. 이러한 천도교의 민족운동은 한편으로는 일제에 대한 저항의 역사이며, 다른 한편으로는 일제에 대한 협력의 역사이기도 하였다. 필자가 이 책의 제목을 '민족종교의 두 얼굴'로 한 이유도 여기에 있다.

이 책은 이와 같은 동학과 천도교의 민족운동에 대해 필자가 발표하였던 논문들을 모아 엮은 것이다. 각 논문의 출처는 해당 논문의 말미에 출처를 밝혔다. 이 책은 3부로 구성되어 있다. 제1부는 동학농민운동에 대한 연구, 제2부는 천도교의 민족운동에 대한 연구, 제3부는 동학농민운동에 대한 교과서의 서술을 분석한 연구를 모았다.

이 책에 수록된 각 논문들은 집필 시기가 많게는 10여 년 이상 차이가 나므로 동학과 천도교의 민족운동에 대한 필자의 연구 수준을 알 수 있다는 점에서 필자 개인에게도 의미가 깊다. 필자의 연구가 이러한 과정을 거쳐 현재에 도달하였다는 점을 알 수 있기 때문이다. 그러므로 이 책에 수록된 각 논문들 사이에는 중복된 내용도 있으며, 경우에 따라서는 해석에 충돌이 있는 경우도 있을 것이라 생각된다. 이는 각 논문 집필 당시의 필자의 수준과 생각을 나타내는 것이라 필자 스스로 위안을 삼으며 독자들께 양해를 구한다.

물론 이러한 개인적인 의미를 찾기 위해 필자가 이 책을 세상에 내놓는 것은 아니다. 한국근대사연구자로서 동학과 천도교의 민족운동은 '당연히' 관심이 갈 수밖에 없는 주제였고, 이러한 필자의 생각이 자연스레 동학과 천도교의 민족운동에 대한 집필로 이어진 것이라 할 수 있다. 이 책을 내기까지 주변의 많은 선생님들의 도움이 있었으나 청암대학교 재일코리안연구소의 성주현 선생님께는 특별한 감사의 말씀을 드리지 않을 수 없다. 성 선생님은 동학과 천도교의 민족운동에 대한 필자의 관심을 집필로 이끌어 주었을 뿐만 아니라 이 분야에 대해 무지한 필자에게 다양한 자료와 정보를 제공하였고 발표지면까지 안내해주었고, 이 책에 수록된 사진 가운데도 몇 장은 성 선생님이 제공하였기 때문이다. 또한 필자의 부족한 연구에 대해 조언을 아끼지 않으신 한국민족운동사학회의 여러 선생님들과 경기대학교의 조병로 교수님, 동국대학교의 강택구 교수님과 황인규 교수님, 국사편찬위원회의 이상일 선생님과 동북아역사재단의 임상선 선생님께도 감사의 인사를 드린다. 마지막으로 시장성도 없는 이 책을 출판해주신 선인출판사의 윤관백 사장님과 편집에 수고하신 편집부의 여러분들께도 감사의 인사를 전한다.

평촌 우거에서 필자 씀

contents

책을 내면서 ………………………………………………………… 5

제1부 동학의 민족운동

: 동학농민운동의 연구 현황과 과제 ……………………………… 13

   1. 머리말 ……………………………………………………… 13
   2. 20세기의 동학농민운동에 대한 연구의 정리 ……………… 16
   3. 21세기의 동학농민운동 연구의 정리 ……………………… 22
   4. 제2차 동학농민운동 연구의 과제와 전망 ………………… 34

: 海月 崔時亨의 道統 傳授와 初期 布敎活動(1862~1875) ……… 39

   1. 머리말 ……………………………………………………… 39
   2. 海月의 東學 入道와 修鍊 ………………………………… 41
   3. 道統 傳授 ………………………………………………… 44
   4. 布敎活動 …………………………………………………… 49
   5. 맺음말 ……………………………………………………… 57

: 동학과 동학농민운동의 관계 …………………………………… 59

   1. 머리말 ……………………………………………………… 59
   2. 포접제의 실시 ……………………………………………… 61
   3. 동학농민운동의 전개와 포접제 …………………………… 70
   4. 맺음말 ……………………………………………………… 76

: 황토현전투의 전개와 역사적 의의 ……………………………… 79

   1. 머리말 ……………………………………………………… 79
   2. 황토현전투의 배경 ………………………………………… 80
   3. 황토현전투의 전개 ………………………………………… 89
   4. 맺음말-황토현전투의 역사적 의의 ………………………… 105

제2부 천도교의 민족운동

: 日帝下 水原地域 天道敎의 成長과 民族運動 ················· 109
    1. 머리말 ··· 109
    2. 동학의 전래와 성장 ··· 111
    3. 수원지역 천도교의 성장과 활동 ·························· 114
    4. 수원지역의 3·1운동과 천도교 ·························· 122
    5. 1920년대 수원지역 천도교의 민족운동 ················ 125
    6. 맺음말 ··· 129

: 正庵 李鍾勳의 國內民族運動 ·································· 131
    1. 머리말 ··· 131
    2. 동학 입도와 동학농민운동 참여 ·························· 133
    3. 1910년대의 민족운동 ······································ 141
    4. 3·1운동기의 민족운동 ···································· 144
    5. 맺음말 ··· 150

: 일제하 孟山君農民社의 활동과 민족운동 ····················· 153
    1. 머리말 ··· 153
    2. 천도교의 전래와 성장 ······································ 155
    3. 맹산군농민사의 설치와 활동 ······························ 159
    4. 맺음말 ··· 175

: 日帝下 朝鮮農民共生組合의 組織과 活動 ····················· 179
    1. 머리말 ··· 179
    2. 朝鮮農民共生組合의 組織 ·································· 181
    3. 朝鮮農民共生組合의 活動 ·································· 192
    4. 맺음말 ··· 196

: 1930年代 天道敎의 理想農村建設論과 共作契 ·············· 199

    1. 머리말 ·· 199
    2. 천도교의 공작계운동의 이론적 배경 ································ 201
    3. 공작계의 설치와 활동 ·· 207
    4. 맺음말 ·· 213

제3부 동학농민운동과 교과서

: 해방 이후 고등학교 한국사교과서의 동학농민운동 서술의 변천 ····· 221

    1. 머리말 ·· 221
    2. 교육과정의 변천과 국사교육 ·· 224
    3. 동학농민운동에 대한 국사교과서의 서술 변천 ·············· 232
    4. 맺음말-동학농민운동을 어떻게 가르칠 것인가? ············ 266

: 2011 개정 교육과정에 따른 동학농민운동에 대한
  '한국사' 교과서 서술의 비판적 검토 ····································· 271

    1. 머리말 ·· 271
    2. 2013년 검정 『한국사』 교과서의 검정과 내용체계 ········ 273
    3. 동학농민운동에 대한 서술 검토 ······································ 282
    4. 맺음말 ·· 304

참고문헌 ··· 307
찾아보기 ··· 323

제1부

동학의
민족운동

동학농민운동의 연구 현황과 과제
- 제2차 동학농민운동을 중심으로

1. 머리말

　　동학농민운동에 대한 연구는 역사학뿐만 아니라 정치학, 경제학, 종교학, 사회학, 국문학 등 다양한 학문분야에서 이루어졌다. 이는 동학농민운동이 반봉건·반침략적인 성격을 가지면서도 부패한 조선사회를 개혁하고자 한 민중 중심의 운동이었으며, 이를 계기로 조선사회는 시대적인 전환을 이루었다는 평가 때문이라 생각된다. 이에 따라 동학농민운동에 대한 연구 논문의 수는 매우 방대하다고 할 수 있을 정도로 활발하게 이루어졌다. 그 결과 동학농민운동은 교조신원운동과 고부농민봉기-제1차 동학농민운동-전주화약기-제2차 농민전쟁의 4단계로 전개되었다는 것이 통설로 자리 잡았다. 이 4단계설은 고부봉기부터 전주성 점령까지를 1단계, 전주화약 이후 집강소를 설치하여 동학농민이 지방정치에 참여하는 단계를 2단계, 동학농민군이 재기하여 공주전투를 거쳐 후퇴하는 단계를 3단계로 규정한 김의환의 연구[1]를 극복하는 과정에서 제기된 것이었다. 이후 동학농민운동의 연구는

---

[1] 김의환, 앞의 논문, 『한국학연구』 12, 동국대학교 한국학연구소, 1977, 5쪽.

더욱 발전하여 동학농민운동이 시작된 곳이 고부인지 혹은 무장인지에 대한 논쟁도 전개되고 있다.[2]

이와 같은 동학농민운동에 대한 연구는 1980년대 민주화운동이 크게 진전되고 역사 발전의 주체가 '민중'이라는 관점이 자리 잡으면서 질적인 전환을 이루었다. 즉 한국사회의 근대화 가능성을 동학농민운동에서 찾으려는 연구[3]가 제출되었을 뿐만 아니라 농민을 변혁의 주체라 주장하는 연구[4]도 제출되었다. 이로써 지금까지 정설로 인정되던 동학과 동학농민운동이 관련이 있다는 학설에 이의가 제기된 것이다. 이는 동학농민운동을 계급 혹은 계층적인 관점에서 바라보아야 한다는 주장에서 비롯되었다고 할 수 있다.

한편 1990년대의 동학농민운동에 대한 연구는 1994년 동학농민운동 100주년을 전후하여 질적인 측면과 양적인 측면 모두에서 괄목할 만한 성장을 이룩하였다. 동학농민운동과 동학(사상)과의 관련성에 대한 연구, 동학농민운동의 배경에 대한 연구, 동학농민운동의 전개과정에 대한 연구, 동학농민운동의 성격 규정에 대한 연구, 동학의 종교조직에 대한 연구, 동학농민운동에 참여하였던 인물이나 세력에 대한 연구, 청일 양군의 개입과 청일전쟁으로 이어지는 과정에 대한 연구, 일본군의 동학농민군 '토벌'에 대한 연구 등 다양하게 진행되었다. 그리고 이러한 연구들을 연구사로 정리한 논문들도 다수 제출되었다.[5]

---

[2] 동학농민운동이 무장에서 시작되었다고 하는 것은 신용하의 연구(「갑오농민전쟁의 제1차 동학농민전쟁」, 『한국학보』 40, 일지사, 1985)에서 비롯되어 정창렬, 배항섭 등이 보다 명확하게 정리하였다. 그러나 박대길은 이러한 주장을 반박하면서 고부에서 동학농민운동이 시작되었다고 주장하였다(박대길, 「동학농민혁명의 시작, 고부봉기」, 『동학학보』 25, 2012).

[3] 정창렬, 「갑오농민전쟁과 갑오개혁」, 『한국사연구입문』, 지식산업사, 1987.

[4] 안병욱, 「갑오농민전쟁의 성격과 연구 현황」, 『한국근현대사연구입문』, 역사비평사, 1988.

[5] 김용섭, 「동학란연구론」, 『역사교육』 3, 역사교육연구회, 1958; 정창렬, 「동학과 농민전쟁」, 『한국사연구입문』, 지식산업사, 1981; 정창렬, 「동학과 동학란」, 『한

이 중 상대적으로 연구가 미진하였던 제2차 농민전쟁에 대한 연구는 2000년대에 접어들어 활발히 진행되었다. 특히 일본군의 동학농민군 '토벌'에 대한 연구는 이 시기 상당한 수준으로 규명되었다고 할 수 있다. 그리고 이를 통해 제2차 동학농민운동을 동아시아적 관점에서 바라볼 수 있는 토대가 마련되었다고 할 수 있다.

본고에서는 2000년 이후 특별한 경우를 제외하고는 국내에서 발표된 연구를 중심으로 제2차 동학농민운동에 대한 연구사를 정리하고자 한다. 이는 제2차 동학농민운동이 청일 양국군의 개입과 갑오개혁으로 이어지면서 한국사상 하나의 시대적 전환이 이루어지는 계기가 되었다고 생각하기 때문이다. 이를 위해 국내에서 이루어진 연구를 중심으로 20세기까지의 연구를 정리한 후 21세기 이후의 연구를 제2차 동학농민운동의 전개과정에 대한 연구, 지역 단위로 이루어진 제2차 동학농민운동에 대한 연구, 동학농민운동기 일본군의 활동에 대한 연구로 나누어 살펴보고자 한다. 그리고 이를 통해 향후 동학농민운동의 연구 방향에 대해 생각해보기로 한다.

국학연구입문』, 지식산업사, 1981; 한우근, 「동학과 동학란」, 『한국학입문』, 학술원, 1983; 정창렬, 「갑오농민전쟁과 갑오개혁」, 『한국사연구입문』 제2판, 지식산업사, 1987; 안병욱, 「갑오농민전쟁의 성격과 연구 현황」, 『한국근현대사연구입문』, 역사비평사, 1988; 양상현, 「1894년 농민전쟁과 항일의병전쟁」, 『남북한 역사인식의 비교강의』, 일송정, 1989; 우윤, 「고종조 농민항쟁·갑오농민전쟁에 대한 연구성과와 과제」, 『한국사론』 25, 국사편찬위원회, 1995; 황선희, 「동학·천도교의 민족운동 연구 동향과 전망」, 『동학연구』 8, 한국동학학회, 2001; 이현희, 「대한민국에서의 동학농민혁명 연구의 현황과 특성」, 『동학학보』 12, 동학학회, 2006; 조경달, 「일본에 있어서의 갑오농민전쟁 연구 상황」, 『동학학보』 13, 동학학회, 2007; 김용준, 「영어권에서의 동학과 동학혁명 연구 현황」, 『동학학보』 13, 동학학회, 2007; 쿠르바노프, 「러시아에서의 동학 연구 현황」, 『동학학보』 13, 동학학회, 2007; 강기주, 「중국 동학농민혁명 연구의 특성」, 『동학학보』 13, 동학학회, 2007; 배항섭, 「최근 북한학계의 동학농민전쟁 연구 동향과 특징」, 『민족문화연구』 46, 고려대학교 민족문화연구원, 2007; 배항섭, 「동학농민전쟁의 사상적 기반에 대한 연구현황과 과제」, 『사림』 45, 수선사학회, 2013.

2. 20세기의 동학농민운동에 대한 연구의 정리

동학농민운동에 대한 연구는 1910년 일제의 식민지 지배가 시작된 이후 시작되어 3·1운동 이후 보다 활발해졌다. 박은식의 『한국통사』(1914)와 『한국독립운동지혈사』(1920), 황의돈,[6] 장도빈,[7] 김상기[8] 등의 연구가 그것이다. 그리고 천도교단에서도 『개벽』과 『신인간』 등의 잡지를 통해 동학농민운동에 대한 회고담을 정리하여 수록하였다. 그리고 동학농민운동에 직접 참가하였던 오지영은 『동학사』(영창서관, 1940)를 저술하였고,[9] 천도교 이론가인 이돈화는 『천도교창건사』(천도교중앙종리원, 1933)를 저술하였다.

1950년대에는 박경식, 강재언 등 재일 사학자들의 연구가 있었으며, 국내에서는 김용섭과 최태호의 연구가 있었다.[10] 1960~70년대에는 김용덕, 김의환, 한우근 등의 연구가 있었다.[11] 특히 『나라사랑』 7집(1972년)과 『나라사랑』

---

[6] 황의돈, 「민중적 규호의 제일성인 갑오의 혁신운동」, 『개벽』 22, 1922.4; 『개벽』 23, 1922.5.

[7] 장도빈, 『갑오동학란과 전봉준』, 덕흥서림, 1926.

[8] 김상기, 「동학과 동학란」, 『동아일보』 1931.8.21~10.9.

[9] 『동학사』는 책 표지 안쪽의 내지에 '歷史小說'이라 되어 있으나 일부 학자들이 내용의 신빙성에 의문을 제기하고 있다.

[10] 朴慶植,「[朝鮮近代의]開国と甲午農民戦争」(『歷史学研究』特集朝鮮史の諸問題, 1953.7)」, 『歷史學研究』특집호, 1953; 姜在彦,「朝鮮における封建體制の解體と農民戰爭 (1)-甲午農民戰爭に關する若干の研究-」, 『歷史學研究』 173, 1954; 「朝鮮における封建體制の解體と農民戰爭 (2)-甲午農民戰爭に關する若干の研究-(1)」, 『歷史學研究』 174, 1954; 김용섭, 「동학란 연구론」, 『역사교육』 3, 1958; 김용섭, 「전봉준 공초 분석」, 『사학연구』 2, 1958; 최태호, 「갑오동란의 역사적 의의(상)」, 『경제학연구』 1, 중앙대학교 경제학연구회, 1958.

[11] 김용덕, 「사상 및 실학-북학사상과 동학」, 『사학연구』 16, 1963; 김용덕, 「동학사상연구」, 『중앙대논문집』 9, 1964; 김용덕, 「격문을 통해서 본 전봉준의 혁명사상」, 『나라사랑』 15, 외솔회, 1974; 김의환, 「1892·3년의 東學農民運動과 그 性格 - 參禮聚會·伏閣上疏·報恩集會를 中心으로 -」, 『한국사연구』 5, 한국사연구회, 1970; 김의환, 「東學農民運動史研究 : 敎祖伸寃運動의 發展을 中心으로」, 『논문집』 2·3, 부산여자대학교, 1975; 한우근, 「동학군의 폐정개혁안 검토」, 『역사학보』 23, 역사학회, 1964; 한우근, 「동학란 기인에 관한 연구」, 『아세아연구』 7-3·4, 1964; 한우

15집(1974년)은 각각 손병희와 전봉준 특집으로 발간되었고, 김의환은 『전봉준전기』(정음사, 1974)를 저술하여 동학농민운동에 대한 이해를 보다 풍부하게 하였다.

    1980년~1999년에는 민주화운동의 흐름 속에서 근대화와 사회개혁에 대한 인식이 확산되면서 아래로부터의 개혁운동인 동학농민운동에 대한 관심도 커졌다. 이에 따라 이에 대한 연구도 보다 활발해졌다. 이 시기에는 동학농민운동 100주년이 되는 1994년을 전후로 하여 단행본도 다수 발간되었고,[12)]

근, 『동학란 기인에 관한 연구-그 사회적 배경과 삼정문란을 중심으로』, 일조각, 1971; 한우근, 「동학농민군의 제2차 봉기」, 『한국사』 17, 국사편찬위원회, 1973.
[12)] 최현식, 『갑오동학혁명사』, 금강출판사, 1980; 노태구, 『동학혁명의 연구』, 백산서당, 1982; 한우근, 『동학과 농민봉기』(하), 일조각, 1983; 이현희, 『동학사상과 동학혁명』, 청아출판사, 1984; 신복룡, 『동학사상과 갑오농민혁명』, 평민사, 1985; 金義煥, 『近代朝鮮東学農民運動史の研究 一八六〇年・一八九三年を中心に』, 和泉書院, 1986; 이영복・전봉준, 『녹두장군 전봉준 : 동학혁명의 지도자이자 농민의 대변자였던 그의 인생』, 세진, 1989; 동학농민혁명백주년기념사업회, 『동학농민혁명의 현재적 의미와 백주년 기념사업』, 1992; 전하우, 『(巨儒) 全琫準의 改革思想』, 영원사, 1993; 동학농민혁명기념사업회, 『동학농민운동과 사회변동 : 전주 MBC특별기획 동학농민혁명 100주년 기념학술대회』한울, 1993; 동학농민전쟁백주년기념사업추진위원회, 『동학농민전쟁역사기행 : 동학농민전쟁의 발자취를 찾아서』, 여강출판사, 1993; 우윤, 『전봉준과 갑오농민전쟁』, 창작과비평사, 1993; 정신문화연구원편, 『동학농민운동』, 1994; 신용하, 『동학농민군 집강소의 사회신분제도개혁과 토지개혁』, 1994; 이상식, 『동학농민혁명과 광주, 전남』, 전남대학교 출판부, 1994; 우금티동학농민전쟁100주년기념사업회, 『숨쉬는 우금티 동학농민전쟁전적지 안내』, 1994; 역사문제연구소, 『농민전쟁 100년의 인식과 쟁점』, 거름, 1994; 동학혁명백주년기념사업회, 『동학혁명100주년기념논총』 상・하, 1994; 동학농민혁명기념사업회, 『황토재에서 우금재까지』, 동남풍, 1994; 신복룡, 『동양사상과 갑오농민혁명』, 평민사, 1995; 김은정, 『동학농민혁명 100년 : 혁명의 등불, 그 황톳길의 역사찾기』, 나남출판, 1995; 역사문제연구소, 『다시 피는 녹두꽃』, 역사비평사, 1995; 박성수, 『동학농민운동과 갑오개혁』, 금성출판사, 1995; 동학농민혁명기념사업회, 『동학농민혁명의 지역적 전개와 사회변동』, 새길, 1995; 원종규, 『갑오농민전쟁 100돌 기념논문집』, 집문당, 1995; 이상식, 『전남동학농민혁명사』, 전라남도, 1996; 이이화, 『전봉준과 동학농민전쟁』, 역사문제연구소, 1996; 신용하, 『동학과 갑오농민전쟁』, 일조각, 1996; 동학농민혁명기념사업회, 『동학농민혁명과 농민군 지도부의 성격』, 서경문화사, 1997; 역사문제연구소, 『전봉준과 그의 동지들 : 다시 피는 녹두꽃』2, 역사비평사, 1997; 이민교, 『동학농민혁명과 완주 삼례』, 화성, 1997; 이인화, 『내포지역 동학농민운동의

자료집도 다수 발간되었다.13) 한국역사연구회에서는 1994년과 1995년에 『1894년 농민전쟁연구』(역사비평사) 전5권을 발간하였다. 또한 천도교가 주관한 동학혁명100주년기념사업회뿐만 아니라 동학농민혁명기념사업회, 역사문제연구소, 동학농민운동100주년기념사업추진위원회 등 유관기관에서 동학농민운동 100주년을 기념한 논문집과 자료집 등을 다양하게 출판하였다. 그리고 이이화는 동학농민군의 지도자들에 대한 연구서를 출판하였다.14) 이를 통해 동학농민운동의 연구를 보다 심화시킬 수 있는 계기를 마련하였다.

그런데 1980년대까지의 연구는 동학농민운동의 발생 원인과 전개과정을 규명하는 정도의 초보적인 문제의식에 출발하였다고 판단되나 한국사회의 근대화 가능성을 동학에서 찾으려 한 연구와 농민을 변혁의 주체로 주장한

전개과정과 그 결과 : 충남 당진지역을 중심으로』, 객현연구소, 1997; 유영익, 『동학농민봉기와 갑오경장 : 청일전쟁기(1894-1895) 조선인 지도자들의 사상과 행동』, 일조각, 1998; 조경달,『異端の民衆反亂: 東學と甲午農民戰爭』, 岩波書店, 1998; 신순철,『전라도 고창지역의 동학농민혁명』, 고창문화원, 1998; 신순철,『(실록)동학농민혁명사』, 서경문화사, 1998; 이규성,『해월 최시형과 동학사상』, 예문서원, 1999.

13) 『한국민중운동사자료대계』 1-7, 여강출판사, 1985; 동학농민전쟁100주년기념사업추진위원회,『동학농민전쟁연구자료집1』, 여강출판사, 1991; 역사문제연구소, 『동학농민전쟁사료대계』 1-6, 여강출판사, 1994; 영광향토문화연구회,『동학농민혁명 영광사료집』, 1995; 사예연구소,『동학농민전쟁사료총서』(전30권), 1996; 이상식,『전남지방 동학농민혁명 자료집』, 전라남도, 1996; 역사문제연구소 동학농민전쟁백주년기념사업추진위원회, 『시천교종역사동하도종역사』, 사예연구소, 1996; 역사문제연구소 동학농민전쟁백주년기념사업추진위원회,『갑오척사록(외)』, 사예연구소, 1996; 역사문제연구소 동학농민전쟁백주년기념사업추진위원회,『巡撫先鋒陣謄錄』, 사예연구소, 1996; 역사문제연구소 동학농민전쟁백주년기념사업추진위원회,『兩湖招討謄錄 [外]』, 사예연구소, 1996; 역사문제연구소 동학농민전쟁백주년기념사업추진위원회,『避亂錄(大橋金氏家 甲午避亂錄) [外]』, 사예연구소, 1996.

14) 이이화,『발굴동학농민전쟁 - 인물열전』, 한겨레출판, 1994. 이 책에서 소개한 동학농민운동의 지도자는 서병학, 서장옥, 전장혁, 송대화, 손화중, 김명덕, 김개남, 최경선, 김인배, 최달곤, 민준호, 오권선, 김학진, 정백현, 이상옥, 차치구, 용낙관, 이희인, 최명순, 편보언, 황하일, 손천민, 차기석, 김창수, 박인호, 이유상, 이방언, 손병희, 전봉준, 백낙희 등이다.

연구가 제출되어 그 동안 정설로 인정받던 동학과 동학농민운동의 관련설이 도전을 받게 되었다는 점에서 연구사적 의의가 큰 시기라 할 수 있다.

한편 이 시기의 동학농민운동에 대한 연구는 동학농민운동의 성격에 관한 연구,[15] 경제사적 관점에서 바라본 연구,[16] 동학농민운동의 배경에 관한 연구,[17] 동학농민운동의 지도자에 관한 연구,[18] 반동학농민군의 입장 및 활동

---

[15] 권병탁,「동학운동의 농민전쟁적 성격」,『사회과학연구』4-1, 영남대학교 사회과학연구소, 1984; 신용하,「동학과 갑오농민전쟁의 민족주의」,『한국학보』13-2, 1987; 배항섭,「1894년 동학농민전쟁에 나타난 토지개혁 구상 : 평균분작 문제를 중심으로」,『사총』43, 고대사학회, 1994; 신영우,「충청지역 동학농민전쟁의 성격」,『호서문화연구』12, 충북대학교 중원문화연구소, 1994; 이이화,「동학농민전쟁의 역사적 의의」,『백제문화』23, 공주대학교 백제문화연구소, 1994; 유영익,「갑오농민봉기의 보수적 성격」,『한국정치외교사논총』12-1, 한국정치외교사논총, 1995; 윤석준,「1894년 동학농민전쟁의 경제적 의의에 관한 연구」,『경영논총』29-1, 연세대학교 경영대학원, 1995; 박영석,「동학농민혁명의 역사적 의의」,『호남문화연구』23, 전남대학교 호남문화연구소, 1995; 김영작,「동학농민봉기에 나타난 '내셔널리즘'의 특성」,『근현대사강좌』9, 1997.

[16] 최종민,「동학농민전쟁의 농업사적 고찰」,『농업생명과학연구』17, 전북대학교 농업과학기술연구소, 1986; 황영익,「동학농민전쟁에 관한 경제사적 연구」,『경영경제연구』, 조선대학교, 1987; 김정식,「서구자본주의 침투와 동학농민전쟁의 관계에 관한 연구」,『한국항만경제학회지』10, 한국항만경제학회, 1994.

[17] 성기섭,「동학농민혁명의 사회적 배경」,『동방』7-1, 한국외국어대학교 동양어대학, 1988; 최기성,「동학농민혁명운동 원인과 고부에 관한 연구」,『전북사학』11·12, 전북대학교 사학회, 1989; 이진영,「동학농민혁명과 고부 : 19세기 후반 전라도 고부의 사회사상」,『전라문화논총』7, 1994; 최기성,「동학농민혁명과 고부 : 19세기 고부의 폐정 실태」,『전라문화논총』7, 1994; 이희권,「동학농민혁명과 고부 : 19세기 후반 고부의 사회조직 구조」,『전라문화논총』7, 1994; 윤원호,「동학농민혁명과 고부 : 19세기 고부의 사회경제」,『전라문화논총』7, 1994; 최현식,「동학농민혁명과 고부 : 고부와 갑오동학혁명」,『전라문화논총』7, 1994; 박명규,「동학농민혁명과 고부 : 19세기 말 고부지방 농민층의 존재형태」,『전라문화논총』7, 1994; 배항섭,「동학농민전쟁의 배경」,『근현대사강좌』5, 1994.

[18] 신용하,「동학농민군 지휘자 전봉준·손화중·최영창(경선) 판결선고서 원본」,『한국학보』11-2, 1985; 조경달,「1894년 농민전쟁에 있어서 동학지도자의 역할 : 서병학·서인주를 중심으로」,『역사연구』2, 역사학연구소, 1993; 이진영,「김개남과 동학농민전쟁」,『한국근현대사연구』2, 한국근현대사학회, 1995; 김병하,「동학농민혁명운동과 전봉준의 경제사상」,『민족문화연구총서』19, 영남대학교 민족문화연구소, 1998.

에 관한 연구,19) 집강소의 활동에 관한 연구,20) 동학교단과 동학농민운동의 관련성에 대한 연구,21) 각 지역에서 이루어진 동학농민운동에 대한 연구,22)

---

19) 이진영,「동학농민전쟁기 전라도 태인 고현내면의 반농민군 구성과 활동-김기술과 도강 김씨를 중심으로-」,『전라문화논총』6, 1993.

20) 조대현,「동학농민군의 자치조직과 활동 : 집강소를 중심으로」,『김화논총』2, 1989; 노용필,「동학농민군의 집강소에 대한 일고찰」,『역사학보』133, 1992; 신용하,「동학농민군 집강소의 사회신분제 개혁과 토지개혁 정책」,『진단학보』78, 1994.

21) 신용하,「동학과 갑오농민전쟁의 결합」,『한국학보』18-2, 1992.

22) 배항섭,「강원도에 서린 동학농민군의 발자취」,『역사비평』13, 1990; 정진영,「동학농민전쟁과 안동」,『안동문화』15, 안동대학교 안동문화연구소, 1994; 신영우,「충청도의 동학교단과 농민전쟁」,『백제문화』23, 공주대학교 백제문화연구소, 1994; 박걸순,「동학농민전쟁 이후 음성지방 향촌사회의 동향과 갈등상」,『호서문화연구』12, 충북대학교 중원문화연구소, 1994; 채길순,「충청지역 동학혁명의 전개과정」,『호서문화연구』12, 충북대학교 중원문화연구소, 1994; 배항섭,「충청지역 동학농민군의 동향과 동학교단」,『백제문화』23, 공주대학교 백제문화연구소, 1994; 박맹수,「동학농민전쟁과 공주전투」,『백제문화』23, 공주대학교 백제문화연구소, 1994; 양진석,「1894년 충청도지역의 농민전쟁」,『1894년 농민전쟁연구4』, 역사비평사, 1995; 박진태,「1894년 경상도지역의 농민전쟁」,『1894년 농민전쟁연구4』, 역사비평사, 1995; 박찬승,「1894년 호남 남부지역의 농민전쟁」,『1894년 농민전쟁연구4』, 역사비평사, 1995; 정은경,「1894년 황해도·강원도지역의 농민전쟁」,『1894년 농민전쟁연구4』, 역사비평사, 1995; 이이화,「동학농민전쟁과정에 나타난 장성전투의 의미」,『호남문화연구』23, 전남대학교 호남학연구원, 1995; 김양식,「전남동부지역의 동학농민군 활동 : 영호도서를 중심으로」,『호남문화연구』23, 전남대학교 호암학연구원, 1995; 박준성,「1894년 강원도 농민군의 활동과 반농민군의 대응」,『동학농민혁명의 지역적 전개와 사회변동』, 새길, 1995; 박찬승,「전남지방의 동학농민전쟁」,『호남문화연구』23, 전남대학교 호남문화연구소, 1995; 이상식,「한말 광주·전남의 동학농민혁명과 의병전쟁」,『역사학연구』9, 전남사학회, 1995; 이상식,「동학농민혁명과 광주, 전남」,『역사학연구』10, 전남사학회, 1995; 이도행,「충남 서북부지역의 동학농민전쟁」,『역사와역사교육』1, 웅진사학회, 1996; 김정기,「청주지선의 전선가설과 충청도 동학농민전쟁」,『호서문화논총』11, 서원대학교 호서문화연구소, 1997; 이진영,「전라도 임실현의 동학과 동학농민전쟁」,『전북사학』19·20, 전북대학교 사학회, 1997.엄찬호,「강원도 동학의 전래와 농민항쟁」,『강원문화사연구』2, 강원향토문화연구회, 1997; 최홍규,「경기지역의 동학과 동학농민군 활동 : 특히 수원지방과 관련하여」,『경기사론』1, 경기대학교 사학회, 1997; 유승률,「1894년 금산지역 의회군의 조직과 활동」,『충남사학』10, 충남대학교 사학회, 1998.

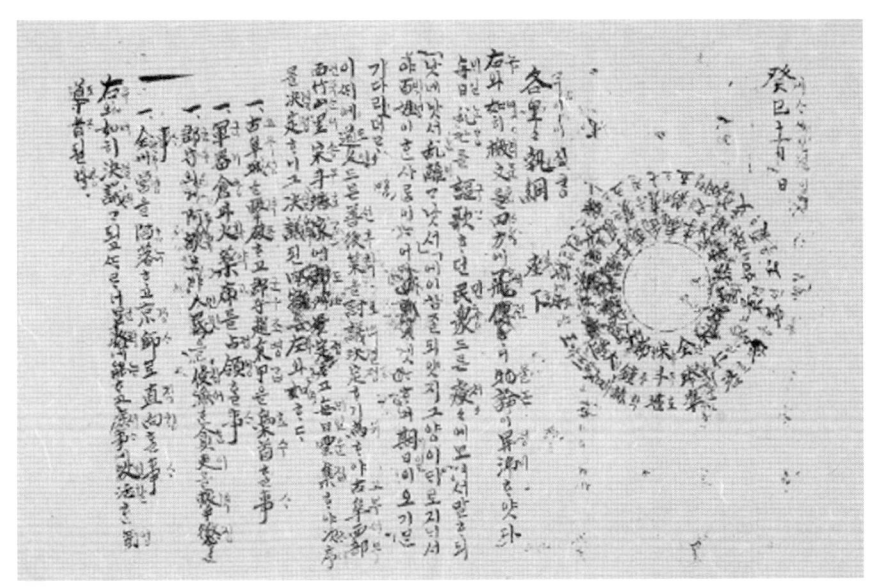
사발통문

동학농민운동의 용어에 관한 연구,[23] 동학농민운동 이후 농민층의 동향에 대한 연구[24] 등으로 나누어 볼 수 있다. 그런데 청군의 차입과 일본군의 동학농민군에 대한 '토벌'과 학살에 대한 연구는 각각 김창수와 강창일의 연구[25] 이외에는 없다는 점이 특징적이다. 이러한 연구의 결과 동학농민운동은 반봉건·반외세의 근대민족운동의 출발점이라는 평가를 확인할 수 있었다.

---

[23] 유영익, 「동학은 란인가 혁명인가 : 동학농민봉기는 보수지향의 의거였다. 동학은 혁명이다」, 『한국논단』 62-1, 1994; 정창렬, 「동학농민전쟁인가 갑오농민전쟁인가」, 『근현대사강좌』 5, 1994.
[24] 이영호, 「갑오농민전쟁 이후 동학농민의 동향과 민족운동」, 『역사와현실』 3, 1990.
[25] 김창수, 「동학농민혁명과 외병차입문제」, 『동국사학』 15, 1981; 강창일, 「동학농민전쟁과 일본의 동향」, 『한국사론』 41·42, 서울대학교 인문대학 국사학과, 1999.

또한 1997년에는 한국동학학회가 결성되어 기관지 『동학연구』를 발행하여 현재에까지 이르고 있으며, 이듬해인 1998년에는 동학학회가 조직되어 『동학학보』를 발행하는 등 전문 연구 학회가 조직되어 활동하고 있다. 이 학회들에는 역사학뿐만 아니라 정치학, 경제학, 사회학, 문학 등 다양한 학문 분야의 학자들이 참여하여 동학과 동학농민운동에 대한 이해의 폭을 넓히고 있다. 그러나 한편으로는 동학 관련 학회가 1년의 시차를 두고 창립되어 활동한다는 것은 연구주제와 연구자의 중복이라는 측면에서 볼 때 합리적이지 못하다는 점도 지적하지 않을 수 없다.

3. 21세기의 동학농민운동 연구의 정리

동학농민운동은 1894년 1월 고부 농민봉기로부터 시작하여 제1차 봉기, 전주성 점령, 집강소의 설치와 활동에 이르는 반봉건적 투쟁이 청일 양국군의 개입 이래 1894년 9월 제2차 동학농민운동이 발발하면서 반외세·반침략 투쟁으로 질적인 전환이 이루어졌음은 잘 알려진 사실이다.

국내에서 이루어진 제2차 동학농민운동에 대한 최초의 연구는 1970년대에 이루어진 한우근, 김대상, 김의환의 연구라 생각된다. 일본에서는 1970~1980년대에 이루어진 구양근과 박종근의 연구가 있었다.[26] 한우근은 제2차 동학농민운동의 전개과정과 그 양상을 구명하였으며, 김대상은 시간의 흐름에 따라 제2차 동학농민운동을 서술하였다. 특히 동학농민군과 정부군·일본군

---

[26] 한우근, 「동학농민군의 제2차 봉기」, 『한국사』 17, 국사편찬위원회, 1973; 김대상, 「전봉준의 9월 재기와 그의 혈전」, 『나라사랑』 15, 외솔회, 1974; 具良根, 「東學農民軍の第二次峰起と日本軍との交戰を中心に一」, 『学術論文』 18, 朝鮮奬學會, 1975; 具良根, 「東學農民の第二次峰起と日本軍の部署」, 『新韓學報』 18, 新韓學術研究會, 1976; 金義煥, 「甲午年 9月 再起後의 東學 農民抗爭과 그 性格」, 『한국학연구』 12, 동국대학교 한국학연구소, 1977.

의 연합군의 최후 결전이라 할 수 있는 공주 인근의 전투와 패전 이후의 동학농민군의 활동에 대하여 상세히 서술하였다. 김의환은 동학농민운동을 고부농민봉기부터 전주성 점령까지를 1단계, 전주화약 이후 집강소를 설치하여 동학농민이 지방정치에 참여하는 단계를 2단계, 동학농민군이 재기하여 공주전투를 거쳐 후퇴하는 단계를 3단계로 구분한 후 1, 2단계는 반봉건적 성격, 3단계를 반외세적 성격으로 규정하였다.[27] 구양근은 당시의 일본 신문자료를 이용하여 동학농민군의 탄압에 중심적인 역할을 하였던 후비보병 독립 제19대대와 3로 분진책, 그리고 황해도와 평안도의 동학농민군에 대한 '토벌' 등을 분석하였다.

1990년대에는 신용하, 서영희 등이 제2차 동학농민운동에 대해 연구하였다. 신용하는 동학농민운동을 고부농민봉기(1단계), 제1차 동학농민운동(2단계), 농민집강소 단계(3단계), 제2차 동학농민운동(4단계)로 구분하여 김의환의 구분과는 차별성을 두었다.[28] 이 글에서 신용하는 제2차 동학농민운동의 배경으로서 전주화약 이후 일본군이 철병하지 않은 것, 일본군의 궁궐 침입과 내정 간섭 및 청일전쟁의 도발, 조선정부의 일본에 대한 야합과 종속의 심화, 조선관군과의 결합에 의한 일본군의 동학농민군에 대한 '토벌', 동학농민군 내부의 항일 봉기 요청, 조선정부 내의 친일적 개화파의 입지 강화와 이에 따른 중앙 조정 정권 교체의 필요성 대두를 들었다. 그리고 남·북접의 연합과 전국 각 지방에서 일어난 동학농민군의 봉기에 대해 서술하면서 동학농민군 주력부대의 이동경로와 주요전투에 대해 서술하였다. 또한 신용하는 제2차 동학농민운동을 분석한 다른 논문에서 항일민족운동이라는 관점에서 파악하였다.[29] 서영희는 제2차 동학농민운동의 배경과 충청도지역의 동

---

[27] 김의환, 앞의 논문, 『한국학연구』 12, 동국대학교 한국학연구소, 1977, 5쪽.
[28] 신용하, 「갑오농민전쟁의 제2차 동학농민전쟁」, 『한국문화』 14, 서울대학교 규장각 한국학연구원, 1993.
[29] 신용하, 「항일민족운동으로서의 제2차 동학농민전쟁」, 『한국독립운동사연구』 8, 독립기념관 한국독립운동사연구소, 1994.

학농민군의 활동상과 공주전투에 대하여 서술하였다. 그는 전봉준의 재봉기는 동학농민군이 전주성을 철수한 이후 전국적으로 발생한 수많은 농민군 무장대에서 찾고 있다. 즉 전봉준의 재봉기는 이러한 움직임을 본격화시킨 하나의 기폭제로 파악하고 있다.[30]

2000년대 이후 제2차 동학농민운동의 전개과정에 대한 연구는 다음의 것들이 있다.

① 이희근, 「1894년 동학지도부의 제2차 기병 추진과 그 성격」, 『동학연구』 6, 한국동학학회, 2000.
② 신영우, 「1894년 동학농민군의 청주성 점거 시도」, 『충북사학』 13, 충북대학교 사학회, 2002.
③ 김창수, 「동학농민혁명의 전개」, 『동학연구』 11, 한국동학학회, 2002.
④ 성주현, 「제2차 동학혁명과 삼례기포」, 『한국민족운동사연구』 50, 한국민족운동사학회, 2007.

①의 연구는 일본군의 경복궁 점령 사건이 발생한 지 3개월 정도가 흐른 뒤에야 제2차 동학농민운동이 전국적인 규모로 전환된 이유에 대해 천착하였다. 이와 같이 제2차 동학농민운동이 지체된 이유는 최시형과 전봉준 등 농민전쟁의 지도자들이 일본군의 볼모 상태에 있던 고종의 안위를 우려하여 각 지역의 반일봉기 움직임에 소극적으로 대처하는 한편 재봉기를 제지하였기 때문이라 주장하였다. ②의 연구는 제2차 동학농민운동 과정에서 충청도의 동학농민군이 3차례에 걸쳐 청주성을 점령하고자 한 사실에 대해 살펴본 것이다. 이에 대해 필자는 동학농민군이 청주성을 점령하고자 시도한 것은 청주성이 갖는 지리적 위치 때문이었다고 결론을 내고 있다. 즉 동학농민군이 북상하기 위해서는 청주성을 거쳐야 했을 뿐만 아니라 충청도의 방어를

---

[30] 서영희, 「1894년 농민전쟁의 2차봉기」, 『1894년 농민전쟁연구4』, 역사비평사, 1995.

맡은 진남영을 무력화시켜야 후방이 안전할 수 있었기 때문이다. 그러나 동학농민군이 청주성을 점령하지 못하였기 때문에 동학농민군은 경기도로 진입하지 못하였다는 것이다. ③의 연구는 동학농민운동을 반봉건투쟁과 반침략투쟁의 측면으로 대별하여 천착하면서 고부농민봉기를 19세기 조선사회의 변화와 관련하여 고찰한 후 제1차 동학농민운동과 제2차 동학농민운동을 역사적 사건의 전개과정에 따라 파악하였다. ④의 연구는 제2차 동학농민운동의 배경과 준비과정을 살핀 후 제2차 동학농민운동이 시작된 삼례봉기의 성격과 의미를 살폈다. 필자는 삼례봉기는 항일민족운동으로서의 성격이 명확하며, 대일항쟁의 민족연합전선을 가능하게 하였다는 점을 강조하였다. 그러나 호남과 호서의 동학농민군이 관군과 일본군의 '토벌'에 따른 교단 조직의 와해와 항일이라는 대의명분에 의해 연합전선을 형성한 것을 민족연합전선이라 할 수 있는지에 대해서는 보다 깊은 논의가 필요할 것으로 보인다.

다음으로 주)22에서 볼 수 있듯이 각 지역에서 전개된 동학농민운동에 대한 연구가 본격화된 것은 1990년대의 일이었다. 이는 다량의 새로운 자료가 발굴되고, 지역적 조건에 따라 동학농민운동의 전개 양상에 차이가 있기 때문이었다. 연구가 이루어진 지역은 충청도, 전라도, 강원도, 경상도, 경기도 등 중부 이남지방이었다. 특히 충청도지역의 동학농민군에 대한 연구는 1893년 동학교단의 대도소가 보은에 설치된 이래 제2차 동학농민운동에 동학교단이 참여할 당시에도 대도소는 보은에 있었다는 사실에서 출발한다. 충청도지방은 이른바 '북접'의 영향권에 있었으므로 제2차 동학농민운동과 충청도는 직접적으로 관련이 있다고 할 수 있다. 따라서 충청도지방의 동학교단의 활동을 파악하는 것은 제2차 동학농민운동의 전모를 파악하는 데 의미 있다고 할 수 있다. 각 지역 단위에서 전개된 제2차 동학농민운동에 대한 연구는 다음과 같다.

⑤ 이기원, 「강원지역 동학농민전쟁 연구」, 『강원사학』 15·16, 강원대학교 사학회, 2000.

⑥ 이진영, 「전라도 무주지역의 동학농민혁명 전개양상」, 『동학연구』 12, 2002.
⑦ 이진영, 「충청도 내포지역의 동학농민전쟁 전개양상과 특성」, 『동학연구』 14・15, 한국동학학회, 2003.
⑧ 신영우, 「경북지역 동학농민혁명의 전개와 의의」, 『동학학보』 12, 동학학회, 2006.
⑨ 강효숙, 「황해・평안도의 제2차 동학농민전쟁」, 『한국근현대사연구』 47, 한국근현대사학회, 2008.
⑩ 강대덕, 「원주지역 동학농민운동의 조직과 활동」, 『강원문화사연구』 14, 강원향토문화연구회, 2009.
⑪ 김남석, 「1894년 충남 면천지역의 동학농민전쟁연구」, 『충청문화연구』 5, 충남대학교 충청문화연구소, 2010.
⑫ 신영우, 「북접농민군의 충청도 귀환과 영동 용산전투」, 『동학학보』 24, 한국동학학회, 2012.
⑬ 신영우, 「1894년 고창지역 동학농민군의 진압과 민보군」, 『동학학보』 26, 한국동학학회, 2012.

1990년대의 연구를 바탕으로 2000년대 이후 지역 단위에서 전개된 제2차 동학농민운동에 대한 연구의 특징은 제1차 동학농민운동과 제2차 동학농민운동을 함께 다루고 있다는 것이다. 이는 지역 단위의 동학농민군의 활동에 대한 자료의 부족에서 기인하는 것이라 할 수도 있으나 동학농민운동을 단절적이 아니라 연속적으로 파악한다는 점에서 의미가 있다. 또한 각 지역에서 이루어진 동학농민군의 활동을 보다 구체적으로 확인함으로써 동학농민운동의 세세한 부분까지도 검토할 수 있다는 점에서 의의가 크다고 할 수 있다.

⑤의 연구는 강원도지방에 동학이 전파된 경로와 교조신원운동의 양상을 살핀 후 동학농민군과 이들에 대응한 반농민군의 활동을 살폈다. ⑥의 연구는 전라도 무주지역에서 전개된 동학농민운동을 제1차 동학농민운동과 집강소의 설치와 활동을 살핀 후 제2차 동학농민운동의 전개과정을 천착하였다. 이 연구는 동학농민운동의 현장으로 제대로 알려지지 않았던 무주지역을 사

례연구의 대상지로 선택하였다는 점에서 동학농민운동연구를 지역적으로 확대하였다는 점에 의의가 있다고 할 수 있다. ⑦과 ⑪의 연구는 내포지역의 동학농민군이 제2차 동학농민운동에 나서기까지를 연구하였다. 이를 통해 내포지역의 동학농민운동의 내적 발전과정이 확인되었다. 그리고 이 과정에서 천도교의 제4대 교주가 된 박인호가 성장할 수 있었음을 밝히기도 하였다. 이는 지역 단위의 동학교단조직이 교주를 탄생시킬 정도까지 영향력을 행사하였다는 점을 보여주는 사례라고 할 수 있다.[31] ⑧의 연구는 경상도 북부지역의 동학교단의 조직에 대해 살핀 후 경상도 각 군에서 발생한 동학농민운동에 대해 천착하였다. 이를 통해 경북지방에는 5개의 대접주 조직이 있었으며, 제2차 동학농민운동 이전에 몇몇 지역에서 동학농민군의 활동을 견제하는 움직임이 있었다는 사실이 확인되었다. ⑨의 연구는 일본 방위연구소 소장 자료를 이용하여 황해도와 평안도지방의 조선 민중의 일본군에 대한 인식 변화를 살폈다. 이를 통해 황해도와 평안도지방의 동학농민운동은 중부 이남지역보다 뒤늦게 전개되었다는 점, 서울 이남 지역과는 달리 동학농민군이 먼저 일본군을 공격하였다는 점, 1894년 11월 우금치전투의 패배에 따라 사실상 종결된 동학농민운동이 황해도와 평안도지방에서는 1895년 4월 중순까지 전개되었다는 점 등이 밝혀졌다. ⑩의 연구는 강원도의 동학농민군이 '북접'의 영향 하에 있었으며, 전봉준이 재차 봉기한 9월 이전인 8월에 봉기하였음을 밝혔다. 또한 동학농민군의 활동에 대하여 지주, 요호부민, 봉건관료와 이서배가 반동학군의 중심세력이었으며, 동학농민운동이 진압된 이후 강원도지방의 동학농민군의 일부가 의병에 참가하였음도 밝혔다. ⑫와 ⑬의 연구는 우금치전투 이후 동학농민군의 이동경로와 활동상, 그리고 민보군을 포함한 진압군의 진압과정을 천착한 연구이다. 이 연구들은 지금까지 미진하였던 우금치전투 이후의 동학농민군과 관군·일본군·민보군 등

---

[31] 이에 대해서는 성주현의 연구(「박인호계의 동학혁명과 그 이후 동향」, 『동학학보』 17, 동학학회, 2009)를 참조 바람.

진압군의 활동을 확인하였다는 점에서 의미가 있다.

다른 한편 동학농민운동기 일본군의 활동에 대한 연구는 주로 일본인 학자와 일본에 거주하거나 유학하였던 한국학자들에 의하여 연구되었다는 특징이 있다. 이는 일본군 관련 자료의 확보에 이들이 보다 유리하였던 것에 그 이유가 있다고 생각된다. 또한 이에 대한 연구는 1970년대에 시작하였고, 1980년대에 일본에서 박종근의 연구(『日淸戰爭と朝鮮』, 靑木書店, 1982)가 있었으나 2000년대 이후 박맹수와 강효숙에 의해 본격적인 연구가 이루어졌다. 특히 박종근은 일본외교문서와 신문, 방위연구소도서관의 사료 등을 이용하여 일본군 토벌대가 3로로 나누어 남진한 것은 러시아의 개입을 막기 위해 한반도의 서남부로 동학농민군을 몰아붙이는 작전이었음을 논증하였다.

이러한 연구의 결과 일본군의 행군로를 비롯하여 대본영의 학살령과 이른바 '剿滅' 과정, 학살된 동학농민군의 수 등을 알게 되었다. 동학농민운동기 일본군의 활동에 대한 연구는 다음과 같다.

ⓐ 具良根, 「東學農民軍の第二次峰起と日本軍との交戰を中心に一」, 『學術論文』 18, 朝鮮獎學會, 1975.
ⓑ 具良根, 「東學農民の第二次峰起と日本軍の部署」, 『新韓學報』 18, 新韓學術研究會, 1976.
ⓒ 조재곤, 「청일전쟁에 대한 농민군의 인식과 대응」, 『1894년 농민전쟁연구4』, 역사비평사, 1995.
ⓓ 강창일, 「동학농민전쟁과 일본의 동향」, 『한국사론』 41·42, 서울대학교 인문대학 국사학과, 1999.
ⓔ 박맹수, 「동학농민전쟁기 일본군의 무기-스나이더 소총과 무라타 소총을 중심으로-」, 『한국근현대사연구』 17, 한국근현대사학회, 2001.
ⓕ 배항섭, 「동학농민군의 대외인식-대일관·대청관을 중심으로-」, 『태동고전연구』 20, 한림대학교태동고전연구소, 2004.
ⓖ 박맹수, 「19세기 말 동아시아 전쟁에 대한 일본인의 '왜곡된' 기억-동학농민전쟁과 청일전쟁을 중심으로-」, 『역사와 현실』 51, 한국역사연구회, 2004.

ⓗ 박찬승, 「동학농민전쟁기 일본군·조선군의 동학도 학살」, 『역사와 현실』 54, 한국역사연구회, 2004.
ⓘ 강효숙, 「청일전쟁에 있어 일본군의 동학농민군 진압」, 『열린정신 인문학연구』 6, 원광대학교인문학연구소, 2005.
ⓙ 최기성, 「동학농민혁명운동과 청일전쟁에 대한 연구」, 『전북사학』 28, 전북대학교 사학회, 2005.
ⓚ 신영우, 「1894년 일본군 중로군의 진압책과 동학농민군의 대응」, 『역사와 실학』 33, 역사실학회, 2007.
ⓛ 강효숙, 「제2차 동학농민전쟁 시기 일본군의 농민군 진압」, 『한국민족운동사연구』 52, 한국민족운동사학회, 2007.
ⓜ 강효숙, 「제2차 동학농민전쟁과 일본군」, 『전북사학』 30, 2007.
ⓝ 강효숙, 「제2차 동학농민전쟁과 일본군 관련 사료 해제-일본 방위성 방위연구소 도서관 소장 자료를 중심으로-」, 『한국근현대사연구』 47, 한국근현대사학회, 2008.
ⓞ 신영우, 「1894 일본군의 동학농민군 학살」, 『역사와 실학』 35, 역사실학회, 2008.
ⓟ 강효숙, 「청일전쟁기 일본군의 조선병참부-황해·평안도 지역을 중심으로-」, 『한국근현대사연구』 51, 한국근현대사학회, 2009.
ⓠ 강효숙, 「제19대대장 南小西郎의 경력서-제2차 동학농민전쟁기 일본군에 의한 동학농민군 진압기록」, 『역사연구』 19, 역사학연구소, 2010.
ⓡ 박맹수, 「동학농민혁명기 재조일본인의 전쟁협력 실태와 그 성격」, 『한국독립운동사연구』 36, 독립기념관 독립운동사연구소, 2010.
ⓢ 박맹수, 「동학농민전쟁기 일본군의 정보수집활동」, 『역사연구』 19, 역사학연구소, 2010.
ⓣ 홍동현, 「1894년 일본 언론의 동학농민전쟁 인식」, 『역사문제연구』 24, 역사문제연구소, 2010.
ⓤ 강효숙, 「동학농민군 탄압 인물과 그 행적-미나미 코시로, 이두황, 이도재를 중심으로-」, 『동학학보』 22, 2011.
ⓥ 이노우에 가쓰오, 「어느 청일전쟁 전사자의 비석으로부터-동학농민군 토멸부태의 비문을 둘러싸고-」, 『동학학보』 23, 동학학회, 2011.

ⓐ와 ⓑ의 연구는 동학농민운동 당시의 일본 신문기사를 중심으로 동학농민군 탄압에 중심적인 역할을 하였던 후비보병 독립 제19대대의 존재와 삼로

분진의 농민군 토벌책 그리고 황해도와 평안도지역 동학농민군 탄압 등의 연구에 선구적인 역할을 하였다. ⓒ의 연구는 청일전쟁의 전개 과정에서 시기별로 동학농민군의 정세인식의 변화와 활동에 대해 살펴보았다. 특히 평양전투의 승리로 일본군이 청군을 조선에서 축출한 과정에 대한 설명을 통해 일본이 동학농민군의 '토벌' 혹은 '진압'에 나서게 되었다는 점을 입증하였다. ⓓ의 연구는 조선 후기 조선을 둘러싼 동아시아 정세 속에서 청과 일본이 조선을 두고 각축을 벌이는 과정을 설명한 후 교조신원운동과 동학농민운동이 전개되면서부터 조선 거류민의 '보호'와 관련한 일본내의 여론 동향을 당시 발행되던 신문기사를 중심으로 천착하였다. ⓔ의 연구는 동학농민운동 당시 일본군의 주력 무기로 사용되었던 스나이더 소총과 무라타 소총에 대해 사료를 바탕으로 그 제원을 구체적으로 밝힌 것이다. 이에 따르면 동학농민군의 화력과 일본군의 화력은 250:1 또는 500:1이었다는 점을 밝혀 동학농민군을 '토벌'의 주력부대인 후비보병 제19대대를 비롯한 일본군 3,000명이 동학농민군을 '진압'할 수 있었던 화력의 근거를 밝혔다는 데 의미가 있다고 할 수 있다. ⓕ의 연구는 동학농민군의 일본관과 청국관의 인식에 대해 논구하였다. 이를 통해 민중과 개화파는 반봉건이라는 측면에 대해서는 적대적일 정도의 차이는 없었으나 대외관에서는 민중세력이 오히려 보수파와 연합하거나 연합을 기도할 정도로 입장차가 컸다는 점을 확인하였다. ⓖ의 연구는 2001년 후쇼샤에서 출간한 '새로운 역사교과서를 만드는 모임'의 『새로운 역사교과서』를 중심으로 현대 일본인의 동학농민운동 및 청일전쟁에 대한 '왜곡된' 기억의 실상을 검토하였다. 이는 일본의 우경화에 대한 역사적 연원을 파악하는 데 의미 있는 작업이라 할 수 있다. ⓗ의 연구는 일본군, 관군(경군), 지방관, 유희군, 민군 등이 학살의 주체였으나 처형 여부의 결정권은 일본군에 의해 이루어진 경우가 많았고, 학살 방침은 일본군의 출병을 결정한 10월 16일 이전일 가능성이 높다는 점, 학살의 대상은 접주·교장 등 동학의 간부들이었다는 점, 학살의 주체가 된 일본군의 주력은 후비보병 19대대였다는 점 등을 밝혔다. ⓘ의 연구는 일본에서 발표한 「第2次東學農民戰爭と

日淸戰爭」(『歷史學硏究』762, 2002)를 번역한 것으로 서울 이남 지역의 제2차 동학농민운동을 청일전쟁과의 관련 속에서 조선정부의 허가 없이 시작된 부산-서울 간의 병참선로와 군용전선의 설치, 도로수리 작업에 대해 살폈다. 이 ⓘ 연구의 후속 연구라 할 수 있는 것이 ①의 연구이다. ①의 연구는 일본 방위연구소에 소장되어 있던 자료를 이용하여 서울 이남지역에서 제19대대 이외의 일본군에 의한 동학농민군 탄압사실을 밝혔다. 그리하여 필자는 제2차 동학농민운동 당시 행해진 일본군의 동학농민군 탄압은 '일본군의 해외침략사에서 최초의 해외민중학살'로 규정하였다. ⓙ의 연구는 동학농민운동을 청일전쟁과의 연관성 속에서 분석한 것이며, ⓚ의 연구는 일본군이 조선에 진입한 배경과 일본군의 주력은 후비보병 19대대의 중로군, 즉 중로분진대가 충청도 일대를 종단하면서 취했던 진압책을 천착하였다. 이를 통해 일본군의 진압책의 핵심은 전투에서 승리하여 동학농민군을 해산시키는 것이 아니라 동학농민군의 지도자를 붙잡아 상세한 심문을 통해 동학농민군의 실상을 밝혀내고 재차 일본군에 저항하지 않도록 하는 것이었다는 점이 밝혀졌다. ⓜ의 연구는 생포된 동학농민군을 일본군이 무엇을 근거로 어떠한 과정을 거쳐 그들을 처리했는가는 밝혔다. 이를 통해 1895년 2월 중순이 전쟁터에서 생포한 자들의 처리에 대한 제도가 완성되었고, 그 제도는 청국을 대상으로 만든 '점령지 인민 처분령' 제정에 반영되었음을 밝혔다. ⓞ의 연구는 ⓗ의 연구와 마찬가지로 일본군의 동학농민군 학살에 대한 분석을 통하여 동학농민군 진압에 참가한 일본군 부대의 각 부대가 저지른 학살자의 수를 추정하였다. ⓟ의 연구는 청일전쟁기 일본군의 조선병참화 과정 속에서 나타난 조선 민중과 일본군과의 관계를 살폈다. 이를 통해 황해도와 평안도지방은 청일전쟁기 일본군의 병참기지의 역할을 하였다는 사실을 확인할 수 있었다. 그리고 이러한 일본군의 병참기지화는 일본군의 경복궁 점령 이후 일제의 강요에 의해 체결된 조일공수동맹에 따른 것이었음도 밝혔다. ⓡ의 연구는 동학농민운동기 재조일본인의 전쟁협력에 관한 연구로서 재조 일본인, 특히 영사관 경찰, 공사관 소속 주재무관, 내지행상, 유학생, 신문사 특파원 등이 이른바 '스파이' 역할을 수행하였음을 논증하였다. 이는 일제의 동학농민운동에 대한 진압이 단순히 정치인과 관료, 군인에 의해서만 주도된 것이 아니라 이름 없는 재조 일본인들의 광범위한 협력 속에서 이루어졌다는 것이다. 그리고 이들 재조 일본인들이 전쟁에 협력한 것은 자신들의 기득권을 유지하기 위함이었다는 점도 밝혔다. ⓢ의 연구는 ⓡ의 연구 후속편에 해당하는 것으로 볼 수 있다. 즉 주한일본공사관, 육해군, 정당정파, 대륙낭인, 신문사 특파원 등의 정보수집활동의 사례를 구체적으로 분석하였다. ⓣ의 연구는 『時事新報』와 『國民新聞』의 기사를 중심으로 동학농민운동 이전의 동학당에 대한 인식, 전주화약 전후 동학농민운동에 대한 일본 언론의 보도 동향과 그 인식, 동학농민군의 토벌에 대한 보도와 인식을 시기 순으로 살폈다. 이를 통해 일본 언론이 문명화되지 못한 조선의 특수한 상황으로써 동학농민운동을 바라보고 있으며, 동학농민군을 문명의 적으로까지 규정하였음을 알 수 있다. 이는 전형적인 문명과 야만이라는 제국주의의 관점으로 동학농민운동과 조선을 파악하고 있음을 의미한다고 할 수 있다. 이러한 일본 언론의 인식은 일제하 식민사학자들의 동학농민운동 연구에도 그대로 반영되었다고 한다. ⓤ의 연구는 동학농민군 '토벌'의 주력부대인 독립후비보병 제19대대의 대대장인 미나미 코시로(南小四郞)를 비롯해 장위영관 이두황, 한국 군부의 최고 지도자 조희연, 전라도 관찰사 이도재 등 동학농민군의 탄압에 앞장섰던 인물들에 대한 연구로서 동학농민군의 반대편에 섰던 인물들에 대한 개략적인 연구이다. 특히 미나미 코시로는 ⓠ의 연구에서 소개하고 있는 '동학농민군 토벌 경력서'를 직접 작성한 인물이다. ⓝ의 자료소개는 한국 학계에 소개되지 않았던 방위연구소 도서관의 자료 중 동학농민운동과 일본군에 관련된 것을 소개하였다. 이를 통해 동학농민운동 연구를 보다 심화시킬 수 있는 계기를 마련하였다. ⓥ의 연구는 후비보병 제19대대의 일원으로 동학농민군 '토벌'에 참여하였다가 유일하게 전사한 '육군보병 상등병 스기노씨 통칭 도라키치(陸軍步兵上等兵杉野氏通稱虎吉)'의 비석을 발견한 이후 작성한 것으로서 당대의 일본제국주의 혹은 일본인이 동학농민군의 '토벌'에 참여하였다가 전사한 군인을 어떻게 생각하였는가를 파악하는 데 도움을 준다고 할 수 있다. 그런데 ⓥ의 연구를 수행한 이노우에 카츠오(井上勝生)는 1999년부터 현재까지 동학농민운동과 관련한 일본군의 학살에 대한 연구를 지속적으로 수행하고 있다.32)

이외에도 2000년대 이후에 이루어진 제2차 동학농민운동에 대한 연구에는 동학농민운동의 지도자에 대한 연구로서 이이화, 박맹수의 연구가 있으며,33) 동학농민운동을 관찰한 당대 인물들의 기록을 토대로 이루어진 연구도 있다.34) 특히 이이화의 연구는 영호남을 아우르는 영호대접주 김인배가 영호도회소를 중심으로 활동한 사실을 구체적으로 밝혀냈으며, 박맹수의 연구는 부안 출신의 동학농민군 지도자 김낙철의 활동을 교조신원운동기의 활동, 제1차 동학농민운동기의 활동, 집강소 시기의 활동, 제2차 동학농민운동기의 활동으로 나누어 천착함으로써 동학농민운동의 지도자들의 활동상을 구체적으로 파악하였다. 또한 김창수의 연구 이래 거의 연구되지 않았던 청군의 개입과 관련한 강문호의 연구도 주목된다.35)

---

32) 井上勝生,「甲午農民戰爭(東學農民戰爭)と日本の彈壓」,『近代天皇制の形成・確立に關する基礎的研究』, 北海道大學 文學部, 1999; 井上勝生,「甲午農民戰爭(東學農民戰爭)と日本軍」,『近代日本の內と外』, 吉川廣文館, 1999; 井上勝生,「甲午農民戰爭 日本軍による最初の東アジア民衆虐殺 -東学農民戰爭 清算されない加害責任-」,『世界』693, 岩波書店, 2001; 井上勝生,「札幌農学校・北海道帝国大学における植民学の展開にかんする基礎的研究」, 北海道大学, 2003; 井上勝生,「甲午農民戰爭と鎮圧日本軍に関する基礎的研究」, 北海道大学, 2006; 井上勝生,「東学農民軍包囲殲滅作戦と日本政府・大本営 -日清戦争から「韓国併合」100年を問う-(「韓国併合」100年を問う)」,『思想』1029, 2010; 井上勝生,『明治日本の植民地支配 : 北海道から朝鮮へ』, 岩波書店, 2013; 中塚明・井上勝生・朴孟洙,『東学農民戦争と日本 : もう一つの日清戦争』, 高文研, 2013.

33) 이이화,『대접주 김인배, 동학농민혁명의 선두에 서다』, 푸른역사, 2004; 박맹수,「김낙철계 동학농민군 활동과 갑오 이후의 동향」,『동학학보』17, 동학학회, 2009.

34) 박맹수,「동학농민혁명기 전라도 지식인의 삶과 향촌사회-강진유생 박기현의『일사』를 중심으로-」,『한국사상사학』31, 한국사상사학회, 2008; 박맹수,「매천 황현의 동학농민군과 일본군에 대한 인식」,『한국근현대사연구』55, 한국근현대사학회, 2010.

35) 강문호,「동학농민혁명과 청군」,『동학연구』17, 한국동학학회, 2004.

4. 제2차 동학농민운동 연구의 과제와 전망

이상에서 동학농민운동에 대한 연구를 중심으로 연구사를 정리해보았다. 이를 통해 현재까지의 동학농민운동 연구의 흐름과 그 이해 수준을 어느 정도 알게 되었다. 즉 1990년대까지의 동학농민운동 연구를 통해 동학농민운동의 사회경제적 배경, 동학과 동학농민운동과의 관련성 여부, 동학농민운동의 지도자, 반동학농민군의 입장 및 활동, 집강소의 활동, 각 지역에서 이루어진 동학농민운동에 대한 연구, 동학농민운동의 용어, 동학농민운동 이후 농민층의 동향 등에 대해 어느 정도 알게 되었다. 이를 통해 동학농민운동은 반봉건·반외세의 성격을 갖는 근대민족운동의 출발점이라는 평가를 확인할 수 있었다.

그리고 2000년 이후 이루어진 동학농민운동, 특히 제2차 동학농민운동의 연구를 통해 제2차 동학농민운동의 전개과정, 각 지역 단위에서 전개된 운동, 제2차 동학농민운동기 일본군의 동학농민군 '토벌' 작전의 전개와 학살 상황 등을 보다 명확하게 밝혔다.

이러한 연구 성과를 바탕으로 동학농민운동에 대한 향후 연구 과제과 그 전망에 대해 생각해보고자 한다. 첫째, 조선 후기 사회의 성격을 어떻게 파악하고 인식하는가 하는 점이 필요하다고 생각된다. 따라서 19세기 후반 조선 사회의 성격을 정치, 경제, 사회, 문화 등 다양한 관점에서 파악하는 연구가 진행되어야 할 것이다. 예를 들면 19세기 중반 이후 발생한 농민봉기의 배경, 전개과정, 주체, 성격 등을 파악하는 연구, 조선후기 사회경제의 변화, 특히 개항 이후의 변화상에 대한 연구, 조선후기에 발생한 동학사상을 비롯한 다양한 민중사상에 대한 연구, 19세기 향촌사회질서의 변화에 대한 연구, 조선 후기 교통시설에 대한 연구 등 다양한 방면의 연구가 진행되어야 할 것이다.

둘째, 동학농민운동의 전개과정에 대해 보다 세밀하고 구체적인 천착이 필요하다. 이를 위해서는 각 지역에서 전개된 지역 단위의 동학농민운동에 대해 연구가 보다 충실하게 진행되어야 할 것이다. 이를 통해 각 지역의 동학농민운동이 어떠한 인물이나 세력이 어떠한 지향 혹은 방향성을 가지고 운동을 지도하였는가, 각 지역의 농민들은 어떠한 이유로 동학농민운동에 참여하였는가, 참여한 농민층이 동학사상 혹은 동학교단에 영향을 받았는가 하는 점 등이 파악될 수 있을 것이다. 또한 농민층의 지향과 동학교단이 지향한 점이 어떠한 측면에서 동질성과 차이를 보이는가에 대해서도 연구해야 할 것이다.

셋째, 동학교단과 동학농민운동의 지도부가 제2차 동학농민운동에 참여하게 된 배경이나 원인에 대한 분석이 필요하다. 특히 전봉준이 제2차 동학농민운동에 선뜻 참여하지 않은 이유에 대한 분석이 구체적으로 이루어진다면 동학농민운동과 그 지도부의 성격을 보다 명확하게 분석할 수 있을 것이다. 이에 관해서는 기존의 연구에서 지적하고 있는 동학농민운동의 보수성과 관련된 분석이 보다 치밀하게 이루어질 필요가 있다고 생각된다.

넷째, 2000년대 이후 일본군의 개입 과정과 동학농민군에 대한 일본군의 '토벌' 및 학살에 대한 연구가 활발하게 진행되었으나 향후 이에 대한 연구가 보다 구체적으로 이루어질 필요가 있다. 즉 3로 분진책에 따른 일본군 각 로의 활동을 구체적으로 밝혀야 할 것이다. 그리고 일본군의 '토벌'과 학살이 대본영의 계획과 명령에 근거한 것임을 보다 명확하게 밝힐 필요가 있다. 이는 일본군의 동학농민군에 대한 '토벌'과 학살에 대한 일본과 일본군의 책임을 물을 수 있는 중요한 근거가 된다고 할 것이다.

다섯째, 동학농민운동에 대한 일본군의 개입과 '토벌' 및 학살에 대한 연구는 2000년대 이후 활발히 전개되었으나 제2차 동학농민운동이 일어나게 된 원인을 제공한 청군의 개입 문제에 대한 연구는 활발히 이루어지지 않고 있다. 특히 이 문제는 단순히 동학농민운동에 대한 연구만의 문제가 아니라 작게는 19세기 말 한반도를 둘러싼 청과 일본의 조선 침략의 문제이며 크게는 서양 열강을 포함한 외교문제이기도 하였다. 따라서 청군의 파병을 요청한 조선 정부의 입장과 이에 대한 동학과 농민층의 입장, 그리고 일본의 대외정책 등 다양한 방면에서의 연구가 필요하다고 생각된다. 이러한 측면이 구명된다면 동학농민운동에 대한 이해가 보다 확실해질 것이라 생각된다.

여섯째, 동학농민운동에 참여하였던 농민층이 동학농민운동 이후 어떻게 살았는가 하는 점에 대한 연구가 필요하다. 즉 기존의 연구에 따르면 일제의 보고서에는 전기의병의 경우 의병을 '동비잔당'으로 표현한 경우가 많았고, 심지어 의병의 8할 이상이 동학농민운동에 참가하였다고 파악하고 있다. 이러한 정도로 동학농민운동 참가자가 의병에 참여하였다면 동학과 의병의 연결고리를 찾는 것이 매우 중요하다고 할 것이다. 동학사상과 전기의병의 위정척사사상이 반봉건이라는 측면에서는 대립적이었으나, 반외세라는 측면에서 공통점이 있다는 점 이외에 이들이 의병이라는 지점에서 만날 수 있었던 내적 계기를 파악하는 것이 촉구된다.

일곱째, 다른 민족운동 혹은 타국의 민족운동과의 비교사적 분석이 필요하다. 태평천국의 농민전쟁 등과의 비교사적 분석을 한 소수의 연구[36]가 제출되었으나 아직 충분하지 않은 상황이다. 보다 풍부한 비교 연구가 이루어진다면 동학농민운동의 성격을 보다 명확하게 할 수 있다.

마지막으로 동학농민운동은 조선, 일본, 청의 3국이 연관된 동아시아의 큰 사건이다. 이 동학농민운동을 계기로 인하여 동아시아의 패권이 일본으로 넘어가게 되었다. 따라서 동학농민운동에 대한 연구는 단순히 국내에만 초점을 맞추어서는 안 되며 동아시아사적인 관점을 가질 필요가 있다. 이러한 연구를 통해 동학농민운동의 동아시아사적 의의, 나아가 세계사적 의의를 찾을 수 있을 것이다.

---

[36] 노태구, 「東學革命과 太平天國革命의 政治思想比較 : 世界化를 위한 東方民族主義를 위하여」, 『동학연구』 1, 한국동학학회, 1997; 강문호, 「동학사상과 태평천국혁명의 민족의식」, 『동학연구』 13, 한국동학학회, 2003; 노재식, 「동학농민전쟁과 태평천국농민전쟁의 비교연구 : 두 농민전쟁의 목표와 유가사상에 대한 태도를 중심으로」, 『인문과학연구』 20, 강원대학교 인문과학연구소, 2008.

* 논문 출처

『한일민족문제연구』 25, 한일민족문제학회, 2013.

海月 崔時亨의 道統 傳授와 初期 布教活動
(1862~1875)

1. 머리말

　최시형은 1861년에 동학에 입교한 이래 1898년에 체포되어 처형될 때까지 동학교단을 지도한 동학의 제2세 교조이다. 뿐만 아니라 그는 교조인 최제우가 정부에 의하여 처형을 당한 이후 명맥이 단절되다시피 했던 동학교단을 재건한 인물이기도 하다. 따라서 동학과 천도교의 발전 과정을 이해하고자 할 때에는 최시형에 대한 이해가 필수적이라 할 수 있다. 그러나 해월 최시형에 대한 연구는 대개 별도의 주제 속에서 단편적으로 다루어지고 있었고 본격적인 연구는 미진한 형편이었다.[1] 더욱이 그에 대한 연구의 대부분은 그의 사상에 관계되는 것이었다. 이러한 현상이 초래된 이유는 물론 최시형의

---

[1] 최시형에 대한 본격적인 연구로는 다음의 것들이 있다. 李光淳,「崔海月과 非暴力運動」,『韓國思想』1·2, 1957; 申一澈,「崔時亨의 汎天論的 東學思想」,『崇山朴吉眞博士古稀紀念論文集:韓國思想史』, 원광대학교, 1984; 朴孟洙,「海月 崔時亨의 初期 行蹟과 思想」,『淸溪史學』3, 1986; 吳文煥,『海月 崔時亨의 生活政治思想 硏究』, 연세대학교 대학원 박사학위논문, 1994; 朴盟洙,『崔時亨研究』, 한국정신문화연구원 한국학대학원 박사학위논문, 1996.

초기 행적에 관한 자료의 빈곤함에 일차적인 원인이 있다고 할 수 있다. 그런데 최근에는 그의 초기 행적에 대한 새로운 자료가 발굴되고 소개됨에 따라 그의 초기 행적에 대한 연구가 이루어지기도 하였다.[2] 그러나 사정이 이러함에도 불구하고 최시형의 초기 포교활동에 대한 연구는 여전히 미진하다고 생각된다. 왜냐하면 제한된 자료 속에서 그의 행적에 대한 보다 정밀한 조사와 해석이 이루어지지 못하였기 때문이다.

필자는 이러한 문제의식 속에서 해월 최시형의 초기 행적에 관하여 주목하였다. 그것은 다음의 몇 가지 이유 때문이다. 첫째, 초기 동학의 발전을 이해하기 위해서는 제2세 교조인 최시형에 대한 이해가 필수적이라 생각했다. 그는 1864년 교조 최제우가 순도한 이후 실질적으로 동학교단을 유지하고 동학을 하나의 종교세력으로 성장시킨 인물이라 생각되기 때문이다. 둘째, 그가 1863년 북도중주인에 임명되는 과정에 대해 나름대로의 견해를 제출해보고자 했기 때문이다. 한 연구에 의하면 최시형은 1862년 최제우가 임명한 16명의 접주에 포함되어 있지 않았다면서 이는 최시형이 최초로 임명된 접주보다 교단 내에서의 위치가 낮거나 비슷했기 때문이라 하였다. 필자는 이러한 견해에 대해 나름대로의 의견을 제시하고자 한다. 셋째, 최시형의 초기 포교 활동이 곧 동학의 교세 확장과 교단의 재정비를 의미하므로 그의 활동을 통해 동학의 초기 발전과정을 살필 수 있기 때문이다.

이와 같은 문제의식 하에 필자는 본고에서 최시형이 동학에 입도한 1861년부터 최제우의 둘째 아들인 최세청이 사망하여 최제우의 제사권을 최시형이 완전히 장악하여 그의 단일지도체제가 확립된다고 생각되는 1875년 무렵까지를 살펴보고자 한다. 필자가 이와 같이 1875년 무렵까지만을 본고에서 서술하고자 한 이유는 이 시기가 정부에 의하여 가장 심한 탄압을 받던 시기였고, 따라서 이 시기의 최시형의 활동이 이후 동학의 발전 과정에 매우 밀접한 관련이 있을 것이라 생각하기 때문이다.

---

[2] 朴孟洙,「崔時亨硏究」, 한국정신문화연구원 한국학대학원 박사학위논문, 1996.

2. 海月의 東學 入道와 修鍊

水雲 崔濟愚가 동학을 창도한 것은 1860년이다. 이 시기는 동양에 대한 서양세력의 침략이 노골화되는 시기였다. 영국은 아편전쟁을 통해 청을 반식민지로 전락시켰고 미국은 미일화친조약을 체결하여 일본을 개항시켰다. 조선의 경우도 예외가 아니어서 여러 차례에 걸친 이양선의 출몰과 통상요구는 조선의 지배층과 피지배층 모두에게 서양세력의 조선 침략이라는 위기의식이 고조되고 있던 시기였다. 특히 1868년 대원군의 부친인 남연군의 묘에 대한 독일인 옵페르트의 도굴 미수 사건은 위기의식을 더욱 고조시켰고 대원군의 쇄국정책은 더욱 견고해지게 되었다.

이렇게 서양세력에 대한 위기의식이 고조되고 있는 한편 대내적으로 조선의 정세는 매우 혼란스러웠다. 먼저 16세기 이래의 농업생산력의 발전 결과 농민층을 비롯한 피지배층의 사회경제적인 지위가 강화되었고 이에 따라 조선의 신분제는 붕괴되기 시작하였다. 더 이상 양반지배층이 지주라는 등식이 성립하지 않게 되었던 것이다. 또한 18세기 이후에는 전국적인 장시의 보급으로 인하여 상공업이 발달하였다. 이에 따라 상설시장이 성립하기도 하였고 서울을 비롯한 대도시를 중심으로 난전이 탄생하여 시전상인과 경쟁하기도 하였다. 이 결과 정조시기에는 시전상인의 금난전권이 철폐되어 상업의 자유로운 발전이 이루어지기도 하였다. 그리고 조선 중기 이래 관념화하고 형이상학화한 성리학은 실천성을 상실하여 국가의 지배이념으로서의 기능을 상실하였다. 이는 곧 조선 사회에 사상적인 공백 현상이 나타났음을 의미하는 것이었다. 이러한 공백을 틈타서 서학, 양명학 등이 수용되고 실학이 탄생하였다. 한편으로는 민간에서는 불교의 미륵신앙[3]과 도교와 같은 전통신앙이나 비기, 참설 등의 민간신앙이 유행하였다. 특히 민간신앙은 조선왕조 지배체제에 대한 비판 혹은 현실사회에 대한 변혁운동의 사상적 기반으로 이용되는 경우가 많았다. 1860년 최제우가 창시한 동학 역시 이러한

---

[3] 이에 대해서는 鄭奭鍾, 『朝鮮後期社會變動硏究』, 一潮閣, 1983 참조 바람.

시대적 상황 속에서 민중의 욕구에 부합하면서 나타난 사상이었다.

다른 한편 19세기에 접어들면서 농민층의 반봉건적인 저항이 끊이지 않았다. 그리하여 이 시기는 이른바 '민란의 시대'라 불릴 정도였다. 농민층이 봉기하게 된 데에는 양반지배층의 착취와 수탈에 그 일차적인 원인이 있었다. 여기에서 주목되는 점은 1860년대 이후의 농민항쟁에서는 寒儒, 貧士라 불리는 豪民的 성향을 지닌 자들이 변란에서 주도적 역할을 담당하였다는 점이다. 이는 곧 농민적 지식인집단이 사회변혁을 지향하는 항쟁에 주도적으로 참여하고 있음을 의미하는 것이었다.[4] 이와 같이 지식인집단이 농민항쟁에 참여함으로써 농민층의 항쟁은 조직적으로나 이념적으로 더욱 성숙할 수 있었다. 이는 곧 조선사회의 지배층으로서 지방관과 함께 향촌 사회에 어느 정도 영향력을 행사하던 향촌의 양반층과 지방관이 대립하는 상황으로까지 사회적인 여건이 변화하였다는 것을 보여준다. 이러한 현상은 18세기 이후 중앙 정치와 사회경제적인 조건의 변화에 따른 것으로써 수령권의 상대적인 강화와 함께 사족의 향권 상실의 가장 규정적인 역할을 수행하였다.[5] 이러한 연장선상에서 잔반 출신의 수운 최제우가 농민적 입장에서 동학을 창시함으로써 농민층은 사회변혁을 위한 새로운 사상적 기반을 마련할 수 있었던 것이다.

이러한 상황 하에서 해월 최시형은 수운 최제우가 동학을 창시한 지 1년이 지난 1861년에 동학에 입도하였다. 1861년은 교조 최제우가 동학을 본격적으로 포교하기 시작한 시기이다.[6] 이 때 최시형은 白紙三束을 지참하고 慶州 龍潭에 있던 최제우를 직접 찾아가 동학에 입도하였던 것이다.[7] 그가 동학에

---

[4] 고석규, 「18·19세기 농민항쟁의 추이」, 『1894년 농민전쟁연구』 2, 26쪽.
[5] 金龍德, 『鄕廳硏究』, 韓國硏究院, 1979; 정진영, 「19세기 향촌사회 지배구조와 대립관계」, 『1894년 농민전쟁연구』 1, 한국역사연구회, 1991 참조.
[6] 適至辛酉春 作布德文 時惟六月 將有布德之心 而欲得見時人之賢者 自然文風以來者 不計其數也(「崔先生文集道源記書」, 『東學思想硏究資料集』壹, 1979, 170~171쪽).
[7] 吳尙俊, 「本敎歷史」, 『天道敎會月報』 6, 1911.1, 19쪽.

입도하게 된 동기는 그의 신분적 불만과 불우한 성장 과정에서 찾을 수 있다. 위에서 언급했듯이 최시형이 동학에 입도한 시기는 국내외적으로 위기의 시기였다. 이러한 시기에 그는 早失父母하여 가난했으며 청소년기에는 머슴살이와 造紙所의 노동자 생활을 한 적이 있었다.[8] 그리고 19세가 되던 1845년에 흥해의 密陽孫氏 가문에 장가를 들었다.[9] 결혼 이후에도 그는 가난에서 벗어나지 못하고 화전을 일구며 생계를 유지하였다. 특히 그 스스로가 "머슴놈 머슴놈 하면서 천대하는 것이 가슴이 멍이 들 정도로 괴로왔다."[10]고 할 만큼 그의 신분적 불만은 컸다. 여기에서 우리는 해월 최시형이 어린 시절부터 신분적 한계를 강하게 느껴왔음을 알 수 있다. 이와 같이 불우한 생활 속에서 최시형에게 복음처럼 다가왔던 것이 동학이었다. 즉 최시형은 동학이 인간평등과 상호부조의 경제이념을 제창한 것에 공감하였던 것이다. 이를 다음의 글에서 확인할 수 있다.[11]

> 귀천이 같고 등위에 구별이 없으니 屠沽者들이 모이고 남녀를 가리지 않고 帷簿를 설치하니 홀어미·홀아비가 모이고 재화를 좋아하여 있는 이와 없는 이들이 서로 도우니 빈궁한 이들이 기뻐하였다.

이와 같이 동학에 입도하게 된 최시형은 매월 3~4차례 용담으로 최제우를 찾아가 수련 하는 한편 자신의 집이 있던 검곡으로 돌아와서도 끊임없이 수련하였다. 이를 다음의 기록에서 확인할 수 있다.[12]

> 매월 3~4차례 용담으로 나아가 대신사를 뵙는다. 8월 10일경에는 이기의 마음을

---

[8] 吳尙俊, 「本敎歷史」, 『天道敎會月報』 6, 1911.1, 18~19쪽.
[9] 吳尙俊, 「本敎歷史」, 『天道敎會月報』 6, 1911.1, 19쪽.
[10] 표영삼, 「해월신사와 금등골」, 『신인간』 485, 1990.8, 14쪽.
[11] 一貴賤而等威無別 則屠沽者往焉 混男女而帷簿爲設 則怨曠者就焉 好貨財而有無相資 則貧窮者悅焉(「東學排斥通文(1863)」, 韓㳓劤博士停年記念史學論叢』, 1981, 554쪽).
[12] 「海月先生文集」, 35쪽.

꿰뚫어 얻었다. 생업을 돌보지 않고 집 밖으로 나가지도 않으며 주야로 정성을 다해 주문을 읽었다.

그리고 1861년 겨울에는 매일 밤 문 밖의 연못에 나가 얼음을 깨고 찬물에 목욕하면서 수련하였다.13) 이와 같은 수련을 진행하던 중 최시형은 신비한 종교적 체험을 경험하였다. 즉 찬물 속에서 수련을 하던 중 홀연히 공중으로부터 "차가운 물에 급히 들어가 앉는 것은 몸에 해롭다."14)는 소리가 들려와 냉수욕을 중지하였다는 것이다. 이 경험이 있은 이후 해월은 1862년 7월 최제우가 경주 서면의 朴大汝의 집에 있음을 영감으로 알고 최제우를 찾아갔다. 이 때 최시형은 최제우에게 자신의 경험을 설명하였고 이에 최제우는 최시형에게 포교를 허락하였다는 것이다.

3. 道統 傳授

앞 절에서 보았듯이 최시형은 경주의 朴大汝의 집에서 교조 최제우로부터 포교를 허락받았다. 이는 동학의 독특한 포교방법에서 비롯된 것이라 생각된다. 즉 동학은 입도 직후부터 바로 포교 활동을 시작하지 못하도록 하였고 일정 기간 수련을 거친 연후 '淵源'인 스승이 포교 활동을 허락할 때, 또는 수련을 통해 상당한 수준의 종교적 체험을 이루고 난 뒤라야 시작하는 것이 상례였다.15) 최시형이 최초로 포교활동에 나선 곳은 그가 살던 劒谷이었는데 "포덕을 한 지 幾日에 사방에서 賢者들이"16) 찾아왔다. 이곳에서 그가 최초로 포교한 인물들은 盈德의 吳明哲, 劉聖運, 朴春瑞, 尙州의 金文汝, 興海의 朴春彦, 醴泉의 黃聖伯, 淸道의 金敬和, 蔚珍의 金生員17) 등이었다.18)

---

13) 吳尙俊, 「本敎歷史」, 『天道敎會月報』 6, 1911.1, 19~20쪽.
14) 吳尙俊, 「本敎歷史」, 『天道敎會月報』 6, 1911.1, 20쪽.
15) 朴孟洙, 『崔時亨研究』, 한국정신문화원 한국학대학원 박사학위논문, 1996, 37쪽.
16) 李敦化, 『天道敎創建史』 제1편, 36쪽.

해월 최시형

최시형이 검곡에서 포교활동을 시작할 수 있었던 것은 이곳을 중심으로 최시형의 연고지가 산재해 있었기 때문이었다. 그리고 이와 같이 영덕, 상주, 흥해, 예천, 청도, 울진 등 경주 이북의 여러 지역을 돌아다니며 포교 활동을 할 수 있었던 재정적인 기반이 되었던 것은 김이서로부터 정조 100석을 빌릴 수 있었기 때문이었다.19) 특히 최시형은 馬伏洞에 거주하던 시절에 동네 사람들의 권유에 의해 '風綱(執綱)'의 직을 맡았다고 한다.20) 이 기록이 사실이 아닐 것이라는 주장21)도 있으나 천도교측 자료를 믿는다면 최시형은 당시 향촌 사회에서 상당한 신임을 얻고 있었음을 알 수 있다. 또 그러했기 때문에 '가난한' 최시형에게 김이서가 정조 100석을 빌려주었던 것이라 생각된다.

이와 같이 최시형의 포교활동이 최초로 이루어지고 있던 시기인 1862년 9월 29일 박대여의 집에서 교조 최제우가 체포되었다. 이는 당시 경주 일대 유생들의 동학 배척 여론22)이 비등하면서 전격적으로 이루어진 일이었다.

---

17) 천도교측의 한 자료에는 金旭生으로 나와 았다(「天道敎書」, 『亞細亞硏究』 9, 1962. 5, 9쪽).

18) 至六月 大先生 作修德文夢中歌二券 是時 金伊瑞來訪 敍喧禮畢 先生 請正租百石 則伊瑞 許諾而去 送租一百二十石 自是之後 將有布德之意 始爲傳道 于盈德吳明哲 尙州金文汝 興海朴春彦 醴川黃聖伯 淸道金敬和 寧德劉聖運朴春瑞 蔚珍金生員等儒生 而於是乎劒洞 谷布德之說(「海月先生文集」, 39~40쪽).

19) 위와 같음.

20) 吳尙俊, 「本敎歷史」, 『天道敎會月報』 6, 19쪽.

21) 朴孟洙, 『崔時亨硏究』, 한국정신문화연구원 한국학대학원 박사학위논문, 1996, 32쪽.

이에 최시형은 각지의 도인들을 경주로 모이게 하여 정부측에 항의하여 5일 만에 석방하도록 하였다. 이에 대하여 당시 선전관이었던 정운구는 다음과 같이 기록하였다.[23]

> 작년(1862)에 최한이 진영에 잡혀 수감되었을 때 며칠이 안 되어 제자 수 백 명이 진영에 와서 호소하였다. 그들의 학은 본래 백성을 해하고 풍속을 못쓰게 하는 것이 아니니 속히 스승을 석방하라 하여 진영으로부터 곧 석방되었다.

이 사건 이후 최제우는 1862년 12월 말 16명의 접주를 임명하였다. 동학교단에서 접이란 30호 내지 70호 정도의 규모로 구성되며 傳道者와 受道者의 인맥을 따라 超地域的으로 조직한 동학 초기의 단위조직이다.[24] 따라서 접주제의 시행은 동학이 하나의 종교 조직으로서 본격적으로 발전할 수 있는 계기가 되었다고 할 것이다. 그러나 이 때 최시형은 접주로 임명되지는 않았다.[25] 한 연구에 따르면 최시형이 이 때 접주에 임명되지 못한 이유를 그가 다른 접주들과 비슷한 위치거나 그보다 낮은 위치에 있었기 때문이라 하였다.[26] 그러나 이 때 임명된 접주 가운데는 최시형의 포교에 의하여 동학에 입도한 영덕의 오명철과 "최시형의 心法을 受하여 相從하는 金而瑞"[27]가 포함되어 있는 것으로 보아 최시형의 위치가 그리 낮은 것은 아니었다고 생각

---

22) 「안심가(1860)」, 『용담유사』(계미판).
23) 昨年崔漢捉囚於鎭營 而不幾日 弟子數百名來訴鎭營 謂以渠輩之學 本非害民敗俗 則速放渠師 亦爲置自鎭營卽爲白放 則徒黨數爻段 可以謂數百名(『備邊司謄錄』哲宗 14年 12月 20日. 宣傳官鄭雲龜啓書).
24) 表暎三, 「東學思想과 接包組織」, 『東學革命 100週年紀念 論文集』, 1994, 364쪽.
25) 晦日 先生親定各處接主 府西以白士吉姜元甫定授 盈德吳明哲 寧海朴夏善定授 大邱淸道畿內金周瑞定授 淸河李民淳定授 延日金而瑞 安東李武中定授 丹陽閔士燁 英陽黃在民定授 永川金先達 新寧河致旭定授 固城聖漢瑞 蔚山徐君孝定授 本府李乃兼定授 長機崔中羲定授(「崔先生文集道源記書」, 『東學思想硏究資料集』壹, 1979, 179~180쪽).
26) 朴孟洙, 『崔時亨硏究』, 한국정신문화연구원 한국학대학원 박사학위논문, 1996, 40쪽.
27) 「天道敎書」, 『亞細亞硏究』 9, 1962.5, 219쪽.

된다. 그리하여 그는 1863년 7월 경주 이북 즉 경상도 북부지역의 교도를 총괄하는 北道中主人에 임명될 수 있었다.[28]

이에 대하여 역시 앞의 연구에서는 「水雲行錄」과 「崔先生文集道源記書」를 비교하면서 최시형의 北道中主人 임명과 道統傳授가 역사적 사실이 아니라 1874년을 전후한 시기에 최시형의 단일지도체제가 완성된 이후에 추가되었을 가능성이 있다고 하였다.[29] 이 주장은 앞에서 보았듯이 최시형의 聯臂인 오명철과 김이서가 접주에 임명된 사실이나 후에 최시형을 교단의 지도자로 추인한 인물인 강시원의 경우를 예로 보아 의문의 여지가 있다. 강시원은 「崔先生文集道源記書」의 편자이고 최시형과 결의형제를 맺었을 뿐만 아니라 교조 최제우와 교리문답을 할 정도로 상당한 정도의 학식이 있던 인물이었다.[30] 또한 그는 최제우로부터 親書한 額字를 받은 인물이었다.[31] 이러한 정도의 인물인 강시원이 최시형을 교단의 지도자로 옹립한 이유는 최시형이 그에 합당한 인물이었기에 때문이었을 것이다. 또한 최시형은 당시 교조 최제우의 다섯 명의 수제자 중의 한 명으로 생각되었다.[32] 이 지적은 상당한 중요성을 갖는다. 앞에서 본 최시형의 연비인 오명철이 최초의 접주인 16명 중의 한 명이었다면 이 때 임명된 접주들은 최시형보다는 오히려 교단 내에서의 비중이 낮았다고 보는 것이 옳을 것이다. 그리하여 이듬해인 1863년 7월에 최시형이 북도중주인에 임명될 수 있었던 것이다.

최시형이 북도중주인에 임명된 지 얼마 되지 않아 교조 최제우는 그의 제자 23명과 함께 1863년 12월 두 번째로 검거되었다. 이는 1862년 9월 29일의

---

[28] 慶翔適來久與相談 特定北道中主人(「崔先生文集道源記書」, 『東學思想硏究資料集』壹, 182쪽.
[29] 朴孟洙, 「崔時亨硏究」, 한국정신문화연구원 한국학대학원 박사학위논문, 1996, 40~47쪽.
[30] 朴孟洙, 『崔時亨硏究』, 한국정신문화연구원 한국학대학원 박사학위논문, 1996, 47쪽.
[31] 『東學·天道敎略史』, 9쪽.
[32] 「徐憲淳狀啓」, 『日省錄』 高宗 甲子 2月 29日條.

검거 이후 석방된 뒤에도 동학과 최제우에 대한 배척의 여론이 가라앉지 않고 오히려 확대되었던 사정과 관련이 있다. 그리고 최제우는 1864년 3월 대구에서 처형되었고 제자들은 유배되었다. 이는 곧 동학이 불법화되었다는 것을 의미한다. 그리하여 동학은 1907년 교조 최제우가 신원이 될 때까지 약 50여 년간 비밀리에 포교 활동을 하지 않을 수 없었다.

다시 말하면 교조 최제우가 1863년 12월 검거된 이후의 최시형의 포교 활동은 그가 동학의 교권을 장악하는 것과 밀접한 관련이 있다. 즉 최시형은 북도중주인이 된 이후 교조 최제우로부터 북방에 대한 포교에 노력하라는 지시를 받았다.[33] 이는 경주 이남지역은 최제우 자신이 포교를 담당하고 경주 이북지역은 최시형에게 포교를 담당하고자 한 최제우의 생각이 반영된 것이라 생각된다. 즉 최시형이 1862년 최초로 행했던 포교의 중심지인 영덕, 상주, 흥해, 예천, 청도, 울진은 경주 이북지역이었고, 북도중주인에 임명된 이후의 포교 역시 북방(경주 이북-인용자)이었다는 점은 최제우가 검거된 이후 그를 옥바라지하였던 교인이 경주 이북 출신자들이었다는 사실과 연결해 볼 때 최시형의 북방 포교가 상당한 성과가 있었음을 의미한다. 이와 같이 최시형은 북방에 대한 포교를 성공적으로 수행했고 그 결과 동학의 중심세력이 경주 이남에서 경주 이북으로 이행했던 것이다.[34] 이리하여 동학교단 내에서의 최시형의 위치는 강화되었다.

또한 최시형의 교권 장악에는 교조인 최제우의 뜻이 반영되었다고도 할 수 있다. 즉 최제우는 최시형을 북도중주인으로 임명한 이후 "各地 道人이 先히 北接大道主를 往見한 然後에 我를 來見함이 可하다"[35]고 하였다. 그리하여 1863년 영해의 李進士가 최시형을 거치지 않고 자신을 찾아온 사실에 대해 최제우는 왜 최시형에게 먼저 가지 않고 자신에게 직접 왔는가 하며

---

[33] 姜友,「海月先生七十二年史」,『신인간』11, 1927.3, 13쪽.
[34] 이에 대해서는 朴孟洙,『崔時亨硏究』, 한국정신문화연구원 한국학대학원 박사학위논문, 1996, 48~57쪽 참조 바람.
[35] 「天道敎書」,『亞細亞硏究』9, 1962.5, 219쪽.

李進士를 최시형에게 보낸 사실36)이 있다. 그리고 1863년 8월 14일 최제우는 최시형에게 도통을 인계하였다.37) 이는 최제우가 최시형을 자신의 후계자로 생각하였던 증거로 생각된다. 더욱이 교조 최제우가 검거된 이후 최시형은 다른 제자들과는 달리 유일하게 관군에 체포되지 않고 피신할 수 있었다. 이후 그는 동학의 교세가 극도로 쇠약한 가운데서도 동학의 명맥을 이으면서 동학이 발전할 수 있는 계기를 마련하였기 때문에 동학의 교권을 장악할 수 있었다.

4. 布敎活動
1) 경전의 간행

어떠한 종교이건 경전은 교리를 이해하고 교인 사이의 신앙을 돈독히 하는 근간이 되며 일반인들에게도 그 종교의 성격을 대변한다. 동학의 경우도 교조 최제우에 의하여 가사와 포덕문 등이 지어졌다. 그러나 최제우 당대에는 이들 가사와 포덕문은 간행되지 못하였고 2세 교조인 최시형대에 이르러서야 간행되었다.38) 이는 물론 교조 최제우가 급작스럽게 처형당했고 이에

---

36) 「天道敎書」, 『亞細亞硏究』 9, 219쪽.
37) 「天道敎書」, 『亞細亞硏究』 9, 1962.5, 219쪽; 姜友, 「海月先生七十二年史」, 『신인간』 11, 1927.3, 13쪽; 「海月神師實史」, 『天道敎會月報』 195, 1927.3, 19쪽; 李敦化, 『天道敎創建史』 제2편, 9쪽.
38) 동학의 기본경전인 『東經大全』과 『龍潭遺詞』의 간행에 대한 논고는 그리 많지는 않지만 대략 최시형의 구술에 의하여 이루어졌다는 口誦說, 필사된 원본이 최시형에게 전해져 펴냈다는 原本 傳來說, 구송설과 원본 전래설을 절충한 折衷說이 있다. 구송설의 대표적인 논문으로는 韓沽劤, 「東學思想의 本質」, 『東方學志』 10, 1969, 12쪽; 姜在彦, 「동학사상과 농민전쟁」, 『韓國의 近代思想』, 한길사, 1985이 있고 원본 전래설의 대표적인 논문으로는 崔東熙, 「解題:東學經典의 影印에 관하여」, 『동경대전 附용담유사』 영인본, 海月崔時亨先生記念事業會, 1978; 표영삼, 「경전에 관한 사료상 문제점」, 『신인간』 397, 1982.4가 있다. 절충설의 대표적인 논문으로는 尹錫山, 「龍潭遺詞硏究」, 민족문화사, 1987; 朴孟洙, 「東經大全에 대한 基礎的 硏究」, 『정신문화연구』 통권34호, 1988.

따라 경전을 간행할 만한 시간적, 경제적 여유가 없었기 때문이라 할 수 있다. 따라서 동학의 도통을 이어받은 최시형의 입장에서는 포교와 함께 경전의 간행이 가장 중요한 임무가 되었다. 그리하여 그는 강원도 등지의 산악지대에서 피신 생활을 하면서도 『東經大全』과 『龍潭遺詞』를 간행하는 데 많은 노력을 기울였던 것이다. 즉 그는 최제우가 순도한 지 1년 후인 1865년 영양 용화동에 은거한 이후에 "비밀리에 사람을 각처에 보내 道人의 信心을 鼓吹하게 하고 다시 49일기도를 행하게 하되 1년에 4번으로 정하여 정성을 드리게 한 후 一邊으로 東經大全과 龍詞 8편을 입으로 불러 複寫하여 道人에게 전하게"39) 하였다.40)

그런데 최시형이 "입으로 불러" 경전을 '복사'한 이유는 최제우의 사후 "火爐에 屬하고 無한"41) 때문이었다. 이와 같이 최시형이 경전을 복사한 목적은 경전을 널리 보급한다기보다는 문자로 남긴다는 데 목적이 있었던 것으로 보인다.42) 다시 말하면 이 시기에 이루어진 경전의 복사는 경전의 '간행'이라 할 수는 없고 문자화한 정도의 것이라 생각된다. 왜냐하면 이 시기는 최시형이 정부의 지목을 피하여 강원도의 산간 등지로 피신할 때이며 동학에 대한 정부의 탄압이 여전히 강하게 이루어지고 있던 시기였기 때문이다. 즉 이 시기는 동학의 교도들이 흩어져 경전을 간행할 정도의 경제적 여유가 있던 시기도 아니었고 아직은 동학의 경전을 公刊할 만큼의 사회·정치적인 여건도 역시 성숙되어 있지 않은 상태였다. 이를 방증할 수 있는 근거로 다음을 들 수 있다.43)

---

39) 李敦化, 『天道敎創建史』 제2편, 경인문화사, 6쪽.
40) 『동경대전』과 『용담유사』라는 동학의 경전이 간행된 시기에 대해서는 1865년설과 1880년설이 대립하고 있다.
41) 「天道敎會史草稿」, 『東學思想硏究資料集』 壹, 아세아문화사, 1979, 411쪽.
42) 정재호, 「동학교세의 팽창과 해월」, 『東學革命百周年紀念論叢』(상), 東學革命百周年紀念事業會, 1994, 376쪽.
43) 己巳 二月間 襄陽道人 崔喜慶金慶瑞來訪主人 主人問其來意 其人曰 吾所知道者不知修之節次 故不遠千里以來 願主人祥敎法次如何 主人曰 是淵源誰也 吾不淵源也而 所謂孔生者

기사년(1869년) 2월간에 양양도인 최희경과 김경서가 주인을 찾아왔다. 주인이 온 뜻을 물으니 그 사람이 말하기를 저는 도라는 것은 아나 수행하는 절차는 알지 못하므로 불원천리 왔으니 주인께서는 법차를 자세히 가르쳐주십시오. 주인이 말하기를 누구의 연원인가 하니 우리는 연원을 알지 못합니다. 소위 공생이라는 자가 우연히 와서 그 기이함을 보고 이치를 물으니 공생은 다만 주문 13자뿐이고 도의 법차를 몰랐습니다. 이 때문에 그 이치의 심원을 알고자 찾아왔으니 어로의 분별을 자세히 보여주십시오. 주인이 문건과 주문을 보여주었다. 그 사람이 크게 기뻐하여 말하기를 이 같은 도니 내가 항상 틀렸구나 하면서 양양에 한 번 오기를 청하니 주인이 승낙하고 보내었다. 3월이 주인이 춘서와 함께 양양에 왕림하니 그때 도를 믿는 집이 30호여가에 이르지 못하였을 뿐이다.

여기에서 주목되는 것은 최시형이 최희경과 김경서에게 보여주었던 것이 주문과 문건이었지 경전이 아니었다는 점이다. 그러므로 이 때 이루어진 경전의 간행(복사)이 최시형의 구술로 이루어진 것이 아니라 최제우의 원고를 다시 복사하였다는 주장도 있다.[44] 이 주장에 따르면 최제우가 親受한 경전을 杆城人 筆墨商 朴春瑞, 襄陽人 崔惠根, 金慶瑞에 筆字케 한 것이라는 것이다. 그리고 이것은 『동경대전』, 『용담유사』의 경전이 아니라 布德文, 論學文, 修德文, 不然其然, 歎道儒心急, 용담가, 교훈가, 안심가, 몽중노소문답가, 권학가, 도수사, 도덕가, 흥비가 등 각각 傳單式 단행본이었다고 한다.

그리고 또한 위의 두 설을 절충한 절충설이 있다. 이에 따르면 전래되어 오던 경전을 편찬하는 과정에서 최시형이 일정한 역할을 수행하였다는 것이다. 즉 최시형은 원래 전래되어 오던 경전을 복사하는 과정에서 誤字나 脫字, 錯簡된 내용을 바로잡는 수준의 역할을 하였다는 것이다. 필자 역시 이러한 견해에 동의한다. 이는 1870년 이필제가 교조신원운동을 최시형에게 제의한

偶來 見怪故探問其理 則孔生但知呪文十三字已而 不知道之法次 是故欲知其理之深源 來此仰聞 祥示魚魯之分如何 主人示其文件與呪文 其人大喜曰 如此之道吾常誤矣 懇請一番地行 主人諾以送之 三月主人與春瑞枉臨襄陽 則其時道家 不滿三十餘家雲耳(「崔先生文集道源記書」, 『東學思想硏究資料集』壹), 210쪽.
44) 趙基周, 『東學의 源流』, 普成社, 1979, 98~99쪽.

것에 대해 최시형이 "선사조난 후 일반도인의 도심이 아직 뿌리를 얻지 못하였고 세상인심이 또한 우리 도에 대하여 이해를 가지지 못한 이 때"[45]라고 함으로써 이필제의 거사에 반대하였던 사실에서 추론이 가능하다고 할 수 있다. 이렇게 보면 곧 당시의 사회적 분위기가 아직은 경전을 공간할 정도가 아니었음을 의미한다.

따라서 최시형은 피신 중임에도 불구하고 동학의 경전을 문자화함으로써 1880년과 1881년에 걸쳐 최초의 경전인 『東經大全』과 『龍潭遺詞』를 편찬할 수 있는 기반을 조성했다고 보아야 할 것이다. 이후 동학의 경전은 1883년 2월과 5월에 각기 충청도 목천에서 간행되었고 1888년에 다시 인제 출신의 金秉鼐가 출판하는 등 비교적 활발하게 출판되었다. 이러한 경전의 간행은 동학의 교세의 확장 및 교단 정비의 과정이 비교적 순조롭게 이루어지고 있음을 반증하는 것이라 생각된다.

2) 포교활동

최시형이 정부의 검거를 피해 은신한 지역은 역시 자신의 포교활동과 밀접하였던 경주 이북 지역이었다. 그는 최제우의 사후 영덕 直川의 姜洙(姜時元)의 집을 거쳐 영해로 갔다가 평해의 黃周一의 집을 찾아 이곳에서 1년여를 지낸 후 1865년경 영양의 龍化洞으로 은거하면서 일체의 외출을 삼갔다.[46] 이 시기에 그의 소문을 듣고 1864년 말부터 1866년경까지 영덕의 全聖文, 姜洙, 朴春瑞, 영양의 黃在民, 鄭致兼, 상주의 黃文奎, 韓振祐, 黃汝章, 全文汝, 1867년경 경주의 金慶化, 金士顯, 李八元, 영덕의 劉聖元, 金用汝, 林蔓祚, 具日善, 申聖祐, 鄭昌國, 1869년 강원도 양양의 崔喜慶,[47] 金慶瑞, 1870년 영해

---

[45] 李敦化, 『天道教創建史』 제2편, 12쪽.

[46] 「崔先生文集道源記書」, 『東學思想研究資料集』壹, 202~203쪽. 최시형의 은거과정에 대해서는 앞의 「崔先生文集道源記書」의 내용과 「本教歷史」 그리고 『天道教會史草稿』의 내용이 약간의 차이가 있다. 본고에서는 동학교단의 역사를 최초로 정리했다고 하는 「崔先生文集道源記書」의 내용에 따라 서술한다.

의 李仁彦, 朴君瑞, 1871년 영해의 朴士憲, 權一元 등이 최시형의 주변에 모여 들기 시작하였다. 또 한편으로는 1865년 7월 최제우의 유족이 그를 찾아왔다.[48] 이 점은 최시형이 교권을 장악하는 과정에서 상당한 중요성을 가진다. 왜냐하면 최제우의 유족들은 흩어져있던 교도들을 결집시키는 구심점의 역할을 하였기 때문이다.[49]

이와 같이 최시형의 주변에 동학교도들이 모일 수 있었던 것은 1864년 은거한 이후에도 최시형이 동학의 포교에 게을리 하지 않았기 때문이었다. 또한 1866년 10월 28일 최제우의 탄신일을 맞아 최제우의 조난일과 탄신일을 기해 제사를 모시기 위한 계를 조직하였다. 계장에 姜鋌(姜時元의 父親)을 비롯하여 金慶化, 金士賢, 李元八, 劉聖元, 金用汝, 林蔓祚, 具日普(善-인용자), 申聖祐, 鄭昌國, 裵某 등이 임원이 되었다.[50] 최제우에 대한 제사의식은 당시 동학교단에서는 의미 있는 일이었다. 제사를 통하여 흩어져있던 교도들이 결집할 수 있는 기회가 되었기 때문이다. 따라서 앞에서 보았듯이 최제우의 유족들이 최시형에게 의탁하였다는 것은 최시형에게는 동학의 교권을 장악할 수 있는 좋은 계기가 될 수 있었던 것이다. 이와 같이 계를 조직한 명분은 '스승을 위함'에 있었지만 그 이면에는 와해의 지경에 처한 동학교문 조직의 복원과 뿔뿔이 흩어진 교도들간의 결속을 위한 정기적인 모임을 시작하는 데 있었다.[51]

---

47) 한 연구에는 崔惠根으로 되어 있는데 동일인이라 생각된다(李敦化,『天道敎創建史』, 10쪽).
48) 「崔先生文集道源記書」,『東學思想硏究資料集』 壹, 203쪽.
49) 朴孟洙,『崔時亨硏究』, 한국정신문화연구원 한국학대학원 박사학위논문, 1996, 55쪽; 윤석산, 「은도시대와 해월신사의 생애」,『신인간』 574, 35쪽.
50) 「天道敎書」,『亞細亞硏究』 9, 1962.5, 220쪽;「海月神師實史」,『天道敎會月報』 195, 1927.3, 21쪽; 姜友, 「海月先生七十二年史」,『신인간』 11, 1927.3, 14쪽. 일부 기록에는 계장을 姜洙로 적고 있는데 이는 姜鋌의 오기로 보인다(李敦化,『天道敎創建史』 제2편, 경인문화사, 7쪽).
51) 朴孟洙,『崔時亨硏究』, 한국정신문화연구원 한국학대학원 박사학위논문, 1996, 55쪽.

이러한 과정에서 그는 스스로 설법을 펴며 강론을 통해 교화를 펴나갔다. 예를 들면 1865년 최제우의 탄신 향례를 거행하면서 최시형은 "사람은 한울이라. 平等이요 差別이 없나니 사람이 人爲로써 貴賤을 分別함은 곧 天意를 어기는 것이니 諸君은 一切 貴賤의 差別을 撤廢하여 先祖의 뜻을 잇기로 盟誓하라"52)는 설법을 하였다. 또한 1866년 상주에서 거행된 최제우의 2주기 향례에서는 "내가 전일에 사람이 귀천의 별이 없음을 말하였거니와 이제로부터 우리 교인은 嫡庶의 별을 타파하여 대평등의 대의를 준행하라"53)고 설법하였다. 여기에서 볼 수 있듯이 향례의 자리는 단순히 최제우를 기념하기 위한 자리가 아니라 최시형이 동학교단을 재정비하고 교권을 장악하는 계기였음을 보여준다. 이러한 결과 앞에서 보았듯이 최시형의 주변에는 각지의 교도들이 모여들고 소식을 전해오게 되었다. 특히 1868년 10월에는 興海 등지에 道場을 설치하여 교도들을 대상으로 講道하였다.54) 그리고 1869년 2월 양양의 崔喜慶과 金慶瑞와 같이 스스로 최시형을 찾아와 가르침을 받는 경우도 있었다. 이들은 또한 최시형에게 권하여 양양지역에 포교활동을 청하여 최시형은 朴春瑞를 대동하고 양양으로 이동하여 30여 호를 포교하였다.55)

한편 이 시기에 특기할 만한 사실은 영해교조신원운동의 주역인 이필제와 최시형이 최초로 인연을 맺는다는 점이다. 이 점은 매우 중요하다. 왜냐하면 기왕의 연구에서는 영해교조신원운동은 동학과 직접 관계가 없는 이필제가 동학의 이름을 빌어 봉기했다는 주장56)과 동학교도인 이필제가 최제우의 신원을 내걸고 당시의 지도자인 최시형의 허락이 없이 일으킨 교조신원운동이라고 주장되었다.57) 그러나 최근에는 영해교조신원운동에 대한 자료가 새로

---

52) 李敦化,『天道敎創建史』제2편, 7쪽.
53) 姜友,「海月先生七十二年史」,『신인간』11, 13쪽.
54) 『東學·天道敎略史』, 17쪽.
55) 李敦化,『天道敎創建史』제2편, 10쪽.
56) 朴廣成,「高宗朝의 民亂硏究」,『傳統時代의 民衆運動』하, 풀빛, 1981; 尹大遠,「李弼濟 亂의 硏究」,『한국사론』16, 서울대학교 국사학과, 1987 참조.

이 발굴되고 공개되면서 이필제와 최시형이 결합하여 거사한 사실이 밝혀졌다.58) 뿐만 아니라 이 사건의 이면에는 영해일대에서 신분상승을 추구하던 신향세력들이 신분평등을 지향하던 동학에 대거 입교하면서 이에 반대하는 舊鄕들의 탄압을 받았던 것도 영해교조신원운동의 한 원인이라는 사실도 밝혀졌다.59) 이는 최시형이 설법을 통해 가르쳤던 인간 평등과 적서차별의 철폐라는 동학의 교리가 영해지방의 新鄕들에게 영향을 끼쳤다는 점을 보여준다. 다시 말하면 향촌 사회에서 새롭게 지배층으로 성장하고 있던 신향세력이 동학세력과의 연계를 통하여 자신들의 의사를 관철시키고자 했다는 점에서 동학교세의 현실적인 힘을 알 수 있다. 그러나 영해교조신원운동은 실패로 끝났고 최시형과 동학은 다시 한 번 정부에 의하여 지목을 당하였다. 이에 최시형은 깊은 산중으로 도피해야 하였고 이 과정에서도 그는 1871년 영월의 朴龍傑家에서 49일 기도를 행하고 동학의 부흥을 꾀하였다.60)

다른 한편 1875년 1월 최제우의 차남인 최세청의 사망을 계기로 최제우에 대한 제사권을 장악한 최시형은 동학의 교권을 장악하였다.61) 그리고 최시형은 최세청이 사망한 지 7개월 만에 새로운 제사의식을 창설하였다. 1875년 8월 15일에 있었던 새로운 제사의식의 상황은 다음과 같다.62)

---

57) 金庠基,『東學과 東學亂』, 한국일보사, 1975; 金義煥,「辛未年 李弼濟亂攷」,『전통시대의 민중운동』하, 풀빛, 1981 참조.
58) 李濟發段巨魁也 南斗柄大應也 金震均姜士元朴永琯又其次魁也(「嶠南公蹟」, 127張). 이에 따르면 강사원은 관변측에 의하여 영해교조신원운동의 '차괴'로 지목되었다. 한 연구에 따르면 강사원은 강시원과 동일인물이다. 그리고 그는 최시형과 결의형제를 맺은 사이이다. 최시형과 결의형제한 인물은 강시원 외에도 박용걸과 전성문이 있다고 하다(박맹수, 앞의 논문, 79~81쪽).
59) 張泳敏,「1840年 寧海鄕戰과 그 背景에 관한 小考」,『忠南史學』2, 1987;「1871年 寧海東學亂」,『韓國學報』47, 일지사, 1987 참조.
60) 李敦化,『天道敎創建史』제2편, 18~19쪽.
61) 自乙亥(1875년)世淸之死後 先生忌誕兩節之祭 主人行之云(「崔先生文集道源記書」,『東學思想硏究資料集』壹, 258쪽).
62) 「崔先生文集道源記書」,『東學思想硏究資料集』壹, 254~255쪽.

> 乙亥八月(1875년 8월) 旌善道人 誠出大義 致祭于主人家 其時參祀者 寅常 聖文 丹陽人
> 朴 奎錫 金永淳也 依前先生之禮 用黃肉備品 而說祭矣 行祀之際 許降話之教 而勿用黃
> 肉也 卽爲撤肉以行祀 今番始創之祭 前日 主人許有 動靜之氣 故以是設創云

또한 최시형은 황육을 제사에 쓰지 않는 대신에 淸水 한 그릇을 쓰도록 하였다.[63] 그리고 1875년 10월에는 冠服을 제정하고 祭官을 分定하여 제사를 봉행하였다.[64] 이 때 제관에 임명된 사람은 初獻道主 崔慶常 亞獻道主 姜洙 終獻 全聖文 大祝 劉寅常 執禮 朴奎錫 奉香 金永淳 奉爐 金龍鎭 등이었다. 이들 가운데 강수, 전성문, 유인상 등은 최시형과 매우 밀접한 인물이었다. 이들이 제사의식에서 핵심적인 위치를 차지하게 된 것은 동학교단 내에서 최시형의 지도체제가 확립되었음을 의미한다고 할 수 있다. 즉 최시형은 제사의식을 새로이 마련하고 제관을 임명함으로써 동학교단 내에서의 자신의 지도력을 강화하였던 것이다. 이와 같은 새로운 제사의식의 확립과 제관의 분정 이후 최시형의 단일지도체제가 확립되고 있다. 특히 說法祭, 九星祭, 引燈祭의 실시는 동학의 교세의 확장과 밀접한 관계가 있는 것으로 보인다. 왜냐하면 이러한 제사의식의 확립은 흩어져있던 교도들을 다시 결집시키는 소극적인 의미였다면 이제는 보다 많은 신도를 획득하기 위한 하나의 포교수단으로서의 적극적인 의미도 내포하고 있는 것으로 보이기 때문이다. 따라서 이를 바탕으로 최시형은 동학교단조직을 재정비하면서 명실상부한 동학교단의 최고지도자로서 자리를 잡는 것이다.

---

[63] 吳尙俊,「本教歷史」,『天道教會月報』16, 1911.11, 19쪽.

[64] 十月 主人 將有設法之計 使洙通文于旌善 二十八日來會于道主家 則當以忌日行祭矣 寅常 及聖文來到 俱製冠服 以仙道創始 洙作祝文告 于天主 其時參祀人 祭官分定 이 때 제관에 분정된 인물은 初獻道主 崔慶翔 亞獻次主 姜洙 終獻 全聖文 大祝 劉寅常 執禮 朴奎錫 奉香 金永淳 奉爐 金龍鎭 등이다(「崔先生文集道源記書」,『東學思想研究資料集』壹, 256~258쪽).

5. 맺음말

　　일반적으로 알려져 있듯이 동학은 1860년 경주출신의 몰락양반인 수운 최제우에 의하여 창도되었다. 창도 이후 동학은 민중을 중심으로 빠른 속도로 포교되었으나 정부는 1864년 교조 최제우를 처형함으로써 동학은 심각한 위기에 처하게 되었다. 이 때 제2대 교조로서 동학의 유지와 확대에 기여한 인물이 해월 최시형이었다. 최시형은 그 출생이 한미하였을 뿐만 아니라 교육도 받지 못한 인물이었다. 이러한 인물이 최제우의 뒤를 이어 동학의 교주가 되었다는 것은 동학이 민중적인 사상이요 종교라는 사실을 다시 한 번 말해준다. 또한 최시형은 자신의 신분적 한계를 처절히 느끼면서 자신의 삶을 개척하고자 하였다. 이러한 그의 신분적 불만은 최시형이 동학에 입도하게 된 가장 큰 이유였다고 생각된다. 입도 이후 그는 수행에 최선을 다하였고 이 과정에서 몇 차례의 신비한 종교적 체험을 하면서 최제우의 신임을 얻게 되었다. 그리고 1863년 북도중주인에 임명되고 결국은 도통을 전수받았다. 북도중주인이 된 이후 그는 경주 이북 지역을 중심으로 포교 활동을 전개하였다. 이는 포교에 대한 최제우의 구상과 관련이 있다고 생각된다. 즉 최제우 자신은 경주를 중심으로 그 이남지역을 담당하고 경주 이북지역의 포교는 최시형에게 전권을 위임한 것으로 생각된다. 다만 이 과정에서 문제되는 것이 최시형이 1862년 최제우에 의하여 임명되었던 최초의 접주에 포함되어 있지 않은 사실에 대한 이해문제이다. 이는 곧 최제우의 후계구도에 있지 않던 최시형이 어떻게 도통을 전수받을 수 있었는가. 더 나아가서는 그의 도통 전수가 최시형의 교권 장악 이후 새롭게 추가된 것이 아닐까라는 주장도 제기되었다. 그러나 필자는 이러한 견해에 대하여 최시형의 연비인 오명철과 최시형의 심법을 전수받았다는 김이서가 16명의 접주에 포함되어 있는 것으로 보아 오히려 최시형의 지위가 교단 내에서 이들보다 우위에 있었으므로 접주가 아닌 북도중주인에 임명된 것이라 주장하였다.

　　그리고 최시형이 제2세 교조가 되었던 시기는 동학이 존폐의 기로에 있던 시기였다. 이러한 시기에 그는 포교 활동을 통하여 동학의 명맥을 지키는 한편 소진되어 가던 경전을 문자화하여 간행하는 등의 활동을 통해 동학 교단의 유지와 교세의 확장에 결정적인 기여를 하였다. 특히 그의 포교가 정부의 금압을 무릅쓰고 이루어졌을 뿐만 아니라 포교 지역도 최제우 당시에는 이루어지지 않았던 경주 이북과 강원지역이라는 점에서 동학의 외연의 확대라는 의미도 있다고 할 수 있다. 이러한 교단 내적인 의미 외에도 그의 초기 활동은 당시 조선사회가 직면했던 여러 문제점들에 대한 도전과 실천이라는 점에서 의미가 있다. 즉 그는 설법을 통해 신분타파를 주장했고 이를 영해교조신원운동을 통해 실천에 옮기기도 하였다. 이러한 활동은 당시 조선사회가 지향해야 해야 했던 근대로의 전환이라는 시대적인 요구에 부응하는 것이었다.

결론적으로 최시형은 동학이 정부의 탄압으로 인해 존폐의 위기에 처해있을 때 동학의 2세 교조로서 동학을 유지, 확대하는 데 결정적인 기여를 하였다. 그러나 그의 활동은 종교집단으로서의 동학 내에 머무는 것이 아니라 신분타파를 주장하고 이를 실천에 옮기는 등 근대 지향적인 성격도 갖는 것이라 할 수 있다.

* 논문 출처
『동학연구』 7, 한국동학학회, 2000.

:

동학과
동학농민운동의
관계

― 포접제와 관련하여

1. 머리말

　　1894년 발생한 동학농민운동은 반봉건반외세를 표방한 민중운동이었다는 점에 대해서는 이견이 없다. 그러나 이 운동이 동학이라는 종교조직과 어떠한 관계를 갖고 있는가에 대해서는 연구자에 따라 다른 의견이 있다. 첫째는 동학농민운동이 동학과 전혀 관계없는 농민층의 계급운동으로서 동학은 종교적 외피라는 연구가 있다. 그런데 필자의 과문 때문인지는 몰라도 이 종교적 외피론에 대한 본격적인 연구는 강재언의 연구[1] 외에는 발견되지 않는다. 다만 동학농민운동 연구의 초기에 이루어진 연구에서는 종교적 외피론에 영향을 받은 연구가 발표되기도 하였[2]으나 연구가 심화되면서 이러한 경향은 사라지는 추세라 할 수 있다. 이 종교적 외피라는 주장은 주로

---

[1] 강재언, 『한국근현대사연구』, 한울, 1982.
[2] 정창렬, 「古阜民亂의 硏究(上)」, 『한국사연구』 48, 한국사연구회, 1985 및 「古阜民亂의 硏究(下)」, 『한국사연구』 49, 한국사연구회, 1985.

일본 내의 일본인 연구자나 교포 연구자들의 견해와 그들의 영향을 받은 국내의 일부 연구자들의 견해로 파악된다. 둘째는 동학농민운동은 동학의 종교조직을 통하여 농민을 동원하는 등 동학의 종교조직과 매우 밀접한 관련이 있다는 것이다. 국내의 연구자들은 대부분 동학이라는 종교와 그 조직이 동학농민운동에 직접적으로 관련을 맺고 있다고 파악하고 있다.[3]

이러한 논쟁이 전개되었음에도 불구하고 동학과 그 종교조직이 어떠한 형태로 농민운동에 관여했는가에 대해서는 연구가 미진한 형편이다.[4] 이러한 문제점을 해결하기 위해서는 동학의 대접주와 접주 등 동학교단의 지도자가 동학농민운동의 전개과정에 어떠한 형태로 참여했으며, 교도들을 어떠한 방식으로 동원했는가에 대한 연구가 진행되어야 할 것이다.

본고에서는 이러한 문제의식을 바탕으로 먼저 선행 연구의 결과를 수용하면서 동학의 종교조직인 포접제의 설치와 변천 과정을 살필 것이다. 그리고 교조신원운동과 고부농민봉기로 이어지는 시대적 흐름 속에서 서인주·서병학·전봉준·손화중·김개남 등 동학 내의 사회변혁지향세력이 동학의 접주 혹은 대접주로서 동학의 종교조직을 통해 교도들을 동학농민운동에 동원하는 관계를 살필 것이다. 이 과정을 통해 동학이라는 사상과 종교조직이

---

[3] 대표적인 연구로는 다음의 것들이 있다.
이진영, 「김개남과 동학농민전쟁」, 『한국근현대사연구』 2, 한국근현대사학회, 1995; 조경달, 「1894년 농민전쟁에 있어서 동학지도자의 역할-서병학·서인주를 중심으로-」, 『역사연구』 2, 역사학연구소, 1993; 송찬섭, 「농민전쟁에서 동학은 어떠한 일을 하였는가」, 역사학연구소 1894년 농민전쟁연구분과 엮음, 『농민전쟁 100년의 인식과 쟁점』, 1994; 박맹수, 「동학과 동학농민혁명 연구에 대한 재검토」, 『동학연구』 9·10, 한국동학학회, 2001; 신영우, 「1894년 동학농민군의 청주성 점거 시도」, 『충북사학』 13, 충북사학회, 2002; 박맹수, 「김낙철계 동학농민군의 활동과 갑오 이후의 동향」, 『동학학보』 17, 동학학회, 2009; 성주현, 「박인호계의 동학혁명과 그 이후의 동향」, 『동학학보』 17, 동학학회, 2009.

[4] 대표적인 연구로는 다음의 것들이 있다.
김용덕, 「동학군의 조직에 관하여」, 『한국사상』 12, 1974; 박맹수, 「동학의 교단조직과 지도체제의 변화」, 『1894년 농민전쟁연구』 3, 역사비평사, 1993; 표영삼, 「동학사상과 접포조직」, 『한국사상』 22, 한국사상사학회, 1995; 이희근, 「1894년 동학교단의 포접제」, 『史學誌』 30, 단국대학교 사학회, 1997.

동학농민운동과 어떠한 관련을 맺고 있는지가 밝혀지기를 기대한다.

2. 포접제의 실시

19세기 조선사회는 정치, 사회, 경제, 문화 등 다방면에서 변동하였다. 1811년 홍경래의 난, 1862년 임술농민봉기 등의 아래로부터의 저항은 조선사회를 급격히 변화시켰던 것이다. 특히 개항 이후 군현 단위로 산발적으로 전개되던 농민봉기는 점진적으로 조선사회의 지배체제를 붕괴시키는 계기로 작용하였다.

이와 같은 농민봉기가 발생한 배경에는 조선후기 빈번하게 발생하였던 자연재해와 전염병의 유행에 따른 농민층의 생활의 어려움과 삼정의 문란으로 대표되는 세도정치기의 부정과 부패 등 농민층에 대한 지방수령과 향리층의 가렴주구, 임진왜란 이후 약화되던 신분제 의식 등을 들 수 있다. 특히 신분제 의식의 약화는 17세기 중반 이후 수용된 서학이 신앙의 대상으로 변화하면서 평등의식이 조선사회에도 영향을 끼친 것에 기인한 것으로 이해된다. 동학사상이 창도되던 시기에는 이러한 평등사상이 사회적으로 상당히 넓게 전파되었던 것이라 판단된다. 그리하여 김옥균, 홍영식, 박영효 등 조선사회의 최상층이 주도한 1884년 갑신정변에서도 문벌 폐지 등 평등사상을 전면에 내걸었던 것이라 생각된다. 이는 곧 평등사상이 조선사회에 널리 전파되었음을 의미한다.

또한 이 시기에는 미륵신앙이나 정감록과 같은 민간신앙이 유행하였다. 이러한 민간신앙은 이른바 '진인출현'을 대망하는 민중들을 결속시켜 반란을 도모하거나 비밀결사를 조직하는 현상으로 나타나기도 하였다. 이는 곧 지금까지 지배층에 의해 일방적으로 다스림의 대상으로 객체화되어 있던 피지배층들의 의식을 성장시키는 계기가 되었다.

다른 한편 농민봉기가 일어난 지역은 다른 지역에 비해 인구밀도가 상대적으로 높고, 장시와 역참의 수가 많았던 지역이었다. 이로 보아 농민봉기가 일어난 지역은 다른 지역보다 상품화폐경제가 발달한 도회지나 그 인접지역이었음을 알 수 있다. 그 때문에 이 지역들은 농민층의 분해가 심화되었고, 그에 따라 교환경제의 영향이 컸던 지역이라 볼 수 있다.

이와 같은 국내적인 정세의 변화와 수반하여 국외적으로도 조선사회를 둘러싼 정세는 매우 급박하게 전개되었다. 산업혁명과 시민혁명을 거치면서 발전한 서양세력은 그 힘을 바탕으로 아시아와 아프리카, 아메리카 등지로 식민지를 확대하였다. 조선 연안에도 19세기 중엽부터 이양선이 출몰하기 시작하였다. 특히 조선과 조선인민에게 1866년 병인양요와 제너럴 셔먼호사건, 1868년 오페르트 도굴사건, 1871년 신미양요 등은 조선에 대한 서양세력의 직접적인 침략이라 인식되는 것이었다. 이외에도 1876년 개항 이래 조선을 둘러싼 일본과 청의 대립, 미국을 위시로 한 서양 각국과의 수교는 조선사회에 서양문물이 급격하게 전파되는 계기가 되었다.

동학은 이러한 시대적 배경을 바탕으로 1860년 경주지방의 몰락양반 수운 최제우가 창도하였다. 수운 최제우는 1824년(순조 24) 음력 10월 28일 경상도 경주군 부곡면 가정리에서 부친 近庵 崔鋈과 모친 谷山 韓氏 사이에서 태어났다. 본관은 경주이며, 초명은 福述이고, 본명은 濟宣이다. 濟愚는 1859년에 고친 이름이고, 자는 性黙, 호는 水雲이다.

최제우의 생애는 크게 3기로 나누어 볼 수 있다. 제1기는 경주 가정리에서의 청소년기, 제2기는 울산 유곡동을 근거로 한 방랑과 수도기, 제3기는 경주 용담정에서 동학의 창도와 포덕을 하던 시기이다.[5] 최제우의 아버지인 최옥은 여러 차례 과거에 낙방하였으나 문장과 도덕이 높아 당대 경상도 일대에서 사림의 사표가 되었던 인물이었다.[6] 최옥은 정씨와 서씨를 부인으로 맞았으나 각각 37세와 51세에 사망하고 63세에 과부였던 곡산 한씨를 맞이하여

---

[5] 최효식, 「水雲 崔濟愚의 生涯와 思想」, 『동학연구』 2, 한국동학학회, 1998, 38쪽.
[6] 최효식, 앞의 논문, 39쪽.

최제우와 딸을 낳았다. 그러므로 수운 최제우의 양친은 정식으로 결혼한 것은 아니었다. 따라서 최제우는 어려서부터 과거에 응시할 수 없다는 신분제의 압박 속에서 성장하였을 가능성이 매우 높았다고 할 수 있다.

　최제우는 10세 때 모친상을 당하고 17세에 부친상을 당하였다. 이로 보아 최제우가 지속적으로 학문에 집중할 수 있었던 것으로 보이지는 않는다. 그리하여 그는 "아버지의 평생 사업은 없어지고 자손의 불초한 여한은 세상에서 낙심하게 되었노라. 어찌 슬프지 아니하랴. 마음으로는 가정을 돌볼 생각이 있지마는 어찌 심고 거두는 일을 알며, 글공부를 독실히 하지 못하였으니 벼슬할 생각이 없어졌노라"[7]고 자신의 상황에 낙담하였던 것이다. 이는 결국 아버지의 사망이 그의 경제적 기반에 타격을 주었을 뿐만 아니라 그 자신이 농사에 종사할 생각이 없었다는 것과 자신이 과거볼 준비가 되어 있지 않아 과거를 포기하였음을 보여준다고 할 수 있다. 이러한 상황에서 그는 19세에 울산의 월성 박씨와 결혼하였다.[8]

　제2기는 결혼 이후인 21세 때부터 37세까지의 시기로서 생활터전을 고향인 경주에서 처가가 있는 울산의 유곡동으로 옮긴 시기이다. 그는 21세(1844년)부터 31세(1854년)까지 10년간 장삿길에 나서기도 하였다. 전국을 돌아다니며 장사를 하면서 그는 조선사회의 인심과 풍속을 살피고 체험하였다. 이 기간 동안 그는 조선사회의 모순을 극복할 방안에 대하여 생각할 수 있었다. 그리하여 이 시기 그의 유랑생활은 그가 이후 동학을 창도하는 데 밑바탕이 되었다고 추측된다. 어쨌든 그는 1854년 유랑생활을 그만두고 득도하기 위한 수도생활에 몰입하기 시작하였다. 그가 처음으로 수련을 한 곳은 울산 유곡동의 속칭 '여시바위골'이라는 곳이다. 이곳에서 1855년 그는 금강산 유점사의 異僧을 만나 득도의 결정적인 계기가 된 천서, 즉 '乙卯天書'를 받았다고 한다.[9] 이를 계기로 그는 본격적인 수도생활을 시작하였다. 1856년 양산 통

---

[7] 『東經大全』, 「修德文」.

[8] 『慶州崔氏見谷派譜』.

도사 내원암 근처의 자연동굴(寂滅窟)에 들어가 49일 간의 기도생활을 하였고, 이곳에서도 신비한 체험을 하였다. 이곳에서 그는 "동래 부근에서 서학을 하는 경주 최씨 성을 가진 사람과 담론도 하고 매우 가깝게 지냈다"[10]고 한다. 바로 이 서학을 하는 사람은 충청도 청양 출신으로서 김대건 다음으로 사제서품을 받은 崔良業이다. 이를 계기로 최제우는 최양업으로부터 서학사상만이 아니라 서양세력의 동향까지도 알 수 있었던 것으로 보인다. 특히 서학의 평등사상을 이 때 수용하였을 것이라 판단된다. 최양업은 1835년 방제·김대건 등과 함께 신학생으로 선발되어 1837년부터 마카오에서 본격적인 사제수업을 받았다. 1844년 소정의 신학공부를 마친 뒤 김대건과 함께 페레올 주교로부터 삭발례(削髮禮)와 부제품(副祭品)을 받았다. 그 뒤 1846년부터 4차례에 걸쳐 귀국을 시도했으나 실패하여 상하이에서 생활하였다. 1849년에 강남 교구장인 예수회원 마레스카 주교로부터 사제서품을 받아 김대건에 이어 한국의 2번째 신부가 되었다.[11]

내원암에서 수도생활을 하면서 최제우는 또 다른 신비한 체험을 하게 되었다. 그의 心眼에 숙부가 사망하는 것이 보였기 때문이다. 그리하여 그는 49재를 마치지 못하고 숙부상을 치루기 위해 고향 경주로 돌아갔던 것이다. 이에 대해 마을 사람들은 최제우의 신통함에 놀라지 않을 수 없었다. 이후 그는 가정 경제를 위해 울산에 鐵店을 내어 아내에게 맡기고 자신은 다시 수도를 위해 양산 천성산의 절멸암에 들어갔다. 그런데 그는 철점을 내기 위해 자신의 땅을 7명의 사람에게 중복으로 매매하였던 것이 탄로나 관아에 고발을 당하였다. 이는 사기행위였다. 이 땅을 산 사람 중 하나가 노모와 함께 와서 항의하다가 싸움이 나서 최제우에 의하여 노모가 죽은 일이 있었고, 최제우는 노모를 살려내는 기적을 보였다. 그리하여 이 사건을 계기로

---

9) 『천도교창건사』.
10) 최정간, 『해월 최시형가의 사람들』, 웅진출판사, 1994.
11) 류홍렬, 『韓國天主敎會史』(상), 웅진출판사, 1962.

최제우가 신명하다는 소문이 사방에 나게 되었던 것이다.

제3기는 최제우가 가족과 함께 울산에서 고향으로 돌아온 이후 그가 혹세무민의 죄로 처형당할 때까지이다. 이 시기에 그는 龍潭亭에 정착하고 본명을 濟愚, 호를 水雲으로 고쳤다. 그리고 1860년 4월 5일 장조카 맹륜의 생일을 맞아 장조카의 집으로 향하던 최제우는 다음과 같은 체험을 하였다.

> 4월에 마음이 선뜩해지고 몸이 떨려서 무슨 병인지 집중할 수도 없고 말로 형상하기도 어려울 즈음에 어떤 신선의 말씀이 있어 문득 귀에 들리므로 놀라 캐어 물은 즉 대답하시기를 '두려워하지 말고 두려워하지 말라. 세상 사람들이 나를 상제라 이르거늘 너는 상제를 알지 못하느냐 그 까닭을 물으니 대답하시기를 '내 또한 공이 없으므로 너를 세상에 내어 사람들에게 이 법을 가르치게 하니 의심하지 말고 의심하지 말라' 묻기를 '그러면 西道로써 사람을 가르치리이까' 대답하기를 '그렇지 아니하다. 나에게 靈符 있으니 그 이름은 仙藥이요 그 형상은 太極이요 또 형상은 弓弓이니 나의 영부를 받아 사람을 질병에서 건지고 나의 주문을 받아 사람을 가르쳐서 나를 위하게 하면 너도 또한 장생하여 덕을 천하에 펴리라' 나도 또한 그 말씀에 느끼어 그 영부를 받아 써서 물에 타서 마셔본 즉 몸이 윤택해지고 병이 낫는지라.12)

이를 '天師問答'이라 한다. 이와 같이 최제우는 득도하였으나 향후 약 6~7개월간은 포교를 하지 않고 수행에만 정진하면서 포교를 위한 준비를 하였다. 이 기간 동안 그는 「용담가」, 「안심가」, 「교훈가」 등의 한글 가사와 「포덕문」, 「논학문」 등을 지었던 것이다. 이와 같은 준비 작업을 마친 그는 1861년 6월경 자신이 창도한 새로운 사상을 '東學'이라 명하면서 본격적으로 포교에 나섰다. 그런데 여기에서 주목할 것은 최제우는 상제가 포덕을 하라고 했을 때 '그러면 西道로써 사람을 가르치리이까'라고 대답한 것이다. 이는 최제우를 포함하여 당시의 대부분의 일반인들은 상제, 즉 하느님을 기독교의 하느님이라 생각하고 있었을 가능성이 있었다는 것이다. 이에 대해 최제우는 '동

---

12) 『東經大全』, 「布德文」.

학'이라 하여 우리의 사상에 기반하고 있음을 강조한 것이라 생각된다. 여기에서 동학사상은 기본적으로 민족주체사상을 내포하고 있음을 알 수 있다.

그의 사상의 핵심은 後天開闢과 無爲而化, 侍天主와 修心正氣, 斥倭洋, 有無相資 등으로 요약할 수 있다. 이를 통해 최제우가 동학교도에게 呪文, 淸水, 誠米, 侍日, 祈禱 등 五款을 강조하였다.13) 최제우에 따르면 인류의 역사는 愚夫愚民의 시대, 五帝 이후의 聖人의 시대, 各自爲心의 시대, 다시 개벽의 시대로 구분하면서 동학이야말로 先天開闢 이래 5만 년을 지속해온 지금까지의 문명을 해체시키고 後天開闢의 새로운 문명의 5만 년을 열 無極大道라고 하였다. 그리고 이 무극대도의 원리가 무위이화라고 설명하였다.14)

시천주사상은 '侍'라는 것은 안으로 神靈이 있고 밖으로 氣化가 있어서 온 세상 사람이 각각 옮기지 못할 것을 아는 것이고, '主'라는 것은 존칭해서 부모와 마찬가지로 섬긴다는 것을 의미한다. 즉 사람이 하늘을 내 몸 안에 모신다는 뜻이다. 그리하여 최제우는 '至氣今至願爲大降 侍天主造化定永世不忘萬事知'의 21자 주문을 강조하였던 것이다. 따라서 그 어떤 사람이라 할지라도 신분의 고하에 관계없이 수련을 통하여 '시천주'가 가능하므로 '한울님'과 일체화할 수 있고 자신 안에 모셔진 '한울님'을 체험할 수 있다는 것이다. 이는 곧 평등사상을 의미한다.

또한 최제우는 有無相資를 강조하였다. 유무상자란 경제적 여력이 넉넉한 교도들이 가난한 교도들을 돕도록 한 것이다. 이는 조선후기 어려운 민중의 삶을 어떻게든 극복해보고자 한 최제우의 현실인식이 반영되어 있는 것으로 판단된다. 그리하여 동학의 유무상자사상은 최제우가 처형당한 이후에도 동학 조직을 수십 년간 지하조직으로 존립할 수 있게 하였던 것이다.

이와 같은 그의 사상은 조선후기 민중의 願望을 반영한 것으로 봉건적 모

---

13) 『大先生文集』.
14) 박맹수, 「동학의 창도와 개벽사상」, 『동학농민혁명의 기억과 역사적 의의』, 전북사학회·정읍시, 2011, 51~52쪽.

순으로 가득한 현실과 서세동점의 위기 속에서 이를 극복할 수 있는 대안을 제시하지 못하고 있는 지배세력을 비판하는 한편 그로 인한 민중의 불안한 심리를 달랠 수 있는 것이었다. 이러한 동학사상은 민중들을 불러 모을 수 있는 토대가 되었다.

따라서 포교를 시작한 지 1년이 되지 않는 기간 동안 동학은 경주를 중심으로 경상도 일대에 확산되었다. 이렇게 동학이 급속도로 확산되자 성리학적 지배질서를 유지하려는 지방 수령과 향촌의 지배세력은 동학을 탄압하였다. 이에 최제우는 피신을 하면서 때로는 교도의 집에, 때로는 자신의 집에 수련 장소를 마련하여 교도들을 수련시켰다. 그리고 교도의 수가 많은 곳에서는 '結幕'하여 수련하였을 뿐만 아니라 매월 초하루와 보름에는 산에 올라 '設壇祭天' 행사를 하였다.15) 이를 통하여 수령과 향촌 지배세력의 탄압에도 불구하고 동학의 교세는 더욱 확산되었다.

이렇게 동학의 교세가 확산되는 과정에서 이른바 사회변혁지향세력도 동학에 입도하였던 것으로 보인다. 예를 들면 공주, 진천, 진주 등지에서 변란을 도모했던 李弼濟가 동학 포교 초기에 문경에서 최제우를 만나 입도하였던 사실을 들 수 있다.16) 이외에도 동학농민운동의 주도세력이었던 서병학, 서인주, 전봉준, 김개남, 김성기, 유태홍, 김재홍, 손화중 등도 사회변혁지향세력이었다고 할 수 있다.17) 이는 입도 시기에 관계없이 동학 내에는 사회변혁지향세력이 하나의 흐름을 형성하고 있음을 보여주는 것이라 할 수 있다.

이와 같은 교세의 확장에 맞추어 최제우는 동학교단을 정비할 필요성을 느꼈다. 그리하여 1863년 2월 17일 흥해 매곡동 손봉조의 집에서 接制를 실시하고, 16명의 접주를 임명하였다. 이 때 임명된 접주는 경주부서 白士吉, 姜元

---

15) 박맹수, 「동학의 교단조직과 지도체제의 변화」, 『1894년 농민전쟁연구』 3, 역사비평사, 1993, 304쪽.
16) 「천도교창건사」, 『동학사상자료집』 2, 아세아문화사, 1979, 101쪽.
17) 조경달, 앞의 논문과 조성운, 「황토현전투의 전개와 역사적 의의」, 『한국민족운동사연구』 77, 한국민족운동사학회, 2013을 참조 바람.

甫, 영해 朴夏善, 청하 李民淳, 안동 李武中, 영양 黃在民, 신령 河致旭, 울산 徐君孝, 장기 崔中義, 영덕 吳命哲, 대구·청도 金周瑞, 연일 金而瑞, 단양 閔士葉, 영천 金先達, 고성 成漢瑞 경주본부 李乃兼이었다.[18] 그러나 접 조직은 이미 이 이전에 마련되었던 것으로 보인다.「水雲行錄」1862년 11월(음)에 '府西接中' 또는 '接內'라는 표현이 나오기 때문이다. 그러나 동학의 종교조직으로서의 접이 아니라 전도자와 수도자 사이의 인맥이 접이라 불렸던 것으로 이해해야 한다고 본다. 접주는 다수의 교도가 분포되어 있는 한 지방의 관리 책임자로서 40~50명의 교도들을 지도, 관장하였다.[19] 그런데 1863년 10월 28일 수운의 생일을 맞아 鑄洞接에서 음식을 많이 차렸다고 한 것[20]에서도 알 수 있듯이 포교가 진행되면서 접주를 계속 임명했음을 알 수 있다.

포조직에 관한 기록은 1883년 이후에 빈번히 나타난다. 1884년 10월 28일 대신사 수운 탄신기념제례를 봉행할 때 포 두령 82명이 참석하였던 것이다.[21] 그리고『侍天敎歷史』1890년 8월조에는 1889년 서장옥이 관에 체포되어 근 1년간 옥살이를 하다 1890년 8월에 保放할 때 金演局包에서 750량을 마련하여 보냈다는 기사에서 볼 수 있듯이 포라는 조직이 존재하고 있음을 알 수 있다. 1891년에 이르면 전라도지역에만 16개의 포가 존재하였고, 1893년 3월(음) 보은집회 때 교단조직으로 공식화하였다.[22] 즉 各包의 大接主와 包名을 다음과 같이 정하였다.

忠義大接主 孫秉熙　　忠慶大接主 任奎鎬　　清義大接主 孫天民　　文清大接主 任貞準
沃義大接主　朴錫圭　　關東大接主 李元八　　湖南大接主 南啓天　　尙公大接主 李觀永[23]

[18)]「水雲行錄」,『아세아연구』7-1, 1961, 180쪽; 姜時元,『崔先生文集道源記書』.
[19)]「羅巖隨錄」.
[20)]「水雲行錄」, 앞의 책, 181쪽.
[21)]『侍天敎宗繹史』;『侍天敎歷史』.
[22)] 이희근,「1894년 동학교단의 포접제」,『史學誌』30, 단국대학교 사학회, 1997, 194~195쪽.
[23)]『天道教書』.

이후에도 교도와 접의 수가 증가함에 따라 포명과 대접주는 계속해서 임명되었다.24) 이후 동학의 단위 조직은 접에서 포로 바뀌었다. 접의 규모는 30~70호 정도인데 100호 이상이 되면 접을 두 개로 나누었다. 그러나 포는 산하에 제한 없이 여러 개의 접을 둘 수 있었다. 그러므로 포 조직은 접이 증가하면서 자연스럽게 생겨난 것으로 보아야 한다고 생각된다. 즉 도인이 증가하면서 접도 증가하였고 이에 따라 원래의 접주를 큰접주(大接主)로 모시면서 포가 만들어진 것이었다. 1890년대에는 작은 포라도 10여 개, 큰 포의 경우에는 20여 개의 접을 거느리고 있었다. 김개남이 대접주로 있던 포는 24개의 접을 거느리고 있었다.25) 그리하여 朴周大가 쓴『羅巖隨錄』에는 포를 의미하는 大接은 數三百이며 小接은 60~70인 정도라 하였던 것이다. 이렇게 포의 규모가 커지면서 대접주 산하에 수접주, 접주, 接司 등을 임명하면서 동학의 종교조직은 보다 세밀해지게 되었다.26)

이외에도 최제우는 1863년 최시형을 북도중주인에 임명하였다. 북도중주인은 경주 이북지역에 대한 포교와 교도 관리를 담당하는 직이었다.27) 이후 최시형은 북도중주인이라는 칭호 대신 북접주인, 북접법헌 등을 사용하고 있다. 여기에서 법헌이란 최초에는 최시형이 주재하던 처소를 이르는 말이었으나 몇 년 안에 최시형 자신을 지칭하는 의미로 변하였다.28) 이로 보면 제2세 교조인 최시형대에 이르면 동학조직은 중앙본부인 법소-포-접조직으로 체계화되었음을 알 수 있다.29)

---

24) 새로 임명된 포명과 대접주에 대해서는 표영삼의 연구(「접포조직과 남북접의 실상」,『한국학논집』25, 1994, 155쪽)를 참조 바람.
25) 黃玹,『梧下記聞』.
26) 한편 1884년에는 접주제 외에 육임제가 만들어졌으나 이에 대해서는 생략하기로 한다.
27) 조성운,「해월 최시형의 도통전수와 초기 포교활동」,『동학연구』7, 2000 참조.
28) 박맹수,「동학과 동학농민혁명연구에 대한 재검토」,『동학연구』9·10합집, 한국동학학회, 2001, 111쪽.
29) 김용덕,「동학군의 조직에 관하여」,『한국사상』12, 1974 참조.

3. 동학농민운동의 전개와 포접제

　　　　　　　　　　　　1894년 동학농민운동이 발생하기 이전에 동학은 교조신원운동을 전개하였음은 잘 알려진 사실이다. 1892년부터 1893년까지 공주, 삼례, 서울, 보은, 금구 등지에서 교조신원운동이 전개되었다.

최초의 교조신원운동인 공주집회는 서인주와 서병학이 1892년 7월 지방 토호와 관리들의 동학교도에 대한 탄압에 대응하여 교조신원운동을 전개할 것을 2세 교조 해월 최시형에게 건의한 결과 전개될 수 있었다. 공주집회 시에는 '立義通文', 삼례집회 시에는 '敬通'을 발송하여 교도들에게 삼례로 모일 것을 지시하였다. 또 서울의 복합상소 계획 역시 삼례집회 시 결정된 것이었고, 손병희와 이관영 등의 건의에 따라 소집된 보은집회 역시 해월 최시형이 허락한 집회였다. 그러므로 교조신원운동은 해월 최시형이 교조로서 집회의 개최를 허락하거나 지시한 것임을 알 수 있다. 따라서 교조신원운동에 최대 수만 명이 참여하였다는 것은 동학이 집단적인 힘을 배경으로 정부측에 교조의 신원을 요구할 수 있을 정도로 성장하였다는 것을 의미한다고 할 수 있다.

이와 같이 교조신원운동을 통해 동학은 수천 명부터 수만 명에 이르는 교도들을 동원할 수 있을 정도의 세력이 되었음을 증명하였고, 이는 동학 내의 사회변혁지향세력에게는 사회변혁을 도모할 수 있다는 자신감을 갖게 하였다고 판단된다. 그리하여 1892년 삼례집회 시 "서병학의 문필로 소장을 진술하여 의송(義訟)하고자 할 때 관리 압박의 위엄으로 인하여 소장을 올릴 인물이 없어서 주저방황 중에 우도(右道)에 전봉준, 좌도(左道)에 柳泰洪 씨가 자원 출두하여 관찰부에 소장을 올"[30]린 바 있었다. 여기에서 알 수 있듯이 전봉준은 삼례집회 시 다른 인물들은 꺼려하던 소장을 관찰부에 제출하였다. 그런데 다음에서 보이듯이 1892년은 전봉준이 동학에 입도한 해였다.

---

30) 최병현, 『남원군동학사』, 1924.

체포되어 가는 전봉준

문 동학에는 언제부터 관계하였는가.
답 3년 전(1892년-인용자)부터이다.
문 어떤 것에 동감하였는가.
답 輔國安民이라는 동학당의 주의에 동감하고 있던바 동학인 金致道가 나에게 동학의 書物을 보여주었다. 그 중에 敬天守心이라는 문장이 있는데 그 안에 大體正心이라는 것에 동감하여 입당하였다.
문 정심하는 점은 동학당에 한한 것이 아니다. 다음 무언가 입당을 재촉한 것이 아닌가.
답 단지 마음을 바르게 하는 것뿐이라면 물론 동학당에 입도할 필요가 없지만 동학당의 소위 경천수심이라는 주의에서 보면 정심 외에 協同一致의 뜻을 포함하고 있어서 결당의 뜻을 보게 된다. 마음을 바로한 자의 일치는 간악한 관리를 없애고 보국안민의 업을 이룰 수 있다고 생각한 탓이다.[31]

이처럼 전봉준은 동학에 입도하자마자 교단의 중요한 일을 수행하였던 것이다. 이 삼례집회의 괴수는 徐仁周였고, 이외에도 金開南, 金德明, 孫化中

---

31) 「全祿斗の申供」, 『大阪朝日新聞』 1985.3.3.

등도 참여하였다.32) 이렇게 보면 삼례집회를 전후하여 조선사회의 변혁을 위한 활동을 동학 내의 사회변혁지향세력이 모색하고 있었던 것이 아닌가 추측할 수 있다. 이는 경복궁의 복합상소에 참여하였던 남원의 金榮基, 운봉의 金聖基, 구례의 유태홍, 곡성의 金在泓 등이 1893년 전봉준이 지은 창의문을 각 군의 아문에 붙였던 사실에서도 뒷받침된다고 할 수 있다.33) 또 1893년 11월 작성된 사발통문에는 다음과 같은 결의사항이 나타나있다.

- 고부성을 격파하고 군수 조병갑을 효수할 것
- 군기창과 화약고를 점령할 것
- 군수에게 阿諛하여 인민을 侵漁한 탐리를 격징할 것
- 전주영을 함락하고 京師로 直向할 것34)

이 사발통문의 결의사항 중 '京師로 直向'하자는 것은 금구집회에서 '3월 7일 왜양성토, 소멸을 위한 상경'하자는 것과 일맥상통한다. 따라서 금구집회의 주요 지도부였던 전봉준이 사발통문 서명자 20명 중 1인이었다는 것에서 보면 금구집회의 결의사항이 사발통문에 반영되었던 것이라 판단할 수 있다.35)

이러한 계획에 따라 고부농민봉기가 1894년 1월 11일 발생하였던 것이라 생각된다. 따라서 고부농민봉기는 금구집회를 이끈 서인주와 그의 제자인 전봉준, 손화중, 김개남 등 동학내의 사회변혁지향세력이 고부를 중심으로 한 인근지방의 동학지도자들을 규합하여 계획적으로 일으킨 것으로 자연발생적으로 일어난 기존의 농민봉기와는 그 성격이 다르다고 할 수 있다.36)

---

32) 최병현,『남원군동학사』, 1924.
33) 최병현,『남원군동학사』, 1924.
34) 「沙鉢通文」,『나라사랑』 15, 외솔회, 1974, 135쪽.
35) 정창렬, 앞의 논문(하), 103~104쪽.
36) 조성운, 「황토현전투의 전개와 역사적 의의」,『동학농민혁명 제119주년 기념 학술대회 정읍지역 동학농민혁명의 재인식』, 한국민족운동사학회·정읍시, 2013.

특히 사발통문 서명자 중 정종혁을 제외한 나머지 인물들은 모두 1905년 12월 동학이 천도교로 개편되면서 고부교구를 설립할 때 모두 참여하였다. 이로 보아 사발통문에 참여하였던 인물들은 모두 동학교인이었음[37]이 분명하다고 생각된다.

봉기 이후 전봉준은 1894년 2월 20일 전라도 각지에 창의격문을 보내 농민봉기에 동참할 것을 권하였다.[38] 이는 봉기를 전라도 일대로까지 확산시킨다고 한 사발통문의 계획과 일치한다. 그러나 봉기에 참여한 다수의 농민들은 "민요가 월경을 하면 반란"[39]이 된다고 생각했기 때문에 호응하지 않았을 뿐만 아니라 오히려 전봉준을 감영에서 온 수교와 함께 체포하려고까지도 하였다.[40]

이러한 농민층의 동요와는 달리 1894년 2월에는 "'保國安民倡大義'라는 큰 깃발을 펄럭이며 전격적으로 반항의 결심"을 보였고, "사방에서 이 기세에 휩쓸려 찾아와 가담하는 자가 많았"는데 스스로를 동학당이라 칭하였다고 한다.[41] 이는 고부 이외의 지역에서 많은 교도들이 농민봉기에 참여하기 위해 찾아왔다는 것을 의미한다고 할 수 있다. 그러나 봉기를 확산시키고자

---

[37] 성주현, 「동학혁명 참여자의 혁명 이후 활동(1900-1919), 『문명연지』 6-1, 2005, 15쪽.
[38] 격문의 내용은 다음과 같다. "지방수령은 백성을 다스리는 도(道)를 알지 못하고 백성을 돈이 나오는 근원으로 바라본다. 더욱이 전운(轉運)을 창설하여 많은 폐단이 심하게 생기니 백성들이 도탄(塗炭)에 빠지고 나라는 위태롭게 되었다. 우리들이 비록 초야의 유민(遺民)이지만, 차마 나라의 위태로움을 앉아서 볼 수가 없다. 각 읍의 군자(君子)들은 한 목소리로 의기를 내어 나라를 해치는 적을 제거하여 위로는 종사(宗社)를 돕고 아래로는 백성들을 편안하게 하기를 바란다"(李復榮, 『南遊隨錄』, 甲午 2月 20日).
[39] 장봉선, 「全琫準實記」, 동학농민전쟁100주년기업사업추진위원회 편, 『동학농민전쟁연구자료집(1)』, 여강출판사, 1991, 353쪽.
[40] 「兩湖招討謄錄」, 『동학농민혁명 국역총서』 6, 13쪽.
[41] 「5월 18일 全羅道 全州에서 歸京한 者의 直話」(發第97號 (釜山總領事), 發第60號 (外務省), 發第56號 (元山領事), 1894년 5월 21일), 『주한일본공사관기록』(국사편찬위원회 한국사데이터베이스에서 인용).

한 전봉준의 노력에도 불구하고 신임 고부군수 박원명이 '舊弊矯正節目'을 발표하면서 농민들을 효유한 이후 봉기에 참여하였던 농민들은 대부분 해산하고 동학교인 300여 명만이 남게 되었다.

이러한 상황에서 전봉준은 손화중, 김개남 등과 연락하면서 봉기의 확산을 도모했던 것으로 보인다. 즉 3월 10일 전봉준이 사냥꾼에게서 총기를 거두어 무장한 것, 3월 11일에는 동학농민군 3,000여 명이 금구에서 태인을 거쳐 부안으로 이동한 것, 3월 12일에는 금산에서 동학농민군이 관아로 몰려가 아전의 집을 불태운 일 등으로 보아 전봉준 등이 전라도 각지에 연락을 하면서 봉기의 확산을 계획한 것으로 판단된다.[42] 그리고 전봉준은 3월 13일 부하 50여 명만을 대동하고 무장의 손화중에게 갔다.[43] 이는 전봉준이 손화중을 봉기에 끌어들이려고 하였다는 것을 의미한다. 당시 무장의 손화중은 무안의 裵相玉과 함께 휘하에 수만 명을 거느리고 있는 대접주였던 것이다.[44] 특히 배상옥의 휘하의 접주 70여 명이 동학농민운동 과정에서 체포[45]되었다는 것으로 보아 그 규모를 알 수 있을 것이다. 이에 대해서는 다음의 기록을 통해 보다 명확히 알 수 있다.

> 지금 전라도의 匪類의 무리에는 각각 접이 있는데 접주는 그 우두머리이다. 혹 大小의 구별이 있어 전봉준과 金開南은 소위 渠魁이다. 더욱이 이들보다 세력이 큰 자는 무장의 손화중과 무안의 배상옥인데 각각 거느린 무리가 많게는 수만 명에 이르러 전봉준과 김개남을 비교하면 2배, 5배나 되었다. 그러므로 두 사람을 우두머리라고 하지만 그 巨魁로 논할 것 같으면 당연히 손화중과 배상옥이 최고 우두머리다. 그 다음으로 崔敬善, 吳權善, 李士明, 南應三, 李邦彦 등 수십 명이다. 이들 모두 전봉준, 김개남과 같은 무리로 죄악이 하늘에 넘칠 정도인데, 이 두 사람과 관계없이 여러 차례 각 읍을 다니면서 주체할 수 없을 정도로 무리를 끌어 모았다.[46]

---

42) 박대길, 「동학농민혁명의 시작, 고부봉기」, 『동학학보』 25, 동학학회, 2012, 93쪽.
43) 『林下遺稿』(동학농민혁명종합지식정보센터에서 인용).
44) 「李圭泰往復竝墓誌銘」, 『東學亂記錄』 下, 503쪽.
45) 「巡撫先鋒陣謄錄」, 『東學亂記錄』 上, 604~605쪽.

따라서 전라도 일대의 동학세력은 손화중과 배상옥의 영향을 강하게 받았음을 알 수 있다. 그러므로 전봉준이 손화중에게 도움을 요청한 것은 지리적으로도 고부와 가깝고 자신과 같은 뜻을 갖고 있었기 때문이라 할 수 있을 것이다.

손화중과 배상옥의 세력에 가장 크다 하더라도 전봉준과 김개남의 영향력도 적지 않았다. 전봉준은 수천 명, 김개남은 수만 명을 거느리고 있었으며,[47] 김개남 등이 호남의 우도, 전봉준 등이 좌도 일대를 경영[48]하였을 정도였기 때문이다. 특히 동학농민운동의 전개과정에서 고부전투와 장성전투에서 승리한 후 전주성을 함락시킨 접주들은 "적이 지난날 고부에서 처음 일어났을 때 그 우두머리들은 태인사람들이 많았다. 이런 까닭에 전라 좌우도에서 태인접은 접주들 가운데서도 가장 우대를 받았"[49]을 정도로 다른 접주들에게서 권위를 인정받았다. 이들은 전봉준과 그를 따라 고부, 장성, 전주성을 함락시킨 사람들이었다.

충청도의 경우도 마찬가지였다. 도접주 安敎善은 대접주 任基準 등 20여 명의 접주를 거느렸으며,[50] 청주를 근거로 한 서장옥은 1883년 동학에 입도하여 교조신원운동과 동학농민운동 과정에서 크게 활약하였다.[51] 특히 그는 동학농민운동 2차봉기 시 농민군 수만 명을 거느리고 청주성을 공격할 정도였으므로 최시형에 버금가는 지도자로 인식될 정도였다.[52] 그런데 충청도지방의 접주들은 대부분 최시형의 직접적인 지도하에 있었다.[53] 물론 전봉준

---

46) 「李圭泰往復竝墓誌銘」, 『東學亂記錄』 下, 503쪽.
47) 「甲午略歷」, 『東學亂記錄』 上, 65쪽.
48) 黃玹, 『梧下記聞』.
49) 黃玹, 『梧下記聞』.
50) 「東學文書」, 『東學農民戰爭史料大系』 5, 여강출판사, 1994, 108~110쪽.
51) 서장옥에 대해서는 이영호(「1894년농 민전쟁의 지도부와 서장옥」, 『인하사학』 3, 1991)와 성주현(「서장옥과 금산지역 동학군의 활동」, 『한성사학』 26, 2011)의 연구를 참조 바람.
52) 이영호, 앞의 논문 참조.

과 송두호 등 전라도의 동학농민운동의 지도자들도 최시형으로부터 접주의 첩지를 받고 있다.[54)]

다른 한편 최제우는 자신이 수련장소를 마련하여 수련하는 것을 開接한다고 하였다. 그런데 이 접이라는 용어에 대해 신복룡은 동학의 종교조직이 아니라 서당의 훈장을 접장 또는 접주라고 했다는 점에 주목하면서 접주나 접장이라는 용어는 유교적 개념이었다고 하는 것이다.[55)] 따라서 전봉준은 동학의 접주가 아니라 서당의 접주, 즉 훈장이었다는 것이다. 그러나 전봉준 스스로가 자신이 최시형으로부터 접주의 첩지를 받았다고 진술하고 있는 것으로 보아 그는 동학의 신자가 분명한 것으로 생각된다. 다만 그가 동학에 입도한 것이 사회변혁을 목적으로 한 것이었다는 점에서 그의 지향점이 종교적인 측면에만 국한되지 않는다는 점도 명확하다고 생각된다. 이로 보아 동학농민운동은 동학이라는 종교조직을 통해 농민을 동원하였음을 확인할 수 있다.

4. 맺음말

이상에서 살펴본 바와 같이 1860년 동학이 창도된 이후 동학은 민중들의 적극적인 지지를 받으면서 성장하였다. 그러한 지지의 배경에는 동학이 가지고 있는 後天開闢과 無爲而化, 侍天主와 修心正氣, 斥倭洋, 有無相資 등의 사상이 19세기 중반 이후 조선의 농민들이 처한 현실적인 상황을 극복하거나 의지할 수 있는 요인으로 작용하였다. 즉 조선후기 빈번하게 발생하였던 자연재해와 그에 따른 전염병의 유행에 따른 농민층 생활의 어려

---

53) 이희근, 앞의 논문, 208쪽.
54) 박맹수, 「동학과 동학농민혁명연구에 대한 재검토」, 『동학연구』 9·10, 111쪽.
55) 신복룡, 「전봉준의 생애에 관한 몇 가지 쟁점」, 『한국정치외교사논총』 12, 1995, 235쪽.

움과 삼정의 문란으로 대표되는 세도정치기의 부정과 부패에 따른 농민층에 대한 지방수령과 향리층의 가렴주구, 임진왜란 이후 약화되던 신분제 의식 등은 농촌사회의 농민들이 동학에 의지할 수 있는 조건이 되었다.

  이러한 바탕에서 제2세 교조인 최시형대에 이루어진『동경대전』과『용담유사』라는 경전의 발행과 포접제의 종교조직은 동학이 대중 속에 깊게 뿌리내리게 되는 결정적인 계기가 되었다고 할 수 있다. 특히 포접제는 동학의 전파와 함께 동학농민운동의 전개과정에서 농민을 동학농민군에 동원하는 데 결정적인 역할을 하였다. 이는 동학농민운동이 동학이라는 종교조직과 직접적으로 연관이 있음을 의미한다. 동학농민군의 지도자인 전봉준, 김개남, 손화중 등은 물론이고 서인주, 서병학, 안효선, 임기준, 배상옥 등은 동학의 주요한 지도자였다. 이들은 동학 내의 사회변혁지향적인 성향을 가진 인물들이었으며, 동시에 이들 대부분은 최시형에 의해 접주로 임명된 사람들이었다. 그리고 일본군의 개입 이후 최시형이 전 동학교단을 향해 농민운동에 적극 참여하라 지시한 것은 동학교단이 동학농민운동의 주체임을 선언한 것이라 해도 과언이 아니라 생각된다. 따라서 동학농민운동은 동학이라는 종교조직이 직접적으로 농민층을 동원하고 지도한 한국근대사상 획기적인 민중운동이었음은 명확하다고 할 것이다.

  특히 접 조직을 통해서 농민을 동원하여 고부관아를 습격하고자 하였던 사발통문거사계획은 동학농민운동 이전에도 동학의 종교조직이 농민 동원의 수단으로 활용되었음을 보여주는 중요한 사실이라 할 수 있다. 따라서 향후 이와 같은 사례를 발굴하여 동학의 종교조직이 농민 동원의 주요한 수단이었음을 확인하는 것이 동학농민운동의 실체적 진실에 근접하는 것이라는 점도 지적해둔다.

* 논문 출처
『역사와교육』 19, 역사와교육학회, 2014.

:
황토현전투의 전개와 역사적 의의

1. 머리말

잘 알려져 있듯이 동학농민운동은 고부에서 기인하였다. 그것은 1893년 11월의 사발통문거사계획부터 1894년 1월 10일 시작된 고부농민봉기가 무장봉기와 백산대회로 확산되는 과정을 통해 알 수 있다. 이러한 입장에는 고부농민봉기와 무장봉기, 백산대회를 하나의 과정으로 이해해야 한다는 관점이 내포되어 있다.

그런데 1985년 신용하가 동학농민운동이 고부농민봉기에서 시작된 것이 아니라 무장기포에서 시작되었다고 주장[1]한 이래 정창렬,[2] 배항섭[3] 등이 이러한 주장을 보다 강화하였다. 그러나 다른 한편에서는 이러한 주장에 대해 고부가 동학농민운동의 발상지라는 반박도 계속 주장되고 있다.[4] 이와

---

[1] 신용하, 「갑오농민전쟁의 제1차 농민전쟁」, 『한국학보』 40, 일지사, 1985.
[2] 정창렬, 「古阜民亂의 硏究(上)」, 『한국사연구』 48, 한국사연구회, 1985 및 「古阜民亂의 硏究(下)」, 『한국사연구』 49, 한국사연구회, 1985.
[3] 배항섭, 「고부민란과 동학농민전쟁의 발발」, 『조선후기 민중운동과 동학농민전쟁의 발발』, 경인문화사, 2004.
[4] 박대길, 「동학농민혁명의 시작, 고부봉기」, 『동학학보』 25, 2012; 황선희, 「동학농민혁명운동의 발상지와 무장봉기」, 『동학학보』 8, 2004; 성주현, 「동학농민혁

같이 동학농민운동의 발상지에 대한 논쟁이 격화되면서 동학농민혁명기념일 제정 역시 표류하고 있는 실정이다. 따라서 이에 대해 학계의 연구가 보다 진전되어 의견이 통일되어야 할 것이며, 지방자체단체 역시 의견을 조정해서 하루 빨리 제정해야 할 것이다.

황토현전투는 1894년 음력 4월 6일부터 7일 새벽에 걸쳐 전개되었던 동학농민운동의 한 과정이었다. 이 전투는 1894년 1월 10일 전봉준 등이 고부관아를 습격하면서 발생한 고부농민봉기에 의해 시작된 동학농민운동의 과정 중 농민군이 승리한 최초의 본격적인 전투라 할 수 있다. 기왕의 연구에서 지적하고 있듯이 이 전투의 승리로 농민군은 전라도 일대로 그 세력을 넓힐 수 있는 기반을 마련하였다.

이와 같이 황토현전투는 동학농민운동에서 큰 의미를 지니는 전투임에도 불구하고 기왕의 연구에서는 이 전투에 대한 천착이 소략하였다. 소수의 연구를 제외하고 황토현전투의 전개과정이나 그 의미를 깊이 있게 취급하지 않았던 것이다.[5] 그러므로 황토현전투의 전개과정과 그 의의를 파악하는 것은 동학농민운동에 대한 이해를 보다 깊이 있게 할 수 있는 한 조건이 될 수 있을 것이다. 본고는 이러한 의미에서 황토현전투의 전개과정과 그 역사적 의의를 황토현전투에 대한 기록을 토대로 파악해보고자 한다.

2. 황토현전투의 배경

1860년 창도된 동학은 수운 최제우가 1864년 혹세무

명의 격문분석」, 전북사학회 편, 『동학농민혁명의 기억과 역사적 의의』, 전북사학회·정읍시, 2012.

[5] 황토현전투에 대해 비교적 소상히 서술한 대표적인 연구는 다음과 같다.
신순철·이진영, 『실록 동학농민혁명사』, 서경문화사, 1998; 조광환, 「황토현전투의 성격과 역사적 의의」, 전북사학회편, 『동학농민혁명의 기억과 역사적 의의』, 전북사학회·정읍시, 2011.

민의 죄로 처형당한 후 급속히 그 세가 약화되었다. 그러나 1880년대 중반 이후 삼남지방을 중심으로 교세를 확대하면서 1892년에는 공주와 삼례에서 교조신원을 위한 집회가 열렸고, 1893년에도 복합상소와 보은, 금구집회를 통해 교조신원을 요구하였다. 이 과정에서 전봉준 등 사회변혁지향적인 인물들이 동학에 입도하였다. 이에 대해서는 전봉준을 체포한 후 일본측에서 심문한 내용이 다음과 같이 『오사카아사히신문(大阪朝日新聞)』에 보도되었다.

(문) 동학에는 언제부터 관계하였는가?
(답) 3년 전(1892년-인용자)부터이다.
(문) 어떤 것에 동감하였는가?
(답) 輔國安民이라는 동학당의 주의에 동감하고 있던바 동학인 金致道가 나에게 동학의 書物을 보여주었다. 그 중에 敬天守心이라는 문장이 있는데 그 안에 大體正心이라는 것에 동감하여 입당하였다.
(문) 정심하는 점은 동학당에 한한 것이 아니다. 다음 무언가가 입당을 재촉한 것이 아닌가.
(답) 단지 마음을 바르게 하는 것뿐이라면 물론 동학당에 입도할 필요가 없지만 동학당의 소위 경천수심이라는 주의에서 보면 정심 외에 協同一致의 뜻을 포함하고 있어서 결당의 뜻을 보게 된다. 마음을 바로한 자의 일치는 간악한 관리를 없애고 보국안민의 업을 이룰 수 있다고 생각한 탓이다.6)

위의 기사에서도 알 수 있듯이 전봉준은 1892년 무렵 동학에 입도하였으며, 그 동기가 동학의 보국안민, 경천수심과 대체정심이라는 사상에 공감하였기 때문이었다. 특히 그는 동학에 입도하기 전부터 동학당의 주의에 공감하고 있었다. 이는 그가 부패한 조선사회를 바로 잡고자 하는 생각을 동학에 입도하기 전부터 가지고 있었으며, 그러한 자신의 생각을 구현할 수 있는 매개체로서 동학을 선택한 것이라고 판단된다. 그가 동학을 선택한 것은 국

---

6) 「全祿斗の申供」, 『大阪朝日新聞』 1985.3.3.

지성과 고립성이라는 근본적인 한계를 가지고 있던 민란을 뛰어넘을 수 있는 조직적 기반을 갖추고 있었고, 마음을 바로 한 자들, 곧 보국안민의 사상을 가지고 자신과 함께 할 동지들과 대중이 있었기 때문이었다.[7]

그리하여 전봉준은 동학의 사회변혁지향적인 활동에 적극적으로 참여하였다. 1892년 삼례집회 시 "서병학의 문필로 소장을 진술하여 義訟하고자 할 때 관리 압박의 위엄으로 인하여 소장을 올릴 인물이 없어서 주저방황 중에 우도에 전봉준, 좌도에 柳泰洪 씨가 자원 출두하여 관찰부에 소장을 올"[8]린 바 있었다. 여기에서 알 수 있듯이 전봉준은 삼례집회 시 다른 인물들은 꺼려하던 소장을 관찰부에 제출하였다. 삼례집회가 개최되었던 1892년은 전봉준이 동학에 입도한 해였다. 따라서 그는 동학에 입도하자마자 교단의 중요한 일을 수행하였던 것이다. 이 삼례집회의 괴수는 徐仁周였고, 이외에도 金開南, 金德明, 孫化中 등도 참여하였다.[9]

그런데 동학의 제2대 교주 최시형으로 하여금 압도적 다수의 동학 민중의 소리를 대변하는 형태로 변화시킨 인물이 서병학과 서인주였다.[10] 이들은 최시형에게 여러 차례 교조신원운동을 제기해도 받아들여지지 않자 최시형의 지휘를 무시하고 공주에서 집회를 열고 관찰사 조병식에게 소장을 제출하였고, 이에 최시형은 동학의 분열을 피하기 위해 교조신원운동을 결단하였던 것이다.[11] 그리하여 전 교단 차원에서 1892년 11월 삼례집회를 개최하였고, 앞에서 보았듯이 전봉준은 정부에 올릴 소장의 고정자로 자원하였던 것이다.

---

[7] 배항섭, 「동학농민혁명에서 무장기포의 성격과 역사적 의의」, 전북사학회 편, 앞의 책, 191쪽.
[8] 최병현, 『남원군동학사』, 1924.
[9] 최병현, 『남원군동학사』, 1924.
[10] 조경달, 「1894년 농민전쟁에 있어서 동학지도자의 역할」, 『역사연구』 2, 역사학연구소, 1993, 70~71쪽.
[11] 조경달, 「1894년 농민전쟁에 있어서 동학지도자의 역할」, 『역사연구』 2, 역사학연구소, 1993, 70~71쪽.

한편 삼례집회 해산 이후에도 농민과 동학교도에 대한 지방관의 수탈이 계속되자 최시형을 비롯한 동학의 지도부는 국왕에게 호소하고자 1893년 3월 하순 약 40명의 상소단을 조직하여 서울로 올라가 복합상소를 전개하였다. 그런데 동학지도부가 복합상소를 결정한 1893년 1월 10일 전봉준은 창의문을 지어 전라도 각지에 돌렸으며, 남원의 金榮基, 운봉의 金聖基, 구례의 유태홍, 곡성의 金在泓 등은 이 창의문을 각 군의 아문에 붙인 후 복합상소에 참여하였다.12)

그런데 이 기록에는 전봉준은 복합상소에 참여하였다는 기록은 남아있지 않아 전봉준이 복합상소에 참여한 것 같지는 않고 전라도 일대에서 척왜양 운동을 전개하고 있었던 것으로 보인다. 이와 같이 전봉준이 복합상소에 참여하지 않고 전라도 일대에서 활동하였던 것은 삼례집회의 해산 시 전봉준, 김개남, 김덕명, 손화중 외 수백 명은 무장군수에게 指目錢 1,000량을 추심하기 위해 금구 원평으로 갔기 때문이다. 이러한 전봉준 등의 움직임에 대해 무장군수는 좌수와 이방을 보내서 1,000량을 되돌려주었고, 이에 따라 전봉준 등은 해산하였던 것이다.13) 전봉준 등의 이와 같은 행보는 동학지도부와는 궤도를 달리 하는 것으로 평가할 수 있다. 즉 전봉준이 동학에 입도하기 전부터 공감하고 있었던 동학당의 주의가 바로 이러한 활동으로 나타난 것으로 보인다.

한편 서병학과 서인주는 복합상소가 개최될 서울에 올라왔으나 "상소하여 진정할 뜻이 없고 교도로 하여금 兵服을 換着케 하고 兵隊와 협동하여 정부 간당을 소탕하고 크게 조정을 개혁하기로 결정"14)하였다. 그리하여 이들은 1893년 2월 13일 복합상소와 동시에 아메리카 각 교단 회당을 시초로 거류 외국인주택에 괘서하였다.15) 이에 대해 최시형은 이들을 불러 문책하였으나

---

12) 최병현, 『남원군동학사』, 1924.
13) 최병현, 『남원군동학사』, 1924.
14) 李敦化, 『天道敎創建史』 제2편, 경인문화사, 1970, 53쪽.
15) 田保橋潔, 『近代日鮮關係の硏究』(上), 중추원, 1940, 223쪽.

이들은 수긍하지 않았다. 또한 보은집회 때에도 서병학 등은 최시형을 방문하여 교조신원을 위하여 교도를 모아 정부를 공격하고 국가를 혁신할 것을 진언하였다.16)

이상에서 본 바와 같이 동학 내에는 서병학, 서인주, 전봉준, 김개남, 김성기, 유태홍, 김재홍, 손화중 등 사회변혁을 지향하는 세력이 하나의 그룹을 이루고 있었던 것으로 보인다. 그리하여 이들은 정치적인 의심을 살 활동에 소극적이던 동학지도부와는 달리 부패한 정부에 대해 보다 적극적인 행동을 취할 것을 주장하는 한편 동학지도부를 그러한 방향으로 견인하고자 하였던 것이라 생각된다.

그런데 교조신원운동이 전개되어 가는 과정에서 이들 사회변혁지향세력 내에서 분열이 발생하였다. 보은집회를 최시형과 함께 지도하던 서병학은 다음과 같이 동학을 배신하였던 것이다.

> 그 중에 한 사람이 스스로 이름을 말하면서 "내가 바로 서병학이라는 이름을 가진 사람인데, 불행하게도 동학에 들어와서 남들에게 지목을 받은 지가 오래되었습니다. 마땅히 모이게 된 내력을 자세하게 말하겠습니다"라고 하였고, 또 "호남에 모인 무리들은 겉으로 보면 비록 같지만 종류가 다르다고 할 수 있습니다. 통문을 만들어 걸어놓은 것은 모두 그들이 한 것이고, 형편이 매우 다르니, 원하건대 공께서는 자세하게 살펴 처리하고 우리 무리와 혼동하지 말고 옥석을 구별하십시오.17)

> 이때 죽산부사 이두황이 경기병 천여 명을 데리고 삼남에 동학당 대토벌을 시작하였는데, 그때 서병학이 잡혀와 포장 겸 순찰사 신정희에게 붙어 남부도사의 지위를 얻으려고 도인 등을 도리어 무고하고 비밀리에 정탐하였다.18)

---

16) 李敦化, 앞의 책, 56쪽.
17) 「聚語」, 『東學亂記錄』(上), 국사편찬위원회, 1959, 121쪽.
18) 「천도교회사초고」, 『東學思想資料集』, 1978, 461~462쪽. 「천도교서」에는 "徐丙鶴은 本히 道人으로써 被捉하엿다가 其時捕將兼都巡撫使 申正熙에게 反付하야 偵探을 密行하야 敎徒를 捕하다"고 기록되어 있다. 또 『高宗實錄』에 "지금 양호선무사(兩湖宣撫使) 어윤중(魚允中)의 장계를 보니, '윤음(綸音)'을 선포한 후에 보은(報恩)에

서병학은 '호남에 모인 무리들' 즉 서인주가 조직한 호남취당이 '통문을 만들어 걸어놓'았다고 비방하였다. 서병학은 동학에 유학의 儀式과 制度를 도입하는 데 기여한 인물이다. 그러한 그가 동학을 배신한 것은 그가 교조신원운동 과정에서 보여주었던 '공격'적인 태도와는 상반되는 것이다. 이는 그가 동학을 출세를 위한 발판으로 생각한 것이라 판단된다. 이러한 서병학의 기만성을 알아차린 서인주는 서병학과는 달리 금구에서 집회를 개최하였다. 이 금구집회의 주도자는 서인주, 전봉준, 손화중, 黃河一 등이었다.[19] 그런데 전봉준, 김개남, 손화중은 서인주의 제자였다.[20] 따라서 금구집회는 서인주가 실질적으로 주도하였다고 할 수 있다. 이로 보아 서인주와 서병학은 보은집회와 금구집회가 개최될 무렵 노선을 달리한 것으로 판단된다.

이와 같이 동학내의 사회변혁지향세력이 분화하였고, 서인주 계통의 인물인 전봉준은 정부를 개혁하기 위해 일차적으로는 농민봉기를 전라도 일대로 확산시키고 더 나아가 전국적인 농민봉기를 구상하였다. 이를 잘 보여주는 것이 전봉준이 작성하였다고 보여지는 격문이다. 전봉준은 이 격문에서 "民爲國本이니 削則國殘이라. 吾道은 유초야유민이나 食君之土하고 服君之義하며 不可坐視 國家之危亡이라. 以報公 輔國安民으로 爲死生之誓라."[21]하였다. 이 격문은 사발통문이 작성되기 전에 작성된 것으로 보이는데 김용섭은 이 격문이 후에 고부농민봉기의 창의문으로 완성되었다고 보았다.[22] 이 격문은 사발통문 거사계획, 고부농민봉기와 함께 서인주 계통의 인물들이 농민봉기를 전라도 일대로 확신시키고 더 나아가 전국적인 농민봉기를 구상하였던

모였던 비적(匪賊)들은 이미 다 귀순하거나 해산하였으며 무리를 모은 연유는 이미 서병학의 입에서 드러났습니다"(『高宗實錄』 고종 30년(1893) 4월 10일(임술))고 한 것으로 보아 서병학이 동학 교문을 배반한 것은 명확한 것으로 보인다.

19) 조경달, 앞의 논문, 75~76쪽.
20) 「東學黨の實相」, 『東京日日新聞』 1895년(명치 28) 5월 11일.
21) 송재섭, 『갑오동학혁명난과 전봉준장군실기』(필사본), 1954.
22) 김용섭, 『한국근대농업사연구』 Ⅲ, 지식산업사, 2001, 194쪽, 각주 108) 참조.

증거라 할 수 있다. 1893년 11월 작성된 사발통문에는 다음과 같은 결의사항이 나타나있다.

- 고부성을 격파하고 군수 조병갑을 효수할 것
- 군기창과 화약고를 점령할 것
- 군수에게 阿諛하여 인민을 侵魚한 탐리를 격징할 것
- 전주영을 함락하고 京師로 直向할 것[23]

이 사발통문의 결의사항 중 '京師로 直向'하자는 것은 서인주가 주도하였던 금구집회에서 '3월 7일 왜양성토, 소멸을 위한 상경'과 일맥상통한다. 따라서 금구집회의 주요 지도부였던 전봉준이 사발통문 서명자 20명 중 1인이었다는 것에서 금구집회의 결의사항을 사발통문에 반영하였던 것이라 할 수 있다.[24] 그리고 이러한 계획에 따라 고부농민봉기가 1894년 1월 11일 발생하였던 것이라 생각된다.

이와 같은 추론이 가능하려면 고부군수 조병갑이 1893년 11월 30일 익산군수로 발령난 이후 고부군수의 임명과정에 대한 이해가 필요하다. 즉 고부군수 조병갑이 1893년 11월 30일 익산군수로 발령난 이후 12월 한 달 동안 李垠鎔, 申佐默, 李奎白, 河肯一, 朴喜聖, 康寅喆 등 6명이 고부군수에 임명되었음에도 불구하고 부임하지 않고, 조병갑이 1894년 1월 9일 재임명[25]되었다. 이러한 상황에서 조병갑은 후임 군수가 부임하지 않았다는 이유로 계속해서 고부군수로서 근무하였고, 1894년 1월 9일 고부군수에 다시 임명되었던 것이다. 이러한 정부의 조치는 전라감사 金文鉉의 강력한 요청과 정부의 특별 고려에 의한 건의가 고종의 윤허를 받았기 때문이었다.[26] 그러므로 전봉준

---

[23] 「沙鉢通文」, 『나라사랑』 15, 외솔회, 1974, 135쪽.
[24] 정창렬, 앞의 논문(하), 103~104쪽.
[25] 정창렬, 앞의 논문(下), 105~106쪽.
[26] 정창렬, 앞의 논문(下), 107쪽.

은 사발통문의 계획대로 조병갑이 고부군수로 재임명된 1894년 1월 9일 다음 날인 1월 10일 봉기하였던 것이다. 이는 전봉준과 함께 봉기를 이끈 金道三과 崔景善은 사발통문 서명자였다는 점에서도 알 수 있다.

따라서 고부농민봉기는 금구집회를 이끈 서인주와 그의 제자인 전봉준, 손화중, 김개남 등 동학내의 사회변혁지향세력이 고부를 중심으로 한 인근지방의 동학지도자들을 규합하여 계획적으로 일으킨 것으로 자연발생적으로 일어난 기존의 농민봉기와는 그 성격이 다르다고 할 수 있다. 특히 사발통문 서명자 중 정종혁을 제외한 나머지 인물들은 모두 1905년 12월 동학이 천도교로 개편되면서 고부교구를 설립할 때 모두 참여하였다. 이로 보아 사발통문에 참여하였던 인물들은 모두 동학교인이었음[27])이 분명하다고 생각된다.

이와 같이 전봉준 등은 봉기를 준비하였으나 앞에서 본 것과 같이 고부군수 조병갑이 다시 고부군수에 임명되자 전봉준 등은 사발통문의 계획에 따라 1월 10일 농민봉기를 일으켰다. 이후 전봉준은 1894년 2월 20일 전라도 각지에 창의격문을 보내 농민봉기에 동참할 것을 권하였다.[28]) 이는 봉기를 전라도 일대로까지 확산시킨다고 한 사발통문의 계획과 일치한다. 그러나 봉기에 참여한 다수의 농민들은 "민요가 월경을 하면 반란의 칭을 받"[29])기 때문에 호응하지 않았을 뿐만 아니라 오히려 전봉준을 감영에서 온 수교와 함께 체포하려고까지 하였다.[30]) 이는 고부농민봉기에 참여한 농민층의 봉기

---

[27]) 성주현,「동학혁명 참여자의 혁명 이후 활동(1900-1919), 『문명연지』 6-1, 2005, 15쪽.

[28]) 격문의 내용은 다음과 같다. "지방수령은 백성을 다스리는 도(道)를 알지 못하고 백성을 돈이 나오는 근원으로 바라본다. 더욱이 전운(轉運)을 창설하여 많은 폐단이 심하게 생기니 백성들이 도탄(塗炭)에 빠지고 나라는 위태롭게 되었다. 우리들이 비록 초야의 유민(遺民)이지만, 차마 나라의 위태로움을 앉아서 볼 수가 없다. 각 읍의 군자(君子)들은 한 목소리로 의기를 내어 나라를 해치는 적을 제거하여 위로는 종사(宗社)를 돕고 아래로는 백성을 편안하게 하기를 바란다"(李復榮,『南遊隨錄』, 甲午 2月 20日).

[29]) 장봉선,「全琫準實記」, 동학농민전쟁100주년기업사업추진위원회 편,『동학농민전쟁연구자료집(1)』, 여강출판사, 1991, 353쪽.

에 대한 의식을 보여주는 것이라 볼 수 있다.

이러한 농민층의 동요와는 달리 1894년 2월에는 전봉준 등은 "'保國安民倡大義'라는 큰 깃발을 펄럭이며 전격적으로 반항의 결심을 보이기에 이르렀"고, "사방에서 이 기세에 휩쓸려 찾아와 가담하는 자가 많았"는데 스스로를 동학당이라 칭하였다고 한다.31) 이는 많은 사람들이 고부 이외의 지역에서 농민봉기에 참여하기 위해 찾아왔다는 것을 의미한다고 할 수 있다. 이와 같이 봉기한 농민 사이에는 봉기를 해산해야 한다는 측과 봉기를 확산해야 한다는 측으로 분화되었다. 이러한 때 전봉준은 3월 1일 茁浦의 稅庫를 파괴32)하여 "조병갑이 백성을 괴롭히고 거두어 모아 저장하여 놓은 백미 5백여 석"33)을 풀어 백성들을 구휼하자는 목적과 함께 분열된 농민들의 단결을 목적으로 한 것이었다고 판단된다. 그러나 전봉준의 노력에도 불구하고 신임 고부군수 박원명이 '舊弊矯正節目'을 발표하면서 농민들을 효유한 이후 봉기에 참여하였던 농민들은 대부분 해산하고 동학교인 300여 명만이 남게 되었다. 상황이 이렇게 되자 남았던 동학교인들 사이에서도 해산의 움직임이 보였고, 이때 전봉준이 "칼을 빼들고 공중에 휘두르며 말하기를, 만약 이때를 놓치면 우리 도인은 살아갈 길이 없으니 만약 한사람이라도 흩어지는 자가 있으면 이 칼로 베리라"34)고 외치자 동요가 가라앉았다고 한다.

이러한 정황을 보면 고부농민봉기에 참여하였던 농민들은 물론이고 동학교인들조차도 박원명의 효유에 흔들리는 모습을 보였으며, 전봉준 등 봉기 지도부에서는 이들을 무마하고 봉기를 확산시키고자 하였음을 알 수 있다.

---

30) 「兩湖招討謄錄」, 『동학농민혁명 국역총서』 6, 13쪽.
31) 「5월 18일 全羅道 全州에서 歸京한 者의 直話」(發第97號 (釜山總領事), 發第60號 (外務省), 發第56號 (元山領事), 1894년 5월 21일), 『주한일본공사관기록』(국사편찬위원회 한국사데이터베이스에서 인용).
32) 「全羅道古阜民擾(甲午正月初十四日에서 四月十一日間 東學亂 關係 日記寫本)」, 『주한일본공사관기록』(국사편찬위원회 한국사데이터베이스에서 인용).
33) 『남원군동학사』(동학농민혁명종합지식정보센터에서 인용).
34) 『남원군동학사』(동학농민혁명종합지식정보센터에서 인용).

이에 따라 전봉준은 손화중, 김개남 등과 연락하면서 봉기의 확산을 도모했던 것으로 보인다. 즉 3월 10일 전봉준이 사냥꾼에게서 총기를 거두어 무장한 것, 3월 11일에는 동학농민군 3,000여 명이 금구에서 태인을 거쳐 부안으로 이동한 것, 3월 12일에는 금산에서 동학농민군이 관아로 몰려가 아전의 집을 불태운 일 등으로 보아 전봉준 등이 전라도 각지에 연락을 하면서 봉기의 확산을 계획한 것으로 판단된다.[35] 이렇게 봉기의 확산을 꾀하면서 전봉준은 3월 13일 부하 50여 명만을 데리고 무장의 손화중에게 갔다.[36]

머리말에서도 보았듯이 기왕의 연구에서는 3월 13일 전봉준이 무장의 손화중에게 간 사실을 고부농민봉기의 해산으로 해석하여 동학농민운동은 무장에서 시작된 것으로 파악한 연구들이 있다. 반면에 이러한 주장을 반박하면서 전봉준이 무장으로 이동한 것은 고부농민봉기의 끝이 아니라 전술적인 변화라고 주장하였다. 그러나 앞에서도 보았듯이 전봉준이 무장으로 이동하기 전 동학농민군의 일련의 움직임은 전봉준 등이 여타 지역의 동학조직과의 연락을 도모하였다는 것으로 이해된다. 따라서 동학농민운동은 고부에서 시작되었다고 파악하는 것이 옳을 것이다.

3. 황토현전투의 전개

앞 절에서 본 바와 같이 고부농민봉기를 확산시키고자 했던 전봉준은 1894년 3월 13일 무장으로 이동하여 손화중과 접선하였다. 전봉준은 이 자리에서 봉기에 참여할 것을 손화중에게 요청하였고, 손화중은 시기상조를 지적하면서도 전봉준의 요구에 응하였다.[37] 이는 전봉준과 손화중 사이에 봉기를 둘러싸고 어떠한 형태로든 논의가 있었고, 논의 결과가

---

[35] 박대길, 「동학농민혁명의 시작, 고부봉기」, 『동학학보』 25, 동학학회, 2012, 93쪽.
[36] 『林下遺稿』(동학농민혁명종합지식정보센터에서 인용).
[37] 장봉선, 앞의 글, 앞의 책, 354쪽.

황토현 전적지 전경

나오기도 전에 고부농민봉기가 일어났음을 의미한다고 할 수 있다.[38]

이에 따라 3월 16일 무장현 동음치면 당산에 수천 명의 동학농민군이 머물렀고, 3월 24일에는 수천 명의 사람들이 깃발을 들고 북치며 나팔을 불고 총을 쏘면서 말을 타거나 혹은 걸어서 고창의 경계에서부터 흥덕현의 沙後浦에서 숙박하였고, 3월 23일 부안 줄포를 향하였다. 그리고 3월 24일에는 동학농민군 3,000여 명이 고부 읍내를 습격하였고,[39] 3월 25일에는 고부의 군기고를 탈취했는데 실수로 화약에 불이 붙어 수십 명의 부상자와 사망자가 발생하였다.[40] 이는 동학농민군이 정부군의 무기를 탈취, 무장하고 있음을 보여준다고 할 수 있다. 이후 동학농민군은 바로 백산으로 이동하였다.

---

[38] 김인걸, 「1894년 농민전쟁과 '고부기포'」, 전북사학회 · 정읍시, 앞의 책, 181쪽.
[39] 『隨錄』 1894년 3월 27일 계초(동학농민혁명 종합지식정보시스템에서 인용).
[40] 「全羅古阜民擾 日記 寫本 送付」, 『駐韓日本公使館記錄』 1(국사편찬위원회 한국사데이터베이스에서 인용).

백산에 결집한 동학농민군은 다음 날인 3월 26일 이른바 '백산대회'를 통해 대장 전봉준, 총관령 김개남, 손화중 등으로 조직을 편제[41]하고 다음과 같은 격문을 돌리고 4대명의를 발표하였다.

> 우리가 義를 들어 此에 至함은 그 本意가 斷斷他에 있지 아니하고 蒼生을 塗炭의 中에서 건지고 國家를 磐石 위에다 두자 함이다. 안으로는 貪虐한 관리의 머리를 베고 밖으로는 橫暴한 强敵의 무리들을 驅逐하자 함이다. 兩班과 富豪의 앞에 苦痛을 받는 民衆들과 方伯과 守令의 밑에 굴욕을 받는 小吏들은 우리와 같이 寃恨이 깊은 者라. 조금도 躊躇치 말고 이 時刻으로 일어서라. 萬一 機會를 잃으면 後悔하여도 믿지 못하리라.
> 甲午正月　日
> 湖南倡儀大將所在白山[42]
>
> 1. 不殺人不殺物(사람을 죽이지 않고 재물을 손상시키지 않는다)
> 2. 忠孝雙全 濟世安民(충효를 함께 갖추어 세상을 구제하고 백성을 편안하게 한다)
> 3. 逐滅倭夷 澄淸聖道(일본 오랑캐를 구축하고 성인의 도리를 맑고 깨끗하게 한다)
> 4. 驅兵入京 盡滅權貴 大振紀綱 立定名分 以從聖訓(군사를 이끌고 서울로 가서 권귀를 없애며, 기강을 크게 떨치고 명분을 바로 세워 성인의 가르침을 따른다)[43]

이 격문에는 '蒼生을 塗炭의 中에서 건지고 國家를 磐石 위에다' 두고, '貪虐한 관리의 머리를 베고 밖으로는 橫暴한 强敵의 무리들을 驅逐'한다는 동학농민군의 투쟁 목적과 '兩班과 富豪의 앞에 苦痛을 받는 民衆들과 方伯과 守令의 밑에 굴욕을 받는 小吏들'이라는 투쟁의 주체가 명확히 제시되어 있다. 그리고 이를 완수하기 위한 주체로 민중과 小吏들을 상정하고 있다. 그리고 4대명의에서는 이를 보다 구체적으로 표시하였다. 따라서 이 격문과 4대명의를 통하여 동학농민운동의 지향점을 명백히 알 수 있다.

---

[41] 오지영, 『동학사』, 대광문화사, 1984, 122쪽.
[42] 오지영, 앞의 책, 123쪽.
[43] 鄭喬, 『大韓季年史』(동학농민혁명 종합지식정보시스템에서 인용).

이와 같이 동학농민군은 조직을 정비하고 투쟁의 목적과 지향점을 분명히 한 후 행동에 나섰다. 백산대회 이후 황토현전투가 전개되기까지 동학농민군의 움직임을 정리하면 다음과 같다.

3월 26일	고부 백산 예동에 있던 동학농민군은 백산이 있는 태인군 용산면 禾湖 新德亭里로 이동
3월 26일	백산지역에 주둔해 있던 동학농민군이 김제군에 전령을 보내 읍에서 거두어들이는 돈과 곡식이 얼마쯤인지 내용을 잘 아는 아전이 장부를 가지고 길가의 역참에서 기다릴 것을 요구
3월 29일	백산에 설진해 있던 동학농민군은 태인현으로 서찰 한통을 보내 포수와 창수 각 1백 명을 거느리고 북과 나팔, 징과 바라를 일제히 울리며 기다릴 것을 요구하였으며, 서찰 말미에는 '濟衆義所'라고 서명
3월 29일	6~7천 명의 동학농민군이 태인읍으로 들어가 곧장 동헌과 내아를 공격하여 군기를 탈취하고, 官庭에 공형들을 결박하여 둔 채 하루를 머물렀다가 다음 날 금구를 향해 출발
4월 1일	태인의 동학농민군이 감금되어 있던 죄수들을 방송하고 공금과 문서들을 몰수하여 오전 10시경에 원평으로 가는 대로로 진격. 이날 정오경 원평에 도착한 동학농민군은 川邊에 설진하고 숙영
4월 1일	'白山餘黨'으로 표현된 고부지역의 일부 동학농민군이 부안으로 갔으며, 이들은 부안의 동학농민군과 합세하여 下東面 分土洞에 주둔. 이들 가운데 200여 명이 관아로 쳐들어가 감영으로 보내기 위해 차출하여 장청에 대기시켜 놓았던 포군들을 各安其業하라며 모두 해산
4월 1일	珍山 防築里와 충청도 옥천 西化面에도 동학농민군 수천 명이 결집
4월 2일	부안 분토동에 모여 있던 동학농민군이 부안공형에게 사통을 보내 장시에서의 分錢收稅 금지 등 4개조의 폐막에 대한 시정을 요구
4월 3일	금구에 설진해 있던 동학농민군은 감영 포군 1만여 명이 동학농민군을 치러온다는 소문을 듣고 금구에서 후퇴, 오후 6시경 태인으로 와서 인곡, 북촌, 용산 등지에서 숙영
4월 4일	부안에 주둔해 있던 동학농민군은 濟衆義所의 명의로 법성포 이향에게 민폐의 근본은 구실아치의 부정에 있고, 구실아치의 부정원인은 탐관에게 뿌리를 두고 있으며, 탐관이 범하게 된 것은 집권자의 貪婪

	에 있다는 주장과 함께 9개조의 民瘼이 포함된 통문을 보냄
4월 4일	고산 관아문 밖 기둥에 '本道大將 徐'의 명의로 "장차 3천명의 병사를 이끌고 5일 오후 4시경 고산을 지날 터이니 병사 한 사람당 짚신 1짝과 돈 1냥씩을 준비하라는 방이 붙음
4월 4일	금구 원평에서 113명의 동학농민군이 관군에게 체포되었고, 여산에서도 1명, 전주 부근 마을에서 2명이 체포
4월 4~7일	태인의 인곡, 북촌, 용산 지역에서 숙영한 동학농민군 가운데 일부는 태인에 남고 일부는 도교산으로 이동. 1천여 명은 4일 12시경에는 부안으로 들어가서 이미 4월 1일 무렵부터 부안에 모여 있던 500여 명의 동학농민군과 합세. 부안의 동학농민군은 동헌을 공격하여 현감을 구금하고 공형을 결박한 다음, 군기를 탈취
4월 5일	부안의 동학농민군들이 아침에 여러 사람들을 잡아다가 猛杖을 쳤으며, 정오 무렵 관아에서 부안 城隍山으로 이동
4월 5일	정읍에서 동학농민군 수백 명이 올라와 부안의 동학농민군 대열에 합세
4월 6일	부안에 있던 동학농민군은 4월 6일 아침 8시경부터 부안을 빠져나오기 시작하여 고부의 道橋山으로 향하였고, 감영에서는 병정과 別抄軍 裸負商을 도교산으로 파견하였으며, 동학농민군과 이들은 黃土山에서 맞닥뜨려 오후 4시경부터 접전이 시작되었다
4월 6일	태인에 남아 있던 동학농민군들도 4월 6일 밤 8시경에는 고부 도교산으로 이동하여 그곳의 동학농민군과 합세
4월 7일	새벽 4시경 황토현전투에서 동학농민군은 감영군을 크게 격파
4월 7일	동복에서 이미 4월 7일 이전에 일어난 동학농민군들이 다시 동복현을 공격하여 군기와 관곡을 탈취
4월 7일	황토현전투에서 감영군과 싸워 승리한 동학농민군은 4월 7일 오후 2시경 정읍의 蓮池院과 茅川邊에 진을 침. 동학농민군은 이날 밤 8시경 읍내로 들어가 정읍관아를 공격하여 옥문을 파괴하고 수감되어 있던 동학교도 6명을 풀어주었으며, 무기고를 파괴하여 기계와 창검 등의 무기를 탈취한 다음 공형과 이속, 都使令의 가산을 파괴하고 보부상의 住接處 3집을 불태움. 이들은 저녁을 먹은 다음 밤 10시경 고부 삼거리로 가서 숙영[44]

이러한 동학농민군의 움직임에서 알 수 있는 것은 다음과 같다. 첫째, 동학농민군은 백산에서 태인, 김제, 부안, 진산(금산) 등지로 이동하였다. 둘째, 이들은 이동하기 전 김제와 태인의 관아에 사람을 보내어 각각 세금 징수의 내역과 분전수세 금지 등 4개조의 폐막에 대한 시정 요구 등을 행하였다. 셋째, 관아를 공격하여 군기 탈취, 죄수 방송, 공금과 문서의 몰수 등을 행하였다. 넷째, '포수와 창수 각 1백 명을 거느리고 북과 나팔, 징과 바라를 일제히 울리며 기'다리며 환영할 것을 요구하였다. 다섯째, 자신들의 봉기의 이유를 설명하는 통문을 보냈다. 이와 같은 동학농민군의 행위는 봉기에 대한 정당성을 동학농민군 및 각 지방에 널리 알리고 실천하였다는 것을 보여준다. 즉 각 격문에서 보이는 동학농민군의 주장을 실천하고 있었음을 알 수 있다.

이와 같이 동학농민군은 황토현전투가 일어나기 전까지 전라도 각지에 봉기의 정당성을 알리기 위한 노력을 꾸준히 하였다. 이러한 노력의 결과 충청병사 李容復이 보낸 장계에서 보이듯이 "영을 전달하여 효유하였으나 해산은 고사하고 날마다 그들의 수가 늘"[45]어났던 것이다.

한편 이와 같이 동학농민군의 기세가 확산되자 전라감사 김문현은 이를 정부에 보고하고 전라도 영군을 동원하여 토벌하게 하였다. 동학농민군의 움직임에 대해 정부측은 다음과 같이 진압하고자 하였다.

3월 29일 壯衛營 正領官 洪啓薰 全羅兵使로 임명, 파견
4월 1일 충청병사 李容復이 장계에서, 동학농민군 3,000명이 城外의 가까운 곳에 주둔하고 있으므로 영을 전달하여 효유하였으나 해산은 고사하고 날마다 그들의 수가 늘어나서, 그들의 종적을 살펴본 뒤에 병력을 동원하여 토벌할 계획이라고 보고

---

44) 동학농민혁명참여자명예회복심의위원회, 『동학농민혁명사 일지』, 2006, 44~53쪽.
45) 「東學黨 再起에 관한 諸報告」, 『駐韓日本公使館記錄』 1(국사편찬위원회 한국사데이터베이스에서 인용).

4월 2일	홍계훈을 양호초토사로 격을 높여 장위영병을 이끌고 동학농민군 토벌에 나서도록 함
4월 2일	진산의 동학농민군이 金致洪과 任漢錫이 이끄는 보부상의 공격을 받아 114명의 전사자를 내는 큰 타격을 입음
4월 2일	부안현감 李喆和는 이들이 금산이나 태인 지역의 동학농민군과 "一而二也 合成一團 分作三隊 相通聲氣"하고 있다고 보고
4월 2일	홍계훈을 兩湖招討使로 임명하여 壯衛營 병대와 統衛營 병대 그리고 西營 평양병을 이끌고 전라도와 충청도의 동학농민군을 토벌하도록 함
4월 3일	감영에서는 김제, 부안, 흥덕, 고창, 정읍, 장성, 태인 등 7개 읍에 동학농민군들이 후퇴할 때 뒤따라가며 섬멸하라는 지시
4월 3일	금산군에서 진산, 옥천 등지에 둔취해 있는 동학농민군에 대처하기 위해 병정과 각 읍으로부터 와서 대기하고 있던 포군을 보냄
4월 3일	홍계훈이 호남에 진주하기 위해 隊官 李學承·李斗璜과 敎長 李文九·李明九·楊聖祿과 崔興禎과 2개 부대의 병사를 거느리고 未時 경에 인천항에 무사히 도착. 대관인 吳達泳·吳元泳·元世祿과 교장인 尹喜泳·(秋聖燁·金大有·韓應淵·金振豊·洪明錫이 3개 부대의 병사를 거느리고 酉時 경에 인천항에 도착
4월 3일	홍계훈이 감리서에 4일 출발할 것을 알리고 분란이 없게 하라는 감결을 보냄
4월 4일	태인, 김제, 부안, 고부 등 4개 읍으로 통하는 길을 모두 차단하여 동학농민군들의 이동을 막도록 하고, 감영의 中軍이 병대를 이끌고 태인 지역으로 들어감. 정오 무렵 금구 원평에서 113명의 동학농민군이 관군에게 체포되었고, 여산에서도 1명, 전주 부근 마을에서 2명이 체포됨
4월 4일	시원임대신회의에서 농민반란에 대한 수습책으로서 일부에서는 개혁이 필요하다고 하였지만, 선탄압의 방침을 재확인함
4월 4일	홍계훈이 3개 부대를 인솔하여 평원호를 타고 유시 경에 바다 가운데에 이름
4월 4일	대관 원세록이 거느린 1개 부대의 병력이 군수물자와 대포와 함께 蒼龍號에 탑승. 대관 이두황이 거느린 1개 부대의 병력이 漢陽號에 탑승하였고, 나머지 3개 부대의 병력은 중국의 군함 平遠號에 타고 申時 경에 출발하여 호남으로 내려감
4월 5일	홍계훈이 酉時 경에 군산진에서 조금 떨어진 바깥 바다에 도착

4월 5일	원세록이 戌時 경에 군산포 앞 바다에 도착
4월 5일	이두황이 申時 경에 군산포에 도착
4월 5일	4곳의 중국 兵船이 안개 때문에 바다에 끼어 지체하였다가 酉時 경에 군산포 앞 바다에 정박
4월 6일	홍계훈이 대관에게 주의할 사항에 대하여 전령을 보냄
4월 6일	홍계훈이 교장 이하 병사들에게 육지에 이르러 주의할 것을 효시
4월 6일	홍계훈이 탄 중국 兵船이 군산포 물이 얕아서 포구에 들어가지 못하고 午時 경에 육지에 내려 곧바로 전주로 향함
4월 6일	홍계훈이 이끄는 京軍 700여 명이 4월 6일 오후 4시경 군산에 도착, 임피로 이동하여 숙영하였다. 경군은 도착하자마자 황토현전투에서 감영병의 패배 소식을 접하고 크게 위축
4월 6일	4일 동학농민군에 잡혀 있던 부안현감 이철화 동학농민군이 고부 도교산으로 이동하면서 석방
4월 6일	줄포에서 낙오한 동학농민군 수명이 체포
4월 6일	홍계훈이 공주 공형에 "각자 맡은 일을 차질 없이 하라"고 통지
4월 7일	황토현전투 직후 4월 7일경 부안 근처 13읍의 수령들은 모두 감영으로 도피하였으며, 군기와 錢穀은 동학농민군에게 탈취
4월 7일	일본육군 참모총장이 포병 소좌 이지치 고스케(伊地知幸介)를 부산으로 파견하여 재부산 일본영사관의 무관 및 총영사 등과 협의하고 재경성 대리공사 스기무라(杉村濬)와 통신을 통해 농민전쟁의 상황을 파악하도록 함
4월 7일	홍계훈과 장관이 임피현을 출발하여 유시 경에 宪山에 도착. 동학농민군들이 창궐하여 宪軍의 기가 꺾여 그들을 曉諭하지 못하고 중지. 동학농민군에 전주 감영군이 패배. 欽憲鑑이 오후 6시 반에 전주에 도착
4월 7일	초토사가 이끄는 장위영병이 고부에 도착하여 숙영. 홍계훈은 경군 수백 명과 청군 17명과 함께 도착하였으며 청군은 大丸砲 4坐를 가지고 옴
4월 7일	충청 감사 趙秉鎬가 조정에 電報로, 충청도의 동학농민군들이 鎭岑, 連山, 옥천 등지에 각각 5~6천 명씩 무리를 모아 주둔하고 있다고 보고. 또 공주 利仁驛에 負商 4천 명이 주둔하고 있는데 이들은 동학농민군들이 부상만 보면 죽여서 원한을 갖고 있다고 보고[46]

앞의 인용문을 통해 볼 수 있듯이 정부는 3월 29일 홍계훈을 전라병사로 임명, 파견하였다가 4월 2일에는 양호초토사로 승진, 임명하여 壯衛營, 統衛營과 西營의 평양병력을 이끌고 전라도와 충청도의 동학농민군을 토벌하도록 하였다. 그리고 4월 5일 원세록, 이두황이 이끄는 정부군이 군산포에 도착하였고, 다음 날인 6일에는 홍계훈이 이끄는 京軍 700여 명이 군산에 도착, 임피로 이동하여 숙영하였다. 한편 전라감영에서는 양호초토사 홍계훈이 도착하기 전인 4월 2일 금산에서는 金致洪과 任漢錫이 이끄는 보부상이 동학농민군을 공격하여 114명을 살상하였고, 4월 3일 전라감영에서는 김제, 부안, 홍덕, 고창, 정읍, 장성, 타인 등 7개 읍에 동학농민군들이 후퇴할 때 뒤따라가며 섬멸하라고 지시하였다. 그리고 4월 4일에는 태인, 김제, 부안, 고부 등 4개 읍으로 통하는 길을 모두 차단하여 동학농민군들의 이동을 막도록 하고, 감영의 中軍이 병대를 이글고 태인 지역으로 이동하였다. 이와 같이 정부와 전라감영에서는 동학농민군을 토벌하기 위해 중앙 차원과 지방 차원에서 토벌하기 위해 군대를 동원하였다. 더욱이 정부측은 황토현전투에서 패배한 직후 양호초토사 홍계훈의 건의를 받아들여 청에 원병을 요청하였다.[47]

이러한 과정을 거쳐 동학농민군과 정부군은 황토현에서 최초로 전투하였다. 황토현전투에 대한 기록은 기록자에 따라 그 내용에 차이가 있다. 이를 모아보면 다음과 같다.

(가) 본도의 동적들이 고부 頭僧山에 모였다. 전라감사가 裨將 李某를 보내, 군사 수백 명과 열읍의 속오군을 거느리고 가서 적을 토벌하게 하였다. 산 아래에 도착하자 날이 저물었는데 밤에 적이 세 산봉우리에 불을 피워 경계하였다. 얼마 뒤에 적들이 두 봉우리의 불을 그고 중간 봉우리 하나에서만 불을 피워 남겨 두었다. 관군이 마침내 적이 잠을 잔다고 여겨 한밤중에 군사를 출동시켜 두 봉우리 아래에 이르렀지만, 사방이 고요할 뿐이었다. 그런데 적병이 두 봉우리 아래에서 나와 관군

---

46) 동학농민혁명참여자명예회복심의위원회, 앞의 책, 44~53쪽.
47) 김창수, 「東學農民革命과 外兵借入問題」, 『동국사학』 15·16, 1985, 42~43쪽.

의 후미를 끊고 중간 봉우리의 적들이 관군의 앞부분을 공격하였다. 전주 관군들이 마침내 그 계략에 빠져 죽은 자가 산을 뒤덮을 정도였다. 李裨將은 죽고 나머지 군사들은 모두 달아나 되돌아왔다. 우리 이웃마을 사람 중에 속오군으로 전투에 참여한 자가 8명이었다. 적에게 죽은 자는 1명이고 살아 돌아온 자는 7명인데, 모두 중상을 입었다. 이들은 그 전투의 전말을 위와 같이 말하였다. 뒤에 한 사람이 살아 돌아와서 말하기를, "쌓인 시신 속에서 적을 피해 돌아왔다"고 하였다.[48]

(나) 동학군이 天台山을 넘어가니 병정들이 그 소식을 알고 바로 뒤쫓았다. 동학군이 황토재로 올라가니 병정들은 쫓아가서 뒷 봉우리로 올라갔다. 초엿새날 새벽이 되자 총소리가 콩 볶듯이 요란하여 나는 아버님과 마을 앞 벌판으로 피난하였다. 지금은 그곳이 옥토지만 신작로 옆에서부터는 대부분이 갈대밭이었다. 4월 초5일 밤중이었지만은 나와 아버님은 물론 우리 마을의 남녀가 다 갈대밭에 숨었으며, 우장(雨裝) 도롱이로 엮은 배 위가 묶여서 푹석거렸다. 초6일 새벽부터 날이 새면서 소식을 들으니 전주 병정들이 패했다고 하였다. 만약 병정들이 이겼다면 고부는 都戮되었을 것이다. 천운이 망극하여 병정들은 劍死峯에 진을 쳤다가 敗陣했다 한다.[49]

(다) 감영군이 부안으로 들어가니 감사 김문현이 李昆陽을 領官으로 삼았는데, 곤양은 借啣이다. 감영의 병대 300명과 列邑의 閑丁・負商・白丁 등 1만여 명을 이끌고 뒤쫓아 백산에 이르자 머물러 진을 치고 있던 동학의 무리들이 달아나다 고부의 황토치에서 營軍과 만났다.
새벽에 동학군이 이곤양의 영군을 패배시키고 죽인 사람이 수 백 명이나 되었다. 군기(軍器)를 모두 빼앗고 곧장 전주부로 향했지만 한 省의 힘만으로는 다시 어찌할 수 없는 상황이었다.[50]

(라) 4월 초3일에 이경호는 백산의 아래 십리쯤 되는 곳으로 나아가 진을 쳤다. 감사가 軍司馬 崔永年에게 가서 진을 친 곳을 살펴보게 하였다. 군사마가 이경호에게 묻기를 "저들은 높은 봉우리에 기대고 있고 우리 진지는 평지이다. 비도가 만약 '거꾸로' 세워놓은 항아리 속의 물이 한꺼번에 쏟아지는 듯한 기세로 내려온다면 장차

---

[48] 『嶺上日記』 1894년 4월 9일(동학농민혁명 종합지식정보시스템에서 인용).
[49] 朴文圭, 『石南歷事』(동학농민혁명 종합지식정보시스템에서 인용).
[50] 金邦善, 『林下遺稿』(동학농민혁명 종합지식정보시스템에서 인용).

어찌 막을 수 있겠는가'라고 하였다. 이경호가 말하기를 '馬謖은 높은 봉우리에 기대었다가 패하였고 王不은 평지에 진을 쳐서 온전함을 얻었다. 이 또한 하나의 증거이다. 기밀에 이르러서는 오늘 반드시 누설할 필요가 없다'라고 하였다. 최영년은 마음으로 매우 그렇지 않다고 여기고 돌아와 보고하니, 감사도 그것을 근심하였다. 이때 전라중군 金達觀과 哨官 李在燮이 탄정(坦丁, 병정의 오식인 듯) 수천을 거느리고 좌익이 되어 십리 쯤 떨어진 곳에 매복하고 있었다. 초관 柳榮浩는 보부상 부대 천여 명을 거느리고 백산 뒤쪽 30리에 매복해 있었다. 김달관과 이재섭이 공을 세우고자 함께 도모하여 호령을 듣지 않고 깃발을 휘두르며 앞을 다투어 나가 위로 올려다보며 산위를 공격하였지만 형세가 서로 대적할 수 없어서 크게 무너져 도망가고 흩어졌다. 유영호의 부하들은 깜깜한 밤에 도망가고 흩어져 한 사람도 남아 있지 않았다. 적도의 기세가 크게 올라 더욱 빠르게 돌격하였다. 이경호는 일이 잘되지 않는 것을 보고 휘하의 병사로 산에 올라가 한번 죽도록 싸우고자 하였다. 이때 餉官 金命洙가 일을 제대로 하지 않아 군량미가 단절되었다. 武南兵 700인과 土兵 560인이 여러 날 먹지를 못하여 얼굴에는 사람의 기색이 없었다. 하물며 연일 비가 내려서 굶주림과 추위가 절박하게 이르렀다. 4월 초7일 새벽에 이경호가 칼을 빼어 한번 소리를 치니 군사들의 사기가 비로소 떨쳤다. 곧바로 백산으로 올라가니 화살과 탄환이 비처럼 쏟아졌다. 앞선 사람은 시체로 눕고 뒤따르는 사람은 달아나 목숨을 건졌다. 좌우를 돌아보니 서기 柳尙文과 뒤를 따르던 金岩回 두 사람뿐이었다. 이경호는 손수 일곱의 적도를 베면서 꾸짖는 소리가 입에서 떠나지를 않았으나 탄환을 맞고 죽었다. 유 서기도 그 옆에서 죽었는데, 김암회가 시체를 업고 도망쳤다. 관직의 크고 작음에 관계없이 몸을 바쳐 나라에 보답하는 절개가 어찌 장하지 않겠는가. 다만 큰일을 잘못되게 한 것은 두세 사람에게 있으니 칼과 도끼로 처단하지 못한 것이 한스럽다.[51]

(마) 관군은 고부에 도착해서 백산 꼭대기에 진을 쳤다. 날이 저물어 바야흐로 저녁을 먹으려 하는데, 군대는 行伍를 잃어 다만 배를 채울 생각만 하고 있었다. 동도가 기회를 틈타 별안간 습격하여 죽이자, 관군과 보부상들은 싸워보지도 못한 채 무너졌으며 서로 짓밟아 죽은 사람을 헤아릴 수 가 없었다. 領官인 곤양 이근창이 죽고 나머지는 각자 달아났다. 이때부터 동도의 기세가 더욱 커져 더 이상 평정할 계책이 없자, 전라관찰사는 감히 숨기지 못하고 사실대로 조정에 보고하였다.[52]

---

51) 崔永年, 『東徒問辨』(동학농민혁명 종합지식정보시스템에서 인용).

(바) 1일은 전라감사가 병정을 발하여 백산에 있는 난민을 치라고 명령을 내렸다. 부관 李㚿燮과 동 宋鳳浩 등이 1,000명의 병정을 거느리고 고부로 행군령을 놓았다. 당시 새로 뽑은 병정은 모두 巫夫 출신이라 본래 用身이 鐃勇하고 불질을 잘하는 자들이며 겸하여 新敎鍊을 비워 비호같이 무선 운 군사들이라고 칭하였다. 洋鼓 나팔에 양총을 탕탕 쏘면서 호기등등하게 앞으로 나아간다. 所經道路에는 백성의 마음을 격동시켰다. 인제는 정말 큰 난리가 났다. 아무튼 잘 되었다. 어느 쪽이 죽든지 어서 얼른 결단이 나야 한다. 1,000명의 관군은 長驅大進으로 如踏平地로 쏟아져 내려오며 소경도로에 民財를 노략하며 부녀를 劫姦하는 등 무소불위의 행위를 하면서 南路로 향하였다. 수일이 지나 태인, 화호 나룻가에 다달아 진을 치고 亂砲를 발하였다. 무서운 양총소리는 천지가 진동하고 총알은 펑펑 날아 5리나 거의 되는 백산 꼭대기를 훌훌 넘어간다. 고부 인민들은 평소에 단련이 없으니 만치 별안간 공겁심이 생겨 헤어지는 자 거의 반이요, 다만 남아있는 자는 동학군뿐이었다. 한편으로 헤어지는 것을 본 관병들은 급히 달려 들어온다. 兩陣이 서로 應砲하고 싸우다가 홀연 동학군이 거의 패하여 西南兩路로 나누어 달아났다. 반수는 서쪽으로 부안읍 小路를 향하여 가고, 반수는 남으로 고부읍 大路로 향하여 간다. 부안으로 가는 길은 들판 험로요, 고부로 가는 길은 평지대로라. 소수인 관병은 세를 나누어 별안간 양방으로 쫓을 수는 없고 편의를 따라 또는 대장기치가 남방으로 가느니만치 바로 南路로 쫓아 들어갔다. 그 길로 10여리 쯤 가서 바라보니 동학군은 벌써 黃土峙 中峰에 올라가 結陣을 하고 있다. 동학군을 따르던 관병들은 다만 바라볼 뿐이요, 감히 그 산 밑에 가까이 가지 못할 줄 알았었다. 할 수 없이 멀리 그 산을 돌아 그 산과 거리가 稍遠한 上峰에 올라가 진을 쳤었다.

이때 관병의 후원으로 수천 명의 負商軍은 순창, 담양 등지로부터 들어와 관병과 한가지로 그 산 상봉에 진을 치고 있었다. 이 일을 미리 알고 있던 동학군 진중에서는 장건하고 용감한 자 수십 인을 뽑아 부상군의 모양을 가장하고 순창담양부상군을 따랐었다. 가장부상은 말하되 우리는 茂長 掌內의 부상들이라 하였다. 부상이라는 것은 원래 지게 진 상인단체로써 조직이 되어 불쌍한 놈끼리 서로서로 단결이 되어 질병환난에 상호구조하자는 목적을 가진 자라. 그것 역시 근래에 추세적으로 관리의 이용에 끌린 자들이라. 관리의 명령 하에 모여오기는 하였으나 戰場이라는 것이 처음이요 관병이라는 것도 또한 倡優輩 중에서 새로 모집되어 戰役에 단련이 없는 자들이라. 앞으로 접전할 일에 걱정이 아니 될 수가 없는 것이요, 또는 동학군

---

52) 鄭碩謨, 『甲午略歷』(동학농민혁명 종합지식정보시스템에서 인용).

이 신출귀몰하는 才操가 있다고 하는 생각하에서 疑慮가 없지도 아니 하였다. 이러한 처지에 있는 관병과 부상군은 明日曉頭에 접전기를 드고 서로 선발대가 되기를 자처하였다. 이것을 본 가장군은 스스로 선발대가 되어 나아가기를 자원하였다. 서로 미루던 관병과 부상군은 그것을 다행히 생각하여 크게 칭찬함을 마지아니하였다. 그날 밤을 지나 익일 미명에 마침 안개가 덮여 지적을 분변키 어려웠다. 그러나 접전시간은 예정대로 하게 되어 약속과 같이 무장가장군이 선발대가 되었다. 이때 東陳에서도 따라 應砲를 하였다. 선발대는 連해 방포하며 동진을 쳐들어간다. 선발대의 뒤를 따른 부상군과 관병들은 가소롭다는 생각으로 승승장구로 여답평지로 쫓아 들어간다. 선발대가 가는대로 의심 없이 막 뒤덮어 들어간다. 中峰의 허리를 지나 중봉의 꼭대기까지 거침없이 들어섰다. 동학군의 진지는 이미 비워둔만치 동학군은 다 쫓겨 달아났다는 생각으로 함부로 들러 덤비었다. 한참 이러할 즈음에 그 산 동서북 3면으로 나누어 은신하였던 동학군들은 일시 에워싸며 관병의 뒤를 지쳐 들어갔다. 이겼다고 안심하고 있던 관병들은 忽地에 狼狽를 당하여 꼼짝도 못하고 멸망을 당하였고, 약간 도망한 군사들은 또 복병을 간나 함몰을 당하였다. 그 복병은 어떠한 사람이냐 하면 그들은 별사람이 아니라 어제 백산에서 부안길로 나누어 가던 일파인데 그 밤으로 돌아서 그 산 전후좌우 要緊處에 몇 천 명씩을 매복하였던 군사들이라. 궤산하던 관병과 부상군은 다 죽어버리고 살아 돌아간 자 불과 수십 명이 되지 못하였다. 동학군진에서는 패망한 관병의 총포탄약 등을 거두어 가지고 바로 부안읍을 쳐들어가니 관리는 이미 도망하였고, 다만 읍중 백성들만 모여 酒饌을 갖추어 대접할 뿐이다. 즉시 군기를 거두고 해읍인민으로 하여금 일단을 조직하여 군성을 지키게 하고 다시 진을 옮겨 백산에 웅거하니라.[53]

(사) 4월 6일 아침 고부를 떠나 징집된 마을사람들과 함께 고생스럽게 군량을 운반하였다. 비가 온 뒤라 수레와 짐을 실은 말의 행진이 생각과 같이 되지 않았기 때문에 우리들은 커다란 짐만을 챙겨서 진군을 하였다. 두승산 동쪽의 장거리에서는 좁은 계곡길을 더듬으로 진군하였는데, 길은 좁았고 비탈길은 고르지 않았다. 그러나 모든 군사는 매우 원기왕성하여 행진 중에도 노래를 부르고 크게 소리를 지르는 등 와자지껄하였다. 여러 번 휴식을 취하면서 저녁 무렵 황토현에 도착하였다. 그 뒤 곧바로 짐을 풀고는 진지의 막사를 만들었으며 각 부대, 각 군단의 작은 진지를 각소에 만든 뒤 밥을 하였다. 모두 배가 고파 저녁밥을 달라고 크게 소리쳤는데,

---

53) 오지영, 앞의 책, 127~130쪽.

장교 한 명과 10여 명의 군사가 마련한 소고기와 술을 먹고는 모든 군사가 원기를 회복하였으며, 술잔치를 열지는 않았다. 그리고 아둔한 동학사람들은 모두 나무껍질을 먹고 계곡의 물로만 배를 채워 당장 내일은 길도 걷지 못할 것이라고 비웃었다. 이러한 유희에 빠진 전쟁은 다시없을 것이라고 생각되었다. 그날 밤 처음에는 경계를 하였다. 그러나 동학군의 진영이 완전히 고요하여 불빛조차 보이지 않았기 때문에 모두 안심하고 그 뒤부터는 술을 마셔 취하고 노래와 춤을 추다가 깊이 잠이 들었는데 나도 술에 취해 잠이 들었다. 그러다가 한밤중에 적이 습격해 온다는 커다란 부르짖음에 잠이 깨었는데 이리저리 도망하는 사람, 엎어지는 사람, 울부짖은 사람, 엎드린 사람, 숨는 사람 등 진영의 주위에는 죽은 시체가 쌓여 있었다. 약 2,000명가량의 관군 가운데 무기를 가지고 대적한 사람은 매우 적었고, 나머지는 앉아서 칼을 맞거나 자다가 죽는 등 그 패배의 모습은 매우 참혹하였다. 나는 황토현 북쪽 소나무 숲에 몸을 숨기고 겨우 지름길을 더듬으로, 백산 서쪽 해안까지 갔다가 배를 타고 아산 쪽으로 도망하여 목숨을 건졌다. 왜냐하면 동쪽으로 도망한 사람들은 동학군의 별동대에게 습격당하였고, 또 곳곳에 수리의 작은 샛강이 있어서 그냥 건널 수 없었기 때문이다. 7일 동트기 이전까지 대개가 살해되었는데, 이 싸움에서 나의 동료 보부상은 70~80명가량이 전사하거나 살해되었다. 관군은 다수의 군기를 버렸고 대포 2문도 퇴각시켰으며 쌀 1,000석을 잃었다.[54]

(아) 6일 밤 줄포의 경군이 전선에 도달하였다. 한 발의 신호포가 울리면서 전투가 벌어졌다. 밤은 깊어가고 어둠이 짙어져서 판별하기가 쉽지 않았다. 이상한 것은 적진의 응사가 느린 것이었다. 10발을 쏘면 겨우 한 발을 응사하였다. 경군이 돌진하여 일거에 假城(이때 동학군이 짚으로 가성을 만들었다) 에 들어가자, 적이 이미 전후에서 탄환을 비 오듯이 쏘아 이광양 이하 장병 대부분이 죽어 사상자를 헤아릴 수 없었고 패잔병은 사방으로 흩어졌다. 허무하게도 황토산 언덕에는 선혈이 흘러 내리는 것이 보였다. 그리하여 이곳으로 도망쳐 온 패잔병들은 그날 아침 우연히 稅米를 실으러 온 조선 기선에 구조되어 그날 인천으로 출발하였다.[55]

(자) 4월 초 7일 도착한 태인현감 홍면주의 보고 내용에, "그날 4월 초 7일 戌時

---

54) 菊池謙讓, 「동학당의 난」, 동학농민전쟁100주년기념사업추진위원회 편, 『동학농민전쟁연구자료집(1)』, 여강출판사, 1991, 175~176쪽.
55) 「全羅古阜民擾 日記 寫本 送付」, 『駐韓日本公使館記錄』 1(국사편찬위원회 한국사데이터베이스에서 인용).

무렵에 저들이 본 읍의 태인현 인곡 북촌 용산에서 고부의 도교산으로 이동하여 주둔하고 있습니다"라고 하였습니다.

4월 초 8일 도착한 고부군수 朴源明의 보고서의 내용에, "어제 午時 무렵에 태인·부안 양 읍에 모인 동도들이 고부군 도교산으로 옮겨와 주둔하며, 순영문에서 발송한 병정, 별초군, 負商 등과 함께 서로 접전하였는데, 순영문의 병정들이 마침내 패하여 사졸 중에 사망한 자가 매우 많았습니다. 저들 무리들은 곧바로 井邑縣 蓮池院으로 향하여 갔습니다"라고 하였으며, 처음부터 新營의 병정과 각 읍의 포군을 각처의 험하고 좁은 길 입구에 나누어서 지키게 하고 京軍이 내려오기를 기다렸습니다. 흉도들 두 무리가 한 곳에 함께 주둔하고 있었는데, 그들이 모인 것은 질서가 없어 보이지만, 그들의 세력은 점차 벌떼처럼 일어나듯 합니다. 어제 寅時 무렵에 사방을 둘러싸고 갑자기 돌진하여 營軍들이 패하여 무너져 흩어졌으며 오히려 죽임을 당하거나 다쳤으니, 더욱 분하고 한탄스럽습니다.56)

위의 기록 중 (가), (라), (마), (자)는 그 내용으로 보아 정부측 혹은 동학농민군을 반대하는 입장에서 기록된 것이며, (바)는 동학농민운동에 직접 참여하였던 사람들로부터 전해들은 것을 기록한 것으로 보이며, (사)는 기쿠치 겐조가 정부군으로 동원되었던 보부상으로부터 들은 것이고, (아)는 巴溪生이라는 일본인이 일본공사관에 보고한 내용이다.

이를 토대로 황토현전투의 전개상황을 재구성하면 다음과 같다. 1894년 4월 1일 전라감사가 백산에 주둔하던 동학농민군을 토벌하기 위하여 부관 이재섭과 송봉호 등이 1,000여 명의 병력을 이끌고 출동하였다. 동학농민군은 태인과 화호에서 정부군과의 전투에서 패하여 부안과 고부 방면으로 후퇴하였다. 정부군은 고부로 향하는 동학농민군을 추격하였고, 4월 6일 동학농민군은 황토현에 올라 진을 쳤다. 이에 전라감사 김문현은 비장 이경호와 군사 수백 명과 열읍의 속오군을 도교산으로 출동시켰다.

동학농민군과 정부군은 이렇게 황토현에서 마주하게 되었다. 동학농민군은 장건하고 용감한 자 수십 명을 순창담양부상군의 일원으로 가장하여 정

---

56) 『隨錄』 1894년 4월 초8일 啓草(동학농민혁명 종합지식정보시스템에서 인용).

부군에 잠입시켰다. 이와 함께 동학농민군은 정부군이 야습할 것을 대비하여 병력을 나누어 동서북의 3면에 매복시킨 후 본진을 비워두었다. 全羅中軍 金達觀과 哨軍 李在燮은 공을 세우고자 명령을 듣지도 않고 깃발을 휘두르며 앞을 다투어 산위를 공격하였으나 크게 패하였다. 또 초관 유영호가 거느린 부상군 1,000여 명도 도망가고 흩어져 한 명도 남지 않게 되었다. 상황이 이와 같이 돌아가자 이경호가 군사를 몰아 동학농민군과 대적하였으나 4월 7일 새벽 전사하였다. 이처럼 정부군이 속수무책으로 당한 것은 정부군의 선봉으로 나선 부상군으로 가장한 동학농민군의 활약과 동학농민군을 오합지졸로 여긴 정부군의 방심 때문이었다. 특히 정부군은 "동학군의 진영이 완전히 고요하여 불빛조차 보이지 않았기 때문에 모두 안심하고 그 뒤부터는 술을 마셔 취하고 노래와 춤을 추다가 깊이 잠이 들었는데 나도 술에 취해 잠이" 들었다가 기습을 당할 정도로 군기가 문란하였다. 그리하여 정부군은 "다 죽어버리고 살아 돌아간 자 불과 수십 명이 되지 못"할 정도였던 것이다. 그리고 황토현전투의 승리 결과 동학농민군은 많은 무기와 1,000석 이상의 쌀을 전리품으로 획득하였다. 이로써 겨우 죽창 정도로 무장하던 동학농민군이 정부군이 소지하고 있던 무기로 무장할 수 있었으며, 식량도 확보하는 등 전력을 상승시킬 수 있었다.

그런데 주목되는 점은 만약 병정들이 이겼다면 고부는 都戮되었을 것이다. 천운이 망극하여 병정들은 劍死峯에 진을 쳤다가 敗陣했다고 한 박문규의 진술이다. 이는 당시 전라도 일대의 민심이 어떠하였는가를 보여주는 것이라 할 수 있다. 특히 "정부군은 기율이 극도로 문란하여 이르는 곳마다 인민의 가축, 의복, 화물의 약탈, 부녀의 겁탈 등 流賊과 같은 殘暴한 행동을 감행하였으므로 형세를 관망하던 인민까지도 동학군에 향응"[57]할 정도였으므로 정부군의 패배는 어느 정도 예견된 것이라고도 할 수 있을 것이다.

---

57) 김상기, 「東學과 東學亂」, 동학농민전쟁100주년기념사업추진위원회 편, 앞의 책, 68~69쪽.

4. 맺음말-황토현전투의 역사적 의의

　　　　　　　　　　　　이상에서 살핀 바와 같이 황토현전투는 보부상을 포함한 정부군과 동학농민군 사이에 전개된 최초의 본격적인 전투였다. 이 전투에서 승리함으로써 동학농민군은 각 읍을 다니면서 세력을 확장하는 한편 전주성을 점령하는 등 전라도 일대를 석권할 수 있었다. 이러한 황토현전투의 역사적 의의를 맺음말에 대신하여 쓰고자 한다.

　황토현전투 이후 동학농민군이 전라도 일대를 제패할 수 있었던 것은 "(황토현전투에서-인용자) 패하고부터 비적의 기세는 사납게 퍼졌고 관군은 떨치지 못하기"[58]기 때문이었다. 따라서 황토현전투는 동학농민군이 동학농민운동을 확산시키는 데 결정적인 역할을 한 전투였음을 알 수 있다. 뿐만 아니라 황토현전투의 결과 "조선은 전봉준의 손에 달렸고 세상은 동학군의 천지가 된다고 떠들어댔다"[59]고 할 정도로 농민층의 의식에 혁명적인 변화를 초래하였다.

　이와 같은 의식의 변화는 '경계를 벗어나면 반란이 된다'는 농민층의 의식에 변화를 준 것으로 이해된다. 따라서 농민층은 황토현전투 이후 보다 적극적으로 동학농민운동에 참여하였을 것으로 판단된다. 이는 황토현전투 이후 동학농민군이 정읍, 흥덕, 회덕 등 전라도의 각지에서 정부군의 무기를 탈취하여 무장한 것을 통해서도 확인할 수 있다. 특히 1894년 4월 11일 충청감영의 전보에 따르면 동학농민군을 토벌하고 총 44자루, 창 41개, 環刀 60자루, 鉛丸, 握手弓 3장, 화살 300斧, 握鐵椎 5개를 회수[60]하였다는 사실에서도 알 수 있다. 이리하여 1894년 4월 9일 "저들 수천 명이 회덕의 무기를 탈취하여 진잠으로 향하였다"[61]고 한 것으로 보아 황토현전투 이후 충청도 일대에

---

[58] 崔永年, 『東徒問辨』(동학농민혁명 종합지식정보시스템에서 인용).
[59] 오지영, 앞의 책, 130쪽.
[60] 「1894년 4월 11일 충청감영의 전보」, 『聚語』(동학농민혁명 종합지식정보시스템에서 인용).
[61] 「1894년 4월 초 9일 을묘」, 『양호전기』(동학농민혁명 종합지식정보시스템에서 인용).

까지 동학농민운동이 확산되고 있다는 사실을 알 수 있다.

또한 이 전투를 통해 동학농민군은 자신들의 주의와 주장을 격문 등의 문서가 아니라 실제 행동으로 보여주었다. 이는 조선후기 이래 농민층에 가중되었던 제반 학정과 부정, 부패에 대한 농민층의 저항이었으며, 외세의 침탈에 대한 저항이기도 하였다. 그리하여 반봉건반외세의 동학농민운동의 성격을 그대로 보여주는 것이었다.

그리고 이 과정을 통하여 농민층은 자신들의 계급적 입장과 조선을 둘러싼 국내외의 정세를 파악할 수 있었다. 특히 앞에서도 언급한 박문규의 진술과 같이 정부에 대한 당시 민중의 시선은 매우 비판적이었다. 이는 역으로 동학농민군에 대한 민중들의 기대를 반영하는 것이기도 하였다. 이러한 동학농민군에 대한 민중들의 기대는 "관군은 경계를 벗어나자마자 주민들을 약탈"[62]하였다는 기록을 보아도 알 수 있다.

특히 황토현전투가 동학농민군의 승리로 돌아가면서 고종은 동학농민군에 대한 탄압을 강화하기 위하여 청군의 차병을 요청하였다. 이는 동학농민운동이 동아시아적인 문제로 확대되는 계기가 되었다. 그 결과 발발한 청일전쟁은 향후 동아시아의 주도권을 일본이 장악하는 계기가 되었던 것이다.

이상과 같이 황토현전투는 고부농민봉기 이후 사회변혁의 흐름이 전라도를 넘어 전국으로 확산되는 계기를 마련하였다. 이는 고부농민봉기를 준비하는 과정에서 사발통문에 나타난 전봉준 등의 계획이 구체적으로 실천되고 있음을 보여주는 것이었다. 따라서 동학농민운동은 고부농민봉기에서 비롯되었다고 보는 것이 옳을 것이다.

* 논문 출처

『한국민족운동사연구』 77, 한국민족운동사학회, 2013.

---

[62] 鄭碩謨, 『甲午略歷』(동학농민혁명 종합지식정보시스템에서 인용).

:
제2부

천도교의
민족운동

日帝下 水原地域 天道敎의 成長과 民族運動

1. 머리말

　　　　　　천도교는 동학에서 발전한 우리의 민족종교이다. 뿐만 아니라 1894년의 동학농민운동을 통하여 반제반봉건의 정신을 고취하였고, 1904년 진보회운동을 통하여 근대 민권운동을 전개하기도 하였다. 그리고 1919년에는 민족운동의 분수령이 된 3·1운동을 주도하였으며, 1920년 이후에는 문화운동과 민족협동전선운동을 전개하여 민족운동의 일익을 담당하였다. 이와 같이 천도교는 단순한 종교가 아니라 민족운동의 한 중심으로서 자리 잡고 있었다. 이러한 이유 때문에 천도교의 성장과정과 활동을 보다 명확하게 파악하는 것은 일제하 민족운동을 이해하는 데 중요한 요소라 할 수 있다.

　특히 본고에서 살필 수원지역은 천도교의 교세가 강했던 지역이었다. 따라서 일제하 수원지역에서 전개된 민족운동에 대해 이해하기 위해서는 천도교의 동향에 대한 이해가 우선적이라 할 수 있다. 이러한 점은 수원지역에서 전개되었던 민족운동이 천도교와 관련이 있는지 없는지는 크게 문제되지 않는다. 현실적으로 수원지역의 천도교는 하나의 민족운동세력으로 자리 잡고 있었기 때문이다. 따라서 어떠한 민족운동세력이라 하더라도 운동의 전개과정에서 천도교의 입장을 고려해야 했다. 특히 3·1운동과 1920년대의 민족협동전선운동과정에서 천도교세력은 다른 운동세력의 입장에서는 우선적인 연대의 대상이었다. 상황이 이러함에도 불구하고 수원지역의 민족운동을 이해하는 데 중요한 요소인 수원지역 천도교의 활동에 관한 연구는 그리 활발하지 않은 형편이다.

다만 근래에 세 편의 연구 논문이 제출되어 수원지역 천도교에 대한 이해에 도움을 주고 있다.1) 그러나 최홍규는 동학농민운동기를 중심으로 서술하여 일제시기의 수원지역의 천도교의 활동에 대한 이해가 부족하였고, 성주현은 1920년대의 청년운동과 신간회운동만을 대상으로 서술하였기 때문에 초창기 동학의 전파과정에 대한 이해가 부족하였다. 그리고 조규태는 수원지역만을 대상으로 서술한 것이 아니라 경기지역이라는 광역단위로 접근하였기 때문에 수원지역의 동학과 천도교에 대한 보다 심층적인 접근이 되지 못하였다.

따라서 필자는 본고를 작성하는 과정에서 다음의 사항을 고려하고자 한다. 먼저 연구의 대상 지역을 수원지역2)에 한정하였다. 그리고 1880년대 수원지역에 동학이 전파되면서부터 3·1운동과 1920년대의 문화운동과 신간회운동3)에 이르기까지의 수원지역 천도교의 성장과 활동을 살펴보고자 한다. 이러한 작업을 통해 우리는 수원지역의 천도교가 지역 사회의 민족운동과 사회운동에서 어떠한 역할을 하였는지를 확인할 수 있을 것이다. 다만 여기에서 필자는 수원지역의 3·1운동과 천도교의 관계를 세밀히 천착하지는 않

---

1) 崔洪奎, 「京畿地域의 東學과 東學農民運動」, 『京畿史論』 창간호, 1997; 성주현, 「1920년대 경기지역의 천도교와 청년동맹의 활동」, 『경기사학』 4, 2000; 조규태, 「천도교의 민족문화운동」, 『일제하 경기도지역 종교계의 민족문화운동』, 경기문화재단, 2001.
2) 여기에서 수원지역이라 함은 1914년의 행정구역 개편 당시의 수원군을 일컫는다.
3) 수원지역의 신간회운동에 대해서는 성주현, 앞의 글, 앞의 책 및 졸고, 「日帝下 水原地域의 新幹會運動」, 『원유한교수정년기념논문집』, 2001.4. 출간예정.

고 천도교가 3·1운동에 어떠한 형태로 참여했는가를 개략적으로 살피는 데 그치면서 후고를 기약하도록 하겠다. 이는 수원지역의 3·1운동의 규모나 그 성격이라는 측면에서 이를 하나의 논문으로 구성하는 것이 옳다는 생각 하기 때문이다.

2. 동학의 전래와 성장

경기도지역에 동학이 전래된 시기는 명확하지는 않다. 다만 1862년 9월 29일 교조 최제우가 관군에 체포되고 5일 만에 석방된 직후인 1862년 12월 金周瑞가 대구, 청도, 경기도의 접주로 임명[4]되는 것으로 보아 이 무렵에 경기도지역에 동학이 전파되는 것으로 보인다. 특히 동학교단 내에서 접이란 30호 내지 70호 정도의 규모로 구성되며 전도자와 수도자의 인맥을 따라 초지역적으로 조직한 동학의 초기 단위 조직이다.[5] 이 정도의 규모인 접이 설치는 되었지만 대구와 청도를 동시에 관할하는 것이었으므로 1862년 당시의 경기도의 동학 교세는 그리 크지 않았던 것으로 보인다. 더욱이 교조인 水雲 崔濟愚가 1864년 처형당한 이후에는 동학의 교세가 급속히 쇠락하였으므로 경기도지역의 동학 교세도 급속히 쇠락했을 것으로 생각된다.

이후 경기지역에서 동학이 다시 부흥하게 되는 시기는 1880년 이후이다. 이 시기는 동학을 둘러싼 내외의 정세가 급박하게 전개되던 시기였다. 먼저

---

4) 「崔先生文集道源記書」, 『東學思想硏究資料集』 壹, 1979, 179~180쪽. 여기에서 김주서는 대구청도기내의 접주로 임명되고 있다. 이로 보아 아직까지 경기지역에 동학이 본격적으로 전파되었다고 보기는 어렵다. 다만 어떤 연구에서는 다른 자료(천도교사편찬위원회편, 『天道敎百年略史』(상), 96쪽, 미래문화사, 1981)를 인용하여 1862년에 李昌善이 경기접주로 임명되었다는 기록을 따르고 있다.(崔洪奎, 「京畿地域의 東學과 東學農民運動」, 『京畿史論』 창간호, 1997) 필자는 후대의 기록보다는 이전의 기록이 따르는 것이 옳다고 보고 이 기록을 따랐다.
5) 表暎三, 「東學思想과 接包組織」, 『東學革命 100週年紀念論文集』, 1994, 364쪽.

외적인 요인으로서는 1880년 고종이 개화정책을 본격적으로 추진하면서 개화파인사들이 최초로 중앙정계에 진출하였고 1882년에는 미국과 수교를 함으로써 이후 서양 각국과의 외교관계를 갖게 되었다. 이러한 시대적인 조건은 동학에 대한 조선정부의 탄압이 약화되는 계기가 되었다. 이와 같은 객관적인 정세는 동학이 산중에서 다시 세상으로 나올 수 있는 중요한 조건이 되었다. 그리고 내적으로는 동학의 경전이 이 시기에 완성되었다는 점이다. 1880년과 1881년에 걸쳐 『동경대전』과 『용담유사』가 편찬될 수 있던 기반이 조성되었고 1883년에 출판되었던 것이다. 이러한 내외의 정세는 동학이 다시 포교될 수 있는 좋은 계기가 되었다.

이러한 상황은 경기도지방에서도 예외는 아니었다. 그리하여 수원을 중심으로 경기도지방에 대한 동학의 포교가 활발히 전개될 수 있었다. 이러한 가운데 수원출신의 불교 승려인 徐仁周(璋玉)와 호남의 동학간부였던 安敎善이 1883년 3월 최시형을 방문하였다.[6] 이들은 이후 동학교단과 긴밀한 관계를 가지면서 경기도지방에서 동학을 전파하였다. 특히 안교선은 1884년 安承寬, 金鼎鉉을 포교하였고 이들은 이후 수원지역의 동학 포교에 선도적인 역할을 하였다.[7] 그리고 1890년에는 徐丙學, 張晩秀, 李圭植, 金永根, 羅天綱, 申奎植 등이 六任이 되었고 안승관은 畿湖大接主, 김정현은 畿湖大接司가 되어 林炳昇, 白蘭洙, 羅天綱, 申龍九, 羅正完, 李敏道 등의 접주를 관장하였다. 이들의 활동에 의하여 수원지역의 동학교도는 수 만 명에 달하게 되었다.[8] 이로 보아 1883년 이래 수원지역의 동학교세는 비약적으로 성장하였고, 수원지역에서 동학의 대접주, 대접사, 접주 등의 교단조직이 마련되었음을 알 수 있다.

---

[6] 吳知泳, 『東學史』, 영창서관, 1940, 60쪽; 천도교중앙종리원, 『天道敎創建史』 해월신사편, 1933, 31쪽; 천도교사편찬위원회, 『天道敎百年略史』(상), 미래문화사, 1989, 143~144쪽.
[7] 「水原郡宗理院沿革」, 『天道敎會月報』 통권 191호, 1927.2, 29쪽.
[8] 「水原郡宗理院沿革」, 『天道敎會月報』 통권 191호, 1927.2, 29쪽.

이와 같은 교세를 바탕으로 수원지역의 동학교도들은 1892~93년의 교조신원운동에도 적극적으로 참여하였다. 1893년에 있었던 보은집회에는 신용구과 이민도의 주선으로 수원의 동학교도 수 천 명이 참여하기도 하였다.9) 수원군의 동학교도가 보은집회에 참여했다는 정부측의 기록이 있는데,10) 이때 참여한 수원의 동학교도는 대략 840여 명이었다고 한다.11) 천도교측의 기록과 정부측의 기록에 적지 않은 차이가 있지만 수원지역의 다수의 동학교도가 보은집회에 참여한 사실은 확실하다. 이는 앞에서도 언급했듯이 10년 남짓한 동안 수원지역의 동학교세가 비약적인 성장을 하였다는 사실을 다시 한 번 보여준다.

한편 수원지역의 동학은 1894년의 동학농민운동에도 참여하였다. 1894년 9월 18일 최시형이 봉기를 지시한 이후 수원은 金來鉉(鼎鉉)을 중심으로 기포하였다.12) 그리고 이들은 5천 군을 거느리고 수원부를 점령하고 남군이 오기를 기다리고 있었던바 관병과 일병을 만나 싸우다가 마침내 패하였다.13) 이 전투에서 안승관과 김정현은 체포되어 서울의 南筏院에서 사형을 당하였고,14) 金元八은 수원에서 사형을 당하였다.15) 특히 안성사람인 金漢式은 동학농민운동 과정에서 이들이 처형당한 후 수원지역의 포교에 공헌하였다.16) 三槐地域의 주민들은 수원의 高錫柱 接主가 거느리는 동학군에 가담하여 활약하다 일본군과 관군에 패하여 많은 피해를 입은 후 白樂烈의 인솔하에 집으로 돌아와 관헌들의 눈을 피해 동학의 포교에만 힘을 기울였다.17)

---

9)「水原郡宗理院沿革」,『天道敎會月報』통권 191호, 1927.2, 29쪽.
10)「聚語」,『東學亂記錄』(上), 국사편찬위원회, 1971, 110쪽.
11) 崔洪奎,「京畿地域의 東學과 東學農民軍 活動」,『京畿史論』創刊號, 90쪽.
12) 村山智順,『朝鮮の類似宗敎』, 52쪽 참조.
13) 吳知泳,『東學史』, 영창서관, 1940, 152쪽.
14)「甲午實記」,『東學亂記錄』(상), 38쪽.
15)「水原郡宗理院沿革」,『天道敎會月報』통권 191호, 29쪽.
16)「水原郡宗理院沿革」,『天道敎會月報』통권 191호, 29쪽.
17) 金承學,『韓國獨立史』, 독립문화사, 1966, 655쪽.

3. 수원지역 천도교의 성장과 활동

1) 동학의 천도교로의 개편

동학은 교세의 신장을 바탕으로 1900년 손병희가 도통을 계승하였고, 이후 동학운동의 노선을 전환하였다. 지금까지의 반봉건·반외세의 운동노선을 개화운동의 노선으로 전환하였던 것이다. 손병희가 이와 같이 운동노선을 전환하고자 한 것은 장래에 동학을 세계에 알리고자 하면 문명의 대세를 관찰하지 않으면 안 된다고 생각했기 때문이었다.[18] 이 연장선상에서 손병희는 1901년 일본으로 망명하였고 1902년 24명, 1904년 40명을 일본에 유학시켰다. 그리고 손병희는 정부에 국정개혁에 대한 건의문을 보내었다.[19] 이와 같은 동학과 손병희의 노력에도 불구하고 정부의 국정개혁이 미진하자 孫秉熙는 民會[20]의 설립을 추진하였다. 그리하여 1904년 초에 이종훈, 홍병기는 엄주동, 이용구, 신광우, 김명배 등과 함께 大同會의 설립을 추진하였으나 정부의 제지로 결실을 맺지 못하였다. 그러자 홍병기, 박인호는 손병희의 명령을 받고 엄주동, 나용환, 김명준, 전국환, 박형채, 국길현, 최영구, 이종훈 등과 함께 대동회의 명칭을 '中立會'로 변경하였다. 이 역시 지방의 관헌과 일본 주둔군의 제지로 조직이 여의치 않자 회의 명칭을 다시 進步會라 변경하였고, 손병희는 1904년 9월 權東鎭, 吳世昌, 趙義淵 등과 상의한 후 이용구를 대리인으로 내세워 進步會를 조직하였다.

進步會의 강령은 1. 皇室을 尊重하고 獨立基礎를 공고히 할 것, 2. 政府를

---

[18] 趙恒來,「東學의 甲辰開化革新運動」,『東學革命100週年紀念論文集』, 1994, 256쪽.
[19] 李敦化,『天道敎創建史』제3편, 34~42쪽.
[20] 필자는 1896년 독립협회운동 이후 1905년 을사보호조약까지의 시기에 각종의 결사를 조직하여 民의 의사를 국정에 반영해야 한다고 주장하고 활동한 단체들은 '民會'를 지향했다고 생각한다. 즉 갑신정변이나 갑오개혁에서 나타난 국체의 지향점이 이들 단체들에 영향을 끼치면서 '民會'는 개혁적인 세력들에게는 합의된 것으로 보고 싶다. 실제 대한매일신보 등 당시의 신문에는 일진회, 진보회 등을 '民會'로 서술하고 있다. 또 독립협회활동에 대해 鄭喬는 『民會實記』(1898)라 하여 독립협회의 활동을 '民會' 차원에서 서술하고 있다.

개선할 것, 3. 軍政財政을 정리할 것, 4. 人民의 生命財産을 보호할 것 등이다.21) 이에 따르면 진보회는 국정을 개혁하여 국가를 보존하고 민생을 안정시키는 것에 그 목적이 있음을 알 수 있다. 그리하여 진보회는 전국의 360여 군에 지회를 조직22)하는 한편 조직된 지 4개월 만인 1904년 12월 2일 宋秉畯이 조직한 일진회와 통합하였다. 그리고 1905년에는 일진회의 조직을 개편하여 통합 당시 李容九가 담당했던 13道支部總會를 폐지하면서 제도적으로 진보회의 독자성을 말살하였다.

이와 동시에 일진회는 이른바 '一進會宣言書'를 발표하여 조선을 일본의 보호국으로 하자는 주장을 하였다. 이와 같이 일진회가 친일을 전면으로 내세우자 일진회에 가입했던 동학교도들 가운데에는 이에 반발하여 일진회를 탈퇴하는 사람들이 속출하였다. 이러한 움직임은 동학 내부에서 뿐만이 아니라 일반 대중 속에서도 일진회에 대한 반대운동으로 나타나기도 하였다. 이에 손병희 역시 이용구를 질책하는 동시에 1905년 12월 1일 교명을 천도교로 변경하였다. 이러한 움직임은 수원지역도 예외가 아니어서 1907년 8월 9일에는 水原鎭衛隊의 군인들인 池弘允, 劉明奎, 李東基 등이 무기고를 습격하여 무기를 주민들에게 나누어주고 東門(蒼龍門) 밖에서 郡守와 一進會 首領 鄭景洙23)를 처단하였다.24)

이러한 상황 속에서 수원에서도 진보회의 조직을 위한 움직임이 있었다.

---

21) 「天道敎書」, 『아세아연구』 통권11, 1904년 甲辰條. 그러나 이용구가 회장으로 있던 京城進步會의 강령은 1. 皇室의 安寧을 도모할 것, 2. 人民의 生命財産을 보호할 것, 3. 政府에 改革을 獻議할 것, 4. 財政軍政을 정리할 것, 5. 同盟國軍에 義捐金을 보낼 것, 6. 會員은 斷髮을 할 것 등(『駐韓日本公使館記錄』 22, 202~203쪽)으로서 진보회의 기본 강령에 2개의 내용이 추가되어 있다.
22) 조항래, 앞의 논문, 앞의 책, 261쪽.
23) 정경수는 안성출신으로서 동학농민운동 당시 대도주인 최시형이 행한 致誠式에 참여하였으며, 제2차 동학농민군이 기포할 때 안성의 접주로 참여하여 농민군의 선봉에 섰다.(최홍규, 앞의 글, 앞의 책) 이후 일진회에 참여하여 수원일진회 회장, 總代를 역임하였다(李寅燮, 『元韓國一進會歷史』, 참조).
24) 蔡根植, 『武裝獨立運動秘史』, 3쪽.

그러나 수원진보회의 조직 시기는 확실히 알 수는 없다. 다만 수원지역의 활동가들 가운데 진보회운동에 참여했던 李鍾奭, 金漢式, 韓世敎 등의 이름을 통해 확인할 수 있을 뿐이다.25) 또한 수원에서도 일진회가 1904년 12월 4일에 조직되어 정경수가 회장에 선출되었다.26) 이 때 일진회의 집회에는 단발한 자가 약 150여 명이 참여하였다.27)

수원일진회의 조직과 이후 수원지역의 천도교 성장에 큰 역할을 한 사람은 李鍾奭과 林淇鎭이라 생각된다.28) 이들은 1905년 일진회의 사무실을 수원 신풍리에 설치하고 열렬히 활동하였다. 이리하여 당시 수원일진회는 회원이 급속히 증가하였다.29) 특히 임기진은 전답 100여 두락을 희사하여 수원지역의 동학교단의 채무를 상환하였다.30) 또한 이종석은 1861년 忠北 鎭川郡 方洞面에서 출생하여 1891년 7월 14일 손병희에게 전도된 이후 불과 수년에 기천호를 포교하여 최시형으로부터 대접주에 임명되었다. 그리고 1894년 東學農民運動에도 中軍將으로 참여하였으며 손병희와 밀접한 관계 하에서 신앙활동을 전개하였다. 이렇게 충북을 근거지로 활동하던 그가 수원지역에 연고를 옮긴 것은 一進會運動이 전개되던 1905년을 전후한 시기부터였다.31) 이후 그는 일진회 수원지회장을 역임하였고 천도교 수원교구의 초대교구장이 되었다. 즉 수원으로 근거지를 옮긴 이후 이종석은 수원교구의 지도자가 되어 나천강, 정도영과 함께 수원지역의 천도교를 이끌어갔다.32) 한편 위에서 언급했듯이 수원일진회가 조직된 시기는 일진회와 진보회의 통합 이후의

---

25) 李敦化, 『天道敎創建史』, 1933, 47쪽.
26) 李寅燮, 『元韓國一進會歷史』 卷之一, 58쪽.
27) 「수원군공보」, 『대한매일신보』 1904.12.12.
28) 「水原郡宗理院沿革」, 『天道敎會月報』 통권 191호, 29쪽.
29) 李炳憲, 「수원교회낙성식」, 『天道敎會月報』 통권 292호, 36쪽.
30) 「水原郡宗理院沿革」, 『天道敎會月報』 통권 191호, 29쪽.
31) 李炳憲, 「宗法師潼庵李鍾奭氏還元」, 『天道敎會月報』 통권 196호, 27~28쪽.
32) 李鍾麟, 「水原敎區室序」, 『天道敎會月報』 통권 60호, 27쪽.

일이므로 수원일진회의 조직은 곧 수원진보회의 일진회 지회로의 전환이었을 가능성이 높다고 하겠다.

2) 수원지역 천도교의 조직 정비와 교세 확장

1905년 12월 1일 천도교로 교명을 변경한 후 1906년 2월 손병희는 교단 조직을 정비하였는데 이 때 이종석이 교령에 임명되었고[33] 5월에는 교구장이 되었으며[34] 1906년 12월 6일 수원대교구장으로 이종석, 鄭道永이 대리에 임명되었다. 또한 1907년 전국의 지방교구를 72교구로 정비하였을 때 이종석은 59교구장으로 임명되었다.[35] 그리고 종리사와 이문원, 서무원, 경리원, 포교를 담당한 공선원, 교인으로서의 풍기를 담당한 전제원, 교리강좌를 담당한 강도원, 금융원, 전교실의 책임자인 전교사와 순회교사 등도 임명되었다. 수원교구와 남양교규의 주요 인물들은 다음과 같다.

水原敎區[36]

敎區長: 李鍾奭(1906), 具洛書(1907), 鄭道永(1908~09), 李鳳九(1910), 孔炳台(1911), 李敏道(1912), 羅天綱(1913), 李鍾奭(1914), 鄭道永(1915), 李鳳九(1916), 金仁泰(1917~19), 李星九(1920~21)

宗理師: 李星九(1922), 羅天綱(1923), 金有卿(1924), 羅天綱(1925)

理文員: 具洛書(1906), 鄭道永(1907), 鄭麒永(1908), 朴在舜(1909)

共宣員: 孔炳台(1910), 崔赫來(1911), 陳始泳(1912~14), 羅天綱(1915), 李炳憲(1916), 李榮緖(1917), 安政玉(1918~19), 兪熙濬(1920), 李演鵲(1921)

庶務員: 李演鵲(1922), 張煉秀(1923), 李演鵲(1924), 李鍾煥(1925)

金融員: 李會信(1908~09), 高柱元(1910), 羅天綱(1911~12), 崔亨善(1913), 羅天綱

---

[33] 이돈화, 앞의 책, 54쪽. 그런데 한 기록에는 수원교구가 1904년에 설립되었다는 주장이 있다(李鍾麟, 「水原敎區室序」, 『天道敎會月報』 통권 60, 27쪽).
[34] 「水原郡宗理院沿革」, 『天道敎會月報』 통권 191호, 29쪽.
[35] 천도교중앙총부, 『천도교종령집』, 1983, 22~23쪽.
[36] 「水原郡宗理院沿革」, 『天道敎會月報』 통권 191호, 31~32쪽.

(1914), 金仁泰(1915~16), 金學習(1917), 李炳憲(1918~19), 張基煥(1920), 金有卿(1921)

經理員: 金相根(1922), 張基煥(1923), 張煉秀(1924), 李正兩(1925)

典制員: 李會信(1910~15), 崔永善(1916), 李炳憲(1917~18), 金正淡(1919), 李鍾煥(1920~21)

講道員: 崔赫來(1911~14), 羅天綱(1915~16), 崔永善(1917), 李星九(1918), 羅天綱(1919), 陳鍾九(1920~21)

巡廻教師: 李會信(1906), 李鍾喆(1906~07), 李德有(1908), 張泳萬(1909), 金興烈(1910~12), 尹泰益(1913~14), 洪鍾珏(1915), 李鍾煥(1915), 安鍾麟(1916), 朴榮來(1916~18), 金有卿(1919), 李演鵠(1920), 張煉秀(1920), 金顯周(1921)

傳教師: 朴榮來, 曹連承, 金學習, 崔德煥, 金明基(青北面), 張泳萬, 李圭相, 孫俊應, 張基煥, 徐廷佑, 張泳寬, 崔基連(楊甘面), 洪在範, 李秉仁, 洪鍾珏, 崔永善, 洪鍾國, 李演鵠, 兪鎭哲(城湖面 細橋里), 宋鍾洙, 嚴雲輔, 車載崙, 林永植, 李正雨, 宋鍾冕, 李南熙(城湖面烏山里), 朴元秉, 元世鳳, 陳鍾萬, 金永學, 金演健, 金有卿(高德面), 張基男, 朴斗秉, 金在天, 林容鎭, 崔敬烈, 邢源興, 姜聖會, 金顯根, 姜仁會, 崔義烈(東灘面), 李敏道, 孫壽漢, 吳起泳, 李儒像, 朴利嬋, 張容俊, 崔貞來, 林景漢, 崔利來, 金化景, 李炳憲, 崔鍾煥(玄德面), 金興烈, 安鍾麟, 金學教, 洪淳鎭, 林永煥, 安鍾煥, 趙同學(鄕南面), 金勳, 韓池嬋, 崔在順, 金學仁, 金相根, 朴容善(水原面), 李鍾泰, 安在奎(梅松面), 李教植, 李教達, 崔光斗, 陳德煥(峰潭面), 尹泰翼, 廉錫敏(日刑面), 兪道濬, 兪相濬, 兪鎭文(龍仁郡 水枝面), 宋益憲, 宋在恩, 宋昌憲(龍仁郡 浦谷面), 朴永圭, 李德有(龍仁郡 邑三面)

남양교구[37]

教區長: 禹英圭(1910), 金仁泰(1911), 趙東述(1912), 白樂溫(1913), 金大植(1914), 韓世教(1915~17), 羅天綱(1918)

共宣員: 趙東述(1911), 金在仁(1912), 崔敏淳(1913), 禹鍾烈(1914), 趙東述(1918)

典制員: 白樂烈(1912), 李鍾根(1918)

講道員: 李弼右(1913)

金融員: 白樂烈(1911~12), 朴容殷(1913), 李寶成(1914), 趙東述(1914), 禹英圭(1915), 李寶成(1918), 金大植(1918)

傳教師: 白南杓(1915), 韓興教(1916), 尹畯欽(1916), 朴時正(1917), 申泰熙(1917), 金顯

---

[37] 『天道教宗令集』, 181쪽; 『天道教會月報』 통권 48호, 36쪽.

祚(1918), 裵應相(1918)

이외에도 수촌리의 백낙렬은 삼괴지역38)의 포교 책임자였으며,39) 金聖烈은 팔탄면 고주리에서 포교하였고,40) 李秉虁는 팔탄면 노하리에서 천도교를 포교하였다.41) 또한 李正緖, 金明植이 공선원, 李正緖가 전제원, 高桂元, 崔淳喜, 李寶成이 금융원, 金春京이 전교사로 활동하였다.42) 이렇게 보면 천도교의 포교는 청북면, 양감면, 성호면, 고덕면, 동탄면, 현덕면, 향남면, 수원면, 매송면, 봉담면, 일형면, 우정면, 장안면 등 수원군 전역에 걸쳐 포교조직을 갖추고 이루어졌음을 알 수 있다. 그리고 성호면의 세교리와 오산리 이외에도 남양교구의 장안면 기린동,43) 우정면 화산리,44) 내장면 거묵동45)에도 전교실이 설치되었다. 이로 보아 수원지역의 천도교에서는 전교실은 리 단위로 설치되어 운영되었음을 알 수 있다.

또한 1908년에는 교인 및 일반인을 대상으로 한 교리전문강습소를 설치하였고 1909년에는 李鳳九, 孔炳台를 선발하여 中央摠部師範講習所에 입학46) 시켜 교리강습을 준비하였다. 또한 1911년에는 성호면에 종학강습소를 설치하였다.47) 강습소에서는 근대화된 천도교의 교리와 일반상식, 기초지식을 교육하였다. 수원지역에는 수원군 제309강습소(栗北面 佛井里), 제310강습소(貢鄕面 濟巖洞), 제544강습소, 제634강습소, 제733강습소(陰德面 北洞), 446

---

38) 삼괴지역은 우정면과 장안면을 통칭하는 말이다.
39) 金善鎭, 『일제 만행을 고발한다』, 미래문화사, 1983, 23쪽.
40) 김승학, 앞의 책, 576쪽.
41) 김승학, 앞의 책, 709쪽.
42) 『天道敎宗令集』, 181쪽; 『天道敎會月報』 통권 48호, 36쪽.
43) 『天道敎會月報』 통권 52호, 22~23쪽.
44) 『天道敎會月報』 통권 59호, 27쪽.
45) 『天道敎會月報』 통권 43호, 22쪽.
46) 「水原郡宗理院沿革」, 『天道敎會月報』 통권 191호, 29쪽.
47) 「水原郡宗理院沿革」, 『天道敎會月報』 통권 191호, 29쪽.

강습소(鴨汀面 沙基村), 734강습소(長安面 長安里) 등 7개의 강습소가 운영되었던 사실을 확인할 수 있다. 여기에서 강습을 받은 인물들은 다음과 같다.

제310강습소: 安興淳, 林晶植, 金永先, 金容天, 安相奎, 安鍾煥48)
제446강습소: 金仁泰, 趙東述, 禹性煥, 金益培, 韓崙錫, 裵炳吉, 李康鎰, 白南台, 禹鍾烈, 金學培(1911.8. 졸업생),49) 朴東鉉, 韓英錫, 金順模, 崔泰然, 崔秉權, 崔秉圭, 朴鳳鎬, 李大衡(1912.3. 졸업생)50)
제544강습소: 崔敏學, 朴在舜, 尹泰翼, 金明植, 鄭麒永, 申達秀, 千潤根, 林永煥, 朴永昊, 李星九, 高柱元, 金有卿, 徐相德, 尹俊求, 朴春植, 朴健鍾, 吳詳根, 權奇昌, 具靈書, 李鍾煥, 張載健, 李正緖, 朴夏遠, 李炳憲, 尹泰五, 陳德羲, 奇鳳奎, 崔赫來, 玄雲968, 李京淳, 朴奎秉, 朴秉秀, 陳秉軾, 吳台泳, 陳始泳, 權伯玉, 李股佑, 崔永喜, 林衡來, 金英圭, 李元常, 安熙淳, 崔泰均, 沈英鎭, 朴在瓚, 吳眞泳(1911.6. 졸업생)51)
제634강습소: 李演鵾, 洪鍾國, 金仁煥, 朴奎秉, 金容默, 林德來, 朴昌鎬, 林峰來, 金寅植, 李弼世(이상 진급인),52) 李演鵾, 洪鍾國, 邢觀植, 朴元秉, 安熙淳, 林峰來, 金永會, 金容默, 金寅植, 李弼世, 崔淳和, 鄭承煥, 徐容錫, 李鍾烈, 高星熙, 李周憲, 李丙瓚53)
제733강습소: 朴時順, 朴泰錫(이상 수업생), 朴淳榮, 金癸昌, 金世榮, 黃聖昌, 洪承勳(이상 진급생, 우등), 黃成男, 黃順福, 洪範順, 金兩薰, 白雲鶴, 金點山, 金貴福, 李鳳允, 洪性根, 金奇男(이상 진급생)54)
제734강습소: 金榮夏, 朴昌浩, 金億胤, 鄭東珍, 金溶伯, 金榮周, 鄭厚山, 白昌洙, 林承鳳, 金형植, 禹淵玉(이상 진급생)55)

다른 한편 교구사무실도 1904년에 수원 八達門 밖의 龜川洞에 마련하였다

---

48) 『天道敎會月報』 통권 20호, 48쪽.
49) 『天道敎會月報』 통권 14호, 59쪽.
50) 『天道敎會月報』 통권 21호, 49쪽.
51) 『天道敎會月報』 통권 12호, 65쪽.
52) 『天道敎會月報』 통권 29호, 49쪽.
53) 『天道敎會月報』 통권 37호, 45쪽.
54) 『天道敎會月報』 통권 83호, 43쪽.
55) 『天道敎會月報』 통권 68호, 37~38쪽.

가 華西門 밖의 栗田洞56)을 거쳐 李會信, 李德有, 高柱元, 陳鍾九, 宋益憲, 兪相瀋, 兪道瀋 등의 후원으로 華城 밖의 迎華里에 마련하였고, 1910년에는 李鳳九, 鄭道永, 高柱元, 李會信, 李德有, 李鍾喆, 陳始泳, 陳鍾九 등의 후원으로 교구사무실을 長安洞의 수십 여 간의 초가로 옮겼다가57) 1913년에는 李鍾奭, 鄭道永, 羅天綱, 金學習, 金正淡, 李圭植 등의 후원으로 北水里의 瓦家로 옮기게 되었다.58) 그런데 북수리의 瓦家는 이른바 팔부자집이라고 한다. 이 집을 교구사무실로 매입하고자 한 것은 1907년 교조 손병희가 수원에 와서 강연을 할 때 앞으로 팔부자집을 교구실로 쓰도록 노력하라는 주문이 있었기 때문이라 한다.59) 이는 곧 포교를 열심히 하여 보다 큰 장소를 교구사무실로 사용하라는 의미였다. 그리하여 1913년의 교구사무실의 이전은 수원교구가 수원대교구로 승격되는 것과 밀접한 관련이 있을 것으로 생각된다. 1914년 7월 현재 水原大教區에 속한 교구는 水原郡教區, 振威郡教區, 始興郡教區, 富川郡教區, 仁川府教區, 江華郡教區, 龍仁郡教區, 安城郡教區, 廣州郡教區, 水原郡南陽教區 등이었다.60) 수원대교구는 이와 같이 매우 넓은 지역을 관할하게 되었기 때문에 공간이 보다 넓은 교구사무실이 필요했을 것이기 때문이다. 그러나 대교구의 건축비가 부족하여 수원지역의 천도교인뿐만 아니라 용인, 안성, 시흥, 인천, 강화, 부평, 남양, 진위, 가평 등 각군에서 들어오는 의연금과 羅天綱, 崔亨善, 李炳憲, 崔永善, 金仁泰 등의 출연으로 유지할 수 있었다.61)

이상에서 보았듯이 수원지역의 천도교는 교단 조직의 정비 및 교리강습소를 통해 교도들을 교육하고 일반 대중을 포교하였다. 이러한 수원지역의 천

---

56) 李鍾麟, 「水原教區室序」, 『天道教會月報』 통권 60호, 28쪽.
57) 「水原郡宗理院沿革」, 『天道教會月報』 통권 191호, 29쪽.
58) 「水原郡宗理院沿革」, 『天道教會月報』 통권 191호, 30쪽.
59) 閔泳純, 「水原行」, 『天道教會月報』 통권 118호, 80쪽.
60) 『天道教宗令集』, 181쪽; 『天道教會月報』 통권 48호, 1914.7, 36쪽.
61) 「水原郡宗理院沿革」, 『天道教會月報』 통권 191호, 30쪽.

도교세의 확장에는 이종석, 나천강, 정도영, 이민도, 이병헌 등이 기여하였다.

한편 3·1운동 이후 천도교총부에서는 1919년 9월 천도교청년교리강연부를 설립하고 1920년 4월에는 천도교청년회를 조직하였고 1923년에는 천도교청년회를 천도교청년당으로 변경하였다. 수원에서는 1920년 이병헌, 洪鍾珏, 이연숙, 김유경의 발기로 천도교청년회 수원지회가 이병헌을 회장으로 하여 설립되었다.62) 또한 같은 해 11월에는 천도교청년회와 兪熙濬의 노력에 의해 天道敎敎理講習會를 설치하였다.63)

4. 수원지역의 3·1운동과 천도교

수원지역의 3·1운동은 운동의 규모나 지속성이라는 측면에서 대표적인 것이라 할 수 있다.64) 특히 수원지역 3·1운동의 특성은 초기에는 천도교와 기독교가 중심이 되어 운동을 전개하였으나 시간이 지나면서 천도교가 운동의 중심으로 자리 잡았다. 즉 초기에는 감리교신자인 김세환이 경기남부와 충청 일부를 책임지며 운동을 독려하였다. 동

---

62) 「水原郡宗理院沿革」, 『天道敎會月報』 통권 191호, 30쪽.
63) 「水原郡宗理院沿革」, 『天道敎會月報』 통권 191호, 30쪽.
64) 수원지역의 3·1운동에 대한 연구는 단일지역으로는 상당히 축적된 편이다. 수원지역의 3·1운동에 대한 대표적인 논고는 다음과 같은 것들이 있다. 조병창, 「수원지방을 중심으로 한 3·1운동 소고」, 단국대 석사학위논문, 1971; 노천호, 「수원지방 3·1운동연구」, 단국대 교육대학원 석사학위논문, 1978; 이정은, 『화성군 우정면·장안면 3·1운동』, 『한국독립운동사연구』 9, 1995; 최홍규, 「수원지방 3·1운동의 역사적 배경」, 『3·1독립운동과 민족정기』, 1996; 조규태, 「천도교의 민족문화운동」, 『일제하 경기도지역 종교계의 민족문화운동』, 2001. 이외에도 기독교적인 시각에서 서술된 홍석창, 『수원지방 3·1운동사』, 왕도출판사, 1981; 『수원지방교회사자료집』, 감리교본부교육국, 1987; 『감리교회와 독립운동』, 에이맨, 1998이 있고 천도교측의 시각에서 서술된 것으로는 김선진, 『일제의 학살만행을 고발한다』, 미래문화사, 1983; 성주현, 「제암리의 3·1운동」, 『신인간』 통권 480호, 1990 등이 있다.

〈사진 5〉 수원지역 3·1운동의 주역 김세환

시에 천도교신자인 이병헌이 3월 1일 서울에서 내려와 북수동 천도교당에서 운동을 논의하였다. 이 회의에는 金正淡, 金正模, 安鍾煥, 洪鍾珏, 安鍾麟, 金相根 등이 참여하였다.65) 이 날 회의 이후 수원지역의 천도교는 3·1운동에 적극적으로 참여하였다. 즉 이 회의에 참여하였던 안종환은 서울에서 3월 1일의 시위운동에 참여하고 돌아온 장안면 수촌리의 백낙렬, 팔탄면 고주리의 김성렬 등의 천도교인과 감리교인인 향남면 제암리의 안종후와 비밀리에 독립운동을 계획하였다. 그리하여 1894년의 동학농민운동에 참여하였던 천도교 남양교구 순회교사인 백낙렬은 거묵골의 이종근, 우영규, 우종렬, 기림골의 김현조, 김익배, 장안리의 조교순, 김인태, 덕다리의 김창식, 우정면 사기말의 김영보, 고온리의 백낙온, 덕목리의 한세교, 안곡동의 박용석, 박운석, 우정면 주곡리의 차희식, 팔탄면 고주리의 김흥렬 등과 거사를 협의하였다. 또 김흥렬은 제암리의 안정옥과 안종환, 안종후, 팔탄면 가재리의 한학자인 이정근과 연락을 취하였다.66) 그리고 이들에 의하여 우정면, 장안면, 팔탄면, 향남면의 시위운동이 주도되었다.

한편 수원지역 3·1운동의 특징 중 하나는 조직적인 주민동원을 통해 이들 지역의 일제의 관공서를 파괴, 방화하고 일인 순사를 처단한 매우 조직적이

---

65) 李炳憲, 『3·1運動秘史』, 時事時報社出版局, 1959, 868쪽.
66) 이정은, 「화성군 장안면·우정면 3·1운동」, 『한국독립운동사연구』 9, 1995, 73쪽.

고 공세적인 시위였다는 점이다.67) 이와 같이 조직적인 운동이 될 수 있었던 이유는 이 지역이 비교적 이른 시기에 천도교, 기독교의 종교조직이 활발히 활동하고 있었기 때문이라 하겠다. 즉 앞에서 이미 살펴보았듯이 천도교는 각 리별로 전교실을 설치하여 포교활동을 하였으며, 기독교 역시 감리교를 중심으로 이 지역에 포교활동을 전개하고 있었다. 또한 구한말의 한학자인 이정근은 을사보호조약 이후 궁내부 주사직을 버리고 낙향하여 팔탄면, 향남면, 우정면, 장안면, 정남면, 봉담면, 남양면의 7개면에 서당을 세우고 후진을 양성68)하였다. 따라서 그의 서당은 3·1운동의 전파하는 데 주요한 거점이 되었다고 할 수 있다. 이와 같은 천도교, 기독교와 이정근을 중심으로 한 유림세력의 조직은 수원지역 3·1운동을 전개하는 데 매우 유리한 조건으로 작용하였다. 그 가운데서도 교세와 종교조직의 분포가 가장 컸던 천도교가 군중을 동원하는 데 지도적인 역할을 하였다. 예를 들면 삼괴지역의 경우 시위가 있기 며칠 전인 3월 27일 10명이 참석한 구장회의가 개최되었는데 이 중 수촌리의 백낙렬과 덕다리의 김대식이 천도교인이었다. 백낙렬은 위에서 보았듯이 동학농민운동에 참여하였고 삼괴지역의 3·1운동 주모자의 한 사람이었으며, 이 시기에는 천도교 전제원과 금융원, 김대식은 천도교 남양교구장을 역임한 인물이었다. 이와 같이 천도교의 지도부가 장안면과 우정면의 3·1운동 과정에서 직접 군중동원에 나섰던 것이다. 또 3월 30일 삼괴지역의 우정면 석천리의 김재식, 매향리의 백남표, 화산리의 기봉규, 장안면 장안리의 최성학, 우정면 조암리의 김문명, 장안면 독정리의 우영규, 수촌리의 백남렬, 홍순근 등이 차한걸, 이순모와 함께 모여 운동을 논의하였는데,69) 백남표, 기봉규, 우영규가 천도교신자였다. 이와 같이 보면 천도교인들은 이 지역 3·1운동의 전개과정에서 핵심적인 역할을 하였던 것으로 생각된다.

---

67) 이정은, 앞의 글, 앞의 책, 75쪽.

68) 조병창, 「수원지방을 중심으로 한 3·1운동 소고」, 단국대 석사학위논문, 1971, 38쪽.

69) 『韓民族獨立運動史資料集』 19, 244쪽.

5. 1920년대 수원지역 천도교의 민족운동

한편 3·1운동 이후 천도교총부에서는 1919년 9월 2일 "敎理의 硏究 및 宣傳, 朝鮮의 文化 向上發展"을 목적으로 천도교청년교리강연부를 설립70)하고 각지에 지부를 설치하였다. 천도교청년교리강연부는 1920년 4월에는 천도교청년회로 명칭을 변경하였고,71) 1923년에는 천도교청년회를 천도교청년당으로 변경하였다.

이와 같이 신문화운동을 전개하기 위하여 수원에서도 1920년 이병헌, 洪鍾珏, 이연숙, 김유경의 발기로 천도교청년회 수원지회가 이병헌을 회장으로 하여 설립되었다.72) 1921년 2월에는 이병헌이 사임하고 홍종각이 회장에 선임되었다.73) 또한 같은 해 11월에는 천도교청년회와 兪熙濬의 노력에 의해 天道敎敎理講習會를 설치하였다.74) 천도교청년회 수원지회는 1920년 1월 4일 강습회를 개최하였고, 2월 7일 본부 지방 각처에서 순회강연, 4월 15일에는 수원대교구 내에서 특별대강연, 8월 5일에는 본부 각처에 순회강연을 행하였다.75) 이에 앞서 1920년 5월 17일 水原大敎區聖化室에서 특별대강연회를 개최하였다. 여기에는 朴庸淮, 李敦化, 朴思稷이 연사로 참여하였다.76) 또 천도교청년회 동경지회의 순회강연단이 1921년 7월 2일 수원에서 강연하였다. 이 강연회에서는 정일섭(「우리의 생활에 대하여」), 김의진(「누구의 죄」), 박달성(「아본주의와 종교의 석금」)이 강연하였다.77) 그리고 1921년 3월 31일 교리강습소의 수료자 25명에게 수료증을 주었다.78)

---

70) 趙基栞, 『天道敎靑年黨一覽』, 天道敎靑年黨本部, 1928, 1쪽.
71) 「天道敎靑年敎理講演部의 名義改正」, 『天道敎會月報』 통권 117호, 114쪽.
72) 「水原郡宗理院沿革」, 『天道敎會月報』 통권 191호, 30쪽.
73) 『天道敎靑年會會報』 3, 1921, 12~13쪽.
74) 「水原郡宗理院沿革」, 『天道敎會月報』 통권 191호, 30쪽.
75) 『天道敎靑年會會報』 3, 1921.12, 16쪽.
76) 「天道敎靑年會特別大講演」, 『天道敎會月報』 통권 118호, 102쪽.
77) 曺圭泰, 『1920年代 天道敎의 文化運動硏究』, 서강대 박사학위논문, 1998, 119쪽.

또한 훈춘사건을 계기로 동아일보에서 조직하였던 해외동포위문회의 강연이 1922년 7월 12일 수원 화홍문에서 개최되었다. 이 강연회 이후 수원에서는 해외동포위문회에 대한 후원회를 조직하였다. 여기에는 천도교청년회 수원지회, 청년구락부, 엡윗청년회, 여보호회, 학생친목회, 진명구락부 등이 참여하였다.[79]

한편 1925년 천도교는 신파와 구파로 분열하였다. 청년회도 예외는 아니어서 신파계열은 천도교청년당, 구파계열은 천도교청년동맹으로 분열하였다. 수원에서는 홍종각이 중심이 되어 1928년 8월 1일 수원군종리원에서 천도교청년동맹 수원동맹을 조직하고[80] 대표위원에 李演鸛, 상무위원에 金纘基, 집행위원에 金相根, 李丙瓚, 李鍾煥, 朴奎熙, 林德來, 林衡來, 검찰위원에 洪鍾珏, 고문에 羅天綱을 선임하였다.[81] 그리고 남양동맹도 1929년경에 설립되었다.[82] 남양동맹은 1930년 2월 28일 정기대회를 개최하고 池泳泰를 대표위원, 朴商勳, 尹英欽, 丁泰奉을 상무위원, 朴商基, 裵在務, 宋榮秀, 金英培, 崔秉冀, 金益培를 집행위원에 선출하였다.[83] 그런데 수원동맹의 집행위원인 김상근, 박규희는 각기 1929년에 조직된 수원청년동맹[84]과 수진농민조합[85]의 중견인물이었다. 즉 김상근은 수원청년동맹 수원지부의 지부장이었으며 박규희는 수진농민조합사건에 연루되어 옥고를 치렀던 인물이었다. 그리고 홍종각은 신간회 수원지회의 핵심적인 인물이었다. 이렇게 보면 천도교청년동맹 수원동맹이 이들을 사회단체에 파견하여 사회운동과 일정한 연계를 맺

---

[78] 『天道敎靑年會會報』 3, 1921.12, 16쪽.
[79] 『동아일보』 1922.7.14.
[80] 『天道敎會月報』 통권 212호, 42~43쪽.
[81] 『天道敎會月報』, 통권 212호, 42~43쪽.
[82] 성주현, 「1920년대 경기지역의 천도교와 청년동맹 활동」, 『京畿史論』 4, 130쪽.
[83] 『天道敎會月報』 통권 231호, 1930.3, 38쪽.
[84] 이에 대해서는 졸고, 「1920年代 水原地域의 靑年運動과 水原靑年同盟」, 『한국민족운동사연구』 24를 참조 바람.
[85] 졸고, 「日帝下 水原地域의 農民組合運動」, 『東國歷史敎育』 5, 1997 참조 바람.

으려 했던 것으로 생각된다.

한편 천도교청년동맹 수원동맹은 1928년 9월 1일 임시대회를 개최하여 朴萬根, 羅昌世, 郭錦錫, 李庸憲을 집행위원으로 증선하였고, 회원관리를 효율적으로 하기 위하여 5개의 班을 조직하고 林德來, 郭錦錫, 李丙瓚, 兪鎭哲, 朴萬根을 반대표로 선임하였다.86) 다른 한편 천도교청년동맹 수원동맹과 남양동맹은 1930년 8월 12일 洪鍾珏을 대표위원으로 하여 통합하고 林德來(상무), 朴商勳(상무), 池泳泰, 丁泰奉, 林衡來, 朴商基, 張載健을 집행위원으로 선출하였다.87) 이와 같이 조직을 정비한 천도교청년동맹 수원동맹은 관내 지역에 대한 순회강연,88) 기념강좌89)를 통하여 교인 및 일반 대중을 상대로 계몽활동을 전개하였다.

이상에서 본 바와 같이 천도교의 청년운동단체는 주로 강연회를 통한 계몽활동을 중심으로 운동을 전개하였다. 동시에 이 활동은 천도교의 조직을 확대하는 과정이기도 하였다. 따라서 수원지역의 천도교세는 3·1운동 이후 쇠퇴하다가 청년운동단체의 활동에 의하여 부흥하고 있는 것이다.90)

이와 같은 천도교세의 확대는 수원지역의 민족운동에서 중요한 의미가 있다. 즉 천도교의 종교조직을 바탕으로 수원지역의 신간회운동이 이루어지고 있는 것으로 보이기 때문이다. 즉 1927년 10월 17일 조직된 신간회 수원지회는 크게 보아서 사회주의, 천도교, 기독교(감리교)의 세력을 중심으로 전개되었는데 신간회의 조직을 담당하던 세력이 천도교세력이기 때문이다. 이를 다음의 〈표 1〉을 통하여 살펴보도록 하자.

---

86) 『天道敎會月報』 통권 213호, 29쪽.
87) 『天道敎會月報』 통권 237호, 35쪽.
88) 『天道敎會月報』 통권 218호, 1929.2, 32쪽.
89) 『天道敎會月報』 통권 234호, 1930.6, 40쪽.
90) 이에 대해서는 성주현, 앞의 논문, 앞의 책 참조 바람.

〈표 1〉 신간회 수원지회 간부 일람

시기	부서, 간부	출처
설립대회 27.10.17	회장 김노적 서무부 총무간사 김병호, 상무 박영식, 재무부 총무간사 이각래, 상무 최신복, 조사연구부 총무간사 공석정, 상무 우성규, 조직선전부 총무간사 홍종각, 상무 박봉득, 간사 이연숙, 김현설(조)	조선 27.10.20 동아 27.10.20
1회 정기대회 27.12.18	지회장 유보, 총무 김병호, 서무부 총무 김병호, 상무 이봉득(박봉득), 재부부 총무 이각래, 상무 박영식, 조사연구부 총무 공석정, 상무 최신복, 조직선전부 총무 홍종각, 상무 우성규, 간사 이연숙, 윤준흠	조선 27.12.21
임시대회 28.8.19	지회장 김세환, 상무간사 공석정 이하 간사 확인 불명	동아 28.8.22
3회 정기대회 28.12.16	지회장 김세환, 부회장 염석주, 서무부 총무간사 공석정, 간사 김봉희, 김상근, 재무부 총무간사 이건상, 간사 엄익홍, 김용준, 조직선전부 총무간사 홍종각, 간사 박승극, 이연숙, 조사연구부 총무간사 김병호, 간사 표덕중, 김현조, 기타 김도생, 곽병준	조선 28.12.23 28.12.25
2회 임시대회 29.4.7	지회장 이각래, 부지회장 염석주 서무재정부 박승극, 이건상, 정치문화부 공석정, 김봉희, 조직선전부 엄익홍, 이연숙, 조사연구부 김병호, 김재덕	조선 29.4.10
임시대회 30.4.25	집행위원장 박선태, 위원 김병호, 홍종각, 김기환, 민홍식, 장주문, 이수경, 우성규, 박상훈, 황응선, 이연숙, 변기재, 박봉득, 박해병, 박승극, 공석정, 이원식, 후보 조명재, 김재덕, 이용성, 검사위원 김세환, 나천강, 이창용, 박근실, 이각래, 대의원 공석정, 박승극, 후보, 민홍식, 서기장 민홍식, 재정부장 김병호, 조직부장 홍종각, 검사부장 우성규, 선전부장 공석정, 교육부장 박봉득, 연락부장 박승극, 검사위원장 이각래(상무집행위원은 전기 부장으로 함)	중외 30.4.27
집행위원회 30.8.31	집행위원장 결원, 서기장 변기재, 회계 김병호, 조직부장 홍종각, 교육부장 박봉득, 조사부장 우성규, 연락부장 박승극, 전국대회 대표회원 박승극, 김병호, 후보 변기재, 경기도연합회대표 박승극, 김병호, 변기재	중외 30.9.5 (동아와 조선에는 변기재가 집행위원장으로 선출되었다고 보도)

위의 〈표 1〉을 통해 알 수 있는 것은 설립대회부터 천도교세력이 신간회의 조직부서를 장악하고 있다는 점이다. 즉 설립대회, 1회 정기대회, 3회 정기대

회, 30년의 임시대회와 집행위원회에서 천도교의 홍종각이 조직부서를 담당하였고 29년의 2회 임시대회에서도 이연숙이 조직선전부를 담당하였던 것이다. 이로 보아 신간회 수원지회는 천도교의 종교조직에 크게 의존하였음을 알 수 있다. 이와 같이 수원지역의 천도교가 신간회 수원지회의 조직과 활동에 적극적으로 참여할 수 있었던 것은 이병헌이 홍종각과 긴밀한 연락관계를 가짐으로써 가능하였다.[91]

6. 맺음말

이상에서 우리는 수원지역에 동학이 전파되고 성장하는 과정과 3·1운동과 1920년대 민족운동에 대해 살펴보았다. 이러한 정리를 통해 우리는 다음의 몇 가지 사실을 확인할 수 있었다.

첫째, 동학이 수원지역에 최초로 전파된 시기는 서인주와 안교선이 최시형을 방문한 1883년 무렵이었다. 이들은 이후 수원지역뿐만 아니라 경기지역에 동학을 전파하는 데 중요한 역할을 하였다. 이들의 활동의 결과 1892·3년의 교조신원운동에 수원지역의 동학교도가 비교적 많이 참여할 수 있었다. 그리고 동학농민운동의 전개과정에서도 수원지역의 교도들이 참여하였음을 확인할 수 있다. 이는 곧 수원지역의 동학이 당시 활발히 전개되었던 반제반봉건운동에 적극적으로 참여하였음을 보여준다고 할 것이다.

둘째, 1905년 천도교로의 개칭과 이에 따른 교단조직의 확대 과정에서 이종석과 임기진이 천도교의 확산에 기여하였다. 이들은 진보회와 일진회 활동을 전개하면서 천도교의 조직을 확대하였다. 그런데 일진회의 친일활동에 대해 손병희는 이용구 등을 출교시키면서 민족종교로서의 위상을 확인하였다. 수원지역에서도 일진회와의 차별성을 부각시키면서 교단 조직을 정비하였다. 즉 각 리를 단위로 전교실을 설치하는 동시에 교리강습회를 통해 교인

---

91) 李炳憲, 「新幹會運動」, 『신동아』 60호, 1969.8, 207쪽.

과 일반 대중에 대한 교육 활동을 전개하였다. 이러한 과정을 통하여 수원지역의 천도교는 교세를 크게 신장시켰다.

셋째, 교세의 신장을 바탕으로 수원지역의 천도교는 3·1운동에 적극적으로 참여하였다. 천도교의 종교조직을 통하여 군중을 동원하였다. 그리하여 제암리, 고주리, 화산리, 기린동, 거묵동 등 전교실이 설치되었던 마을은 적극적으로 3·1운동에 참여할 수 있었다.

넷째, 1920년대에 접어들면서 수원지역의 천도교는 청년조직을 중심으로 교세를 유지, 확대하였다. 그리하여 천도교청년회 수원지회와 천도교청년동맹 수원동맹이 조직되었다. 그리고 이러한 조직들은 강연회나 교리 강습을 통해 교인과 일반 대중을 계몽하였다. 특히 천도교청년동맹 수원동맹의 김상근과 박규희는 각기 수원청년동맹과 수진농민조합에 적극적으로 참여하였다. 그리고 홍종각은 신간회 수원지회에서 핵심적인 역할을 하였다. 이러한 이들의 활동은 결국 천도교와 민족운동을 연결하는 활동으로 인정된다. 즉 천도교의 종교조직을 민족운동에 연결하는 역할을 하였다고 생각된다.

마지막으로 이상의 정리를 통해 우리는 수원지역의 천도교가 일제하 수원지역의 민족운동의 전개과정에서 핵심적인 역할을 하였음을 확인할 수 있었다. 그리고 이러한 천도교의 활동은 주로 3·1운동과 민족협동전선인 신간회, 청년동맹의 활동에서 특히 발견되고 있는 사실에 주목하고자 한다. 이는 곧 수원지역의 천도교가 민족운동의 전개과정에서 분열이 아닌 통합지향적인 활동에 주력하였음을 보여주는 것이라 생각된다.

* 논문 출처
『경기사론』 4·5합집, 경기대학교 사학회, 2001.

正庵 李鍾勳의 國內民族運動

1. 머리말

한 인물의 삶의 궤적과 활동을 통해 그 인물의 삶의 모습을 복원하고 의미를 부여하는 일은 쉬운 일이 아니다. 그러함에도 불구하고 인물에 대한 연구는 그 인물이 살아온 시대를 그 인물을 통해 살펴본다는 측면에서 대단히 중요하다고 할 수 있다. 특히 그 인물이 활동하였던 시대와 무대가 식민지 시기라 하면 그 인물을 통해 일제의 식민지 지배정책과 그에 대해 그 인물을 중심으로 한 세력이나 조직들의 인식 및 반응, 활동 등을 보다 심층적으로 확인할 수 있는 계기가 된다고도 할 것이다.

구한말·일제시기 천도교계통의 인물들에 대한 연구는 적지 않게 이루어졌다.[1] 그리고 이들 연구는 주로 최시형, 손병희, 최린, 김기전 등을 중심으

---

[1] 대표적인 연구로는 다음과 같은 것들이 있다.
박맹수,「海月 崔時亨의 初期行蹟과 思想」,『청계사학』3, 한국정신문화연구원 청계사학회, 1986; 박맹수,「東學 2世敎主 崔時亨硏究 : 家系와 結婚過程을 中心으로」,『韓國現代史論叢』, 吳世昌敎授華甲紀念論叢刊行委員會, 1986; 윤해동,「한말일제하 天道敎 金起田의 '近代' 수용과 '民族主義'」,『역사문제연구』1, 역사문제연구소, 1996; 조성운,「海月 崔時亨의 道統傳受와 初期布敎活動」,『동학연구』7, 한국동학학회, 2000; 이용창,「한말 崔麟의 일본 유학과 현실인식」,『역사와 현실』41, 한국역사연구회, 2001; 김정인,「손병희의 문명개화노선과 3·1운동」,『한국독립

로 한 것이었다. 이들은 천도교의 발전과정에서 교주로서 동학농민운동이나 3·1운동과 같은 중요한 민족운동의 핵심적 인물이거나, 천도교의 발전과정에서 근대적 성격을 도입하는 데 중요한 역할을 하였거나 천도교의 친일화 과정에서 핵심적 역할을 하였던 인물들이었다.

그런데 海月 崔時亨과 義菴 孫秉熙, 春菴 朴寅浩에 이르는 천도교의 宗統 계승 과정에서 중요한 역할을 했으며, 3·1운동의 민족대표 33인 중의 한 사람인 正庵 李鍾勳에 대해서는 그리 잘 알려지지 않았다. 그 이유는 그의 종교적·사회적·민족운동적 활동이 적다거나 의미가 작아서가 아니라 그에 대한 기록이 그리 많이 남아 있지 않기 때문이라 생각된다. 그것은 아마도 그의 활동이 밖으로 드러나는 것보다는 주로 최시형이나 손병희의 보조자로서 교내의 활동에 주력했기 때문이 아닐까 생각해 볼 수 있다. 따라서 이종훈에 관한 연구는 거의 없다고 할 정도이다.[2]

그러나 구한말 이래 동학·천도교 중심으로 전개되었던 민족운동의 중심에는 대부분 그의 이름이 보이고 있다. 즉 그는 1910년 일제의 조선 강점 이전에는 동학농민운동, 진보회운동에 참여하였으며, 이후에는 1910년대 민중시위운동을 계획하였으며, 1919년 '민족대표'로서 3·1운동에 참여하였다. 그리고 3·1운동 이후에는 민립대학기성준비회의 발기인으로서 민립대학설립운동에 참여하였으며, 1922년에는 최동희가 조직한 고려혁명위원회의 고문으로 활동하였다. 이렇게 볼 때 그의 활동은 사상적으로나 조직적으로 동학·천도교에 기반한 것이었다. 그러므로 그의 민족운동을 탐구할 때 동학·천도교를 떠나서는 생각할 수 없다고 할 수 있다.

운동사연구』 19, 한국독립운동사연구, 2002; 최효식, 「義菴 孫秉熙와 3·1독립운동」, 『동학연구』 14·15, 한국동학학회, 2003; 김동명, 「일제하 동화형협력운동의 논리와 전개-최린의 자치운동의 모색과 좌절」, 『한일관계사연구』 21, 2004; 이용창, 「동학농민운동 이후 손병희의 단일지도체제 확립과정과 동향」, 『한국민족운동사연구』 46, 한국민족운동사학회, 2006.
[2] 이종훈에 관한 연구는 성주현의 연구(「일생을 교회와 민족에 바친 정암 이종훈」, 『新人間』 통권 573호, 1983.5)가 유일하다.

본고에서는 이러한 그의 활동을 동학농민운동기, 3·1운동 이전의 1910년 대, 3·1운동과 그 이후인 1920년대의 활동을 중심으로 살펴보고자 한다. 이를 통해 이종훈의 생애와 민족운동에 대한 이해를 보다 깊이 있게 할 수 있기를 기대한다.

2. 동학 입도와 동학농민운동 참여

정암 이종훈의 약력에 대해서는 夜雷 李敦化의 글[3]을 토대로 재구성하고자 한다. 이종훈은 1855년 2월 19일 京畿道 廣州郡 實村面 柳餘里[4]에서 아버지 李尙載와 어머니 漆原 尹氏 사이에서 출생하였다.[5] 본관은 廣州이며 原名은 鍾玉, 字는 敬測이며, 正菴은 그의 道號이다. 그는 10살부터 14살까지 漢學을 수학하였으며, 21세부터 37세까지는 상업에 종사하거나 官界에 出仕하고자 노력하였으나 뜻을 이루지 못한 것으로 보인다. 그러다가 38세인 1893년 1월 17일 동학에 입도하였고, 이듬해인 1894년에는 동학농민운동에 中軍將으로 참여하였다. 1902년에는 손병희의 부름을 받아 일본에 건너갔다가 1904년 귀국하여 進步會 조직에 중추적인 역할을 하였다. 이 때 그는 일본에 망명하여 있던 권동진, 오세창 등과 교유하였다. 1906년에는 천도교 고문이 되었으며 1907년에는 천도교 중앙총부 현기관장, 1908년에는 대종사장, 1909년에는 장로가 되었다. 이돈화는 이상과 같이 간략하게 이종훈의 생애를 정리하였으나 그의 삶은 그리 간단하지 않았다. 이를 보다 구체적으로 살펴보자.

이종훈이 누구의 영향을 받아 동학에 입도했는가는 확인할 수 없지만 천

---

3) 夜雷,「正菴은 돌아가시었나」,『新人間』1931.5.
4) 夜雷, 앞의 글, 40쪽. 성주현은 柳寺里(성주현, 앞의 글, 86쪽)라 하였으나 1914년 조선총독부가 지방행정구역을 개편하면서 柳餘里와 寺洞을 합쳐 柳寺里라 하였으므로 이종훈이 출생하던 당시의 柳餘里로 하는 것이 옳다고 본다.
5) 성주현, 앞의 글, 86쪽.

정암 이종훈

도교의 여러 기록들을 통해 볼 때 1894년 동학농민운동이 발발했을 당시 그는 해월 최시형의 문도였음이 확실하다고 할 수 있다. 따라서 그는 전봉준이 동학농민운동을 일으킬 당시에는 운동에 참여하지 않고 1894년 청일전쟁 이후 최시형의 명을 받고 참여한 것으로 보인다. 즉 1894년 6월 21일 일본군이 경복궁에 난입[6]한 사실을 알게 된 최시형은 격분하여 1894년 8월 18일 보은도소에서 전 동학군에 기포령을 발포하였다. 이에 충청도와 경기도의 동학군은 9월 하순부터 기포하여 10월 6~7일경에는 보은 장내리로 모였다가 며칠 후 청산으로 이동[7]하여 호남지역의 동학군과 합세할 준비를 하였다.

이 과정에서 1894년 10월 지평의 孟英在가 洪川 부근에서 동학군에 대한 토벌을 개시하고, 宣諭使 鄭敬源이 포병 500여 명을 이끌고 충주 사창리에 진을 치고 있을 때 京畿道 便義長 이종훈은 便義司 李容九와 함께 鄭敬源과 회담하고 "동일한 臣民으로써 國事岌業의 時를 當하여 自相戕害함이 萬不妥當한 意"[8]로 설명하여 정경원이 후퇴하여 星山에 주둔하도록 하여 동학농민군을 위기에서 구하였다. 그런데 이와 관련하여 『侍天敎歷史』에는 정경원의 선유에 따라 동학농민군이 해산한 것으로 되어 있다.[9] 또한 정부측의 기록인 『高宗實錄』에는 선무사 정경원이 "綸音을 반포하여 알리고 德意를 선포하

---

6) 『高宗實錄』고종 31년(1894) 6월 21일.
7) 『天道敎書』, 布德35年條.
8) 天道敎有志敎人一同, 『東學·天道敎略史』, 1990, 60쪽.
9) 『侍天敎歷史』, '1894年條'(『동학농민전쟁연구자료집(1)』, 여강출판사, 1991, 327쪽).

여 백성들을 무마하였으나, 흩어졌던 난민들이 다시 모이고 해산하였던 무리들이 다시 집결한 것은 사실 직책을 제대로 수행하지 못한 탓입니다. 황송함을 금할 수 없어 待罪"10)하였으나 고종이 이를 허락하지 않았다는 사실이 기록되어 있다. 결국 동학과 시천교, 그리고 정부측의 자료 모두 동학농민군과 정부군 사이에 무력충돌 없이 사태를 해결한 것으로 기록되어 있으나 동학측의 자료에는 동학군이 정부를 설득한 것으로 기록되어 있으나 시천교나 정부측의 자료에는 정부측이 동학군을 설득한 것으로 기록되어 있음을 확인할 수 있다.

그리고 1984년 10월 11일 최시형은 손병희에게 '大統領旗'라 쓴 기를 내리면서 李鍾勳包를 左翼, 鄭景洙包를 先陣, 全奎錫包를 後進, 李容九包를 右翼으로 삼고 손병희를 中央陳에 據하게 하여 各包를 指揮하도록 하였다.11) 이때 이종훈포에 속한 접주들은 다음과 같다.

洪在吉 李容九 辛在蓮(충주) 金來鉉(수원) 朴容九 權在天(음죽) 任命準 鄭環洙(안성) 高在棠(양지) 洪秉箕 林淳灝 辛壽集 林學善(여주) 全奎錫 全昌鎭 李根豊(이천) 辛在俊(양근) 金泰悅 李在淵(지평) 廉世煥(광주) 李和卿 林淳化(원주) 尹冕鎬(횡성) 車基錫 沈相賢 吳昌燮(홍천)12)

그리고 대도주 최시형을 비롯한 손병희, 손천민, 임정재, 이관영, 이원팔 등의 지도부와 장령 이종훈을 비롯한 장령 신택우, 정경수, 조재벽, 장건희, 박용구, 이용구, 신재련 등이 참석한 치성식이 거행되었다.13) 이와 같이 편제와 치성식을 마친 후 이종훈부대는 11월 7일 괴산읍을 공격하였다.14)

---

10) 『高宗實錄』 고종 31(1894) 8월 15일.
11) 『天道敎會史草稿』 제2편, 「地統」, 63쪽.
12) 이돈화, 『天道敎創建史』, 경인문화사, 1970, 65쪽.
13) 『천도교100년약사』(상), 251쪽 참조 바람.
14) 「兩湖右先鋒日記」『叢書』 15, 26~29쪽;「天道敎會史草稿」(출처: 국사편찬위원회 한국사데이터베이스 http://db.history.go.kr).

그런데 이종훈포에 속한 접주 가운데 충주의 이용구는 손병희의 高弟라 불릴 정도로 손병희와 밀접하였으며, 후에 一進會의 회장이 된 인물이었다. 이외에도 임명준, 정경수, 홍병기, 전규석, 염세환, 차기석 등도 동학 내의 주요한 인물이었다. 특히 수원의 김래현은 안승관과 함께 수원지역에 동학을 널리 포교한 초기 지도자였으며, 1890년 육임제가 시행될 때 기호대접사에 임명된 인물로서 동학에 입도한 것만으로는 이종훈보다 앞선 인물이었다.15) 따라서 이종훈이 이들을 지휘하는 입장에 선 것으로 보면 1893년 입도 이후 동학 내에서 중요한 역할을 하고 있었던 것으로 판단된다. 이렇게 볼 때 동학농민운동 과정에서 그는 최시형과 손병희를 보좌하는 역할을 하였다고 볼 수 있을 것이다.

한편 정부는 10월 초 巡撫營을 설치하고 申正熙를 巡撫使, 李圭泰를 선봉장으로 임명하고 일본군과 함께 동학농민군을 공격하였다. 동학농민군은 10월 14일 하동 고승당전투, 10월 21일 세성산전투, 10월 22일 홍천 서석면 풍암리전투, 10월 28일 홍성전투, 11월 7일 해미성전투를 거치면서 정부군의 공격에 밀렸으며, 11월 11일 공주 우금치전투, 11월 13일 김개남의 청주전투 등에서 패배함으로써 전세 만회가 어려운 상황에 빠졌고, 11월 25일 원평전투의 패배로 동학농민운동은 사실상 종막을 고하고 말았다.16) 이 과정에서 1895년 1월 29일 최시형이 손병희·임학선·이종훈 등과 함께 충주 외서촌 무극리를 지나다가 일본군 가흥병참부에서 파견한 정찰대와 제16대대 이시모리(石森) 중대의 지대를 만나서 공격했으나 반격을 받아서 수십 명의 전사자를 남기고 흩어졌다.17)

이후 최시형을 비롯한 동학의 주요 지도자들은 정부의 탄압을 피해 피신을 하였다. 이종훈은 이 시기 최시형의 피신 생활을 적극적으로 도왔다. 즉

---

15) 「수원군종리원연혁」, 『천도교회월보』 통권 191호, 1927.2, 29쪽.
16) 표영삼, 「해월신사연대기」, 부산예술문화대학 동학연구소 엮음, 『해월 최시형과 동학사상』, 예문서원, 1999, 225~226쪽.
17) 『均菴丈 林東豪氏 略歷』; 『駐韓日本公使館記錄』 6, 16~17쪽).

최시형이 1894년 12월 30일 인제군 崔永瑞의 집에 피신하였을 때 이종훈은 최시형과 함께 하였다.18) 이 때 손병희와 손병흠은 최시형의 피신 생활을 돕기 위해 원산을 거쳐 청국의 경계에까지 가서 무역을 통해 적지 않은 이윤을 남기었고, 이종훈은 자신의 水田 10두락을 팔아 금 200량과 冬衣 一襲을 제공하였다.19) 그리고 1897년 12월 24일 손병희가 최시형으로부터 도통을 전수받아 대도주가 된 이후에도 이종훈은 최시형, 손병희의 피신 생활을 도왔다. 즉 1898년 4월 6일 최시형이 정부에 체포된 이후에는 校卒 金俊植과 의형제의 연을 맺고 수감생활을 뒷바라지하였을 뿐만 아니라 동학교도와 최시형 사이의 연락책 역할을 하였다.20) 그리고 1898년 6월 2일 최시형이 교수당한 후 이종훈은 김준식과 함께 光熙門에서 최시형의 시체를 수습하여 廣州 李相夏의 뒷산에 안장하였다.21)

이러한 과정에서 동학교단 내에서 일정한 지위를 인정받은 이종훈은 1902년 손병희의 부름을 받아 일본으로 건너가 1904년 귀국하여 진보회의 조직에 앞장섰다. 이보다 1년 전인 1903년 손병희는 민회운동을 신속하면서도 효과적으로 진행하고 교단 조직을 정비하기 위해 대두령제를 실시하였는데 그는 나용환, 홍기억, 노석기 등과 함께 대접주에 선임되었다.22) 1904년 귀국한 여러 두목들은 大同會를 조직하기로 하고 일본에 있는 손병희에게 朴寅浩와 洪秉箕를 파견하였다. 이 때 손병희는 이들에게 동학교도들에게 일제히 단발할 것을 지시하였다. 그 이유는 첫째, 단발이 세계문명에 참여하는 표준이며 둘째, 단결을 굳게 하여 회원의 心志를 일치시키는 데에 있었다.23) 그리고

---

18) 天道教有志教人一同, 『東學・天道教略史』, 1990, 68쪽(출처: 국사편찬위원회 한국사 데이터베이스 http://db.history.go.kr).
19) 이돈화, 앞의 책, 71~72쪽.
20) 이돈화, 앞의 책, 84~85쪽.
21) 이돈화, 앞의 책, 85쪽.
22) 성주현, 앞의 글, 88~89쪽.
23) 이돈화, 앞의 책, 제3편 義菴聖師, 44쪽.

7월 이종훈을 비롯한 박인호, 홍병기, 嚴柱東, 金蒦培, 羅龍煥, 金明濬, 全國煥, 朴衡采, 鞠吉賢, 崔榮九, 鄭景洙 등이 慕華館 山房에 모여 大同會를 中立會라 고치고 각 지방의 동학 조직에 통지하였다.24) 이처럼 이종훈은 진보회의 조직 과정에서 핵심적인 역할을 하였다. 다만 아쉬운 점은 진보회 조직 이후 이종훈의 활동상에 대한 자료가 거의 보이지 않는다는 점이다. 그것은 진보회가 중앙 단위가 아니라 지방 조직 단위로 활동을 전개한 때문이 아닌가 생각된다.25)

다음으로 그의 삶은 천도교와 뗄 수 없는 관련이 있으므로 천도교 내에서 그의 직분을 살피면 다음의 〈표 1〉과 같다.

〈표 1〉 천도교 내에서의 이종훈의 직분

연도	기관	직분	임명일	기타
1907	顧問室	고문	12월 18일	
1908~1910	職務道師室	道師長		1909년 박인호 대도주 취임
1910	大宗司	司長	12월 8일	1910년 12월 30일 개정 대헌에 따름
1911~1921	道師室	長老	6월 9일	司長에서 長老로 陞任
1923~1924	講道師			
1925	宗法師			
1926~1928	宗法師			신파 중앙 종리원

(자료) 李東初 編著, 『天道敎會 宗令存案』, 모시는 사람들, 2005, 465~528쪽에서 작성.

---

24) 이돈화, 앞의 책, 제3편 義菴聖師, 44쪽.
25) 이와 관련한 대표적인 연구는 다음과 같다.
조항래, 「日本의 對韓侵略政策과 舊韓末親日團體(2)-一進會 組織過程의 時代的 背景과 그 活動相」, 『霞汀徐廷德敎授華甲紀念學術論叢』, 霞汀徐廷德敎授華甲紀念論文集刊行委員會, 1970; 김종준, 「進步會·一進支會의 활동과 향촌사회의 동향」, 『韓國史論』, 서울대 국사학과, 2002; 성주현, 「1904년 진보회의 조직과 정부 및 일본의 대응」, 『京畿史學』 8, 경기사학회, 2004; 이용창, 「東學敎團의 民會設立運動과 進步會」, 『中央史學』 21, 한국중앙사학회, 2005; 한명근, 『한말 한일합병론연구』, 국학자료원, 2006.

그런데 〈표 1〉을 보면 1922년 이종훈은 천도교의 敎職에서 찾아볼 수 없다. 이는 1921년 12월 10일 의정원에서 이루어진 천도교 개혁안을 1922년 1월 7일 춘암 박인호가 종령 126호로 공포한 새로운 종헌에 기인한 것이었다. 새로운 종헌은 대도주 박인호를 교주라 칭하였으며, 연원제도를 폐지하고 교직을 선거에 의해 선출하도록 한 것이 특징이었다. 이에 연원제의 폐지를 반대하는 保守派와 찬성하는 新制派 사이에 분규가 발생하였고, 이에 오영창을 중심으로 했던 보수파는 誠米를 상납하지 않았다. 그 결과 천도교는 재정상의 압박을 받게 되었고, 1922년 4월 5일 천일기념식을 마친 후 교주 박인호는 의암 손병희의 특명이라 하며 사관원제와 연원제의 복구를 발표하였고, 4월 12일에는 교주 중심 체제를 내용으로 하는 敬告 5호를 발표하였다. 이러한 교주 박인호의 정책에 대해 이종훈을 비롯한 오지영·홍병기·윤익선·김봉국·조인성·정계완 등이 항의하며 종의사후원회를 조직하자 박인호는 5월 5일과 12일에 이들을 제적 처분하였다. 그러나 1922년 5월 19일 손병희의 사망을 계기로 박인호는 6월 2일 교주직을 사임하고 6월 10일 임시교인대회를 개최하여 無敎主制를 채택하였고, 6월 12일에는 교인대회 대표위원회가 개최되어 제적했던 이종훈 등을 6월 13일 복권시켰다.26)

그리고 그는 1919년 3·1운동 당시 민족대표로 서명하였고, 이로 인하여 2년간의 옥고를 치르다가 1921년 만기 출옥하였다. 그후 북만주 일대를 중심으로 포교활동을 전개하였으며, 1931년 5월 2일 76세를 일기로 사망하였다. 사망 후 영결식장에 걸린 弔旗에 쓰인 "主義一貫 大難三經"(조선농민사 조기), "持難踏險一片赤心爲敎會"(천도교청년당 본부의 조기)라 하여 그의 일생이 천도교와 함께 하였으며, "선생은 교회와 민족을 위하여 鞠躬盡瘁하였습니다."라는 이종린의 式辭와 "선생은 육체는 돌아갔으나 사업으로는 영원히 영생을 얻었다."는 이돈화의 式辭에서는 그의 민족운동에 대한 평가가 담아

---

26) 천도교중앙총부 교서편찬위원회, 『천도교약사』, 천도교중앙총부출판부, 2006, 194~205쪽.

있다고 할 수 있다.27)

한편 그의 장남 李東洙와 손병희의 장녀 孫寬燁가 혼인을 하였으므로 그와 손병희는 사돈지간이다.28) 따라서 그는 천도교 내에서 상당한 인적 기반을 갖춘 인물이었다고 평가할 수 있다. 천도교 내에서 이러한 인적 기반을 갖고 있었기 때문에 그가 민족대표로 3·1운동에 참여하여 재판에서 징역 2년형을 언도 받고 1921년 11월 4일 만기 출소했을 때 그의 집에는 천도교 대도주 박인호가 찾아와 위로하였던 것이라 생각된다.29)

이와 같이 천도교 내에서는 혼인을 통해 종교적인 연대를 강화하는 사례는 동학 초기에서부터 찾을 수 있다. 즉 최시형의 장남인 崔東羲는 동학의 창시자인 水雲 崔濟愚의 양손이며, 최시형은 자신의 제자인 손병희의 여동생과 혼인을 하였다. 그리하여 최동희는 천도교 3세 교조인 손병희의 조카이기도 하였다. 또한 최동희의 손위 처남은 천도교 장로인 洪秉箕였으며, 최동희의 동생인 崔東昊는 천도교의 주요 인물이었던 吳知泳의 사위였다. 그리고 3·1운동 이후 천도교 대종사장이 되는 鄭廣朝와 어린이운동으로 유명한 方正煥은 손병희의 사위였다. 따라서 동학은 초기부터 가족주의적인 성향을 강하게 내포하고 있었다고 볼 수 있다. 그리고 최동희의 경우에는 이러한 인맥 관계를 바탕으로 혁신운동을 전개할 수 있었다.30)

이러한 천도교의 가족주의는 교단 내의 다양한 세력을 교주를 중심으로 포용하는 구심력으로 작용하기도 하였으나 교주의 힘이 약화되었을 때는 오히려 천도교의 단결력을 해치는 원심력으로 작용하기도 하였다. 그것은 손병희가 3·1운동 이후 병약해지고 춘암 박인호가 대도주에 취임한 직후 나타난 바와 같다.

---

27) 夜雷, 「正菴은 돌아가시었나」, 『新人間』 1931.5, 39쪽.
28) 성주현, 앞의 글, 86쪽.
29) 「9개월을 病監에 서대문에서 출옥한 李鍾勳氏談」, 『동아일보』 1921.11.5.
30) 이에 대해서는 이준식, 「최동희의 민족혁명운동과 코민테른」, 『역사와 현실』 32, 1999를 참조 바람.

그리고 이종훈이 천도교 내에서 이와 같은 위치를 점할 수 있었던 것은 앞에서 볼 수 있듯이 천도교의 중요 敎職을 담당했을 뿐만 아니라 동학농민운동에 중군장으로 참여했고 1895년 정부에 의해 교수당한 해월 최시형의 시신을 수습하는 등 교단과 운명을 같이 하였기 때문이라 생각된다.

한편 천도교는 1923년 혁신파와 보수파의 분립이 일어났다. 천도교의 혁신파와 보수파의 분립은 춘암 박인호의 대도주 취임 이후 근대 체제로의 변화를 꾀하던 과정에서 舊制를 고수하고자 하였던 박인호와 新制를 추진하던 세력 사이의 의견대립에 따른 것이었다. 이종훈은 이 과정에서 신파에 가담한 것으로 보인다. 이 때 박인호와 의견을 달리 한 인물은 이종훈 외에 洪秉箕·羅龍煥·羅仁協·林禮煥·洪基兆·李炳春·鄭桂玩·李鍾奭·朴準承·吳知泳·洪基億 등 천도교의 최고 지도층이었다.[31]

3. 1910년대의 민족운동

동학농민운동이 미완의 상태로 끝난 이후 이종훈은 천도교 내의 인물들과 교류하면서 민족운동에 참여하였다. 『묵암비망록』을 통해 볼 때 그와 밀접하게 교류하였던 인물은 沃坡 李鍾一이었던 것으로 보인다. 『묵암비망록』에는 이종일이 이종훈 등 천도교의 주요 인물들과 민족운동에 대해 논의, 활동한 사실들이 자세히 기록되어 있다. 이를 통해 1910년대의 이종훈의 민족운동을 살펴보자.

일제가 조선을 합병한 직후인 1912년 1월 이종훈은 이종일, 林禮煥 등과 일제의 경제적 수탈이 적지 않으므로 농어민을 중심으로 한 민중운동을 전개하기로 결정하였다. 이를 위해 이들은 농어민에 대한 일제의 경제수탈상을 먼저 파악하기로 하고 이종훈은 농민의 피해상태, 임예환은 어민의 피해

---

31) 오지영, 「천도연혁대개」, 『동학사(초고본)』(출처: 국사편찬위원회 한국사데이터베이스http://db.history.go.kr).

상태를 조사하기로 하였다.32) 그리고 한 달 정도가 지난 1912년 2월 25일 이종훈은 농민의 8할 이상은 배일감정이 농후하다고 주장하면서 경기지방 농민을 상대로 시위운동을 일으키면 효과적일 것이라는 보고를 하였고, 임예환은 서해안 일대의 어민을 대상으로 한 조사의 결과 6할 이상의 어민이 반일감정을 갖고 있다는 보고를 하였다. 이를 바탕으로 이들은 우선 농어민을 상대로 비정치성 집회를 구상하고 향후 서울 중심의 노동자를 포섭할 계획을 수립하였다.33) 이를 위해 이들은 1912년 6월 30일 손병희의 후원 하에 보성사 사원 60여 명이 중심되어 범국민신생활운동을 계획, 추진하기로 합의한 후 취지문, 결의문, 행동강령 등을 제정하고 7월 15일을 집회일로 정하였다.34) 그러나 7월 14일 일제는 이 집회를 준비했던 이종일을 연행하고 취지문, 결의문, 행동강령 등을 압수하여 집회는 성사되지 못하였다.35)

그리고 1912년 10월 31일 천도교단을 중심으로 한 민족문화수호운동본부가 조직되어 총재 손병희, 회장 이종일, 부회장 김홍규, 제1분과위원장 권동진, 제2분과위원장 오세창, 제3분과위원장 이종훈 등이 선임되었다. 이외에도 장효근, 신영구, 임예환, 박준승 등 천도교인이 참여하였다. 이 民族文化守護運動本部는 앞에서 본 범국민신생활운동이 실패로 끝난 이후 이종일이 손병희와 협의하여 추진한 비밀결사의 성격을 갖는 것이었다.36) 그런데 민족문화수호운동의 방법으로 이들이 구상했던 것은 민중시위운동이었다.37) 민중을 동원하기 위해 이들은 강연회를 통해 민중들의 의식을 각성시키고자

---

32) 이종일, 『묵암비망록』, 1912년 1월 16일(박걸순, 『이종일』, 독립기념관한국독립운동사연구소, 1997, 229쪽). 『묵암비망록』에 대해서는 위서설도 있으므로 이를 인용하기에는 조심스러운 점이 없지 않다. 본고에서는 이를 인정하면서 이종훈의 일생을 파악하기 위해 이용하였다는 점을 미리 밝힌다.
33) 이종일, 앞의 책, 1912년 2월 25일(박걸순, 앞의 책, 229쪽).
34) 이종일, 앞의 책, 1912년 6월 30일(박걸순, 앞의 책, 230쪽).
35) 이종일, 앞의 책, 1912년 7월 14일(박걸순, 앞의 책, 230쪽).
36) 이종일, 앞의 책, 1912년 10월 14일(박걸순, 앞의 책, 231쪽).
37) 이종일, 앞의 책, 1913년 4월 6일(박걸순, 앞의 책, 232쪽).

하였다. 그리하여 1913년 5월 7일 보성사에서 이종일이 '永生不朽設로 勉諸教友'라는 제목으로 강연을 하였으며,38) 1914년 4월 29일 이종훈은 '민족문화수호의 의의'에 대하여 100여 명의 청중을 대상으로 강연을 하다가 연행되었다.39)

또한 천도교에서는 1914년 8월 31일 보성사 내에 천도구국단이라는 비밀결사를 만들어 이종일을 단장으로 선출하였다.40) 천도구국단은 제1차 세계대전에서 일본의 승패를 분석하면서 일본이 패전하였을 경우 조선은 독립할 것이라 예측하고 그러한 상황이 도래할 때 천도구국단이 정권을 담당할 모체가 될 수 있도록 준비하고자 하였다.41) 그리고 운동방법으로는 민족문화수호운동본부와 마찬가지로 민중시위운동을 채택하였다.42) 이를 위해 이종훈과 이종일은 제1차 세계대전의 종전이 가까웠던 1916년 2월 조선의 각계 원로들을 접촉하여 민족운동에 참가할 것을 촉구하기로 하고, 이종훈은 이상재, 김홍규은 한규설, 신영구는 윤용구, 장효근은 김윤식, 홍병기는 박영효, 이종일은 남정철을 방문하기로 역할을 분담하였다.43) 그 결과 기독교의 이상재만이 협조44)하겠다는 의사를 피력하여 민중시위운동은 천도구국단의 힘만으로 이행할 수밖에 없다는 결론을 내리게 되었다.

이상에서 볼 때 이종일과 이종훈은 민중시위운동을 독립운동의 주요한 방법으로 설정하고 있었음을 알 수 있다. 그리고 이들은 천도교를 민중시위운동에 동원하기 위하여 천도교주 손병희의 동의를 구하고자 하였다. 그리하여 이종일은 수시로 손병희에게 민중시위운동에 나서줄 것을 요청하였고,

---

38) 이종일, 앞의 책, 1913년 5월 7일(박걸순, 앞의 책, 233쪽).
39) 이종일, 앞의 책, 1914년 4월 29일(박걸순, 앞의 책, 235쪽).
40) 이종일, 앞의 책, 1914년 8월 31일(박걸순, 앞의 책, 236쪽).
41) 이종일, 앞의 책, 1914년 11월 19일(박걸순, 앞의 책, 237쪽).
42) 이종일, 앞의 책, 1915년 1월 25일(박걸순, 앞의 책, 238쪽).
43) 이종일, 앞의 책, 1916년 2월 20일(박걸순, 앞의 책, 240~241쪽).
44) 이종일, 앞의 책, 1916년 3월 3일(박걸순, 앞의 책, 241쪽).

이에 대해 손병희는 1917년 5월 15일 자금지원뿐만 아니라 민중시위운동에 적극 참여할 것이라는 의사를 밝힘과 동시에 이종훈, 권동진, 최린, 오세창 등을 민중시위운동의 창구로 할 것을 밝혔다.45)

이러한 연장선에서 1918년 이종일은 손병희에게 시위운동을 전개할 것을 강력하게 주장하였다. 이에 손병희는 권동진, 오세창, 최린에게 시위운동의 가능성을 타진하라고 지시했다면서 만류하였다.46) 그리고 1918년 5월 손병희의 지시를 받은 이종훈은 권동진, 오세창, 최린과 함께 독립운동의 원칙으로서 대중화·일원화·비폭력의 3원칙을 제시하였다. 그리고 9월 9일 민중시위에 의한 독립운동을 전개하고자 하였으나 최남선이 작성하기로 했던 독립선언서가 완성되지 않아 일단 시위운동은 중지하게 되었다.47) 그리고 12월 15일 앞의 3원칙을 확인하였다.48)

4. 3·1운동기의 민족운동

이와 같이 천도교계에서 민중시위운동에 의한 독립운동을 준비하는 한편 계기를 찾고 있었다. 이러한 상황에서 지난 10년여 간의 무단통치는 일제에 대한 조선 민중의 반일 의식을 강화시켰으며, 1919년 1월 22일 고종의 사망을 둘러싼 독살설은 조선 민중의 반일 감정을 더욱 고조시켰다. 더욱이 이 시기는 국제적으로도 1917년의 러시아혁명의 성공과 민족자결주의의 영향으로 약소민족의 독립과 해방에 대한 기운이 확산되고 있던 시기였다. 또한 식민지 본국인 일본에서도 이른바 '다이쇼(大正) 데모크라시'에 따른 형식적 민주주의가 확산되던 시기였다.

---

45) 이종일, 앞의 책, 1917년 5월 15일(박걸순, 앞의 책, 243쪽).
46) 이종일, 앞의 책, 1918년 2월 28일(박걸순, 앞의 책, 247쪽).
47) 이종일, 앞의 책, 1918년 11월 10일(박걸순, 앞의 책, 248쪽).
48) 이종일, 앞의 책, 1918년 12월 15일(박걸순, 앞의 책, 248쪽).

이러한 시기에 앞 절에서 본 바와 같이 천도교는 일찍부터 독립운동을 준비하고 있었고 민중시위운동을 독립운동의 방법론으로 생각하고 있었다. 뿐만 아니라 이를 실행하기 위해 실제 기독교와 유림, 그리고 정계의 원로들을 설득하기도 하였다.[49]

이렇게 천도교계가 민중시위운동을 방법으로 하는 독립운동을 모색하던 중 1918년 미국 대통령 윌슨이 민족자결주의를 제창하였다. 이에 대해 이종훈 등과 민중시위운동을 준비하던 이종일은 다음과 같이 말하였다.

> 지난 1월 8일 윌슨 대통령이 정식으로 민족자결주의 원칙 14개조를 발표하여 공식화 되었는데 과연 그것이 우리에게 적용될 것인가는 매우 의심스럽지 않을 수 없다. 남의 장단에 의지하는 것보다는 자력으로 자활하겠다는 기백이 더 중요치 않을까 싶다.[50]

> 벌써 2월 16일에는 리투아니아가 독립을 힘차게 선언했다고 하며, 24일에는 에스토니아가 독립을 선언했다고 하는 등 우리의 처지와 비슷한 나라들이 하나 둘씩 독립을 선포하는데 우리는 민중시위 한 번 못하니 이게 될 말인가.[51]

> 체코·유고·폴란드 등이 민족자주권을 선언하기에 이르니 손의암의 결단이 아쉬울 뿐이다.[52]

이상의 인용문에서 볼 수 있듯이 이종일은 민족자결주의에 따라 식민지 조선이 독립하지 못할 가능성이 있다는 사실을 이미 알고 있었다. 그리고 오세창도 1918년 말 『오사카마이니치신문(大阪每日新聞)』과 『오사카아사히신문(大阪朝日新聞)』을 읽고 미국의 윌슨 대통령이 민족자결주의를 제창한

---

[49] 이종일, 앞의 책, 1918년 1월 27일(박걸순, 앞의 책, 246쪽).
[50] 이종일, 앞의 책, 1918년 1월 27일(박걸순, 앞의 책, 246쪽).
[51] 이종일, 앞의 책, 1918년 2월 28일(박걸순, 앞의 책, 247쪽).
[52] 이종일, 앞의 책, 1918년 5월 6일(박걸순, 앞의 책, 247쪽).

사실을 알고 있었다. 그는 윌슨이 주장한 민족자결주의가 직접 전란에 관계된 나라에 한해서 실행되고 그 밖의 나라에 대해서는 실행되기 곤란하다고 생각하고 있었다.53) 그러함에도 불구하고 이들은 민족자결주의를 이용하여 조선인도 민족자결의 의사가 있다는 것을 발표할 필요가 있다고 생각하였다. 더욱이 리투아니아·에스토니아·체코·유고·폴란드 등의 독립선언에서 민족자결주의가 조선의 독립에 하나의 계기가 될 수 있으리라는 생각을 갖고 있었던 것으로 보인다. 그리고 이러한 생각은 이종일이 이종훈, 권동진, 오세창 등과 민중시위운동을 지속적으로 논의하고 손병희와 상의하는 한편 손병희가 결단을 내릴 것을 기대한 사실에서도 보듯이 천도교 지도부에서는 민족자결주의의 한계성을 인식하고 있었던 것으로 판단된다.

또한 앞에서 보았듯이 천도교계에서는 1912년의 범국민신생활운동과 민족문화수호운동, 1914년 천도구국단, 1917년의 기독교·유림 및 정계 원로들과의 연합에 의한 민중시위운동계획이라는 일련의 과정을 거치면서 1918년 5월 손병희의 지시를 받은 이종훈이 권동진, 오세창, 최린과 함께 독립운동의 원칙으로서 대중화·일원화·비폭력의 3원칙을 제시54)하였던 것이다. 그리고 이 원칙은 3·1운동의 원칙에 반영되었으리라 생각된다.

이와 같이 천도교는 이미 일제의 조선 강점 이후부터 민중시위운동을 통해 조선의 독립을 쟁취하고자 하였다. 이는 최남선의 독립선언서에도 반영되었다. 이렇게 볼 때 3·1운동의 비폭력적 민중시위운동의 원형을 천도교계의 활동에서 찾아볼 수 있는 것이라 생각된다. 그리고 이러한 천도교계의 민중시위운동의 추진 계획 속에서 이종훈은 이종일, 권동진, 오세창 등과 함께 손병희의 측근으로서 처음부터 논의에 참여한 것으로 판단된다. 이러한 배경 하에서 이종훈은 "오세창·권동진·최린의 권유에 따라"55) 천도교의 장

---

53) 국사편찬위원회〈한민족독립운동사자료집〉11권, 1990, 52쪽.
54) 이종일, 앞의 책, 1918년 11월 10일(박걸순, 앞의 책, 248쪽).
55) 「李鍾勳審問調書」, 『韓民族獨立運動史資料集』 12, 국사편찬위원회, 1990, 36쪽.

로로서 '민족대표'에 참여한 것이라 주장했으나 실은 앞에서 서술했듯이 이들과 함께 운동을 계획하고 준비했던 것으로 보인다. 그런데 3·1운동 당시 천도교계의 인사로서 '민족대표'가 된 사람은 모두 15명인데, 이들은 대부분 장로와 도사, 그리고 각 기관장 중에서 선정하였다. 장로로는 이종훈 외에 洪秉箕가 있었으며, 權東鎭·吳世昌·林禮煥·權秉悳·羅仁協·洪箕兆·羅龍煥은 道師, 崔麟은 보성고등보통학교 교장, 李鍾一은 천도교월보사장이었다.

이종훈은 길선주, 김병조, 윤여대, 정춘수 등 피신한 사람들을 제외한 나머지 대표들과 함께 3·1운동 당일 일제에 체포56)되어 재판에 회부되었다. 재판 과정에서 그는 "조선민족이 자유를 찾으려고 하기 때문에 독립을 하려고 하였다."57)거나 "나는 일한합병에는 조선사람인 고로 물론 반대하였고 금후라도 기회만 있으면 (독립운동-인용자)을 할 것이다."58)고 하여 독립 의지를 명확히 하였다. 그의 이와 같은 의지는 "선생(손병희-인용자)이 그 계획을 계속하면 가입할 것이다."59)고 하여 천도교의 틀 내에서 이루어지고 있었음을 알 수 있다.

다음으로 살펴볼 것은 이종훈이 민족대표의 1인이기 때문에 이른바 '민족대표'를 어떻게 평가할 것인가이다. 이에 대해서는 크게 '민족대표'의 역할을 긍정하는 주장, 부정하는 주장, 제한적으로 긍정하는 주장 등으로 나뉜다. 긍정론자는 '민족대표'야말로 3·1운동의 이념적, 조직적 지도자라고 주장하며, 부정론자는 민족자결주의에 환상을 품고 독립운동을 준비하기는 하였으나 민중의 혁명적 진출을 두려워하여 일제에 투항하였고 비폭력을 내세움으로써 운동의 실패를 방조하였다고 주장하였다. 이에 반하여 제한적 긍정론자들은 3·1운동을 초기의 기획, 준비 단계와 후기의 민중화 단계로 구분하

---

56) 「내지혁명소식」, 『신한민보』 1919.4.19.
57) 「李鍾勳先生取調書」, 李炳憲 編著, 『三一運動秘史』, 時事時報社出版局, 1959, 378쪽.
58) 「李鍾勳先生取調書」, 李炳憲 編著, 앞의 책, 381쪽.
59) 「李鍾勳先生取調書」, 李炳憲 編著, 앞의 책, 385쪽.

여 초기에는 지도력을 발휘했다고 주장하였다.60) 그러나 실제 '민족대표'와 각 지역 단위에서 일어난 3·1운동과의 연관성을 논증한 연구는 거의 없다. 따라서 이를 입증해야만 긍정론이든 부정론이든 설득력을 가질 수 있을 것이다.61)

그런데 '민족대표' 이종훈의 활동을 통하여 이러한 의문을 해명할 수는 없다. 그것은 3·1운동 당시 그의 활동이 지방의 천도교 조직과의 연락을 담당하거나 운동을 지도한 것이 아니라 중앙 차원에서 운동을 조직하는 일에 종사하였기 때문이라 생각된다. 다만 심문조서를 통해 알 수 있는 것은 예심판사의 질문에 대해 "학생들 중에는 불량한 사람도 있을 것이니 우리들이 선언서를 발표하면 자연 체포될 것이다. 그것을 보고 돌을 던지든지 난폭한 행동이 있을까 생각되어 발표할 장소를 변경하였다"62)고 하면서 비폭력원칙을 지키고자 했다는 점과 조선총독부와 경무총감부에 독립선언서를 보내어 독립을 청원할 계획이었다고 진술하였다. 이러한 점으로 보아 그는 '민족대표'의 전형적인 모습을 보였다고 할 것이다.

그의 이러한 모습은 당시 부르주아 민족주의자들의 한계를 보여주는 것이기도 하지만 동시에 일제의 식민지 통치에 대응하는 천도교단의 방침 혹은 이념에 기인한다고 할 수 있다. 즉 1910년대 국내외의 독립운동자들은 외교론·실력양성론·무장투쟁론 등 다양한 독립운동방략을 모색하였다. 천도교단의 주류인 문명파는 대한제국 이래 실력양성노선을 고수하면서 교육운동에 주력하였다.63) 바로 이러한 천도교단의 흐름이 이종훈으로 대표되는 '민족대표'의 활동에 그대로 담겨있다고 볼 수 있지 않을까 한다.

---

60) 역사문제연구소 민족해방운동사연구반, 『민족해방운동사』, 역사비평사, 1990, 147~148쪽.
61) 이와 관련된 연구로는 조성운, 「일제하 수원지역 3·1운동과 민족대표의 관련성」, 『수원학연구』 4, 2007 참조 바람.
62) 「李鍾勳先生取調書」, 李炳憲 編著, 앞의 책, 385쪽.
63) 김정인, 「손병희의 문명개화노선과 3·1운동」, 『한국독립운동사연구』 19, 독립기념관 한국독립운동사연구소, 2002, 66쪽.

1921년 11월 4일 만기 출옥한 이후 그의 활동은 다시 천도교단을 중심으로 이루어지고 있다. 다만 1922년 12월 그는 민립대학기성준비회의 발기인으로 참여하였다. 민립대학기성준비회의 발기인은 다음과 같다.

李商在 玄相允 崔奎東 李鍾勳 鄭大鉉 高元勳 韓龍雲 李昇勳 姜邁 許憲
張斗鉉 宋鎭禹 張德秀 李相協 任璟宰 張膺震 鄭魯湜 崔麟 洪性偞 李甲成
白南奎 薛泰熙 金一善 朴熙道 吳鉉玉 兪星濬 朴勝鳳 李鍾駿 李光鍾 金佑鉉
申明均 李時琓 李奉和 李鉉植 金貞植 崔淳鐸 姜栢淳[64]

그런데 이종훈은 이 이후에 민립대학설립운동에서 이름이 보이지 않는 것으로 보아 이 운동과의 관련을 끝낸 것으로 보인다. 그것은 천도교가 민립대학설립운동에 조직적으로 참여하지 않은 것과도 관련이 있는 것으로 판단된다. 또 1923년 5월 28일 지방교황을 시찰하기 위하여 원산을 비롯한 북부지방과 북간도의 龍井, 局子街, 頭道溝, 銅佛寺 등 각지를 방문한 사정 및 1922년 5월 19일 손병희의 사망 이후 불거졌던 천도교 혁신문제에 따른 천도교의 내홍문제 등 때문이 아니었나 생각된다.

그리고 그는 최시형의 손자인 최동희가 조직한 고려혁명위원회의 고문으로 참여하였다. 고려혁명위원회는 최동희의 천도교 혁신운동과 맥을 같이 하는 것이었다. 최동희는 1921년 4월 敎憲 改制, 제도 해방, 평등 자유와 인내천에 본령을 둘 것을 주요 내용으로 하는 교단혁신을 주장하였으며, 5월에는 사회주의사상의 연구를 표방하면서 思想講究會를 조직하였다. 최동희가 이와 같이 혁신을 추진할 수 있었던 것은 그가 최시형의 손자라는 점이 크게 작용하였다. 즉 그는 3·1운동으로 옥고를 치른 이종훈, 홍병기, 나용환, 나인협, 권병덕 등 원로들의 지지를 얻어 이와 같은 일을 추진할 수 있었으나 1922년 4월 와병 중이던 손병희가 끝내 교단 개혁을 지지하지 않자 서서히 천도교 중앙의 주도권 다툼에서 밀리기 시작하였다. 결국 손병희 사후 천도

---

64) 「民立大學準備會布告文」, 『조선일보』 1922.12.7.

교는 정광조, 최린 등이 주도권을 장악했고, 최동희는 이 과정에서 고려혁명위원회를 구성하였던 것이다.[65] 이 고려혁명위원회는 고려혁명당의 전신이라 불러도 좋을 것이다.

고려혁명위원회 이후 이종훈이 어떠한 민족운동단체에 가입하여 활동했다는 증거를 찾기는 어렵다. 이돈화는 이종훈이 1921년 출옥 이후 만주에 대한 포교활동에 힘을 기울였다고 하였다. 따라서 1920년대 이후 만주지방에서 발생한 천도교계의 민족운동에 이종훈이 영향을 끼쳤을 가능성이 있다고 할 것이다.

5. 맺음말

이상에서 우리는 정암 이종훈의 삶과 민족운동에 대해 개략적으로 정리하였다. 이를 다음의 몇 가지로 요약할 수 있다.

첫째, 이종훈은 동학농민운동에 참여하여 무력에 의한 변혁운동을 전개하였다. 그는 경기도 편의장으로서 기포하여 손병희의 휘하에서 좌익으로 활동하였다. 그리고 동학농민운동 이후 최시형과 손병희의 피신을 돌보면서 측근에서 보좌하였다.

둘째, 이후 이종훈은 1901년 손병희가 일본에 망명한 후 동학 자제의 일본 유학을 추진하고 일본 군부와 연계하여 조선의 정치개혁운동을 추진하는 것을 도왔다. 특히 1904년 이른바 갑진개화운동이 전개될 때 이들은 중요한 역할을 하였다. 그리고 1905년 12월 동학이 천도교로 바뀐 후 이종훈은 손병희를 지지하거나 받들며 지방과 중앙에서 천도교의 발전에 공헌하였다.

셋째, 이종훈은 1910년 일제의 조선 강점 직후 천도교의 틀 내에서 보성사 사장이었던 이종일과의 협의를 통해 민중시위운동의 방법으로 독립운동을 준비하였다. 그것은 범국민신생활운동, 민족문화수호운동, 기독교·유림 및

---

[65] 고려혁명위원회에 대해서는 이준식, 앞의 논문을 참조 바람.

구정객과의 연합에 의한 것이었다. 그리고 이 과정에서 특히 주목되는 것은 이종훈 등이 제시했던 대중화·일원화·비폭력이라는 민족운동의 3원칙과 민중시위운동의 방법론은 곧 3·1운동의 방법론과 같은 것이었다. 결국 천도교에서는 이미 3·1운동의 원칙과 방법론을 이미 일제의 조선 강점 직후부터 준비하고 있었던 것이라 생각된다. 다만 1910년대의 이와 같은 천도교단의 민족운동에 대해서는 자료상으로 보완해야 할 점이 많다고 할 것이다.

넷째, 이종훈은 3·1운동의 '민족대표'로 참여하면서 천도교 내부에서 운동을 준비하였던 것으로 판단된다. 그것은 이종훈이 권동진·오세창·최린 등의 권유에 따라 '민족대표'로 참여한 것이 아니라 이미 운동의 계획 단계에서부터 천도교 외부와 내부의 역할분담이 이루어졌을 가능성을 보여준다고 할 것이다. 그리하여 권동진·오세창·최린 등이 주로 운동의 지도부로서 천도교단의 외적 활동을 담당하고 천도교 내부에 대해서는 이종훈 등이 담당하도록 한 것이라 판단된다.

다섯째, 3·1운동 이후 이종훈은 1922년 고려혁명위원회의 고문으로 참여하였다. 고려혁명위원회는 최시형의 손자이며, 손병희의 조카, 홍병기의 손위 처남인 최동희가 천도교 내의 인적 기반을 바탕으로 천도교에 대한 혁신을 추진하는 과정에서 조직된 단체이다. 그리고 이후 고려혁명당으로 발전하였다. 이는 이종훈이 1922년 천도교의 혁신을 주장하며 조직한 종의사후원회와 그 맥락을 같이 하는 것이라 보인다. 또한 그가 혁신파와 보수파의 분립시 천도교 혁신파를 선택한 것에서도 알 수 있다.

결국 이종훈은 천도교의 혁신을 주장하면서 근대적인 종교로의 발전을 꾀했던 인물이며, 이를 바탕으로 민족운동을 전개한 '천도교인'이었다고 할 것이다.

* 논문 출처
『숭실사학』 25, 숭실사학회, 2010.

:
일제하 孟山君農民社의 활동과 민족운동

1. 머리말

　　　　　　일제하 한국민족운동은 다양한 지역에서 다양한 세력과 다양한 방법에 의해 전개되었다. 특히 일제의 직접적인 통치하에 놓여 있던 국내에서의 민족운동은 국외와 비교할 때 일제의 탄압이라는 악조건 하에서 전개되었다는 점에서 그 의미가 더하다고 할 수 있다. 이러한 의미를 가지는 국내의 민족운동 가운데 특히 천도교의 민족운동에 대한 연구는 한동안 미진한 감이 있었다. 최근에 문화운동을 비롯한 천도교의 민족운동에 대한 연구가 비교적 활기를 띠기 시작하였으나 본고에서 다루고자 하는 조선농민사에 대한 연구는 상대적으로 저조하였다. 더욱이 군 단위의 천도교 민족운동이나 군농민사의 활동에 대한 연구는 사실상 전무한 실정이라 할 수 있다. 따라서 천도교 중앙조직의 조직과 활동에 비해 군 단위의 지방조직의 활동은 상대적으로 알려지지 않았다.

　　천도교에 대한 기존의 연구성과들은 주로 천도교의 사상과 문화운동의 측면에서 연구되었고,[1] 이를 지역 차원에서 구명한 사례연구는 거의 없는 형편이라 할 수 있다. 따라서 지역사례에 대한 연구[2]는 기존의 이론적인 연구성과에 대한 검증이라는 차원으로도 설명될 수 있을 것이다.

이러한 문제의식 하에서 본고에서는 천도교 민족운동 가운데 가장 활발하고 광범위하게 전개되었던 농민사활동을 평남 맹산군을 중심으로 살펴보려고 한다. 필자가 맹산지역을 사례연구의 대상으로 선정한 이유는 첫째, 맹산군농민사가 창립부터 해산될 때까지 가장 활발한 운동을 전개한 농민사 중 하나이기 때문이다. 둘째로는 『신인간』, 『黨聲』, 『朝鮮農民』, 『天道敎會月報』 등 천도교 측의 자료 외에도 『동아일보』에 기사가 비교적 풍부하게 남아있으며 맹산군농민사의 활동에 직접 참가한 인물들의 회고담이 남아있기 때문이다. 따라서 맹산군 농민사의 사례 연구를 통하여 우리는 조선농민사가 각 지역에서 어떠한 활동을 전개하였는지를 구체적으로 알 수 있을 것이다.

이를 위하여 필자는 우선 맹산지역에 동학이 전래되고 성장하는 과정을 살핀 후 맹산군 농민사의 조직 과정, 야학을 비롯한 교육활동, 알선부와 공생조합을 통한 농민의 경제적 이익획득운동, 이상사회를 구현하기 위한 공동경작과 공작계 활동으로 나누어 살펴보려고 한다. 이를 통하여 조선농민사의 활동이 지역사회에서 어떻게 발현되고 그 영향이 어떠했는가를 확인하고자 한다.

---

1) 천도교의 문화운동에 대한 연구로는 黃善嬉, 「1920년대의 천도교와 신문화운동-이돈화의 三大開闢論을 중심으로」, 『龍嚴軍文變敎授華甲紀念史學論叢』, 1989; 劉準基, 「天道敎의 新敎育運動」, 『汕耘史學』 6, 1992; 金昌洙, 「문화운동연구의 현단계와 과제」, 『한민족독립운동사』 12, 1993; 윤해동, 「한말 일제하 천도교 김기전의 '근대' 수용과 '민족주의'」, 『역사문제연구』 1, 1996; 鄭用書, 「일제하 천도교청년당의 정치·경제사상연구」, 연세대 석사학위논문, 1997; 曺圭泰, 「천도교의 문화운동론 정립과 그 패러다임」, 『한국민족운동사연구』 19, 1998; 『1920년대 천도교의 문화운동연구』, 서강대 박사학위논문, 1998 등이 있다.

2) 지방사회에서 전개된 천도교의 민족운동에 대한 연구로는 조규태, 「구한말 평안도지방의 동학-교세의 신장과 성격에 대한 검토를 중심으로」, 『동아연구』 21, 1990; 박지태, 「일제하 서울에서의 조선농민사 활동」, 『향토서울』 58, 1998; 조성운, 「일제하 수원지역 천도교의 성장과 민족운동」, 『京畿史學』 4·5합집, 2001 등이 있다.

2. 천도교의 전래와 성장

맹산군에 천도교가 전파된 시기는 1895년 方鎭垣이 입교하면서부터라고 생각된다.3) 이후 이관국, 정덕화가 1897년에 입도하였고,4) 1900년에는 지덕면 오봉리의 崔基焉, 소창리의 金錫祥, 효리의 方殷俊, 봉인면 팔봉리의 李陽燮, 애전면 함온리의 朴允祚, 초평면의 方孝俊, 학천면 고하리의 朴致弘 부자 등이 입교하였고, 1901년에는 맹산면, 원남면, 옥천면, 동면 등에도 포교되었다. 1904년에는 방기찬의 주도로 진보회가 조직되어 활동하였고, 1910년에 이르면 약 150호에 달하게 되었다.5) 그러나 1919년 당시 맹산군의 요지라 할 수 있는 북창리에 천도교인이 弓尙元 1인이었다는 사실6)은 이 지역에 천도교가 활발히 전파되지 않았다는 사실을 보여주지만 1927년에는 50내지 60호의 도인이 증가7)하였던 것으로 보아 1920년대 중반 이후 천도교세가 확장된 것으로 생각된다.

이와 같은 천도교세의 증가는 천도교종학강습소 및 조선농민사의 설치와 관련이 깊은 것으로 보인다. 맹산군에는 덕림면 島里, 뢰봉면 은천리, 원면, 광천면 안상동, 광천면 용하동,8) 애전면 광산리, 광천면오봉리, 맹산군 교구실내, 원면 정녀동 등 10개소에 강습소가 설치되었으며, 이 강습소는 1912년에 동명을 따라 불리던 강습소의 명칭을 사무통일을 위하여 강습소칙에 따라 제1강습소, 제2강습소라 개칭하였다.9) 이에 따라 도리 강습소는 제147강

---

3) 『天道敎創建錄』, 326쪽. 그러나 천도교 맹산군 연원록에 따르면 1899년 입도한 지덕면 오봉리의 崔眞燮이 최초의 신자로 기록되어 있다.
4) 『天道敎創建錄』, 325~326쪽.
5) 「맹산교구의 만세운동」, 『신인간』 468쪽, 69쪽.
6) 洪鑌赫, 「北倉宗理院을 代하야」, 『신인간』 45, 1930.3, 328쪽(경인문화사영인본 쪽수).
7) 洪鑌赫, 「北倉宗理院을 代하야」, 『신인간』 45, 1930.3, 328쪽(경인문화사영인본 쪽수).
8) 『天道敎創建錄』, 제15호, 69쪽.
9) 『天道敎創建錄』, 10호, 54쪽.

습소, 은천리강습소는 제148강습소, 원면강습소는 제149강습소, 안상동강습소는 제150강습소, 용하동강습소는 151강습소로 개칭되었고,[10] 애전면 광산리강습소는 제264강습소, 광천면 오봉리강습소는 제 265강습소, 맹산군 교구실내 강습소는 제266강습소,[11] 광천면 용하리강습소는 제312강습소,[12] 맹산군 원면 정녀동 강습소는 제488강습소로 개칭되었다.[13] 여기에서 강습받은 인물은 다음과 같다.

제148강습소: 李基珍　鄭明斗　朴宗道　方處官　李南根　李陽根　朴基根[14]
제266강습소: 金錫練　金昌鎬　朴基錫　金萬璉　金景瑩　金炳祿　金大淵　朴寅範　金一善　黃奎稷　鄭承周　鄭元國　韓炳國　李弼俊　金尙學　朴文祥　朴文贊　朴永俊
제151강습소: 張斗南　趙麟增　趙能珪　趙永洙　金鳳翰[15]
제149강습소: 金致相　金炳珠　金孝達　金正洙　金元弘　吉話　金尙律[16]
제148강습소: 朴昌道　朴君一　李炳綱　鄭善斗　金贊鳳　朴鳳綱　金弘道　金官道　金達豊　朴弘道[17]
제266강습소: 方煥驥　朴秦鳳　李天祐　金尙學　金炳祿　方用熙　朴文祥　吉元述　朴弼河　金元赫　朴덕奎　韓宗殷　朴永俊　金洛哲　金基英　金自慶[18]

그리고 천도교청년당 맹산군부에서는 1928년 농한기를 이용하여 적극적으로 포교하기 위하여 布德會를 조직하였다.[19] 이 포덕행사는 1926년부터

---

10) 『天道敎創建錄』, 제15호, 69쪽.
11) 『天道敎創建錄』 22, 49쪽.
12) 「地方講習所名稱」, 『天道敎會月報』 23, 46쪽.
13) 「地方講習所名稱」, 『天道敎會月報』 29, 48쪽.
14) 「地方講習所修業人氏名」, 『天道敎會月報』 16, 71쪽.
15) 「各地方講習所修業人氏名」, 『天道敎會月報』 14, 59쪽.
16) 「地方講習所修業人氏名」, 『天道敎會月報』 20, 48쪽.
17) 「地方講習所修業人氏名」, 『天道敎會月報』 26, 43쪽.
18) 「地方講習所修業人氏名」, 『天道敎會月報』 29, 50쪽.
19) 「布德會再組織」, 『신인간』 30, 1928.12, 54쪽.

11월 1일을 기하여 전조선 또는 전 세계적으로 천도교를 선전하는 연중행사의 하나로서 1928년 맹산은 곡산, 구성, 안주, 동경, 초산 등과 함께 가장 성공적인 지역20)으로서 11월 말일까지 58호를 포교하였다.21) 또한 1929년의 포덕행사 역시 맹산은 특히 성적이 좋은 지역으로 보고되었다.22)

이와 함께 맹산군 종리원과 청년당에서는 金秉濟, 白重彬을 강사로 11월 16일부터 3일간 강도회를 개최하였는데 참석한 인원이 대략 140명이었고 공개강의 역시 대성황을 이루었다.23) 또 천도교청년당 맹산군부에서는 1930년 1월 매월 1일에 개최하였던 接24)代表講習會를 변경하여 각 면에 접연합회를 열어 매구역마다 3일간 당원 강습회를 개최하기로 하였다.25) 1933년 2월 1일에는 천도교청년당 맹산부의 당원대회가 개최되어 대표 길응철 등을 선출하였다.26) 1934년 2월 1일에도 당맹산부대회가 개최되어 길응철을 대표로 선출하였다.27) 그리고 內修團의단원회도 개최되어 대표 김학화, 포덕부 김상화, 서무부 이택화, 재무부 김상화가 선임되었다.28) 1932년 1월 2일에는 內誠團대회를 열고 대표 김상화, 포덕부상무 김학화, 서무부상무 이택화, 재무부상무 김각화를 선임하였다.29)

이외에도 천도교청년회 맹산청년회 대회가 1930년 8월 1일 개회되었다.30)

---

20) 「靑年黨彙報」, 『신인간』 31, 1929.1, 67쪽.
21) 「靑年黨彙報」, 『신인간』 31, 1929.1, 68쪽.
22) 「各地 布德날 宣傳 狀況」, 『신인간』 42, 1929.12, 128쪽(경인문화사 영인본 쪽수).
23) 「地方黨部의 敎養狀況」, 『신인간』 42, 129쪽(경인문화사 영인본 쪽수).
24) 접이란 본보, 지방부, 접으로 구성된 천도교청년당의 기본조직으로서 3인 이상 7인 이내의 당원으로 조직된다.(劉漢日, 「接生活의 實際」, 『黨聲』, 1932.4.1) 즉 접 조직→지방부 조직→본부 조직의 경로를 통하여 천도교 청년당이 조직되는 것으로 이해된다(李春培, 「接代表 여러분에게」, 『黨聲』, 1932.5.1).
25) 「彙報」, 『신인간』 44, 1930.2, 276쪽(경인문화사 영인본 쪽수).
26) 『黨聲』, 1933.4.1, 「各地方黨部의 新陣容」.
27) 『黨聲』, 1933.5.1, 「各地方黨部의 新陣容」.
28) 「彙報」, 『신인간』 44, 1930.2, 277쪽(경인문화사 영인본 쪽수).
29) 「孟山內誠團大會」, 『동아일보』 1932.1.8.

그리고 삼리청년회가 1932년 11월 22일 창립되었으며[31] 용덕리청년회는 1932년 12월 4일 창립되었다.[32] 인덕청년회는 1933년 3월 7일 길응철가에 모여 위원장 方京律, 부위원장 吉元周 등을 선출한 후 다음을 결의하였다.[33]

1. 매일 早朝에 일정한 장소에 집합하여 丁抹體操를 할 것
1. 매토요일은 組[34]代表의 집에 회합하여 共同作業을 할 것.
1. 매 侍日은 회원일동이 회합하여 敎理硏究 및 신문잡지를 강독할 것.
1. 회원은 일정회합일 외에도 본 회관에 회집할 것.

그리고 인덕청년회는 창립 이래 2개년을 '모범적'인 활동을 하였다고 자체 평가하였다.[35] 그 내용을 보면 1. 매시일 밤에는 회원 일동이 본 회관에 집합하여 교리연구, 신문잡지 등을 강독한 것, 2. 매 토요일 밤에는 조대표의 집에 집합하여 부업으로 농업의 필수품을 제조해서 각각 자가에 소용케 한 것, 3. 여름 농한기에는 회원 일동이 조기하여 일정한 장소에서 정말체조를 하고 해산하여 풀을 한 짐씩 채취하여 비료에 사용하여 군 혹은 면에서 지도받기 전에 자각실행하는 부락이라 하여 지도받지 않은 것, 4. 위생을 보급하기 위하여 청결일을 리내에 미리 통지하여 검사위원을 선출하여 일제히 청결을

---

[30] 『黨聲』, 1931.10.1, 「孟山部大會」.

[31] 『黨聲』, 1933.4.1, 「孟山三里青年會組織」.

[32] 『黨聲』, 1933.4.1, 「孟山龍海青年會組織」.

[33] 『黨聲』, 1933.5.1, 「部門運動消息」.

[34] '組'란 3-17인으로 조직된 청년회의 전면적 활동부대이다. '組'의 임무는 동적활동 임무와 정적활동임무로 나누어 설명할 수 있다. 동적활동임무는 첫째, 각계각층 특히 청년대중에 대한 선전활동의 임무, 둘째, 천도교청년당의 지위를 널리 암림, 셋째, 미조직 청년대중우의 획득 및 조직에 힘쓸 것 등이다. 정적활동임무는 천도교의 사상을 무장하여 천도교 및 청년당의 직원이 되게 하는 것, 둘째, 일반 청년대중에 대한 수운주의적 지도 혹은 조장, 셋째, 청년대중 뿐만 아니라 소년, 부녀 등에 대한 계몽활동 등이다(黨聲, 1933.12.1, 「'組'의 任務와 活動」).

[35] 길응철, 「仁德청년회의 成績을 紹介함」, 黨聲, 1934.6.1. 여기에는 '모범적'이라는 평가는 다분히 체제에 협조적인 느낌을 갖게 한다. 이와 관련해서는 보다 심층적인 검토가 있어야 할 것이다.

실행한 일, 5. 소비조합을 조직하여 회의 경제적 기초를 완성하려는 것 등이다.

이와 같이 청년회가 각리를 중심으로 조직되면서 청년회연합회가 韓夢鷹을 위원장으로 선출하면서 조직되었다.36) 1931년 8월 1일에는 55명의 사원으로 맹산노동사도 설치되었다.37) 이러한 교세의 성장과 함께 맹산군종리원에서는 1929년 12월 29일 40만의 순도자의 위령식을 거행하였다.38)

이상과 같이 맹산지역에서 천도교의 교세가 급증한 것은 이 지역 교역자들의 활동의 결과였다고 할 수 있다. 즉 당맹산부의 대표였던 길응철의 진술에 따르면 당의 공문이 각 당원에게 일일이 전달되는 것은 물론이고 당원대회 1회, 집행위원회 6회, 당원예회 4회, 당원의 당부 출석이 연중 2회를 실시하여 지도부와 일반신도 사이에 신뢰를 구축할 수 있었다는 것이다.39)

3. 맹산군농민사의 설치와 활동

1) 설치

조선농민사 맹산지사는 1925년 3월 1일 지사장 朴準麒를 비롯한 조처항, 길응철 등의 활동으로 『朝鮮農民』 독자 200여 명을 모집하여 설치되었다.40)

---

36) 黨聲, 1933.6.1, 「孟山郡聯合會」. 이 때 선출된 임원은 위원장 한몽웅, 교양부장 방경율, 부위원장 조병흡, 체육부장 방병환, 비서부장 이필선, 위원 안선학, 조직부장 차일관.

37) 「孟山勞動社創立 消費組合을 設置」, 『동아일보』 1931.8.5; 黨聲, 1932.2.1, 「孟山勞動社」. 위원은 길응철, 方承道, 崔一龍, 朴鳳賢, 朴昌伯, 安處守, 李鳳贊. 李泰煥. 金得洙, 상무위원은 위원장 길응철, 부위원장 이태환, 서무부장 김득수, 재무부장 이동찬, 조직부장 최일용, 교양부장 안처수, 경제부장 방승도, 쟁의부장 이일용, 감사장 方贊柱, 감사 趙處恒, 羅文奎 등이다.

38) 「40만 殉道者의 慰靈式 擧行」, 『동아일보』 1930.1.5.

39) 黨聲, 1933.5.1, 「管內 黨員 對面이 연중 10차이상」.

40) 「朝鮮農民社所屬機關紹介(其4)」, 『農民』 3-10, 1932.11, 55쪽. 여기에서 조선농민사 맹산지사의 조직일 1925년 3월 1일이라 한 것은 조선농민사가 1925년 10월에

조직 이후 맹산지부는 多興花里에 "社友의 친목을 도모하며 농촌의 모든 운동에 진력"할 목적으로 1926년 12월 25일 44명의 회원으로 社友會를 조직하였다.⁴¹⁾ 1928년 2월 2일에는 孟山農友會로 개칭하였다가 3월에는 이사장 조처항, 부이사장 方王柱, 길응철 등을 중심으로 맹산군농민사로 개체되었다. 그리고 이후 3개월 만에 맹산군 8개면에 모두 면 단위 농민사를 조직하였고 이어 연말까지 전군의 85개 리에 리 농민사도 조직이 완료되었다. 이리하여 전군 7,850호 중 5,300여 호가 농민사에 가입하게 되었다.⁴²⁾ 이후 맹산군 농민사는 뢰봉면(1930.9.24),⁴³⁾ 애전면(1930.9.25),⁴⁴⁾ 인화면(1930.9.29),⁴⁵⁾ 옥천면(1930.10.11),⁴⁶⁾ 맹산면(1930.10.11),⁴⁷⁾ 원남면(1930.10.11),⁴⁸⁾ 학천면(1930.11.19),⁴⁹⁾

조직되었음을 생각한다면 오기인 것으로 보인다. 필지의 생각으로는 1926년이 아닐까 한다. 맹산군농민사에서 활동하였던 김도준도 1926년 3월로 기억하고 있다(김도준, 박연수와의 대담, 「농민공생조합」, 『신인간』 358, 61쪽).

41) 「支部通信」, 『朝鮮農民』 3권 6호(1927.6), 41쪽. 위원은 金應國, 朴孝林. 趙大奎, 朴來之가 선출되었다.

42) 김도준, 박연수와의 대담, 「농민공생조합」, 『신인간』 358, 61쪽. 이때 조직된 면 농민사의 이사장은 맹산면(桂仲學), 지덕면(張龍官), 애전면(朴明源), 동면(方煥獜), 원남면(金尙學), 옥천면(崔輔國), 봉인면(羅文奎), 학천면(金道俊) 등이었다.

43) 「孟山에 農民社 각처에 설립」, 『동아일보』 1930.10.7. 임원으로는 이사장 趙永林, 부이사장 朴宗道, 비서 弓處寬 등이 선정되었으며 1. 사세를 확장할 것, 1. 농촌강좌를 실시할 것, 1. 알선부를 조직할 것, 1. 기타사항 등을 토의하였다.

44) 「孟山에 農民社 각처에 설립」, 『동아일보』 1930.10.7. 임원으로는 이사장 박명원, 부이사장 金明浩, 비서 曹永植 등이 선정되었다.

45) 「孟山에 農民社 각처에 설립」, 『동아일보』 1930.10.7. 임원으로는 이사장 金東浩, 부이사장 나문규, 비서 李夏成 등이 선정되었으며 1. 사원모집의 건, 1. 농촌 야학을 동리마다 설치할 것, 1. 알선부 구금을 다수 모집할 것, 1. 남선이재민구제금을 각리에서 의무적으로 損出할 것 등을 토의하였다.

46) 「面農民社創立 生活改善討議 맹산군에서」, 『동아일보』 1930.10.15. 임원으로는 이사장 홍진혁, 부이사장 나영선 외 18인이 선정되었으며 1. 각리에 소비조합을 설치하여 농가일용품을 알선부에 의뢰하여 공동구입할 것. 1. 혼례에 대한 사치품을 엄금하고 순국산품을 대용할 것, 1. 상제례에 각자의 생활정도에 넘치는 모든 冗費를 절약할 것 등을 토의하였다.

47) 「農民社組織」, 『동아일보』 1930.10.17. 임원으로는 이사장 방환기, 부이사장 김응구, 비서 康保國 등을 선임하였다.

48) 「面農民社組織」, 『동아일보』 1930.10.24. 임원으로는 이사장 金道洙, 부이사장 김

동면(1931.3.15)50) 등 조직의 개편이 이루어지고 있다.51) 이리하여 1930년 1월 29일 개최된 전군농민사대회에 참가한 리농민사는 전체 85개 리 중 82개 리에 이르렀다.52) 그 결과 1930년 4월 이후 사원이 日加月增하여 사원이 3,300여 명에 달하였고 전군 호수 7,496호의 46%에 달하게 될 정도였다.53) 각리 농민사와 주요활동가는 〈표 1〉과 같다.54)

〈표 1〉 맹산군 각리 농민사의 주요활동가

맹산면	수품리 방기원, 당포리 조원실, 학무리 계중학, 화리 방호규, 다흥리 김응구, 박봉림, 문호리 조찬영, 송계리 길조강, 향내리 길순초, 동매리 한기화
옥천면	북창리 최보국, 연리 정영찬, 수리 조병완, 남양리 이정걸, 곤동 차정택, 사동 장화룡, 송동 김치경, 매현리 강영수, 신동 조운행, 석동 김계담, 구룡리 이금덕, 현봉리 김호선, 삼리 안처수, 공문구, 내포리 최석횡, 이산리 김린섭, 용덕리 조병적, 용하리 조윤식, 석태리 김영수, 안학리 김경선, 강포리 장호중
봉인면	가창리 박희고, 성남리 박명진, 류내리 김만성, 정관리 이필선, 정하리 이병룡, 분양리 김흥전, 덕중리 정호, 덕상리 최병화, 안하리 한몽득, 안상리 주성남, 남천리 길승호, 은천리 우창선, 남양리 김수손, 팔봉리 한상한, 서자옥, 팔하리 이승률, 원남면 주포리 엄기수, 남흥리 신제경, 명장리 박면술, 시억리 김기영, 향평리 유병순, 상계리 박태록, 행산리 김상률, 정인리 김정환, 중추리 기홍수, 수남리 박찬주
학천면	가리 장한봉, 오봉리 최호술, 길상리 만응식, 고하리 백호섭, 소창리 김도준, 소하리 김성수, 박성, 정원도, 원정리 이춘원
동면	방평리 방항주, 신중리 방환린, 평지리 정덕화, 초요리 박병조, 지덕면 학포리 방태격, 용덕리 자용관, 양성리 박필하, 의성리 박락호, 와요리 박봉연, 송암리 방성간, 용산리 김대현, 상화리 박학경, 두암리 박찬조, 송흥리 박제규
애전면	광리 박응걸, 창리 이정섭, 맹주리 김용연, 임찬숙, 풍림리 방용대, 윤태환, 초평리 안택조, 박계조, 성재리 이명호, 김추경, 문곡리 박윤조, 박호경, 함온리 이예겸, 방대선

학장, 비서 김병주 등이 선임되었다.
49) 「鶴泉面에 農民社創立」, 『동아일보』 1930.12.10
50) 「東西農社創立」, 『동아일보』 1931.3.24.
51) 1930년에 이루어진 맹산군농민사의 8개면 농민사에 대한 기사에는 이들 농민사가 '조직'된 것으로 기술되어 있다. 그러나 이는 위의 김도준과 박연수의 대담에서 확인되듯이 '개편'된 것으로 보아야 할 것이다.
52) 「孟山農民社 全郡大會 개최 각리대표가 모여」, 『동아일보』 1931.2.10.
53) 「朝鮮農民社所屬機關紹介(其4)」, 『農民』 3-10, 1932.11, 55쪽.
54) 「朝鮮農民社所屬機關紹介(其4)」, 『農民』 3-10, 1932.11, 55쪽.

영흥군 약덕면	대숙리 차종진
영흥군 횡천면	미지리 김치현, 조능규

    이와 같은 활동의 결과 맹산군 농민사는 1932년 무렵에는 "전국에서 首位를 점하고 있는 농민사"55)가 되었다. 그런데 永興郡의 耀德面 大淑里와 橫川面 美志里가 맹산군농민사의 산하에 있었던 것56)은 이 두 개 면의 생활권이 맹산지역에 있었기 때문이었다고 생각된다.

조선농민사 가마니 생산 장면

---

55) 『農民』3권 4호(1932.4), 38쪽.
56) 「朝鮮農民社所屬機關紹介(其4)」, 『農民』3-10, 1932.11, 55쪽.

2) 활동

① 교육활동

먼저 맹산농민사는 농민계몽을 위한 야학을 설립하는 등 농민층에 대한 교육활동에 적극적이었다. 맹산지역 천도교의 핵심인물 중의 한 사람인 홍진혁은 옥천면 북창시의 보통학교 훈도인 김상섭, 김정일과 정태원, 최보국 등과 함께 1929년 12월 1일부터 노농야학을 개설하고 천도교 옥천면 종리원에서 조선문, 산술, 일어, 습자 등을 교수하였다.[57] 동해농민사가 1931년 9월 11일 야학관의 건축을 결의하였으며,[58] 삼리에서도 1931년 9월 14일부터 야학당의 건립에 착수하여 10월 15일에 준공 예정이었으며,[59] 서학리농민사, 냉정동농민사, 굴암덕농민사는 연합하여 4간짜리 야학당을 건축하였다.[60] 또한 맹산군 천도교의 핵심인물 중의 한 사람인 박용완은 봉인면 덕중리 덕흥의숙에서 열린 강습회에 강사로 참여하기도 하였다.[61]

그리고 맹산군농민사원을 훈련시키기 위하여 1930년 12월 14일부터 3일간 농촌지도자강습회를 개최하였으며,[62] 1930년 12월 10일부터 전군을 玉泉, 元南, 孟山, 封仁의 4구로 나누어 일반사원을 대상으로 지도자강습을 개최하고자 하였는데[63] 香坪里에서는 김도수, 김상학이 한글, 산술, 작문, 상식을 강의할 예정이었다.[64] 또한 1931년 초에는 전군을 8구로 나누어 농촌지도자강습회를 개최하고자 하였는데 元南강습회, 仁北강습회, 雷封강습회, 玉泉강습

---

57) 「北倉勞農夜學」, 『동아일보』 1929.12.25.
58) 「孟山東海農社서 夜學舘建築決意」, 『동아일보』 1931.9.24.
59) 「孟山三里에서 農民學院建築」, 『동아일보』 1931.9.30.
60) 「棲鶴里農民社 夜學堂을 新築」, 『동아일보』 1931.10.9.
61) 「農民指導者講習會」, 『동아일보』 1930.12.27.
62) 「孟山農村指導者講習會」, 『동아일보』 1930.12.27.
63) 「農村指導者 講習會를 開催 전군을 4구로 나누어 第1區 玉泉面 終了」, 『동아일보』 1930.12.17.
64) 「農民指導講習」, 『동아일보』 1931.1.4.

회는 1931년 2월 19일부터 2월 25일 사이에 3일간의 강습일정을 마치었다.[65] 이 때 강습과목은 경제, 조선근세사, 상식 등이었다.[66]

이외에도 학천면에서는 천도교당을 야학당으로 이용할 수 있도록 하였으며,[67] 옥천면 삼림농민사는 농민독서회와 신문구독회를 설치하였고,[68] 농민학원을 설치하고자 하였으며,[69] 東面 소요리농민사도 독서회의 설치를 결의하였다.[70] 애전면 맹주리에서도 1931년 3월 11일 농민독서회가 조직되었는데 대중독본, 대중산술, 주산, 작문, 상식 등의 과목을 尹鎭泓, 安國彬 등이 강의하였다.[71] 이에 따라 맹산군에서는 천도교인치고 문맹자가 한 사람도 없었고 농민사원이나 공생조합원도 문맹률이 극히 낮았다고 한다.[72] 동시에 이러한 야학이나 강습회는 항일의식을 고취하는 방편으로도 이용되었던 것으로 보인다. 즉 김도준의 증언에 따르면 언제인지는 명확하지 않으나 강습이 끝난 후 합창한 노래 때문에 봉인면 안하리의 한몽웅과 이필선이 검거되어 1년여의 옥고를 치루었다는 것이다.[73] 또한 맹산군농민사는 군농민공생조합의 이익금 중 1%를 각 리의 야학 및 교양운동비로 충당하였다고 한다.[74]

---

[65] 「農村指導者 講習會를 開催 孟山郡農民社서」, 『동아일보』 1931.3.1.
[66] 「農村指導者 講習會 終了」, 『동아일보』 1931.3.14.
[67] 「鶴泉面夜學」, 『동아일보』 1931.1.10.
[68] 「三里農社讀書會」, 『동아일보』 1931.1.18.
[69] 「農民學院設置討議」, 『동아일보』 1931.3.15.
[70] 「趙遙里農社創立」, 『동아일보』 1931.2.3.
[71] 「孟山 各處의 農民社活動 孟州里農民讀書會」, 『동아일보』 1931.3.13.
[72] 김도준, 박연수와의 대담, 앞의 글, 64쪽.
[73] 이 때 부른 노래의 가사는 다음과 같다. "삼천리 금수강산 우리 사는 한반도에 왜놈들은 무삼일로 왜 왔다 왜 안가나 한울님께 조화받아 일야에 소멸하여 우리 민족 쓰린 원한 되살려보세."(김도준, 박연수와의 대담, 앞의 글, 64쪽).
[74] 위와 같음.

② 경제적 이익 획득 활동

맹산군의 천도교세가 이와 같이 성장함에 따라 맹산군농민사의 알선부 활동도 매우 활발히 전개되었던 것으로 보인다. 즉 1930년 6월 영변, 덕천, 맹산의 교통 요지인 북창시에 최초로 알선부가 설치된 이후 구금이 수천원으로 증가하고 3, 4개월 만에 읍내에도 알선부가 설치되었으며, 1931년초에는 수천원의 구금으로 남면 동창시에 알선부가 설치되는 등 맹산군의 알선부 설치는 순조롭게 진행되었다.[75] 그리하여 1931년 3월경 가창시[76]와 애창시에 알선부를 설치한 것까지 모두 5개의 면 단위 알선부가 설치되었다.[77]

당맹산부의 대표인 조처항의 보고에 따르면 맹산군농민사는 점포를 설치하여 농민들의 일용품을 알선해 주었으며 이를 경험하면 대단히 필요한 일임을 알 수 있다고 하였다. 그리고 이는 지극히 필요한 일이지만 한편으로는 지극히 위험한 일이므로 중앙의 통일적인 지도가 있어야 한다고 하였다.[78] 조처항의 알선부에 대한 이러한 평가는 다소 과장이 있는 것으로 보인다. 즉 알선부는 "농민층에게 유일무이의 경제기관이요 물질적 생활수단을 가르치는 학교의 역할"을 했던 것은 인정하나 "보통 고객에게 물품을 매매하는 것보다 농가소비품 알선에 가일층하라"[79]는 지적에 주목해야 한다. 이는 알선부의 활동이 전적으로 농민층의 이해에 기반하지 않았다는 것을 의미한다.

그리고 맹산군농민사의 6개소의 알선부원인 홍진혁, 정영찬, 이화선, 조처항 등은 조선농민의 경제적 실력 양성이 우리의 살길이라는 뜻에서 서부조선의 각 농민사 알선부를 연합하여 西鮮農民經濟部를 설립하고 생산기관을 설치하여 외국상품에 구축당하는 조선의 경제를 지키고자 하였다.[80] 이에

---

[75] 「孟山時話」, 『동아일보』 1931.2.26.
[76] 「孟山 假倉市 斡旋部創立設」, 『동아일보』 1931.3.26. 가창시 알선부의 전무이사는 나문규와 김동호가 선임되었다.
[77] 「孟山군農民社서 斡旋部 增設 旣設이 三個所」, 『동아일보』 1931.4.1.
[78] 薰聲, 1931.6.2, 「斡旋部의 統一한 指導」.
[79] 「孟山時話」, 『동아일보』 1931.2.26.

따라 1931년 4월 20일 맹산군농민사 알선부원 총회에서 서선농민경제부를 설치하기 위한 발기문이 채택되고 평남북과 황해도의 각 농민사와 평남도농사연합회에 발기문을 발송하였고 이로부터 3, 4개월 이내에 평양에 대공장을 설치하고자 하였다.[81] 그리하여 후술할 1931년 6월 20일 맹산군농민사 옥천면연합대회에서 결의되고 있듯이 평양고무공장의 설치가 구체화되고 있는 것이다.

이러한 교세를 바탕으로 맹산군농민사에서는 박준기, 정영찬, 박진혁, 이화선, 文炳魯, 길응철 등의 활동에 의해 1930년 7월26일 대표 조처항, 전무 이화선, 상무 方煥祺 등으로 맹산농민공생조합이 조직되었다.[82] 맹산농민공생조합은 옥천면 북창에 설치되었으며,[83] 설치 당시에는 조합원 529명, 구금은 7,032원, 특별기타 자금 9,000여 원에 달하였고 매월 평균 상품 매매고가 7,000원 내지 8,000원에 이르러 1931년 1,000여 원의 순이익이 발생하였다.[84] 농민공생조합의 전성기였던 1930년대 중반기에는 총 운영자금이 70여 만 원에 달하였다. 이와 같이 맹산군농민공생조합의 세가 급격히 확대된 것은 맹산군의 거부인 정영찬과 이화선이 자신이 운영하던 영찬상회와 화선상회를 공생조합에 합쳤기 때문이었다.[85] 이렇게 맹산농민공생조합의 규모가 확대되고 공생조합원뿐만 아니라 비조합원까지도 공생조합을 이용하면서 맹산군내의 일반 상회 가운데는 폐점하는 곳도 많았다고 한다.[86]

맹산군 농민사는 1931년 6월 1일 제4회 이사회에서 군농민사 소속 7개의 알선부 중 邑內, 北倉, 假倉, 東倉, 藹倉, 南倉 등 6개소의 알선부를 공생조합

---

80) 「外來品防禦코저 西鮮農經部設立 生産機關을 設置하고 孟山農社斡旋部員이」, 『동아일보』 1931.4.19.
81) 「黃平道를 網羅한 西鮮農民經濟部組織」, 『동아일보』 1931.4.26.
82) 「朝鮮農民社所屬機關紹介(其4), 『農民』 3-10, 1932.11, 55쪽.
83) 김도준, 박연수와의 대담, 앞의 글, 63쪽.
84) 「朝鮮農民社所屬機關紹介(其4), 『農民』 3-10, 1932.11, 55쪽.
85) 김도준, 박연수와의 대담, 앞의 글, 62쪽.
86) 김도준, 박연수와의 대담, 앞의 글, 63쪽.

으로 변경하고 함남 영흥군 山城斡旋部만은 소비조합으로 개편하였다. 그리고 공생조합장 조처항, 전무 홍진혁, 常務員長 정영찬을 선임하였다.[87] 소비조합은 애전면, 봉인면 지덕면, 옥천면, 뢰봉면 등에 면단위 소비조합이 설치되었고, 안상리, 용덕리, 정광리,[88] 조요리,[89] 삼리, 강포리 등에는 리 단위 소비조합이 설치되거나 논의되었다. 또한 1930년 3월 30일 옥천면 북창리에서는 조원조를 회장으로 하는 평안협동조합 북창리회가 회원 40여 명으로 조직되었는데, 그 목적은 1. 회원간 친목과 상부상조하여 공존공영을 도모함, 2. 생활개선과 악풍교정에 면려함, 3. 회원의 경제상 필요지식을 함양함, 4. 회원의 생활 소비품 매매를 알선함 등이었다.[90] 이로 보아 소비조합은 알선부의 지도를 받다가 공생조합의 조직 이후에는 공생조합의 지도를 받은 것으로 생각된다. 맹산군농민사 소속의 강포리 소비조합의 규약은 다음과 같다.[91]

    가. 강포사의 경제사업으로 함.
    나. 1구 2원으로 하되 10구 이상은 불허함.
    다. 구금의 일시 미불자는 매월 10전씩으로 20개월에 불입함을 득함.
    라. 구금이나 적립금이 상당한 액수에 달할 시는 토지를 매득하여 공작계를 조직함.
    마. 농촌소비품을 알선함.
    바. 빈농가에 대하여 牛 및 猪를 買給함.
    사. 무산아동학비조도 단 가입수속은 3개월 전 농민사 입사를 요함. 기타는 공생조합규약과 대동소이함. 조합원 수 및 역원은 미상.

한편 천도교청년당 맹산부 당원대회가 1932년 1월 4월 개최되어 농민공생

---

[87] 「孟山斡旋部를 共生組合으로」, 『동아일보』 1931.6.7.
[88] 「正廣里農民社 정기총회가 있어서」, 『동아일보』 1931.1.18.
[89] 「調遙里農社創立」, 『동아일보』 1931.2.3.
[90] 「孟山 北倉里에 協同組合組織 斡旋部事業이 主要目的」, 『동아일보』 1931.4.7.
[91] 「農民新聞」, 『農民』 7, 1933.7, 51쪽.

조합 발전책으로서 매당원이 5구 이상 책임모집할 것을 결의하였다.92) 맹산 공생조합은 농민들이 필요로 하는 모든 물품을 취급하였고 정찰제를 실시하였다. 그리고 물품은 주로 군조합이 평양에서 구입하여 면조합으로 계통출하 하였는데 운반은 조합 소유의 화물자동차 2대와 각 단위 조합의 우마차로 하였다.93) 그리고 읍내, 동창, 남창, 가창, 북창, 애창의 6개소의 공생조합은 농민의 날 기념 廉賣日을 운영하여 소비자에게 염가로 소비품을 제공하는 동시에 물품구매자에게 기념품까지 주었다.94) 다른 한편 앞에서도 서술하였듯이 맹산군농민공생조합은 1931년 8월 10일 평양천도교당에서 개최되었던 공생조합 관서연합회에 가입하여 평남 제5구의 구역 이사에 맹산의 홍진혁이 선임되었다.95)

또한 1931년 6월 20일에는 맹산군농민사 옥천면연합대회를 열고 각리의 농민사의 협력으로 농민병원을 설립하여 일반농민의 최대 고통인 사망진단비와 사체검안비를 폐하고 환자의 치료비로 실가 혹은 무료로 할 것, ×절주의를 폐지할 것, 농민이발소를 설치하여 요금을 절약할 것을 결의한 후 이사장 홍진혁, 부이사장 조병× 외 수명을 선출하였다.96) 이어서 6월 30일에는 앞의 군농민사 옥천면연합대회의 결의사항을 맹산농민공생조합에서 다시 한번 결의하였다. 그리고 평의원에 문병로, 길응철, 방환×, 김대현, 박명원, 박준기, 나영선, 金利涉을 선임하고 박용완, 박××, 김도수, 이용규, 방응현을 선임하였다. 결의 사항은 다음과 같다.97)

---

92) 黨聲, 1932.2.1, 「黨地部消息」. 이 대회에서 선출된 위원은 다음과 같다.
93) 김도준, 박연수와의 대암, 앞의 글, 63쪽.
94) 「農民날 紀念코저 犧牲的廉賣實施」, 『동아일보』 1931.12.7.
95) 黨聲, 1931.10.1, 「農民共生組合 關西聯合會」. 관서엽합회에는 평북에 5개 구, 평남에 6개 구, 황해에 1개 구가 설치되었다. 맹산군공생조합이 속한 평남 제5구에는 德川, 永遠이 속해있다.
96) 「農民病院設立 實費로 施療」, 『동아일보』 1931.6.25.
97) 「農民理髮館과 農民病院設置」, 『동아일보』 1931.7.7.

1. 농민병원을 군내 주요지에 설치하고 일반 농민에게 실비 혹은 무료로 치료하는 동시에 사망진단비와 사체검안비를 단연 폐지할 것.
1. 전국 각리에 소비조합 1개소의 소비조합을 설치할 것.
1. 평양에 설치하고자 준비 중인 고무공장에 대해서는 군농민사와 조합 간부가 구금 2천 원을 책임지고 모금할 것.

이에 따라 맹산군 봉인면농민사에서는 1931년 7월 17일 11개리의 농민사 대표 30여 명이 모여 면연합창립대회를 개최하고 소비조합과 각 리 이발소를 각 리의 농민사에 설치하기로 하고 농민병원은 1931년 안에 설치하자고 의결하였다.98) 이러한 사업은 공생조합규약 제14조 위성부의 사업에 규정되어 있었다.99) 이로 보아 군농민사와 군공생조합의 사업 주체는 때에 따라 바뀌기도 하였던 것으로 보인다. 이외에도 농민잡지를 사원마다 구독할 것, 공생조합에 가입할 것, 의무금을 7월 말일 이내로 완전 ㅇ 행할 것 등을 결의하였으며, 이사장에 나문규, 부이사장에 김동호, 機務部 나문규, 재무부 김동호, 조직부 李炳龍, 교양부 金興典, 경제부 吉昇浩, 쟁의부 李鳳武, 이사 朱成南, 감사 朴用玩을 선출하였다.100) 그리고 봉인던 가창리농민사에서는 1931년 7월 14일 사원대회를 열고 도부면(?) 구내의 이등도로와 면사무소, 주재소의 설치공사청부에 낙찰을 받도록 할 것을 토의하였다.101)

한편 맹산군 옥천면 三里농민사의 활동은 모범적인 사례로 꼽힌다. 삼리는 100여 호의 농민이 거주하는 전형적인 산골이었다. 교통과 통신은 물론이고 주민의 民度 역시 매우 낮은 곳이었다. 즉 1930년 6월경 삼리의 吳京學, 孔文九, 吉×鳳 등 청년이 7~8명의 농민을 모아 농민사를 조직한 후 불과 2, 3개월 만에 70여 명의 사원이 가입한 대규모의 농민사로 성장시켰던

---

98) 「封仁農民社에서 消費組合 創設」, 『동아일보』 1931.7.22.
99) 김도준, 박연수와의 대담, 앞의 글, 57쪽.
100) 「孟山郡 封仁面 農社聯合大會」, 『동아일보』 1931.7.28.
101) 「假倉里社員會」, 『동아일보』 1931.8.7.

것이다. 이러한 삼리농민사의 성장은 주민의 생활을 개선하는 운동으로부터 시작되었다. 그리하여 관혼상제시의 허례 폐지, 외국산 의복의 금지 및 국산품 애용, 소비조합의 설치를 통한 물품의 구입, 금주 등이 실천되었으며 독서회와 신문강독회, 농민학원의 설치, 음력명절을 이용한 의식의 개혁 등을 실천하거나 계획하였다.102) 그리고 삼리농민사에서는 1931년 7월 26일 위생부를 조직하여 매월 15일과 30일을 위생데이로 정하여 청결활동을 하는 한편 파리를 박멸하기 위해 파리 잡는 기구를 공동구입하는 등 집회 혹은 기회를 이용하여 위생문제를 선전하기로 하였다.103) 이외에도 지덕면 용덕리농민사는 금주단연을 제안하여 만장일치로 통과시켰고,104) 지덕면 효리농민사도 창립과 동시에 금주단연을 결의하였다.105) 또한 미신타파의 명목으로 동리굿을 폐지하기 위한 선전활동을 하기도 하였다.106)

그리고 미신타파 등의 생활개선운동도 전개하였다. 원남면 정인리와 시억리에서는 1930년 음력설을 기해 생활개선, 미신타파, 구관혁신, 문맹퇴치 등의 삐라를 배부하고 선전활동을 하였다.107) 1931년 8월 30일에는 뢰봉면 농민사연합회를 창립하고 허례허식의 폐지와 소비조합의 설치를 결의하였다.108) 옥천면 삼리농민사는 1931년 음력설 당일 생활개선을 목적으로 세배를 폐지하자는 삐라를 살포하였다.109) 삼리농민사는 조합원 35인, 구금액 15원이었으며 알선품목은 석유, 학용품, 주류였고 조합장 박서봉, 상무 배몽갑, 감사 공문구, 이영선이었다.110) 이와 같은 맹산군농민사의 활동에 작하여 맹

---

102) 「孟山의 新理想村 三里를 紹介함」, 『동아일보』 1931.8.4.
103) 「衛生思想 鼓吹코저 農民衛生部 組織」, 『동아일보』 1931.8.18.
104) 「龍德里農社서 禁煙斷煙實行」, 『동아일보』 1931.2.19.
105) 「消費節約 위해 孝里農社創立 禁煙斷煙까지」, 『동아일보』 1931.2.19.
106) 「三里農社에서 洞里굿廢止宣戰 根本的으로 迷信打破」, 『동아일보』 1931.4.16.
107) 「農村啓發宣傳」, 『동아일보』 1931.3.4.
108) 「孟山農民社 面聯合會 創立」, 『동아일보』 1931.9.27.
109) 「歲拜廢止코 生活改善宣傳 一人一能會도 開催」, 『동아일보』 1931.2.26.
110) 「農民新聞」, 『農民』 7, 1933.7, 51쪽.

산군농민사의 이사장을 역임하였던 조처항은 1932년 4월 4일 조선농민사 제5차 대회에서 중앙이사 후보에 선임되었다.[111]

또한 맹산군농민공생조합은 1933년 4월 27일 조선농민공생조합의 제3회 정기대표대회와 8월 15일의 공생조합 중앙 및 지방의 정관 개정에 따라 재조직을 행하였다. 그리하여 1933년 10월 1일 맹산군농민사 이사회를 개최하여 맹산군 소속 7개 조합을 독립시키기로 하고 각 조합을 통제하기 위하여 다음을 결정하였다.[112]

1. 조합간에 신용을 엄수할 것.
2. 조합간 물품 취인에 특별 대우할 것.
3. 외상처리에 있어서는 단시일 내로 속히 정리할 것.

그리고 조합당무자강좌를 10월 7, 8, 9일에 조합문제 및 실무라는 주제로 개최하기로 하고 문병로, 박용완, 조처항을 강사로 선정하였다.[113]

한편 1930년에 창립된 맹산군 북창소년회는 '소년들도 오늘날의 궁박하여 가는 경제생활에 각성하지 않으면 안 된다'는 이유로 소년회의 경제사업으로 少年經理社를 창설하여 일용 소비품을 알선하고 여기에서 창출되는 이익금으로 소년회의 교양비와 기타 경비로 사용하였다.[114] 이로 보아 맹산군농민사는 농민공생조합운동의 연장선에서 계층별 조직을 결성하였던 것이 아닐까 생각된다.

그런데 맹산농민사가 해체된 것은 대략 1935년경이라 한다.[115] 해체된 이유는 자료상의 한계로 인하여 정확히 알 수는 없지만 다음의 정황으로 보아

---

[111] 黨聲, 1932.5.1, 「朝鮮農民社 第5次 大會 經過」
[112] 「改正定款에 依한 再組織 맹산군이사회에서」, 『農民』 11, 1933.11, 49쪽.
[113] 위의 책, 49~50쪽.
[114] 李鍾壎, 「孟山에 少年經濟運動 少年經理社를 創立」, 『신인간』 58, 1932.7, 61쪽.
[115] 김도준, 박연수와의 대담, 앞의 글, 62쪽

추측은 가능하다. 즉 맹산군농민사가 당세확장 3개년 계획 시행 첫해의 결과 61명의 사원을 새로 모집하였다는 사실116)과 "110개소의 리동농민사와 3,000여 명의 사원을 가진 맹산농민사는 (중략) 군내 방방곡곡에 깊이 뿌리박힌 사업이 힘차게 발전하고 있다"117)는 기사로 보아 1934년 초반 경까지 맹산군농민사는 활발하게 활동하고 있었음을 알 수 있다.

그러나 앞에서 지적하였듯이 맹산군농민사의 핵심사업이라 할 수 있는 맹산군농민공생조합에 조합자금의 절반가량을 군내 大商會主가 출자하였다는 점은 맹산군농민사의 구조적인 한계로 지적되어야 할 것이다. 이는 맹산군농민사에는 농민사가 목적으로 했던 것과는 달리 농민층과 이해를 달리하는 계급 혹은 계층들이 다수 참여하였다는 것을 의미한다. 이 점은 재정적인 곤란으로 인해 맹산군농민사가 이들 '大商會主'를 받아들인 것이라는 추측을 가능하게 한다. 이러한 재정적인 곤란은 1933년 맹산군농민공생조합의 은행령 위반으로 나타났던 것이다. 따라서 맹산군농민사는 활동이 위축될 수밖에 없었을 것이다. 결국 맹산군농민사는 재정적인 곤란으로 인하여 '大商會主'를 수용하고 은행령을 위반하게 되면서 서서히 그 활동이 침체되다가 1935년 무렵에 해체된 것으로 보인다.

1933년 2월 2일에는 사우회를 개최하여 다음을 결의하였다.118)

1. 사세 확장 : 사원모집 3,000명 20개 리사 건설
1. 교양의 건 : 『農民』 독자 150명 모집 고양대 파견 년 3차 이상의 지도강습
1. 공동경작 : 20개소 실시
1. 조합운동의 건

---

116) 黨聲, 1934.3.1, 「黨勢擴張 三個年計劃 第1年度 第2期分實蹟(4)」.
117) 『동아일보』 1934.2.4.
118) 『農民』 3, 1933.3, 45쪽.

3) 공동경작과 공작계

다른 한편 맹산군에서는 1932년을 전후한 시기에 공동경작을 위한 논의가 전개되었다. 그리하여 맹산군농민사는 1932년 2월 2일 제8차 전군대표대회를 각리에서 선출된 103명의 대의원의 출석 하에 개최하였으며 共同耕作 實施의 건, 蠶種代減下運動의 건 등 4개항을 토의하였다.[119] 맹산군공작계는 1933년 3월경부터 조직되어 전군에 걸쳐 거의 빠짐없이 조직되었다. 맹산청년회원으로 추정되는 玄波生은「靑年會에 대한 緊急提議數件」[120]이란 글에서 청년회의 기초를 확립하기 위한 방법으로서 공동경작을 들고 있다. 이로 보아 앞에서도 보았듯이 공작계는 단순한 농민의 당면이익을 획득하기 위한 조직이 아니라 천도교의 교세를 확장하는 한 방법이기도 하였다는 것을 지역 차원에서도 확인할 수 있다. 맹산군에서 공작계가 조직된 지역은 다음과 같다.[121]

맹산군공작계위원장 : 조처항 간사 박명원 박신덕 방환기
위원 : 박준기 궁처관 계중학 방호구 공문구 김경선 장봉한 이금록 최보국 신치모 한몽응 이병강 김도준 김리섭 길화 김홍수 김기영 방환린 정덕화 김태봉 박찬조 이명호 박흥주
남양리 제1부 계장 : 최문준 간사 김찬술 이창길 계원 김락도 이경락 노승관(전 1,200평 옥당 경작)
남양리 제2부 계장 : 김덕윤 간사 이하실 이창록 계원 신봉호 김덕화 이하성
(매호 柴木 1駄식 집적하였다가 적당한 시기에 공동판매하기로 함)

---

[119]「農民社新聞」,『農民』4, 1932.4, 38쪽. 이 때 선출된 간부는 이사장 조처항, 부이사장 문병로, 총무부장 방환기, 재무부장 박준기, 조직부장 홍진혁, 교양부장 박용완, 경제부장 조처항, 쟁의부장 길응철 등이다.

[120] 玄波生,「靑年會에 대한 緊急提議數件」, 黨聲, 1933.12.1.

[121]「各地方 共作契의 狀況(2)」,『신인간』70, 1933.7, 29~30쪽. 1934년에는 여기서 孟山 공작계와 安下里 공작계가 조직되었다. 맹산공작계장은 尹鎭弘이며 안하리 제1부 공작계장은 韓夢得, 제2부 공작계장은 金貞模였다(「共作契彙報」,『신인간』82, 1934.7, 137쪽(경인문화사 영인본 쪽수)).

용덕리 계장 : 조동식 간사 조병적 김병훈 계원 趙炳恰 조병륜 방병주 조병식 조오규 김화순(답 400평 경작)
안학리 계장 : 김경선 간사 최리열 김봉식 김려택 계원 김인선 김윤봉 김리선 김명근 (土器 1窯를 燒成키로 함)
성재리 제1부 계장 : 길운보 간사 유관룡 길운봉 계언 박원정 길운기
성재리 제2부 계장 : 방용현 간사 김용연 방용진 계원 박원길 방윤화 윤태봉 방대선 (전 2,400평 옥당 경작)
초평리 제1부 계장 : 김완규 간사 김희순 방종주 계원 방석준 방희준 김춘하
초평리 제2부 계장 : 차병현 간사 김승조 신명선 계원 백용수 길희순 이용관
풍림리 제1부 계장 : 김삼인 간사 송병관 계원 김대근 박선학
풍림리 제2부 계장 : 박인섭 간사 조영식 계원 주경삼 길운빈

이외에도 공동경작을 실시한 농민사는 용덕리농민사,[122] 동해농민사,[123] 상계리 농민사,[124] 삼리사(전 3,600평, 경작인원 15인), 안하리사(답 1,200평, 경작인원 32인), 강포리사(답 400평, 경작인원 5인), 고상리사(전 14,400평, 경작인원 21인), 현봉리사(전 3,600평, 경작인원 16인), 명장리사(전 3,000평, 경작인원 18인), 곤동사(전 1,200평, 경작인원 5인), 정광리사(답 600평, 경작인원 10인)이었다. 차금정리조합을 설치한 농민사는 고상리사(조합원 18인, 조합장 이용순, 서기장 김달백, 감사 이두순), 용덕리사(조합원 11인, 조합장 조동식, 서기장 방병주, 감사 김기범)이었다. 이와 같이 맹산군농민사는 공동경작을 실시하였다. 그리고 맹산군농민사는 차금조합, 소비조합을 설치해서 성공적인 농민사운동을 전개하였다.

---

[122] 「孟山龍德農民社서 共同耕作을 計劃」, 『동아일보』 1931.9.17.
[123] 「孟山東海農社서 夜學舘建築決意」, 『동아일보』 1931.9.24.
[124] 「上界里農社 菜蔬共同耕作」, 『동아일보』 1931.10.6.

4. 맺음말

　　　　일제하 농민운동은 1920년대 초반 소작쟁의를 시작으로 점차 이념적, 조직적으로 발전을 하였다. 이 과정은 농민운동의 발전과정이자 동시에 국내에서의 민족운동의 발전과정이기도 하였다. 일제하 농민운동은 크게 보아 두 부류로 나눌 수 있다. 하나는 사회주의 계열의 농민조합운동이고, 다른 하나는 천도교계통의 조선농민사운동이나 기독교계통의 농촌사업 등 개량주의적인 농민운동이다. 이 두 부류의 운동이 가지는 가장 근본적인 차이는 운동이 지향하는 궁극적인 목적이 무엇인가 하는 점에 있다고 볼 수 있다. 따라서 농민조합운동이 일제의 타도와 함께 사회주의를 건설하자는 목적을 가지고 있다면 천도교와 기독교계통의 개량주의적인 농민운동은 당면의 현실문제의 해결에 목적을 두고 있다는 점이 가장 큰 차이점이라 할 것이다.

　본고에서 살핀 맹산군농민사의 활동을 통해서 우리는 다음의 몇 가지 사항을 확인할 수 있었다. 첫째, 맹산군에는 동학농민운동이 발생한 무렵 동학이 전파되었으나 동학·천도교가 대중화되는 것은 대략 3·1운동 이후라 생각된다. 이는 천도교종학강습소, 천도교청년회 등 천도교측의 포덕활동 및 3·1운동 과정에서 천도교가 보여준 지도적인 활동에 기인하는 것이라 생각된다. 그 결과 1925년에 조선농민사 맹산지사가 설치된 이후 맹산군의 8개면 및 95개리에 맹산군농민사의 조직이 전군적으로 결성되어 활발한 활동을 전개할 수 있었다.

　둘째, 맹산군농민사는 야학·강습회·독서회 등을 조직하여 민중을 계몽하는 활동을 하였다. 이러한 활동은 단순한 천도교의 전파라는 목적에서가 아니라 광범위한 농민층에 대한 계몽활동의 일환이었다. 그리하여 천도교 야학만이 아니라 일반 농민야학과도 연계하여 활동하였으며 조선사, 경제, 한글 등의 과목을 교수하였던 것이라 생각된다.

　셋째, 맹산군농민사의 핵심적인 활동은 농민의 경제적 이익을 획득하기 위한 것이었다. 맹산군농민사의 알선부와 농민공생조합의 활동은 당시 농민사 활동 중 가장 모범적인 것이었다. 그런데 알선부사업이 강화되는 것은 1930년 4월 법적관계 3개조안이 통과된 이후의 일이었다. 알선부사업은 농민의 필수품을 공동으로 구매하거나 판매하는 것을 위주로 하였다. 그리고 알선부사업을 특화시켜 설치한 것이 공생조합이다. 공생조합은 알선부사업과 큰 차이는 없었으나 천도교회의 지도 혹은 감독이 더욱 강화된 형태를 갖게 되었다. 그것은 통제부의 설치에서 알 수 있다. 그리하여 농민의 경제적 이익을 획득하려는 공생조합의 목적보다는 천도교세의 확장을 도모하려는 측면이 보다 강조되고 있다고 생각된다. 이러한 모습 역시 맹산군에서도 확인된다고 할 수 있다. 이는 맹산의 '대상회주'인 정영찬과 이화선이 공생조합에 자신의 상점을 합친 점에서 알 수 있다. 이 결과 맹산지역의 다른 상점 가운데는 폐점하는 경우도 생겼던 것이다. 이는 곧 맹산군의 유통을 공생조합이 장악했다는 것을 의미한다. 따라서 천도교의 영향은 천도교의 신앙과는 상관없이 일반 농민에게 더욱 확대되었을 것이다. 이로써 맹산군의 천도교세는 더욱 확대되었을 것으로 생각된다.

넷째, 그러나 다른 한편으로 맹산군농민공생조합에 이들 대상회주가 참여하였다는 사실은 농민층과 이해를 달리하는 계급 혹은 계층이 참여하였다는 것을 의미한다. 이는 곧 맹산군농민사의 활동이 농민사가 목적으로 했던 농민의 당면 이익을 옹호한다는 것에 위배되는 것이었다. 이리하여 맹산군농민사의 활동은 위기를 초래했던 것이라 생각된다.

다섯째, 공동경작과 공작계 활동은 천도교의 이상사회건설사상과 일맥상통하는 것이었다. 그러나 현실적으로는 천도교세를 확보하는 한 수단으로 이용되었다고 생각된다.

이상에서 볼 때 맹산군농민사는 농민층의 일상이익을 획득하기 위한 활동을 주로 하였음을 알 수 있었다. 이러한 활동은 철저하게 조선농민사 중앙본부의 통제 아래 이루어진 것이었다. 그러나 1934년을 고비로 농민사운동은 그 세력이 크게 위축되고 있는 것으로 보인다. 그리하여 본고에서 사례 분석한 맹산군농민사의 경우도 1935년에 해체되고 있는 것이 아닌가 한다.

* 논문 출처

『정신문화연구』 26-2, 한국학중앙연구원, 2003.

日帝下 朝鮮農民共生組合의 組織과 活動

1. 머리말

　　　　　　일제하 한국농민운동은 '혁명적'[1] 농민조합운동[2]과 개량적 농민운동으로 대별된다고 할 수 있다. 그리고 후자는 다시 기독교의 농촌운동[3]과 천도교의 조선농민사운동[4]으로 나누어 설명할 수 있다. 농민조합운

---

[1] 필자는 필요한 경우를 제외하고는 '혁명적'이라는 용어의 사용을 제한하려고 한다. 농민조합운동을 '혁명적'이라 규정한 것은 사회주의의 영향을 받아 계급혁명적인 관점에서 운동을 전개하려고 하였다는 측면에서 제기된 것으로 보인다. 그러나 '혁명적'으로 변화한다는 1931년 전반기 이후의 활동과 그 이전의 활동을 비교할 때 큰 차이가 없다. 따라서 필자는 개량적 농민운동과 대비하는 경우를 제외하고 '혁명적'이라는 용어의 사용을 제한하고자 한다.

[2] 농민조합운동에 대해서는 지수걸,『일제하 농민조합운동연구』, 역사평사, 1993; 이준식,『농촌사회 변동과 농민운동』, 민영사, 1993; 조성운,『일제하 농민운동과 농촌사회』, 혜안, 2002를 참조 바람.

[3] 기독교의 농촌사회에 대한 대표적인 연구로는 민경배,「한국기독교의 농촌사회운동」,『동방학지』38, 1983; 장규식,「1920-30년대 YMCA 농촌사업의 전개와 그 성격」,『한국기독교와 역사』4, 한국기독교역사연구소, 1995; 한규무,『일제하 한국기독교 농촌운동연구』, 한국기독교역사연구소, 1997 등이 있다.

[4] 조선농민사운동에 대한 대표적인 연구로는 오익제,「한국농협운동의 선구-조선농민사와 조선농민공생조합운동-」,『한국사상』5, 1962; 조동걸,『일제하 한국농

동은 1920년대 후반부터 사회주의의 영향하에서 계급적 관점에 입각하여 농민운동을 전개하였다. 반면에 기독교의 농촌운동과 천도교의 조선농민사운동은 농민의 경제적 이익획득운동을 중심으로 운동을 전개하였다.

이와 같이 다양하게 전개되었던 농민운동에 대한 연구는 주로 농민조합운동에 치중된 감이 없지 않다. 따라서 다양하게 전개되었던 일제하 농민운동의 성격을 이해하기 위해서는 기독교의 농촌운동과 천도교의 조선농민사운동에 대한 이해가 요구된다고 할 것이다. 이를 통해 개량적 농민운동에 대한 보다 구체적이고 객관적인 평가가 이루어질 수 있고, 그에 따라 '민족주의계열'의 농민운동의 실체를 확인함으로써 이의 공과를 확인할 수 있고, 더 나아가 사회주의계열의 농민운동에 대한 평가를 더욱 뚜렷하게 할 수 있을 것이다. 이는 곧 일제하 농민운동에 대한 이해와 평가를 보다 풍부히 할 수 있는 계기가 되는 것이다.

이러한 생각 하에서 필자는 본고에서 朝鮮農民共生組合(이하 공생조합이라 칭함)의 활동을 살펴보고자 한다. 공생조합은 朝鮮農民社의 중심적인 활동이라 할 수 있는 농민의 경제적 이익획득운동을 중심적으로 수행하던 斡旋部 사업을 확대, 개편한 조직이다. 즉 공생조합은 1930년대 천도교의 농민운동 과정에서 핵심적인 역할을 수행했던 조직이었다. 이와 같은 의미가 있는 공생조합에 대한 연구는 조선농민사운동에 대한 연구과정에서만 다루어질 뿐 독립된 주제로 행해진 것은 전혀 없는 형편이다. 따라서 공생조합에 대한 연구는 1930년대 개량적 농민운동에 대한 이해의 폭을 확대한다는 의미가 있기 때문에 깊이 있는 검토가 요구된다고 할 것이다.

이러한 문제의식 하에 필자는 본고에서 먼저 1925년 조직된 조선농민사의 결성과정과 알선부를 중심으로 한 활동에 대해 간략히 살핀 후 공생조합의

민운동사』, 한길사, 1979; 김현숙, 「일제하 민간협동조합운동에 관한 연구」, 『일제하의 사회운동』, 1987; 飛田雄一, 『日帝下の朝鮮農民運動』, 未來社, 1991; 지수걸, 「조선농민사의 단체성격에 관한 연구」, 『역사학보』 106, 1985; 박지태, 「조선농민사의 조직과 활동」, 『한국민족운동사연구』 19, 1998 등이 있다.

설치 및 활동에 대해 살펴보고자 한다.

2. 朝鮮農民共生組合의 組織

1) 朝鮮農民社의 組織

천도교에서는 이미 1920년대 초반 중산계급 이하의 사람들의 경제적 이득을 도모하기 위하여 조합설치론과 공동경작론을 주장하였다. 그리하여 金起瀍은 농촌의 부를 증대시키기 위해서는 會社와 組合의 설립이 필요한데 우리의 형편에는 조합이 적당하다고 하면서 일정한 목적을 가진 7인 이상이 결합하여 조합원의 산업 또는 경제적인 발전을 위해 산업조합을 조직하자고 하였다.[5] 이외에도 그는 농촌개량의 집행기관으로서 농회를 조직할 것을 주장하였다.[6] 朴達成도 교육, 산업문제보다도 농촌문제의 해결이 조선의 '生道'라 하였다.[7] 그리고 李晟煥도 1923년에 "무엇보다도 먼저 농민해방운동을 전개해야 한다고 하였다.[8]

천도교의 젊은 지식인들의 이러한 인식은 전체 인구의 80% 이상이 농민인 조선의 현실과 1920년대 중반 토지소유관계의 악화와 자연재해 등으로 조선 농민들의 상태가 사회경제적으로 더욱 악화되면서 구체화되었다. 이는 매우 빠른 속도로 농촌사회에 확산되고 있던 사회주의에 대한 천도교측의 적극적인 대응이 필요했기 때문이기도 하였다. 그리하여 천도교는 소작권의 이동금지, 고리대 금지, 소작료 인하 등의 주장과 함께 소작인에게 의약을 무료로 공급할 것, 소작인 자녀의 초등교육비를 담당할 것, 소작인을 위한 저리금융기관을 만들 것 등도 주장하였다.[9]

---

[5] 金起瀍, 「農村改良에 關한 圖案」, 『開闢』 6호, 1920.12, 18~20쪽.
[6] 김기전, 위의 글, 위의 책, 23~24쪽.
[7] 朴達成, 「有耶無耶 朝鮮人의 '生道'」, 『開闢』 29호, 1922.11, 35쪽.
[8] 李晟煥, 「먼저 農民부터 解放하자」, 『開闢』 32호, 1923.2, 34쪽.

천도교청년교리강연부 창립 기념

이러한 정세의 변화에 대응하면서 천도교에서는 조선농민사를 조직하였다. 조선농민사는 1925년 8월 17일 천도교청년당 임시총회에서 소년 및 농민을 계몽하여 집단생활의식을 훈련시키기 위하여 당원이 있는 곳마다 소년 및 농민단체를 조직하기로 한 결정에 의하여 10월 29일 서울에서 '일반 사회적 의미'로 조직되었다.[10] 창립총회에서 제정된 규약의 요지는 다음과 같다.[11]

---

9) 豉伊,「地主는 어찌 할고?」,『개벽』 40, 1923.10, 69쪽.
10) 趙基栞編,『天道敎靑年黨小史』, 40쪽. 여기에서 '일반 사회적 의미'란 1930년 4월 천도교와 농민사 사이의 이른바 '법적관계'가 이루어지면서 나타나는 농민사에 대한 천도교의 법적인 지배관계와는 달리 일반 사회운동단체로서 창립되었음을 의미하는 것으로 생각된다.

1. 목적 조선농민의 교양과 훈련
1. 사업 위선 사업의 일부로 월간잡지 『조선농민』의 발행
1. 제도 사우제로 하여 사우는 년 1원을 부담하고 기관지의 무료반포
1. 조직 경성에 본부를 두고 지방에 지부와 사우회를 두되 중앙에는 중앙주간 1인 과 중앙이사 약간인의 選置

창립 당시에 참석한 인물은 鮮于全(연희전문 및 동아일보사 촉탁), 李昌輝(변호사), 朴瓚熙(동아일보기자), 金俊淵(조선일보기자), 柳光烈(조선일보기자), 金顯哲(시대일보기자), 金起田(천도교청년당), 趙基栞(천도교청년당), 崔斗善(무소속), 李晟煥(동경유학생) 등이었다.12) 그러나 창립시 김기전, 朴思稷, 조기간, 이성환 등이 참여했다는 기록13)과 창립을 위한 준비회의에 김준연, 洪命熹, 李順鐸, 崔元淳, 鞠奇烈, 선우전, 이창휘, 韓偉健, 李鳳洙 등이 참석했다는 기록14)으로 보아 조선농민사의 조직에 관여한 인물은 천도교계의 인물만이 아니라 사회 각계각층을 망라했다고 보아야 할 것이다. 이는 조선농민사가 최초에는 천도교와의 '법적'인 관계가 없이 창립되었다는 것을 의미한다.

이와 같이 성립한 조선농민사는 1926년에 『朝鮮農民』의 구독을 매개로 한 社友會와 천도교청년당 지방당부 산하의 농민조직이 확대되면서 하부조직을 갖춘 본격적인 농민운동단체로의 발전을 시작하였다.15) 사우회는 "사우 상호간의 친목을 꾀하며 조선농촌의 계몽운동과 단체적 훈련을 기함"을 목적으로 "농촌순회강연회의 개최"와 "일요회를 조직하여 토론·간담·기타 발전책의 강구", 그리고 "농사회를 조직"한다고 규정하고 있다.16)

---

11) 全朝鮮農民社編輯室,「朝鮮農民社의 沿革」,『朝鮮農民』 1930년 6월호, 27쪽.
12) 全朝鮮農民社編輯室,「朝鮮農民社의 沿革」,『朝鮮農民』 1930년 6월호, 27쪽.
13) 趙基栞編,『天道敎靑年黨小史』, 40쪽.
14) 朴思稷,「朝鮮農民社의 發展過程」,『農民』 1931년 7월호, 4~5쪽.
15) 지수걸,「朝鮮農民社의 團體性格에 관한 硏究」,『歷史學報』 106, 179~180쪽.
16)「조선농민사 마동사우회칙」,『조선농민』 6, 1927.6, 41쪽.

그런데 조선농민사는 1928년 1월 14일의 제11회 중앙이사회에서 사우회를 폐지하고 사원제를 채택하였다.17) 이외에도 이 이사회에서는 1. 농민의 문맹퇴치에 일층 더 주력하기로 함, 2. 종래의 본사지부제를 변경하여 군농민사 혹은 출판부지사제로 함, 3. 알선부사업을 일층 확장하여 농민의 당면이익획득에 주력하기로 함이라는 결의가 채택되었다. 이에 따라 조선농민사는 조직을 경성에 농민사본부, 각군에 군농민사, 면에 면농민사, 리에 리농민사를 설치하였다. 또 각 단위 농민사마다 사원대회 혹은 대표대회라는 의결기관을 설치하였다. 특히 이 이사회에서는 알선부사업을 실시하도록 함으로써 창립시 농민에 대한 교양과 훈련이라는 목적에 농민의 경제적 이익을 옹호, 획득하려는 목적이 추가되고 있음을 확인할 수 있다.

그러나 1930년 4월 조선농민사의 전국대표자대회에서 '법적관계 3개조안'이 통과됨으로써 조선농민사는 천도교청년당의 지도를 받게 되었다. 그리고 여기에 반대하는 이성환계열의 비천도교측 인물들은 조선농민사를 탈퇴하여 전조선농민사를 조직하였다. 이리하여 조선농민사는 천도교청년당의 법적인 지도를 받는 부문운동단체로 그 성격이 변하였다. 이러한 과정에서 조선농민사는 알선부를 조선농민공생조합으로 변경하는 조치를 단행하였다.

2) 朝鮮農民共生組合의 設置

조선농민사의 농촌계몽운동은 창립 초기부터 적극적으로 추진되었으며 그 핵심은 농민교양이었다. 조선농민사가 이에 역점을 둔 것은 조선농민의 빈궁이 무지에서 비롯된 것이라는 기본적인 인식에서 출발하는 것이었다. 따라서 이러한 조선농민의 현실을 타파하기 위해서는 농민의 자각이 필수적이었고 이를 위한 방법으로서 농민야학회의 설치, 농민강좌의 개설, 농촌순

---

17) 「新制社規를 宣布하면서-關係事項의 解釋 몇가지-」, 『朝鮮農民』 3, 1928.4, 2~4쪽. 이 글에 따르면 사우라는 명칭을 '社員'이라 변경한 이유는 '社友'가 오락기관에 속하는 사람들의 이름같이 들리기 때문에 농민의 역사적 사명을 다하려는 농민사의 설립 목적에 알맞은 용어인 '사원'이라 변경하였다고 한다.

회강연회의 개최, 농민학교의 설립 등이 주장되었다.[18] 그리하여 조선농민사는 우수 농민야학으로 표창하기 위하여 317개의 야학을 조사하기도 하였다.[19]

다음으로 조선농민사의 경제적 이익획득운동은 일제의 식민지 지배에 따른 조선농민의 몰락 상태를 벗어나기 위해 추진된 것으로 1920년대에는 알선부 활동을 통해서, 1930년대에는 공생조합을 통해 추진되었다. 알선부는 1926년 4월에 설치계획이 발표되었고, 10월에는 斡旋部 부칙[20]이 발표되면서 활동이 시작되었다. 부칙에 따르면 알선부는 "일반농민의 편리와 이익을 도모하는 동시에 조선농민사의 유지 발전을 계획"(3조)할 목적으로 조직되었으며 그 조직은 "주간 1인, 이사 약간인, 평의원 약간인"(9조)으로 하였다. 또 출자단위는 1구좌에 20원, 일시불로 납입하는 것으로 원칙으로 하였으며 1명이 100구좌를 초과하여 출자할 수 없도록 하였다. 자본금을 부원의 출자에 의한다는 점과 출자의 상한을 정한 점 등은 로치데일의 원칙[21]에 입각한 것으로 볼 수 있으나 출자 상한액이 너무 높고 잉여금을 출자액에 따라 배분한다는 점 등은 이 원칙에 위배되는 것이라 하겠다.[22] 이로 보아 알선부는 일정 규모 이상의 자산을 소유한 자만이 참여할 수 있도록 하였던 것으로 생각된다. 즉 알선부는 빈농이 참여할 수 있는 것은 아니었다.

한편 1930년 4월 '법적관계조안 3개조안'의 통과 이후 알선부 사업은 더욱 강조되고 있다. 즉 1930년 4월 28일 조선농민사 중앙이사회는 1. 農民敎養運

---

[18] 李晟煥, 「第2次 全鮮代表大會를 召集하면서-考慮는 愼重히! 執行은 勇敢히!-」, 『朝鮮農民』 3, 1929.4, 10~13쪽.

[19] 『朝鮮農民』 12, 1927.12; 『朝鮮農民』 3, 1928.3 참조.

[20] 『朝鮮農民』 10, 1926.10.

[21] 로치데일의 원칙이란 공상적 사회주의자인 오언(Robert Owen)의 이론에 영향을 받아 조직된 영국의 로치데일조합에서 채택한 원칙이다. 즉 조합의 자본금은 조합원의 출자에만 의존하고 출자배당은 일정률로 제한하였으며 잉여금은 조합원의 구매고에 따라 배당하는 원칙이다.

[22] 김현숙, 「일제하 민간협동조합운동에 관한 연구」, 『일제하의 사회운동』, 문학과지성사, 1987, 250쪽.

動에 대하여, 2. 農民當面利益獲得에 대하여, 3. 社勢擴張에 대하여의 3개항의 實行綱目을 발표하였다.23) 이 중 알선부사업과 관련되는 것은 2. 농민당면이익획득에 대하여로서 그 세목은 다음과 같다.24)

1. 농민사 있는 곳마다 생상품 공동판매 및 수요품 공동구입을 장려하여 중간이익을 농민이 취득케 할 것
2. 중앙알선부사업을 확장하여 각지 농민사요구에 의한 취인에 대하여 이익을 도득치 않고 취득할 것
3. 현하의 궁춘 중에 빠진 궁농민의 참상을 조사하여 당면의 대응책을 강구할 것

또한 한원빈은 1931년이 되기 전까지는 각군 농민사는 알선부를 설치하라고 촉구하고 있다.25) 이처럼 조선농민사는 알선부사업을 더욱 확장하고자 하였음을 알 수 있다. 조선농민사는 알선부사업을 이와 같이 강조한 이유는 알선부를 통하여 일반 사원의 소비품을 구입알선하고 생산품을 판매알선함으로써 농민층에 경제적 이익을 제공하여 농민사를 장구히 지지, 발전시키고자 하는 데에 있었다.26)

그러나 알선부사업이 이러한 농민사의 의도에 맞게 발전하였는지는 의문의 여지가 있다. 즉 알선부는 蠶絲, 生絲, 生麻, 棉花, 綿布, 生苧, 繩叭, 米穀類, 靑蜜 등을 판매알선하였고, 稻扱機, 移植 겸 體播機, 製繩機, 잠업기구, 비료, 滿洲粟 등을 구매알선하였다.27) 앞의 취급물품은 생필품이라 보기에는 어렵다. 이로 보아 알선부사업은 생필품의 알선만으로는 유지하기 어려웠던 것으로 보인다. 그리하여 덕천(농민자립상회), 맹산(알선부상회), 구성(임시소비조합), 영변(농민사알선부), 정평(일용잡화상회), 용천(알선조합)과 같이

---

23) 『朝鮮農民』 1930년 5월호, 62쪽.
24) 『朝鮮農民』 1930년 5월호, 62쪽.
25) 韓元彬, 「斡旋部 確立에 對한 두가지 提議」, 『農民』 1930년 12월호, 3쪽.
26) 金一大, 「經濟的 組合運動의 實際」, 『農民』 1930년 5월호, 15쪽.
27) 『朝鮮農民』 1926년 10월, 11월, 1927년 6월호의 광고.

각군의 농민사 알선부에서는 직영의 형태로 각종 상회를 운영하였던 것으로 생각된다.28)

한편 농민사는 1931년 4월 알선부를 공생조합으로 변경하였다. 이와 같은 조직의 변경을 위한 논의는 1920년대 후반부터 이미 전개되었다. 이성환은 소비조합의 운영을 조선에서 실현가능한 운동이라 보면서 알선부를 소비조합으로 확대하고자 하였고,29) 박사직은 1930년 5월 농촌부흥을 위한 근본책의 하나로서 생산·소비·구매·생산소비·가정구매조합과 같은 조합의 설치를 제안하였다.30) 이러한 논의가 제기된 것은 "斡旋部라는 看板下에서 消費組合 同樣의 경제사업을 경영하는 처소가 날로 증가"하였고 "알선부라는 명칭으로서 전선 각지방의 조합경제기관을 통일지도할 수는 없게 되"었기 때문이었다.31) 즉 조선농민공생조합은 조선농민사의 경제운동을 지도통제할 목적으로 조직되었던 것이다. 그리고 조직 이후 공생조합은 조선농민사의 경제부의 통제하에 놓이게 되었다.

공생조합이란 광의로는 "농민대중의 상호부조를 원리로 한 경제운동"이며 협의로는 "농민대중의 단결한 힘에 의하여 경제적 당면이익의 획득을 도모하려는 경제운동"이라 정의할 수 있다.32) 그리고 공생조합의 강령은 1. 중간상인배에게 이윤의 착취를 받지 않으려는 것, 2. 현사회에 있어 경제제도의 결함을 고치려는 것이었고, 그 특수한 임무는 사세의 확장과 농민대중의 경제적 교양 및 훈련을 도모하는 것이었다.33) 이렇게 볼 때 공생조합운동의 목적은 ① 천도교의 주의를 민중에게 선전하는 것, ② 민중에게 당면의 이익을 제공하면서 민중 스스로 사회경제를 운영할 수 있다는 자신을 갖게 하는

---

28) 박지태, 「朝鮮農民社의 組織과 活動」, 『한국민족운동사연구』 19, 292쪽.
29) 李晟煥, 「産業組合의 通的解釋」, 『朝鮮農民』 11, 1928.11.
30) 박사직, 「農村復興의 根本策-三大政策을 發表하면서」, 『農民』 5, 1930.5, 5쪽.
31) 承寬河, 「農民共生組合의 理論과 實際를 論함」, 『農民』 1932년 6월호, 21쪽.
32) 承寬河, 「農民共生組合의 實際와 理論을 論함」, 『農民』 1931년 7월호, 21쪽.
33) 承寬河, 위의 글, 21~22쪽.

것, ③ 조합원 상호간의 경제적 부조만이 아니라 천도교청년당 혹은 조선농민사나 조선노동사의 물질적, 정신적 원조자를 획득하는 것에 있다고 할 수 있다.34) 그러므로 결국 공생조합은 "농민사운동의 한 부문운동"35)이었다. 따라서 조합원의 자격도 농민사의 사원이어야만 하였다.36)

공생조합의 출자는 1인 1구좌에서 50구좌까지로 하였고,37) 역원으로는 조합장(지부장), 전무, 상무, 감사장, 평의장 등이 있었으며 소비부, 생산부, 신용부, 이용부, 위생부의 5개의 부서를 두었다.38) 이 중 공생조합은 가장 많은 사람들을 접촉할 수 있는 소비부 사업에 치중하고자 하였다.39)

한편 江界, 江東(江東共生組合, 三登共生組合), 江西, 价川, 鏡城, 高原, 谷山, 郭山, 龜城, 吉州, 端川, 東京, 孟山, 明川, 碧潼, 鳳凰城, 朔州, 瑞興, 宣川, 順川, 新溪, 新興(東上共生組合, 新興共生組合), 安州, 寧邊, 寧安縣, 寧遠, 龍岡, 雲山, 義州, 伊川, 載寧, 定州, 種城, 中和, 鐵山, 楚山, 永川 등 37개의 군에 군공생조합이 조직되었다.40) 이와 같이 공생조합이 설치되고 그 활동이 활발해지자 농민공생조합 관서연합회가 창립41)되는 등 지역적인 연합조직이

---

34) 金亨傑, 朴新德, 「共生組合은 왜 하는가?」, 『신인간』 58, 1932.7, 26쪽.
35) 東友, 「農民共生組合敎程」, 『農民』 1932년 3월호, 19쪽.
36) 이 때문에 농민사에 입사하는 경우가 많이 있었다고 한다(東友, 앞의 글, 21쪽).
37) 승관하, 앞의 글, 23쪽.
38) 승관하, 앞의 글, 24쪽.
39) 金亨傑, 朴新德, 앞의 글, 28쪽.
40) 박지태, 앞의 논문, 주)45에서 인용. 1933년 현재 공생조합은 300여 지부와 10여만 명의 조합원, 30여만 원의 자금을 운용하고 있었다(金亨俊, 「朝鮮情勢의 一年間」, 『신인간』 74, 1933.12, 19쪽).
41) 黨聲, 1931.10.1, 「農民共生組合 關西聯合會創立」. 농민공생조합 관서연합회는 1931년 8월 10일 창립되었다. 대표이사 김정주, 상무이사 김성옥이었으며 각 구역은 다음과 같다.
평북 제1구 박천, 태천, 운산, 영변, 희천 구역이사 길윤기   제2구 정주, 선천, 곽산, 구성, 영미 구역이사 전찬배   제3구 신의주, 의주, 삭주, 철산, 용천 구역이사 백완규   제4구 창성, 벽동, 초산, 구역이사 김경호   제5구 자성, 후창, 강계, 위원 구역이사 장세호   평남 제1구 진남포, 용강, 강서, 함종, 증산 구역이사 탁시찬   제2구 평양, 중화, 상원, 심등 구역이사 황종익   제3구 순안, 숙천, 안주, 영유,

결성되기도 하였다. 그리고 공생조합이 취급하는 물품은 알선부와 큰 차이는 없었다. 예를 들면 곽산과 정평농공생조합에서 취급한 물품은 布木, 雜貨, 석유, 염료, 미곡 등이었으며,42) 벽동공생조합은 포목, 잡화, 미곡, 식료 등을 취급하였다.43) 또 의주공생조합은 저축부를 설치하기도 하였다.44)

공생조합은 1933년 8월 15일 명칭을 조선농민공생조합중앙회(이하 중앙회라 칭함)라 변경하였다. 이와 같이 명칭을 변경한 이유는 첫째, 재래보다 각 지방 조합을 총관하는 총본영에 대한 인식을 분명히 하게 하고 둘째, 각 지방 조합의 통제를 철저히 하려는 것이었다.45) 즉 평안협동조합이 1933년 8월에 해산되고 기타 각지의 소비조합 혹은 협동조합도 경영난을 겪는 등 공생조합을 둘러싼 여러 조건들이 불리하게 돌아가는 상황을 극복하고자 한 것이었다고 할 것이다. 따라서 중앙회로의 명칭 변경을 통해 공생조합은 각 지방 공생조합에 대한 통제를 더욱 강화하였다.

이러한 변화는 중앙회의 정관에 반영되었다. 즉 조선농민공생조합시기에는 앞에서도 보았듯이 소비부, 생산부, 신용부, 이용부, 위생부의 5개의 부서를 두었으나 중앙회로의 변경 이후에는 기존의 5개 부서에서 위생부가 폐지되어 經營課(소비부, 생산부, 신용부, 이용부)가 되고 機務課(서무부, 재정부, 통제부, 조사부, 선전부)가 신설되어 9개의 부서가 설치되었다. 여기에서 주목되는 것은 위생부가 폐지되고 통제부, 조사부, 선전부가 신설된 것이었다. 특히 통제부는 "지방공생조합을 통제하고 경영의 실제를 지도"할 목적으로 설치되었다. 그리고 이를 위해서 지방공생조합의 발전상황 및 내외 경제계

개천 구역이사 김달영 제4구 자산, 순천, 은산 구역이사 문진조 제5구 덕천, 맹산, 영원 구역이사 홍진혁 제6구 성천, 양덕, 강동 구역이사 김상보 황해 제1구 곡산 구역이사 김기환.
42) 「地方社의 活動狀況」, 『農民』 1932년 3월호, 49쪽; 「朝鮮農民社所屬機關紹介(其二)」, 『農民』 1932년 9월호, 64쪽.
43) 「朝鮮農民社所屬機關紹介(其一)」, 『農民』 1932년 8월호, 73쪽.
44) 「地方消息」, 『農民』 1932년 10월호, 20쪽.
45) 黨聲, 1933.10.1, 「農民共生組合 定款改正」.

의 동향을 조사, 연구할 조사부 및 공생조합의 정신 및 사업을 선전할 선전부가 설치되었던 것이다.

결국 중앙회로의 변경은 곧 지방공생조합에 대한 중앙집권적인 통제를 강화한 것이라 할 수 있다. 이는 지방사원에 대한 통제를 강화하기 위한 '統制區'46)의 설치와 관련된 것으로 보인다. 즉 1932년 조선농민사 임시대회에서 채택된 '통제위원규정에 관한 건'47)에서 보이는 통제위원의 임무는 ① 본사의 지시에 의하여 통제구에 대한 통제 및 지도, ② 기관지『農民』에 대한 선전, ③ 통제구역에 대한 조사보고 등으로 요약할 수 있다. 또한 중앙회는 조선농민사의 경제기관으로서 조선농민사의 지도, 감독을 받도록 하였고 중앙회의 대표도 조선농민사의 경제부장이, 지방공생조합은 군농민사의 경제부장이 겸직하도록 하였다. 그리하여 지방공생조합은 농민사의 사원으로 구성되도록 하였다. 그리고 지방공생조합은 조직과 동시에 중앙회에 가입하도록 하였다.

또한 지방공생조합은 1. 조합경제 수립을 기함, 2. 농민대중의 경제적 이익과 협동생활을 기함이라는 강령 하에 50명 이상의 조합원으로 창립할 수 있도록 하였다. 그리고 기무과(서무·선전·조직·훈련)와 경영과(소비·생산·신용·이용)의 부서를 설치하였다. 역원으로는 조합장, 전무, 상무, 평의원회, 감사회를 두었다. 특히 주목되는 점은 생산부의 설치이다. 생산부는 농민창고 및 생산공장을 경영하고 조합원의 생산품을 위탁 또는 공동판매를 목적으로 설치한 것인데 지방 차원에서는 실질적인 기능을 하고 있었던 것으로는 보이지 않는다. 다음에 서술하듯이 생산부사업으로 설치되는 평양고무공장은 공생조합본부의 관할하에 있기 때문이다.

그런데 공생조합은 설치 당시의 목적대로 운영되지는 않았던 것으로 보인

---

46) 중앙통제구는 사원 500명 이상을 단위로 설치되며 그 위원은 중앙에서 선임하였고, 군통제구는 사원 30명 이상을 단위로 설치되었으며 그 위원은 군농민사에서 임명하도록 하였다(金一大,「臨時大會의 社規修正」,『農民』1932년 12월호, 5쪽).

47)「朝鮮農民社臨時大會決議案」,『農民』, 1933년 2월호, 55쪽.

다. 金燦旬은 공생조합 운영의 문제점으로 첫째, 多額出資 무제한 흡수로 幾個人의 영리기관이 되는 것, 둘째, 공조운동이 너무 상업화하는 것, 셋째, 농민사와의 주종관계를 잃게 되는 것, 넷째, 의식적 훈련인 교양운동이 침체된 것을 들었다.[48] 또 1932년 8월에는 천도교청년당의 기관지인『黨聲』에 ① 영리 본위의 상업화하지 말 것, ② 될 수 있는 대로 적은 출자구수를 많이 모을 것, ③ 점포 확장에만 힘쓰지 말 것, ④ 조합 간부 선택에 매우 주의할 것 등의 비판이 제기되었다.[49] 또한 같은 해 11월에는 보다 구체적인 지적이 나오고 있다.[50] 이 기사에는 공생조합의 정관을 서술한 후 공생조합이 농민사의 통제하에 있는 조직이라는 점을 강조하면서 일반 상점과 같이 공생조합이 운영되어서는 안 된다는 점과 조합장은 반드시 농민사의 경제부장으로 하여야 한다는 점을 지적하였다. 그리고 承寬河는 공생조합의 설치 이후 조합 정관 제5조[51]를 준수하지 않는 태도가 擧皆이며, 자본이 미약함에도 불구하고 대자본가의 상점에 무리하게 도전하다 무거운 채무를 갖게 된 점, 支部多設主義를 너무 급하게 채용한 조합이 많았다며 공생조합의 조직활동을 비판하였다.[52]

이와 같은 공생조합에 대한 비판이 제기된 것은 맹산의 예에서 볼 수 있듯이 즉 공생조합 설치 초기에는 1인 최대 50구좌라는 정관을 위배하면서까지 공생조합의 조직에만 골몰한 결과 지역사회의 대자본가들이 공생조합의 활동에 깊숙이 개입하게 되는 부작용이 발생하였다. 이에 따라 공생조합이 상업적 이익을 추구하거나 '大商會主'라는 소수의 사람들에 의하여 좌지우지되는 상황이 초래되었던 것이 아닌가 한다. 그리하여 조합 간부의 선택에 주의

---

[48] 金燦旬,「黨的으로 본 共組運動의 趨勢」, 1933년 11월호, 13~15쪽.
[49] 黨聲, 1932.8.1,「共生組合에 對한 問題」.
[50] 黨聲, 1932.11.1,「共生組合 統制에 對한 私見 一端」.
[51] 조선농민공생조합의 정관 제5조는 조합구금은 1구 1원으로 하되 1인이 50구를 초과하지 못함이다.
[52] 承寬河,「朝鮮農民共生組合의 昨今」,『農民』1932년 6월호, 33쪽.

해야 한다는 비판이 제기되었던 것이라 할 수 있다. 이러한 결과 중농 위주의 농민공생조합이 중농층의 이익을 대변하지 못하는 상황으로 전개되어 중농층의 이탈이 가속화되었을 가능성이 있다.

그리하여 군농민사 및 공생조합에 대한 통제가 강화될 필요성이 제기되어 중앙회가 조직되었다고 볼 수 있다. 결국 공생조합에 대한 통제는 한편으로는 지나치게 상업주의로 흐르는 공생조합의 사업을 본래 취지인 농민층의 이익을 위한 방향으로 자리 잡도록 하자는 것이었고 다른 한편으로는 이를 통해 천도교에서 이탈하려는 농민층을 붙잡기 위한 방편이 아니었나 생각된다. 그러나 이와 같은 조치가 실효를 거둔 것으로 보이지는 않는다. 다음의 글에서 알 수 있다.[53]

① 공조운동이 인제는 초기 발전을 지내어 제2기 발전으로 들어가므로 양적으로 사업을 너무 확장만 하지 말고 질적으로 내용충실을 도모하기에 노력할 것
② 판매본위(영리본위)로 나아가지 말고 소비자본위로 나아가는 동시에 1구 출자조합원 획득에 전력할 것
③ 일반농민의 계절적으로 소비하는 물품에 있어서는 알선형식을 취하여 공조운동의 근본 의의를 이해케 하며 선전할 것
④ 일반 사원 및 조합원의 여론을 명찰하며 그 여론을 참작하여 사실진행의 방침을 세울 것

3. 朝鮮農民共生組合의 活動

1) 경제적이익획득운동

앞 절에서도 언급했듯이 공생조합은 1931년 4월 알선부를 계승하여 농민의 당면한 경제적 이익을 획득하기 위하여 조직되었다. 조직 이후 중앙회 차원의 공생조합의 1년간의 활동을 承寬河는 다음과 같이 정리하였다. 첫째

---

[53] 金燦甸,「黨的으로 본 共組運動의 趨勢」, 1933년 11월호, 16쪽.

는 알선부의 명칭을 공생조합으로 변경하고 분산적, 연립적이었던 조직체를 유기체로 조직한 후 그 지도정신을 통일시키기 위하여 노력하였다. 둘째, 공생조합 평양지부를 설치하고 물가의 변동이 있을 때마다 이를 각 지방 조합에 보도하여 주며 지방조합으로서 물품을 구입할 때 그 알선에 노력하였다. 셋째, 생산부사업으로 평양에 농민고무공장을 설치한 일이다.[54]

공생조합의 경제적 이익획득운동은 앞에서 언급했듯이 소비부 사업과 생산부 사업으로 요약된다. 소비부 사업으로서는 廉賣市를 개최하여 보다 싼 가격에 생필품을 농민들에게 제공하고자 하였다. 공생조합 주최로 염매시가 개최된 지역은 新倉, 北倉, 熙川, 朔州, 順昌 등이다. 특히 정평공생조합의 경우에는 小商圈을 홀로 장악했다고 평가[55]되었고 선천공생조합은 설치 이후 의료기관 기타 특수품 알선기관까지 생겨 전군은 물론이고 심산유곡까지 알려졌다고 한다.[56] 삭주공생조합은 삭주상계의 패권을 잡았고,[57] 정주공생조합은 농민창고를 설치하였다.[58] 이러한 공생조합의 출현으로 피해를 입게 된 각 지역의 상인들은 공생조합과의 경쟁을 목적으로 상인단체를 조직하기도 하였다. 예를 들면 평남 강동의 20여 명의 상업자들은 상업조합을 조직하여 공생조합보다 더 낮은 가격으로 물품을 판매하고자 하였던 것이다.[59] 이상과 같은 활동은 공생조합이 최초에 조직될 때 목적으로 했던 농민층의 경제적 이익을 획득하려는 목적에 충실한 것이었다.

한편 공생조합은 생산부 활동에도 주목하였다. 1931년 11월 10일 조선농민공생조합중앙회는 생산부사업으로 평양에 농민고무공장을 설치하였다.[60] 이

---

54) 承寬河,「朝鮮農民共生組合의 昨今」,『農民』1932년 2월호, 32쪽.
55)「朝鮮農民社所屬機關紹介(其二)」,『農民』1932년 9월호, 64쪽.
56)「朝鮮農民社所屬機關紹介(其二)」,『農民』1932년 9월호, 67쪽.
57)「朝鮮農民社所屬機關紹介(其三)」,『農民』1932년 10월호, 64쪽.
58)「地方社의 活動狀況」,『農民』1932년 3월호, 49쪽.
59)「共生組創立과 商業組合 對立」,『동아일보』1931.7.9.
60) 一記者,「農民고무工場의 展開」,『농민』1932년 1월호, 49쪽.

는 지방공생조합의 출자금을 받고 공장에서 생산된 '農'자 고무신을 조합원에게 제공하는 것이었다. 평양고무공장을 설치하는 데에는 맹산군농민사의 역할이 매우 컸다. 즉 맹산군농민사의 6개소의 알선부원인 홍진혁, 정영찬, 이화선, 조처항 등은 조선농민의 경제적 실력양성이 우리의 살길이라는 뜻에서 서부조선의 각 농민사 알선부를 연합하여 西鮮農民經濟部를 설립하고 생산기관을 설치하여 외국상품에 구축당하는 조선의 경제를 지키고자 하였다.61) 이에 따라 1931년 4월 20일 맹산군농민사 알선부원 총회에서 서선농민경제부를 설치하기 위한 발기문이 채택되고 평남북과 황해도의 각 농민사와 평남도농사연합회에 발기문을 발송하였고 이로부터 3, 4개월 이내에 평양에 대공장을 설치하고자 하였다.62) 그리하여 뒤에 서술하듯이 1931년 6월 20일 맹산군농민사 옥천면연합대회에서 결의되고 있듯이 평양고무공장의 설치가 구체화되고 있는 것이다.

한편 공생조합은 1932년 이후 재정적인 곤란을 겪고 있는 것으로 보인다. 그리하여 1933년에는 평안협동조합과 맹산과 덕천의 공생조합이 은행령위반이라 하여 유죄판결을 받았던 것이다.63) 즉 덕천농민사가 조직한 덕천공생조합이 339명의 조합원으로부터 3,319원을 모으고 있었으나 자금부족을 해소하기 위하여 새로이 예금업무를 시작한 것64)이 문제가 되었던 것이다. 즉 1936년 4월 조선농민사는 경제사업을 주로 하는 일종의 주식회사로 개체되었던 것으로 생각된다.65)

---

61) 「外來品防禦코저 西鮮農經部設立 生産機關을 設置하고 孟山農社幹旋部員이」, 『동아일보』 1931.4.19.
62) 「黃平道를 網羅한 西鮮農民經濟部組織」, 『동아일보』 1931.4.26.
63) 承寬河, 『共生組合 運動方針에 대한 私案』, 黨聲, 1934.1.1.
64) 「조합원의 예금 취급을 公序위반으로 처벌 덕천협조사건상고에 대해서 기각, 협조운동에 영향 지대」, 『동아일보』 1933.6.28.
65) 이에 대해서는 지수걸, 앞의 논문 참조.

2) 공동경작활동

다른 한편 공생조합은 공동경작계(이하 공작계-인용자)를 조직하였다. 공작계는 1932년 12월 22일의 천도교 임시대회에서 일반 도인의 수도상 3대강령(信仰確立, 組織强化, 人間開闢)과 함께 언명된 것으로서 3대강령의 실행과 連鎖綿綿한 관계가 있다.66) 이에 따르면 공작계는 과거의 모든 상태가 교리적 실천이 비교적 적었던 관계로 인간개벽의 大義가 아직 서지 않았다. 그러므로 인간개벽의 대의를 세우기 위해서는 공작계를 실천해야 한다는 것이다. 그리하여 천도교 大領인 鄭廣朝도 공작계를 勵行하라고 하였던 것이다.67)

공작계의 규약68)에 따르면 공작계의 목적은 "천도교인이 공동으로 생산사업에 종사하여 실제적으로 호상협동하는 정신을 양성하고 경제적 향상을 도모"(1조)하며 "천도교회의 部를 일단위로 하여 1부 이상이 존재한 지방에 설치하고 그 구역 내에 在住하는 교인은 필히 계원"(2조)이 되도록 하였다. 그리고 목적을 달성하기 위하여 "토지를 매입, 개간 또는 借受하여 공동으로 경작하거나 또는 기타 생산사업에 공동으로 협력종사"(3조)하도록 하였다. 또한 공작계는 계장 1인과 간사 약간인(4조)을 두었고 그 수익금은 공동저금, 계원의 自作農 期成에 관한 예금융통, 계원의 哀慶相助, 교회의 사업 성취에 대한 기여(7조)에 사용하도록 하였다.

그리고 공작계의 사업을 지도관리하기 위해 중앙에는 중앙종리원직원으로 중앙위원회69)를, 지방에는 지방종리원직원 및 종리사로 지방위원회를 설치(10조)하여 천도교회의 통제하에 두었다. 또한 공작계의 사업계획은 3년을 기본(12조)으로 하였다.

---

66) 劉曉, 「共作契 發起에 際하여」, 『신인간』 64, 1933.2, 14쪽.
67) 鄭廣朝, 「新天約運用에 對하여」, 『신인간』 64, 1933.2, 10쪽.
68) 『신인간』 66, 1933.4, 28쪽.
69) 1933년 공작계 규약이 반포될 당시의 중앙위원은 崔碩連(위원장), 吳尙俊, 朱鈺卿, 李君五, 鄭×根, 崔丹鳳, 金秉濬, 劉漢日, 趙鍾浯, 桂淵集, 李團, 金玉斌, 金秉濟였으며 간사는 조종오, 유한일, 이단, 계연집이었다(『신인간』 66, 1933.4, 57쪽).

다시 말하면 공작계는 경제적인 약자가 상호협력의 공동작업에 의하여 신생활의 향상을 도모하며 현재 생활의 결함을 배제하려는 이상으로서 발생한 신생활제도의 기본적 조직체라 할 수 있다.[70] 그리하여 1部 5戶 이상으로 조직하며, 농사뿐만 아니라 생산과 관련된 사업이라면 부업 혹은 전업으로 가능하게 하였고, 공동경작에 의하여 발생한 수입은 계원 공동의 재산으로 하도록 하였다.[71] 그런데 '部'란 천도교회 조직의 기본단위로서 신생활제도 수립의 기본단위가 되어야 하는 것이었다. 또한 각부의 부원은 계원이 되도록 하였다. 다만 1부 내지 여러 개의 부가 연합하여 하나의 공작계를 조직할 수 있으므로 部와 계의 수가 꼭 일치하는 것은 아니었다.[72]

　공작계가 실시된 지역은 고원, 맹산, 덕천, 곡산, 평양, 구성, 삭주, 안주, 풍산, 순천, 신의주, 순안, 벽동, 의주, 영원, 창성, 북청, 용천, 초산, 태천, 북간도, 정주, 명천, 사천, 상주, 청하 등지였다. 공작계를 통해 행해진 사업은 공동경작, 특수작물 재배, 양돈사업(고원), 공동경작, 양봉, 양계, 노역(구성), 공동경작, 나무하기(刈薪), 날품팔이(삭주, 안주), 노역, 날품팔이, 저축, 야채상(평양)[73] 등으로 지역의 사정에 알맞은 형태로 운영되었다. 특히 평양은 대도시인만큼 주로 상업활동과 공장노동을 통해 공작계가 운영되었다는 특징이 있다. 이처럼 공작계는 지역의 사정에 알맞은 형태로 운영되었다.

4. 맺음말

　　　　　이상에서 살펴보았듯이 공생조합은 조선농민사 알선부사업을 확대, 개편하여 추진된 사업이었다. 따라서 그 사업은 조선농민사 알선부가 계

---

[70] 劉曉, 「共作契 設置의 實際」, 『신인간』 65, 1933.3, 22쪽.
[71] 劉曉, 위의 글, 『신인간』 65, 1933.3, 22쪽.
[72] 劉曉, 위의 글, 『신인간』 65, 24쪽.
[73] 「各地共作契實施狀況」, 『신인간』 69; 「各地共作契의 狀況」, 『신인간』 70; 「各地方 共作契 組織狀況」, 『신인간』 71; 「各地方 共作契 狀況」, 『신인간』 74.

획했던 것을 보다 구체적으로 실시하고자 한 것이라 생각된다. 이를 정리하면 다음의 몇 가지로 요약할 수 있다.

첫째, 공생조합은 조선농민사의 경제적 이익획득운동을 추진하는 중심기관으로서 1931년 4월 알선부를 확대, 개편한 것이다. 이를 위하여 공생조합의 조합원은 주로 농민사의 사원으로 하였는데, 이는 공생조합의 조직 목적 가운데 농민층에 조선농민사를 안정화시키려는 목적도 있었다는 점을 알려준다. 이러한 목적 하에 공생조합은 대인접촉이 가장 많은 소비부 사업에 주안점을 두었다.

둘째, 공생조합은 중앙에 본부를 설치하고 지방에 군공생조합, 면에 면공생조합, 리(동)에 리(동)공생조합을 설치하는 등 행정구역을 중심으로 설치되었으며 생활권을 바탕으로 연합회를 설치하기도 하였다. 그리고 1933년 명칭을 조선농민공생조합중앙회라 개칭하면서 지방공생조합에 대한 통제를 더욱 강화하였다. 그리하여 중앙회 내에 통제부를 설치하기도 하였다.

셋째, 공생조합의 활동은 초기에는 농민층에 비교적 큰 호응을 받았던 것으로 생각되나 시간이 경과함에 따라 부작용이 나타났다. '大商會主'가 조합의 주도권을 장악하기도 하였고 공생조합 본래의 목적과 어긋나는 영리추구의 현상이 나타나기도 하였다. 또한 염가에 상품을 판매함으로써 지방의 상권을 흡수하게 된 공생조합에 피해를 본 상인들이 공생조합에 대항하는 새로운 상인조직을 결성하기도 하였다.

넷째, 공생조합은 소비부 사업만이 아니라 생산부사업에도 주의를 기울였다. 특히 1931년 11월 10일 설치된 평양고무공장은 대표적인 일이었다. 그러나 이는 규모가 거대하였으므로 공생조합 본부의 관리 하에 운영되었다.

다섯째, 공생조합은 공작계를 운영하여 공동노동과 공동생산활동에도 힘을 기울였다. 이는 천도교의 기본교리 중의 하나인 인간개벽을 위한 활동이기도 하였다. 공작계의 활동에는 공동경작, 양돈, 양봉, 날품팔이, 노역, 공장노동, 나무하기 등의 다양한 영역이 있었다. 이는 지역의 특성에 알맞게 공작계가 운영되었음을 알려준다. 그리고 이러한 활동을 통해 얻어진 수익은 계원의 상호부조와 교회사업에 사용하도록 하였다.

마지막으로 이상에서 보았듯이 공생조합은 천도교의 조선농민사 알선부 사업을 확대, 개편한 것으로서 농민층의 경제적 이익획득운동을 주도한 대표적인 개량적 농민운동단체였다. 따라서 공생조합의 활동에 대한 연구가 활성화되어야 지방사회에서 행해진 천도교의 활동에 대한 보다 깊은 이해가 가능할 것이라 생각된다.

* 논문 출처
『동학연구』 13, 한국동학학회, 2003.

:
1930年代 天道敎의 理想農村建設論과 共作契

1. 머리말

　　일제하 천도교는 기독교와 함께 3·1운동을 주도적으로 지도한 세력임은 잘 알려진 사실이다. 그리고 1920년대에도 농민운동, 청년운동을 중심으로 민족운동의 일원으로서 역할을 하였다는 점도 부인할 수 없는 사실이다. 그러나 다른 한편으로 천도교의 민족운동은 개량적이었다는 비판도 동시에 받고 있다. 이는 천도교의 민족운동이 일제의 식민정치에 타협적인 측면도 있다는 점을 의미한다.[1]

　　천도교의 민족운동에 대한 연구는 비교적 풍부하게 이루어졌다.[2] 그러나

---

[1] 이와 관련해서는 金正仁, 『日帝强占期 天道敎團의 民族運動 연구』, 서울대 박사학위논문, 2002 참조.
[2] 먼저 천도교의 문화운동에 대한 연구로서는 黃善嬉, 「1920년대의 천도교와 신문화운동-이돈화의 三大開闢論을 중심으로」, 『龍巖車文燮敎授華甲紀念史學論叢』, 1989; 劉準基, 「天道敎의 新敎育運動」, 『汕耘史學』6, 1992; 金昌洙, 「文化運動研究의 現段階와 課題」, 『한민족독립운동사』 12, 1993; 윤해동, 「한말 일제하 天道敎 金起田의 '近代'수용과 '民族主義'」, 『역사문제연구』 1, 1996; 鄭用書, 「日帝下 天道敎靑年黨의 政治·經濟思想研究」, 연세대 석사학위논문, 1997; 曺圭泰, 「天道敎의 文化運動論 定立과 그 패러다임」, 『한국민족운동사연구』 19, 1998; 『1920년대 天道敎의 文化運

이러한 연구들은 대부분 천도교의 문화운동이나 농민사운동 등에 대한 것으로 1920년대 후반 이후 전개되었던 천도교의 조선농민공생조합, 공작계 활동 등 1930년대의 활동에 대한 연구에까지는 미치지 못하였다. 그러므로 1930년대 천도교의 민족운동을 이해하기 위해서는 이 시기 조선농민공생조합의 활동을 주목해야 한다고 생각된다. 그러나 아직까지 이에 대한 연구는 미진한 형편이다.3)

본고에서 필자는 이러한 문제의식 하에 1930년대 천도교가 추진하였던 공작계의 활동에 대해 살펴보고자 한다. 공작계는 공동경작계의 약자로 생각되는데 천도교가 이상사회로 생각했던 자주촌을 건설하기 위해 추진했던 조직이다. 그러나 필자는 공작계를 천도교의 입장뿐만 아니라 당시 총독부가 추진했던 농촌진흥운동과 연관 지어 생각해보고자 한다. 이는 농촌진흥운동을 비판적으로 수용한 천도교측의 농민운동론이라 생각되기 때문이다. 이러한 입장에서 필자는 공작계가 대두하게 된 배경을 이론적으로 먼저 구명하고, 실제 각 지방에서 공작계 운동이 구체적으로 어떻게 전개되었는가를 살펴보고자 한다.

이러한 작업은 천도교가 1930년대 한국민족운동사에서 어떠한 위치를 차지하는가를 구명할 수 있는 단초가 된다고 할 수 있다. 동시에 민족개량주의라 지칭되는 세력이 이 시기 어떠한 민족운동노선을 갖게 되는지를 확인할 수 있는 구체적인 사례가 될 수 있을 것이란 기대를 가져보기도 한다.

動研究』, 서강대 박사학위논문, 1998 등이 있으며 민족운동에 대한 연구로는 조규태, 「舊韓末 平安道地方의 東學-교세의 신장과 성격에 대한 검토를 중심으로」, 『동아연구』 21, 1990; 박지태, 「일제하 서울에서의 조선농민사 활동」, 『향토서울』 58, 1998; 조성운, 「日帝下 水原地域 天道教의 成長과 民族運動」, 『경기사론』 4·5합집, 2001; 「日帝下 맹산군농민사의 活動과 民族運動」, 『정신문화연구』 91, 2003년 여름호; 金正仁, 「日帝强占期등 天道教團의 民族運動 연구」, 서울대 박사학위논문, 2002 등이 있다.

3) 이에 대한 연구로는 정용서, 「1930年代 天道教勢力의 農業問題 認識과 農業改革論」, 『東方學志』 117, 2002; 조성운, 「日帝下 朝鮮農民共生組合의 組織과 活動」, 『동학연구』 13, 2003 등이 있다.

2. 천도교의 공작계운동의 이론적 배경

천도교에서는 1931년 4월 조선농민사의 경제운동을 지도할 기관으로서 조선농민공생조합(이하 공생조합-필자)을 설치하였다. 그 목적은 1. 천도교의 주의를 민중에게 선전하는 것, 2. 민중에게 당면의 이익을 제공하면서 민중 스스로 사회경제를 운영할 수 있다는 자신을 갖게 하는 것, 3. 조합원 상호간의 경제적 부조만이 아니라 천도교청년당 혹은 조선농민사나 조선노동사의 물질적, 정신적 원조자를 획득하는 것에 있었다.[4] 그리하여 江界, 江東(江東共生組合, 三登共生組合), 江西, 价川, 鏡城, 高原, 谷山, 郭山, 龜城, 吉州, 端川, 東京, 孟山, 碧潼, 鳳凰城, 朔州, 瑞興, 宣川, 順天, 新溪, 新興(東上共生組合, 新興共生組合), 安州, 寧邊, 寧安縣, 寧遠, 龍岡, 雲山, 義州, 伊川, 載寧, 定州, 種城. 中和, 鐵山, 楚山, 永川 등 37개의 군에 군공생조합이 조직되었다.[5]

이와 같이 공생조합이 설치되고 그 활동이 활발해지면서 공생조합 관서연합회가 창립되는 등 지역적인 연합조직이 결성되기도 하였다.[6] 이처럼 공생조합은 천도교조직을 바탕으로 활발하게 결성되었다. 그러나 운동이 전개되는 과정에서 공생조합의 본의와 다르게 운영되는 양상이 나타나기도 하였다.[7] 대표적인 사례로서 맹산의 경우 맹산군농민사의 핵심사업이라 할 수 있는 맹산군농민공생조합에 조합자금의 절반가량을 군내 大商會主가 출자하여 중농 위주의 농민공생조합이 중농층의 이익을 대변하지 못하는 상황으로 전개되었다.[8]

이처럼 공생조합의 활동이 본래의 의도와는 다른 방향을 흘러가자 천도교

---

[4] 金亨傑, 朴新德, 「共生組合은 왜 하는가」, 『신인간』 58(1932.7), 26쪽.
[5] 박지태, 「朝鮮農民社앞의 組織과 活動」, 『한국민족운동사연구』 19, 292쪽.
[6] 조성운, 앞의 논문, 『동학연구』 13, 143쪽.
[7] 이에 대해서는 조성운, 앞의 논문, 『동학연구』 13, 146~147쪽 참조.
[8] 맹산군농민사의 활동에 대해서는 조성운, 앞의 논문, 『정신문화연구』 91, 2003 참조.

에서는 지방공생조합을 통제하고 경영의 실제를 지도할 목적으로 1933년 공생조합을 조선농민공생조합중앙회라 변경하고, 통제부를 설치하였다. 이는 지방사원에 대한 통제를 강화하기 위한 '統制區'[9]의 설치와도 관련이 깊을 것으로 생각된다. 그리고 1932년 10월 연원제의 일환인 포접제를 한층 강화한 布更始制度를 마련하여 최린 중심의 중앙집권적 교권체제를 강화한 것과도 무관하지 않은 것으로 보인다.[10] 이와 같이 1930년대 초반 천도교가 교인들에 대한 통제를 강화하고 있는 것은 신구파의 분립에 따른 신파측의 교세강화의 방안이었을 가능성[11]도 있다고 판단된다.

이러한 상황 하에서 천도교뿐만 아니라 기독교, 천주교 등의 종교단체, 그리고 사회주의세력에서도 농민층의 몰락에 대한 나름의 방안을 제기해야 할 필요성이 있었다. 그 필요성에 따라 종교계에서 제기된 것이 공동경작론이라 할 수 있다. 공동경작을 주장한 종교단체는 천도교와 기독교였다.[12] 식민지 조선에서 공동경작이 시작된 것은 1920년대 중반부터라 볼 수 있지만 천도교에서 본격적으로 논의되기 시작한 것은 대략 1932년 초부터라고 생각된다. 천도교에서 공동경작을 논의하게 된 배경은 다음과 같다.

1920년대 초중반 최린 등의 천도교 지도자들은 일제의 식민지 지배를 인정하는 방향에서 자치를 주장하였던 것은 잘 알려진 사실이다. 이후 천도교에서는 일제의 식민지 지배를 인정하는 틀 내에서 새로운 민족운동을 전개해야 한다는 생각을 하게 되었다. 이는 천도교의 민족운동론이 친일화하는 원

---

[9] 중앙통제구는 사원 500명 이상을 단위로 설치되며 그 위원은 중앙에서 선임하였고, 군통제구는 사원 30명 이상을 단위로 설치되었으며 그 위원은 군농민사에서 임명하도록 하였다(金一大, 「臨時大會의 社規修正」, 『農民』 1932.12, 5쪽).

[10] 김정인, 앞의 논문, 서울대 박사학위논문, 2002, 207~208쪽.

[11] 이와 관련하여 유의해야 할 것은 천도교의 예산규모이다. 1930년 초반 천도교의 1년 예산은 손병희 시대의 30만 원의 약 20% 정도인 6, 7만 원에 불과하였다고 한다(「教育界·宗教界 內報」, 『三千里』 1934년 5월호, 김정인, 앞의 논문, 208쪽에서 재인용).

[12] 기독교의 공동경작에 대해서는 한규무, 『일제하 한국기독교 농촌운동 1925~1935』, 한국기독교역사연구소, 1997 참조.

인이 되기도 하였다. 이러한 연장선상에서 천도교의 지도자들은 보수사상의 폐해, 신앙의 부패 등 농민층 자신의 문제와 반봉건적 소작제도, 자본주의의 농촌경제 침입, 고리대 문제, 경작면적의 협소, 농민부담의 과중, 농업기술의 부족, 영농방식의 결함 등 경제적인 문제를 조선의 농업 혹은 농민문제라 생각하였다.13) 그리고 이를 해결하기 위한 방안을 정신적인 면과 경제적인 면으로 나누어 생각하였다. 정신적인 면에서는 오관실생 등의 종교적인 수련을 강조하였으며 경제적인 측면에서는 조선농민사, 조선노동사 등의 조직을 결성하는 것으로 나타났다. 이러한 생각은 물론 천도교의 틀 안에서 이루어지는 것이었고 또한 일제의 지배라는 현실도 인정하는 방향에서 추진된 것이었다. 따라서 이 시기 천도교의 농민운동론은 개량적일 수밖에 없다는 한계를 가지는 것이었다.

먼저 허원형의 글을 통해 천도교에서 추진하고자 한 소작문제 해결방안을 살펴보기로 하자.14) 그는 소작 최저 연한의 제정을 통해 경작권의 안정과 소작료 표준 제정을 통한 소작료의 법정화를 주장하였다. 그리하여 소작료 표준을 제정하기 위한 기준으로서 그는 지주측에서는 토지 현행가격의 법정 이자, 조세, 수리조합비, 종자대, 토지수리비의 半分, 기타 비용의 일부를 소작료 과목 범위로 하고 소작료 包裝具, 膳物歲饌, 打場食料費 등은 폐지해야 한다고 하였다. 또 소작인측에서는 農糧, 농구 소모비, 비료대, 농우가액이자, 노동력의 최저임은 제정, 과세부역료, 시설비, 기타 잡비 등을 영농과목으로 하였다. 그리고 지주와 소작인 양측의 표준 과목을 대조, 비교하여 소작료를 제정할 것을 주장하였다. 조선농민사의 이러한 입장은 조선총독부가 추진하고 있었던 농촌진흥운동에 대한 부정이 아니라 이를 인정하는 바탕에서 정책 대안을 제시하는 등 농촌진흥운동을 비판적으로 수용했던 것으로 보인다.15) 이러한 허원형의 주장은 당시 농민운동의 다른 한 축이었던 농민

---

13) 정용서, 앞의 논문,『東方學志』117, 2002, 56~57쪽.
14) 허원형,「農民運動과 小作制度」,『농민』1933.4.

조합의 주장과는 상당한 차이가 있는 것이었다. 특히 인천농민조합에서는 조선농민사와 전조선농민사에 대해 "개량주의와 합법주의의 기생충으로 농민대중의 혁명적 진출을 방해하는 사이비 농민단체로 인정하고 철저하게 박멸"할 것을 결의하였던 것이다.16)

그리하여 천도교에서는 소작문제의 해결을 위한 방안으로서 농민의 자각을 통해 타인이 가지고 있던 소작권을 탈취하는 것은 살인 이상의 죄악으로 간주하고 그것을 관습법 또는 농촌의 고유한 도덕으로 삼아 지주가 자영이 아니면 소작권을 이동시킬 수 없도록 하자는 주장을 하였다. 이는 결국 천도교는 농민문제 해결을 위한 당면과제를 농민의 경작권의 확립에 두고 있었다는 것을 의미한다. 그리고 농민문제를 해결하기 위해 이보다 더 적극적인 방안으로서 제기된 것이 공동경작이었다.17) 공동경작은 공생조합, 소작문제, 교양운동 등과 함께 천도교에서 토지문제의 해결을 위한 준비단계의 당면문제였던 것이다.18)

천도교의 한 논자는 공동경작의 이점을 12개로 구분하면서 공동경작이 가지는 의미를 소극적인 면과 적극적인 면으로 나누어 다음과 같이 설명하였다.19)

가. 노동에 관한 이익
① 고동작업은 축력 및 기계력 등의 이용능률을 완전하게 할 수 있다.
② 작업능율을 증진한다.
③ 노동시간을 절감한다.
④ 徒勞를 생략한다.

---

15) 정용서, 앞의 논문, 63쪽.
16) 이준식, 「일제하 단천지방의 농민운동에 대한 연구」, 『현상과 인식』 9-3, 한국인문사회과학원, 1985, 102~103쪽.
17) 정용서, 앞의 논문, 60쪽.
18) 金亨俊, 「朝鮮의 土地所有關係」, 『농민』 1933년 2, 12쪽.
19) 金炳淳, 「當面問題 ABC」, 『농민』 1932년 2, 6~8쪽.

⑤ 잉여노력을 유효하게 이용할 수 있다.
나. 비용에 관한 이익
① 농구기계의 공동 이용에 의하여 설비비의 감소
② 건축 등의 공동이용에 의한 건축비의 감소
③ 염가로 구입
④ 소비경제에 徒勞를 생략
⑤ 비료 飼糧의 유효이용에 의하여 구입 감소
다. 생산증진에 의한 이용
① 전문 기술 숙련 등을 이용하여 분업이 잘 되므로 수량과 생산물의 품질을 향상한다.
② 지력증진과 경지개량이 용이하면 생산물의 품질과 수량을 향상시킨다.
③ 병충해충의 방제를 완전히 한다.
④ 비료용수의 유효활용에 의하여 생산을 증진시킨다.
⑤ 경지관리를 완전히 하므로 경지면적을 증대하고 사육수량 등을 증가한다.
라. 생산품의 통일과 대량생산에 의하여 가액을 향상시킨다.
마. 판매법의 개량 판매 확장에 용이
바. 가공이 완전하고 용이하면 이익이 증대된다.
사. 공동취사하면 豫算家計를 할 수 있다.
아. 자본금을 最有效利用할 수 있다.
자. 자금 차입이 용이하고 상환법도 확정할 수 있다.
차. 공공사업 수행이 용이하다.
카. 일상 안심하고 유쾌한 생활을 할 수 있다.
타. 노약 보호와 교육의 완전을 기할 수 있다.
파. 전문 기술 기타 연구가 용이하다.

즉 그는 소작권 상실, 소작료 인상 등의 방지, 소작쟁의의 해결방법, 영구 소작권의 법제화 등 당면한 문제를 해결하는 것을 공동경작의 소극적인 의미라 하였고, 공동경작을 통한 생산량의 증진, 가격의 인상, 노동시간의 단축이 이루어져 농민이 교양할 여유가 생기므로 3, 4년 내에 이상촌을 건설할 수 있는 것을 적극적인 의미라 하였다.[20] 결국 공동경작은 천도교의 이상인 이상농촌(자주촌)의 건설이라는 맥락으로도 이해된다고 할 것이다.

그리고 조선농민사는 기관지인『農民』에 공동경작의 실천을 위한 참고자료를 제시하였다.[21] 이 글에서 金達鉉은 공동경작 실천을 위한 2가지 조건으로서 다음을 제시하였다.[22]

1. 재래 단식농업을 복식화 즉 다각농업으로 전환케 함에 있고
2. 공동의 힘으로 다수확을 목적하여 공동경제의 기초를 예정함에 있다고 한다.

이를 보면 공동경작을 위해서는 농업 기술상의 발전이 필수적임을 알 수 있다. 그리하여 김달현은 이 글을 통해 다수확이 가능한 작물과 그 농법을 설명하고 있는 것이다.

이렇게 하여 천도교에서는 공동경작을 교단 차원에서 보급하였음을 알 수 있다. 공동경작이 실시된 지역은 덕천, 문천, 개천, 신흥, 초산, 정주, 맹산, 정평, 고원, 선천, 구성, 홍천, 의주, 삭주, 양덕과 만주 鳳城縣 등이었다. 이상의 지역에서 공동경작을 실시한 목적은 무엇일까. 이는 다음과 같은 진술을 통해 알 수 있다.[23]

> 공동경작이야말로 일반사원의 교양과 훈련을 농한기만이 아니라 농번기에라도 할 수 있고 房內에서 만이 아니라 야외에서라도 할 수 있다. 집단생활의 가정적 단락으로 침체된 성의를 진작할 수 있으며 아직도 원시농업상태를 未免한 우리로서 농사를 이론으로부터 실지에로 연구개량할 模範場이 아니고 무엇인가. 또한 사의 모든 경비를 원만히 조달할 수 있으니 그야말로 공동경작을 함으로써 사세확장문제, 교양문제, 경제사업문제 등등 사의 모든 활동을 충분히 실현할 수 있으니 지도를 받기만 하는 사원이 아니라 지도를 하는 사원 즉 수동적인 사원이 아니라 자동적인 사원을 얻을 수 있다.

---

[20] 김병순, 앞의 글, 8~9쪽.
[21] 김달현, 「單式農業을 複式化 共同耕作과 副材料」, 『농민』 1932.2 ; 「單式農業을 複式化 하려면(續)」, 『농민』 1932.3 ; 「單式農業을 複式化하려면(3)」, 『농민』 1932.4 ; 「單式農業을 複式化하려면(4)」, 『농민』 1932.5.
[22] 김달현, 「單式農業을 複式化 共同耕作과 副材料」, 『농민』 1932.2, 22쪽.
[23] 李基煥, 「共同耕作을 始作하면서」, 『농민』 1932.5, 30쪽.

위의 인용문에서 확인되듯이 공동경작은 농민에 대한 교양과 훈련 및 천도교세의 확장 등을 목적으로 하였다. 그리하여 평남 개천에서는 농민의 야반도주가 빈번히 발생하고 서당마저도 폐지된 상태에서 공동경작의 실시 및 야학 설치, 소비절약, 저금장려, 민풍개량 등에서 큰 성과를 보기도 하였다.[24]

3. 공작계의 설치와 활동

위에서 본 바와 같이 천도교에서는 공동경작을 통해 이상사회의 건설을 추구하였다. 그러나 천도교는 공동경작을 보다 중앙집권적인 방식으로 개편할 필요성 때문에 이를 공작계로 개편하였다. 그것은 1920년대 후반 이후 발전하고 있던 사회주의계열의 농민조합운동이 대중적 기반을 확보하면서 일제에 대한 투쟁의 강도를 높이는 상황과 이에 대한 일제의 대응, 곧 농촌진흥운동이 마련되고 있던 상황에서 천도교의 인적 기반이 되었던 농민층에 대한 영향력의 감소를 우려했기 때문이었다. 이렇게 보면 공작계는 일제의 농촌진흥운동과 짝하여 천도교측이 제시한 농민운동 방법론이라고 볼 수 있다. 즉 공작계의 자금과 활동을 이용하여 천도교인을 자작농으로 육성하려고 하였다고 할 것이다. 또 앞에서도 언급했듯이 천도교가 신구파로 갈리면서 신파측이 농민층에 대해 보다 강력한 통제가 필요했다는 점도 고려해야 할 것으로 본다.

그리하여 1932년 12월 23일에 개최된 천도교청년당 임시전당대회에서 공동경작을 통해 '천도교자주촌'을 건설하기로 하고[25] 1933년 4월에 개최되었던 제7차 전당대회에서는 공동경작의 방식을 천도교단에서 실시하고 있던 공작계의 규정대로 실행하기로 하였다.[26]

---

[24] 「우리 洞里에 農民團體-山間僻地에 共同耕作實施」, 『농민』 1932.10, 56쪽.
[25] 「臨時全黨大會決意」, 『黨聲』 1933.2.

공작계의 규약27)에 따르면 공작계의 목적은 "천도교인이 공동으로 생산사업에 종사하여 실제적으로 호상협동하는 정신을 양성하고 경제적 향상을 도모"(1조)하며 "천도교회의 部를 일 단위로 하여 1부 이상이 존재한 지방에 설치하고 그 구역 내에 在住하는 교인은 필히 계원"(2조)이 되도록 하였다. 그리고 목적을 달성하기 위하여 "토지를 매입, 개간 또는 借受하여 공동으로 경작하거나 또는 기타 생산사업에 공동으로 협력종사"(3조)하도록 하였다. 또한 공작계는 계장 1인과 간사 약간인(4조)을 두었고 그 수익금은 공동저금, 계원의 自作農 期成에 관한 예금융통, 계원의 哀慶相助, 교회의 사업 성취에 대한 기여(7조)에 사용하도록 하였다. 그리고 공작계의 사업을 지도관리하기 위해 중앙에는 중앙종리원 직원으로 중앙위원회28)를, 지방에는 지방종리원 직원 및 종리사로 지방위원회를 설치(10조)하여 천도교회의 통제하에 두었다. 또한 공작계의 사업계획은 3년을 기본(12조)으로 하였다.

이러한 규약을 바탕으로 군농민사는 리동공동경작계의 정관을 제정하여 운영하였던 것으로 보인다. 덕천군농민사에서 제정한 정관29)에 따르면 공작계의 명칭은 XX리동농민사공동경작계라 하였고(1조), 공작계는 XX리동농민사의 경제부사업으로서 농민사와 농민사원의 경제적 이익을 도모할 것을 목

고원 공작계 조직에 관한 기사
(『동아일보』 1933.3.16)

---

26) 「지난 4월 4일 제7차전당대회의 의정사항」, 『당성』 1933.5.
27) 『신인간』 66, 1933.4, 28쪽.
28) 1933년 공작계 규약이 반포될 당시의 중앙위원은 崔碩連(위원장), 吳尙俊, 朱鈺卿, 李君五, 鄭X根, 崔丹鳳, 金秉濬, 劉漢日. 趙鍾浯, 桂淵集, 李團, 金玉斌, 金秉濟였으며 간사는 조종오, 유한일, 이단, 계연집이었다(『신인간』 66, 1933.4, 57쪽).
29) 「農民社共同耕作契定款」 『농민』 1933.8, 59쪽.

적으로 하였다(2조). 공작계의 계원은 XX리동농민사의 구역 내에 거주하는 사원으로 정비하였으며(3조) 군공생조합에 가입할 것을 규정하였다(5조). 그리고 종자, 비료, 경지, 인부, 금전 등을 출자하도록 하였고(6조), 이익이 발생할 경우 농민사와 계원이 반분하도록 하였다(7조). 또한 공작계의 임원은 계장 1인, 상무, 평의원, 감사를 각각 약간명을 두었는데 계장과 상무는 리동농민사의 이사 중에서 선임하도록 하였으며(8조), 임기는 1년으로 하였다(10조). 공작계의 결의사항은 리동농민사의 이사회에서 결의한 후 진행(9조)하도록 하여 농민사의 통제 하에 두었다. 한편 공작계의 자금은 계장과 간사가 연서하여 우편국과 금융조합에 적립하도록 하였다.[30]

이와 같이 공작계를 조직하려는 천도교단의 목적은 공동경작의 이상인 자주촌의 건설에 있다고 하였으나 다른 한편으로는 리동농민사의 조직을 위한 기초로서 요구되는 것이기도 하였다.[31] 그리고 청년회의 기초를 확립하기 위한 방법이기도 하였다.[32] 즉 공작계는 경제적인 약자가 상호협력의 공동작업에 의하여 신생활의 향상을 도모하며 현재 생활의 결함을 배제하려는 이상으로서 발생한 신생활제도의 기본적 조직체[33]이며 동시에 천도교세를 확대하는 방법이기도 하였다. 그리하여 1部 5戶이상으로 조직하며, 농사뿐만 아니라 생산과 관련된 사업이라면 부업 혹은 전업으로 가능하게 하였고, 공동경작에 의하여 발생한 수입은 계원 공동의 재산으로 하도록 하였다.[34] 따라서 내용상으로 보면 공작계에는 생산, 소비, 판매, 신용, 이용 등의 협동조합의 성격도 있는 것이었다.[35]

그런데 '部'란 천도교회조직의 기본단위로서 신생활제도 수립의 기본단위

---

30) 「公涵 第4號」, 『신인간』 92, 1935.6, 58쪽.
31) 白民, 「共同耕作을 實施」, 『농민』 1933.3, 5쪽.
32) 현파생, 「青年會에 대한 緊急提議數建」, 『당성』 1933.12.
33) 劉曉, 「共作契 設置의 實際」, 『신인간』 65, 1933.3, 22쪽.
34) 劉曉, 위의 글, 『신인간』 65, 1933.3, 22쪽.
35) 劉曉, 위의 글, 『신인간』 65, 1933.3, 22쪽.

가 되어야 하는 것이었다. 또한 각 부의 부원은 계원이 되도록 하였다. 다만 1부 내지 여러 개의 부가 연합하여 하나의 공작계를 조직할 수 있으므로 部와 계의 수가 꼭 일치하는 것은 아니었다.36)

한편 공작계는 위의 규약과 정관에서 본 바와 같이 단순한 경제공동체로서만의 성격을 갖는 것이 아니라 정신적인 교화의 성격도 갖는 것이었다. 즉 "정신상으로 남아 있는 利己心, 物慾 등 온갖 것으로 綠由되어 精神上 統一(吾心卽汝心)에 妨害되는 舊習慣과 塵念을 掃除하고 참말 한울사회에서 살 만한 의식을 굳게 하며 大道大德의 力을 涵養"37)하는 의의도 있는 것이었다. 그리하여 공작계는 '天民高等學校'의 의미를 지니는 것으로 평가되기도 하였다.38) 그리고 이는 천도교가 추구하는 이상사회인 지상천국을 건설하기 위한 기본금을 조성하는 방편으로 이해되기도 하였다.39)

그러나 공작계에 대한 천도교측의 이와 같은 의미 부여는 또 한편으로는 일본의 식민지 지배하에서 발생하는 농민문제 혹은 민족문제를 개량적으로 해결하려 한 천도교의 입장이 강하게 표현된 것이라는 점도 부인할 수 없는 사실이다. 이것은 1934년 4월 천도교 신파의 영수인 최린이 조선총독부 중추원의 참의로 취임하면서 천도교가 친일의 길로 접어든 사실과 무관하지 않다고 생각된다.

위에서도 확인하였듯이 공작계는 1932년 12월 23일 천도교청년당 임시정당대회의 결의에 의하여 조직되기 시작하였다. 공작계가 조직된 지역은 삭령, 의주, 벽동, 은산, 평양, 순안, 신의주, 자산, 정주, 양덕, 곽산, 안주, 강동, 강서, 고원, 북청, 풍산, 순천, 서울, 영원, 창성, 용천, 초산, 태천, 영변, 명천, 구성, 맹산, 삭주, 덕천, 상주, 청하, 북간도 17도구 등지였다. 이를 각 지방별로 도표화하면 215쪽의 〈부록 1〉과 같다.

---

36) 劉曉, 위의 글, 『신인간』 65, 1933.3, 24쪽.
37) 허원형, 「共作契에 대한 小考」, 『신인간』 74, 1933, 39쪽.
38) 劉東鮮, 「國民高等學校에 對한 所感」, 『신인간』 82, 41쪽.
39) 吉應哲, 「共同作業으로 黨基本金을 組成」, 『당성』, 1934.3.

〈부록 1〉에서 확인할 수 있듯이 공작계는 주로 평안도 지방을 중심으로 활발하게 전개되었음을 알 수 있다. 이는 천도교 신파 조직의 중심지가 평안도였다는 사실과 통하는 점이다. 다만 평안도와 함께 천도교세가 강했던 함경도지방에서 공작계의 활동이 눈에 두드러지지 않는다는 점이 주목된다. 이는 함경도지방은 농민조합운동이 매우 활발히 전개된 지역이었다는 측면에서 조선농민사의 활동이 농민조합에 의해 견제되었다는 것으로도 이해될 수 있다고 생각된다.

그러면 공작계는 어떠한 방식으로 설치되었는지를 각 군 공작계의 사례를 통해 알아보도록 하자. 앞에서 서술했던 바와 같이 공작계는 규약이나 정관에서 규정하고 있는 것처럼 각 군별로 처음부터 완성된 형태로 조직된 것은 아니었다. 예를 들면 맹산군농민사에 소속된 강포소비조합의 사례를 보면 구금이나 적립금이 상당한 액수에 달할 시는 토지를 매득하여 공작계를 조직한다고 하였다.[40] 그리고 곡산군에서는 혹은 남의 토지를 얻어 가지고 혹은 공동으로 나무를 베어서 저금을 하며 혹은 공동으로 품을 팔아서 저금을 하는 등 각 부에 따라 경제적 혹은 일꾼의 수완에 따라 조직하고자하였다.[41] 안주에서는 운곡면 온상리와 용천리를 제외하고는 공작계의 조직이 이루어지지 않았다. 그리하여 안주에서는 공작계가 조직될 때까지 자금을 축적하기로 하였다.[42] 구성의 경우에는 1933년 3월 25일 군공작계를 조직한 이후 면위원회를 개최하여 리동 단위의 공작계를 조직하였던 것으로 보인다.[43]

이상의 예로 보아 공작계의 조직이 수월하게 이루어지 않은 지역도 있었으며 공작계가 조직된 지역도 사업을 수행하기 위한 자금이나 토지를 구하는 데 어려움이 있었다는 점을 확인할 수 있었다. 그리고 공작계는 먼저

---

[40] 「農民自營을 計圖 本論으론 들어가는 孟山社의 進步 共同耕作, 借金組合, 消費組合」, 『농민』 1933.7, 51~52쪽.
[41] 金泳煥, 「編輯室 金兄에게」, 『신인간』 69, 1933.7, 38쪽.
[42] 金光浩, 「위선 資金을 貯蓄」, 『신인간』 70, 1933.8, 30쪽.
[43] 李春培, 「生産事業에 邁進」, 『신인간』 69, 1933.7, 40쪽.

군공작계를 조직한 후 면공작계, 리동공작계를 조직하였던 것으로 파악된다. 이는 천도교가 중앙집권적인 지배구조를 가지고 있었다는 점과도 통한다고 볼 수 있다.

그리고 공작계를 통해 행해진 사업은 쌀, 특수작물 재배, 콩, 밤, 보리, 고구마, 양돈사업(고원), 양봉, 양계, 노역(구성), 공동경작, 나무하기(刈薪), 날품팔이(삭주, 안주), 노역, 저축, 아채상(평양)44) 등으로 지역의 사정에 알맞은 형태로 운영되었다. 특히 평양은 대도시인 만큼 주로 상업활동과 공장노동을 통해 공작계가 운영되었다는 특징이 있다.45) 또한 안주군 운천리 농민사 소속인 운천소년회는 조기회를 조직하고 고구마를 공동경작하여 소년들도 공동경작 활동에 참여하고 있었음을 확인할 수 있다.46)

그러나 공작계의 운영과정에서 몇 가지 문제점이 노출되기도 하였다. 예를 들면 곡성에서는 공작계에 대한 인식의 부족, 공동경작지의 취득과 그 토지가 공동경작의 목표에 적당한가 하는 점, 계원의 대부분이 영세농이기 때문에 시간의 여유가 없다는 점 등이었다.47) 이로 보아 지역에 따라 공작계의 조직과 운영은 그리 원활하였던 것으로 보이지는 않는다.

다른 한편 공작계 활동이 일제의 농촌진흥운동에 대한 비판적 수용이라는 측면에서 추진되었다면 이는 일제의 식민지지배에 대한 순응이라는 점을 지적하지 않을 수 없다. 1934년 6월 현재 맹산군 인덕청년회의 활동에 대해 '모범적'이었다고 한 길웅철의 평가에서 시사받을 수 있다. 인덕청년회의 활동에 대해 그는 여름 농한기에는 회원 일동이 조기하여 일정한 장소에서 정말체조를 하고 해산하여 풀을 한 짐씩 채취하여 비료에 사용하여 <u>군 혹은</u>

---

44) 「各地共作契實施狀況」,『신인간』69;「各地共作契의 狀況」,『신인간』70;「各地方 共作契 組織狀況」,『신인간』71;「各地共作契의 狀況」,『신인간』74.
45) 조성운, 앞의 논문,『동학연구』13, 151~152쪽.
46) 「雲川少年會의 壯擧 早起會와 共同耕作」,『농민』1933.10, 48쪽.
47) 金泳瑞,「다행히 한 部도 빠지지 않고 전부 실시케 되었습니다」,『신인간』70, 1933.8, 28쪽.

면에서 지도받기 전에 자각실행하는 부락이라 하여 지도받지 않은 것(강조는 필자), 위생을 보급하기 위하여 청결일을 리내에 미리 통지하여 검사위원을 선출하고 일제히 청결을 실행한일 등을 '모범적'이라 평가하였다.[48] 이는 일제의 농촌진흥정책에 대한 당시 천도교의 입장을 보여주는 하나의 사례라 할 수 있다. 공생조합 혹은 공작계 활동을 추진하면서 천도교에서 강조하였던 공동경작 이외의 공동구입, 공동판매 등에 대해 총독부는 "갱생계획의 수행상 지극히 적절한 시설로서 이와 같은 것은 장래 모든 농촌에 보급"[49] 해야 한다고 하였던 것이다.

4. 맺음말

이상에서 살핀 바와 같이 공작계는 1931년 4월 공생조합이 조직되고 공동경작운동이 시작되면서 이를 천도교측이 통제할 필요에 따라 1933년 4월 조직되었다. 공작계는 평안도지방을 중심으로 조직되었으며 공동경작, 공동작업 등을 통해 천도교의 이상사회건설론을 실천하였다.

이러한 공작계의 활동은 한편으로는 사회주의계열의 농민조합운동에 대한 대응이면서 다른 한편으로는 천도교가 신구의 양파로 분열되고 교세가 위축되는 시기에 신파측이 교인에 대한 통제를 강화하기 위한 방편이었다고도 볼 수 있다. 이러한 공작계의 활동은 다음의 몇 가지로 정리할 수 있을 것이다.

첫째, 공작계가 조직되는 시기는 세계적인 공황의 시기였다. 이 시기 일제는 자국의 공황을 식민지 조선에 전가하였고 이에 따라 조선의 농민들은 파탄에 직면하여 몰락하고 있었다. 또한 농민조합운동이 활발하게 전개되고

---

[48] 길응철, 「仁德青年會의 成績을 紹介함」, 『당성』 1934.6.1.
[49] 「農山漁村振興上留意すべき要項政務摠監通牒」(1935.3.16), 日本文化研究會 編, 『施政에 關する諭告・訓示演述(中)』, 660쪽.

있었다. 그리고 일제는 이러한 조선의 농민들의 상태를 '개선'하기 위하여 1932년 농촌진흥운동을 전개하기 시작하였다. 공작계는 바로 이러한 상황 속에서 천도교가 농촌진흥운동에 호응하면서 동시에 농민층에 대한 영향력을 유지하기 위하여 조직되었다.

둘째, 천도교측의 입장에서 보았을 때 공작계 활동은 단순한 농민운동이 아니라 천도교의 교리를 실천하고 수행하는 방법이기도 하였다. 그리하여 공작계 활동은 천도교적인 지상세계를 건설하는 것이기도 하였다. 동시에 천도교세를 확대하는 방법이었다. 이는 첫째와 관련해서 쇠퇴하는 교세를 반영한 측면이 있다고 볼 수 있다.

셋째, 공작계는 단순히 공동경작만을 위한 조직은 아니었다는 점이다. 생산, 신용, 판매, 이용 등 협동조합의 영역도 포함하는 것이었다. 그러나 실제로는 공동경작 활동만이 이루어진 것으로 생각된다. 이는 공동경작 이외의 다른 활동이 실제 현실성이 부족했다는 측면으로 이해할 수 있다.

요컨대 공작계 활동은 천도교의 이상사회인 자주촌의 건설이라는 표면적인 목적으로 전개되었으나 내부적으로는 농민층에 대한 사회주의세력의 영향력 증대와 이에 대한 총독부의 대응, 즉 농촌진흥운동에 대한 천도교 나름의 농민운동론이었다고 할 수 있을 것이다.

* 논문 출처
『동학연구』 16, 한국동학학회, 2006.

〈부록 1〉 각 군별 공작계 조직상황(1933)

지역	임원	소속 공작계( )안은 계장	사업내용	비고
고원	위원장 조덕구 간사 유재순, 김달현, 박윤식, 탁운장, 김연균, 장완호, 서찬구	고원읍내(김태일) 곡산면 건철리(김충현) 상죽전리(이병실) 하죽전리(유영석) 와자리(이형식) 상경리(방종성) 화남리(김윤호) 원거리 두읍덕(한진호) 운곡면(김상규) 수동면 적가슬리(김홍률) 장량리 장재동(지인호)		
덕천	위원장 이용규 위원 이관경, 김종윤, 조봉양 최린수, 한흥봉, 정원국, 노시명, 유석인, 안영즙, 채일룡, 박원필, 김유하		벼, 메밀, 콩 등을 공동경작. 미실시 부는 농한기에 공동노동하며 추수 후에는 저곡을 공동으로 하게 함.	덕천군 35부 중 15부에서 공작계 실시
평양		기경(김태삼) 전리제1계(이효준) 상수구리(송영률) 장별리(x제강) 창전리제1계(김순문) 서성리(김덕민) 신리(전정희) 대타령(이정념) 암정(김문환)	월급 중 일부를 계금으로 저금. 출자금을 내어 일용품을 구입 판매하여 그 이익금을 예금. 채소재배, 상업, 품팔이, 양말제조 판매.	
구성				공동경작계 11, 양봉계 3, 양계계 4, 노역계 5
삭주	위원장 장대길 간사 이윤복 최석진 박원진 김영서	외남면 만석동제1계(김기용) 제2계(김학용) 제3계(김부용) 은창동제3계(정봉현) 태평동제1계(김종건) 남장동제1계(초원하) 제3계(명태경) 제4계(최근희) 청게동제1계(이지봉) 제5계(김형종) 삭주면 서부동제1계(주상옥) 제3계(최창룡) 금오동제1계(최태익) 구곡면 송정동제1계(이승학) 남서면 송평동제1계(이승학) 남서면 송평동제1계(이현근) 제2계(김경룡) 제3계(최윤업) 오성동(이득호) 삭주면 남평동(김윤택) 양산면 초대동(조희철)		

맹산	위원장 조처항 간사 박명원 박신덕 방환기 길응철, 위원 박준기, 궁처관, 계중학, 방호규, 공문구, 신치모, 한몽응, 이병강, 김도준, 기리섭, 길화, 김흥수, 김기영, 방환린, 정덕화, 김태풍, 박찬조, 이명호, 박흥주	남양리제1계(최문준) 남양리제2계(김덕윤) 용덕리(조동식) 안학리(김경선) 성젤제1계(길운보) 제2계(방용현) 초평리제1계(김완규) 제2계(차병현) 풍림리제1계(김삼인) 제2계(박인섭)	땔감 채취 및 판매, 농사, 토기 제작	
안주		운곡면 온상리(김예생), 용천리(이찬도)	고구마, 밤 재배	
풍산	위원장 김영수 간사 원충희, 김남수, 주관헌, 김동학	웅평면 문조평리제1계(박창렬) 서창리제2계(김해수) 임장리제3계(원충선) 안수면 미전리제1계(주관헌) 천남면 금리제1계(김도구) 황토보리제2계(이재윤) 축평제3계(김백승) 금리제4계(한창렬) 안산면 양평리제1계(박창규) 리인면 신원상리제1계(유양락) 신창리제2계(김길연)		
태천	위원장 이진승 간사 박성모, 박응삼, 김계형, 김건준 위원 조인화, 고신섭, 유사청, 백응병, 이봉승, 김봉구, 박세탁 백인학, 최문옥, 박성찬	덕흥동(선우연) 광봉동(유기수) 신인(조인화) 환현동(이병학)		
북간도		토점리제1계(홍생교) 제2계(이계호) 삼포리제1계(이전화) 제2계(변준근)		
영변	위원장 길윤기 간사 김정주, 김만련 위원 장병학, 박기양, 김중길	영변면 서부동제1계(이재경) 올면 묵시동		
정주	위원장 백중빈 간사 김정섭, 서인화, 박윤길, 김운경 위원 한찬홍, 박응룡, 이덕성, 홍효진, 한예수, 최용문, 김예환, 이원필, 백홍제, 방영경, 김순행, 염중현, 김순봉, 조종석 김홍석, 이장길	봉명동(박응룡) 용포동(홍종현) 심천동(박봉수) 어호동(현하걸) 덕성동(윤봉구)육성동제1계(정문섭) 제2계(김문찬) 광동동(최봉삼) 정양동(김귀형) 일해동(임시택) 관해동(최주찬) 대전제1계(전국린) 제2계(석명순) 정주읍(신원엽)		

명천	위원장 태일준 간사 진태준, 김인덕, 최태열 위원 황병극, 정기성, 태명신, 태영숙, 최송륜, 현우익, 김정의	백록(김정의) 인덕(김창준) 기동(최송륜) 어전(김중규) 천덕(이종석) 마전(김용준) 독포(태백현) 정암(김용강) 허의(이만송) 거문(최태준) 배령제2계(전계선) 제3계(김형규) 황덕(조봉학)		
전주	위원장 이창돈	고산(이근상)		
순안	위원장 김광준 간사 박도순, 송사로, 김규문, 최진선, 박원순, 김선	순안면 포정리(석영철) 성이리(신영순) 공덕면 상이리(채성보) 병상리(김찬원) 양수리(박영돈) 동암면 반송리(신영섭) 양화면 내송리(박효진) 공덕면 원리(박준순) 문리(김정렬)		
사천	위원장 강기수	하이면 석지리(강기수) 삼천포읍 선구리(초봉권) 이금리(김경진) 봉남리(강석한) 사남면 죽천리(정경석) 화전리(최문길)		
상주	위원장 황신오	서면 서원리(성영환)		
양덕	위원장(이영화) 위원 박응모, 오인규, 윤승한, 김병덕, 김사건, 김택서, 박달인, 박병관, 박창엽, 박효돈, 간사 곽명욱, 윤경환	양덕면 용계리제1계(손태룡)		
신의주	위원장 최관뢰 위원 한명하, 한용익, 고병서, 백성준, 백영락, 백세청			
순천	위원장 김규제 간사 윤문원, 윤기성 위원 임하영, 윤병각, 전윤병, 윤주성, 김동두, 안종식, 임순협, 윤병조, 김상섭			

제3부

동학농민운동과
교과서

해방 이후 고등학교 한국사교과서의 동학농민운동 서술의 변천

1. 머리말

　　　　　최근 한국사교과서에 대한 분석과 연구가 비교적 활발히 이루어지고 있다. 이러한 연구 경향은 21세기 이후 한국근현대사 교과서의 좌편향성에 대한 우익세력의 공격으로부터 비롯되어 이후 교육과정이 수차 개정되면서 본격화하였다. 한국사교과서 서술 내용에 대한 연구는 결국 정치적·이념적인 측면에서 비롯되었기 때문에 학술적인 성격을 갖기에 한계가 있다고 할 수 있다. 따라서 한국사교과서 연구의 이와 같은 현상을 극복하기 위해서는 먼저 각 교육과정기 한국사교과서[1]의 서술 내용을 분석하고, 나아가 각 교육과정기 국사교과서의 서술 체제와 주요 사건에 대한 서술 내용의 변천을 검토, 분석하는 것에서 시작해야 한다고 생각된다.

　　우리나라의 한국사 교육은 대한제국시기 시작되었으나 1905년 통감부 설치 이후 식민사학의 영향을 강하게 받게 되었다. 특히 일제의 식민지 지배

---

[1] 이후 국사교과서라 서술한다. 제7차 교육과정 이전까지는 교과서명이 '국사'였기 때문이다.

하에서 이루어진 한국사 교육은 우리 민족의 정체성을 말살하는 한편 일제에 동화시키고자 하는 목적 하에서 이루어졌다. 따라서 해방 이후 한국사 교육은 일제의 식민사학에서 벗어나서 민족의 정체성을 확립하고 자주·독립국가 건설에 목적을 두어야 했다. 이러한 우리 민족의 여망을 뒤로 하고 미군정은 미국식 민주주의의 이식을 목표로 사회과 교육을 강조하는 한편 사회생활과 내에 역사과를 하위 과목으로 설치하였다. 더욱이 역사교육은 세계사교육을 저학년에서 먼저 실시하고 한국사 교육은 고학년에서 나중에 하는 것이었다. 이는 결국 냉전체제 속에서 미국의 세계전략이 한국의 교육제도 및 한국사 교육에 그대로 반영되었다는 것을 의미한다.

 이와 같은 미군정 하의 한국사 교육에서 비롯된 해방 이후 우리나라의 국사교과서의 서술 변천에 대한 연구는 거의 없는 실정이다.[2] 기존의 연구에서는 특정 시기의 교과서 서술 내용을 분석한 것과 해방 이후 한국사교과서 서술 내용의 변천을 검토한 것이 있다. 이러한 연구들은 특정 시기의 교과서만을 대상으로 함으로써 한국사교과서 서술의 변천을 확인할 수 없었다. 또 해방 이후 교과서 서술의 변천 과정을 검토한 연구도 검인정제를 채택한 교수요목기부터 제2차 교육과정기의 교과서 전부를 검토하지 못하였다는 한계를 보였다. 이와 같은 한계가 나타난 이유는 교과서 연구에 대한 연구자들의

---

[2] 이정희, 「해방 이후의 중학교 국사교육의 변천과정」, 이화여자대학교 교육대학원 석사학위논문, 1977; 김한종, 「해방 이후 국사교과서의 변천과 지배이데올로기」, 『역사비평』 15, 역사비평사, 1991; 종원, 「고등학교 국사교과서 근현대사 내용분석 : 해방 이후 각 교육과정기별 국사교과서의 내용에 대한 비교 검토」, 성균관대학교 교육대학원 석사학위논문, 1997; 정혜영, 「중고등학교 국사 국정교과서 현대사 서술의 내용 변화 분석 : 1차~7차 교육과정」, 성신여자대학교 교육대학원 석사학위논문, 1997; 권오현, 「중등학교 역사교과서 연구와 개발, 60년의 역사 : 교과교육학적 관점의 분석」, 『사회과교육연구』 12-1, 한국사회교과교육학회, 2005; 차미희, 『중등 국사교육의 내용 변천에 대한 연구 : 국사과 독립시기를 중심으로』, 고려대학교 대학원 박사학위논문, 2006; 양정현, 「국사교과서 고대사 서술에서 민족·국가 인식의 변천」, 『한국고대사연구』 52, 한국고대사학회, 2008; 김진겸, 「해방 이후 한국사 교과서의 기독교 관련 서술 분석」, 단국대학교 교육대학원 석사학위논문, 2008; 엄미나, 「교육과정 개편에 따른 갑신정변의 서술 변화」, 경남대학교 교육대학원 석사학위논문, 2013.

관심이 낮았을 뿐만 아니라 분석 대상인 각 시기 교과서에 접근하기가 어려웠기 때문이라 생각된다.

이러한 기존의 연구를 바탕으로 본고에서는 각 교육과정기의 대표적인 교과서를 분석 대상으로 하여 동학농민운동에 대한 서술의 변천을 살피고자 한다. 동학농민운동을 분석 대상으로 한 이유는 동학농민운동이 한국사만이 아니라 동아시아사 전반에 걸친 대변화를 파악하는 데 매우 유용한 사건이기 때문이다. 이를 통해 각 교육과정기 별로 학생들이 배운 동학농민운동의 모습이 그려질 것이다. 또한 각 교육과정기에 정부의 역사관을 파악할 수 있을 것이다.

본 연구에서 이용한 교과서는 〈표 1〉에서 볼 수 있듯이 교수요목기 이래 현재의 2009 수정 교육과정까지 사용된 대표적인 국사교과서이다.

〈표 1〉 본 연구에 이용한 교과서[3]

번호[4]	교육과정	교과서명	저자/편자	출판사	발행연도
1	교수요목기	국사교본	진단학회	군정청교육부	1946
2		새국사교본	이병도	동지사	1948
3	제1차교육과정 (1955~1962)	국사	이병도	일조각	1957
4		우리나라문화사	이홍직	민교사	1960
5		고등국사	역사교육연구회	교우사	1962
6	제2차교육과정 (1963~1973)	고등국사	김상기	장왕사	1963
7		국사	이병도	일조각	1965
8		고등국사	최남선	사조사	1965
9		국사	이병도	일조각	1972
10	제3차교육과정 (1974~1981)	국사	문교부	한국교과서주식회사	1975
11		국사	국사편찬위원회 1종도서연구개발위원회	문교부	1979
12	제4차교육과정 (1982~1989)	국사(하)	국사편찬위원회 1종도서연구개발위원회	문교부	1982
13		국사(하)	국사편찬위원회	문교부	1987

14	제5차교육과정 (1990~1995)	국사(하)	1종도서연구개발위원회 국사편찬위원회 1종도서연구개발위원회	문교부	1992
15	제6차교육과정 (1996~2001)	국사(하)	국사편찬위원회 1종도서연구개발위원회	문교부	1996
16	제7차교육과정 (2002~2010)	국사	국사편찬위원회 1종도서편찬위원회	두산동아	2002
17	2009개정교육과정 (2009~2010)	한국사	한철호 외	미래엔컬쳐	2011
18	2009 수정교육과정(2011~)	한국사	한철호 외	미래엔컬쳐	2014

2. 교육과정의 변천과 국사교육

본고의 분석 대상은 고등학교 국사교과서이다. 해방 이후 미군정은 〈표 2〉에서 볼 수 있듯이 1946년 9월 신학기부터 중등교육은 3년제 중학교와 6년제 고등중학교에서 담당하도록 하였다. 고등중학교의 전기 3년은 중등과, 후기 3년은 고등과라 불렸다. 정부 수립 이듬해인 1949년 '교육법'이 제정, 공포된 이후 중등교육은 4년제의 중학교와 3년제의 고등학교에서 담당하도록 하였으나 6·25전쟁으로 인하여 이 학제는 실시하지 못하였다. 전쟁 중이던 1951년 3월 20일 '교육법'을 개정하여 오늘날의 3년제 중학교와 3년제 고등학교로 변경되었다. 그러므로 고등학교가 학제로서 탄생한 것은 1951년이다. 따라서 본고에서 분석하고자 하는 고등학교 국사교과서는 미군정기에는 없다고 할 수 있다. 그리하여 미군정기에 편찬

---

[3] 2009 개정 교육과정과 수정 2009 개정 교육과정기의 『한국사』는 각각 6종과 8종이 발행되었으나 본고에서는 학교 현장에서 가장 많이 사용되는 미래엔컬쳐출판사의 『한국사』를 분석대상으로 삼았다.
[4] 이 번호는 본고의 〈표 3〉 이하의 모든 〈표〉의 번호에 동일하게 적용되었음을 밝힌다.

되어 각급 학교 공용으로 사용하던 우리나라 최초의 국사교과서인 『국사교본』과 교육법 시행 이전에 『국사교본』을 보완하여 이병도가 편찬한 『새국사교본』을 교수요목기의 교과서로 분석 대상에 포함시켰다.

<표 2> 미군정기의 학제[5]

단계	연령(세)	수업연한(년)	비고
유치원	4~5		
국민학교	6~11	6	
초급중학교(또는 초급실업중학교)	12~14	3	
고급중학교(또는 고급실업중학교)	15~17	3	
중학교(실업중학교)	12~17	6	초급중학과 3년, 고급중학과 3년
사범학교	15~17	3	
대학교	18~21(3)	4(6)	( )는 의과대학
각종학교	18~21(3)	4	대학(4년제)에 준함

1951년 학제의 변경 이후 고등학교용 교과서가 필요해졌다. 이에 고등학교용 국사교과서를 비롯한 각 과목 교과서의 검정이 이루어졌다. 교과서 검정은 1950년 대통령령 제336호로 제정된 '교과용 도서 검인정 규정'[6]에 따랐다. 이 규정에 따라 1950년 5월 10일 『이웃나라의 생활(역사부분)』(정재각, 동방문화사), 『먼나라의 생활(역사부분)』(이해남, 탐구당), 『먼나라의 생활(역사부분)』(김홍주, 동방문화사), 『우리나라의 생활(국사부분)』(신석호, 동방문화사) 등을 비롯한 역사 교과서를 비롯하여 『논리학개론』(안호상, 문화당), 『우리나라의 생활(지리부분)』(육지수, 동지사), 『중등가사교본』(손정규, 동지사), 『교수법』(권혁풍, 김병화), 『중등미술』(이봉상, 과학문화사), 『국어

---

[5] 중앙대학교 부설 한국교육문제연구소, 『文教史』, 1974, 48쪽.
[6] 『관보』 제340호(1950년 4월 29일), 교과용 도서 검인정 규정(대통령령 제336호)」.

공부 1-2』(박창해, 임헌구), 『최신중등화학』상, 하(이길상, 이응규) 등 29종의 교과서가 검정, 통과되었다.7) 이와 같이 정부 수립 이후 교과서 검정제도가 마련되었으나 실제 교과서 검정은 미군정기인 1947년 7월 검정위원회가 중학교용 교과서를 심의하면서부터 이루어졌다.8)

---

7) 『관보』제349호(1950년 5월 10일), 「교과용 도서 검인정의 건(문교부공고 제4호)」.
8) Progress Report of the Bureau of Textbooks, 22 July 1947(정태수 편, 『미군정기 한국교육사자료집』(상), 홍지원, 1922, 943쪽.). 이에 따라 교수요목기에 검정된 역사교과서는 다음과 같다(박진동, 「해방후 역사교과서 발행제도의 추이」, 『역사교육』 91, 역사교육연구회, 2004, 28쪽 〈표 1〉).

학교/학년 교육과정	초등학교 1~6	중학교			고등학교			비고
		1	2	3	1	2	3	
교수요목	사회생활과 국정제	이웃나라 역사	먼나라 역사	우리나라 역사	인류문화사	우리문화사		
		수시검정			수시검정			
교과서목록	국사	최남선,『중등국사』, 동명사, 1947. 김성칠,『우리나라역사』, 정음사, 1950. 이병도,『우리나라역사』, 동지사, 1950. 손진태,『우리나라의 생활』, 을유문화사, 1950. 이인영,『우리나라생활』, 금룡도서, 1950. 이홍직,『우리나라역사』, 민교사, 1950. 최남선,『우리나라생활』, 민중서관, 1952. 신석호,『우리나라생활』, 동국문화사, 1952. 이병도,『중등국사』, 을유문화사, 1953. 정재각,『우리나라의 생활』, 동국문화사, 1954.			오장환,『중등문화사』, 정음사, 1950. 홍이섭,『우리나라문화사』, 정음사, 1953. 유홍렬,『한국문화사』, 양문사, 1954. 김정학,『우리나라문화의 발달』, 백영사, 1954.			
	세계사	이해남,『먼나라 생활』, 탐구당, 1949.			조의설,『인류문화의 발달』, 장왕사, 1953.			

한편 1955년 제1차 교육과정이 시행되면서 고등학교 국사는 다음과 같은 요령에 따라 지도하도록 하였다.

* 고등학교 국사 지도 요령
고등학교 국사는 총 105시간을 필수로 과하게 되어 있는 바 이는 2학년 혹은 3학년에서 또는 2, 3학년에 걸쳐서 과할 수 있다.
1. 국사의 학습을 사담(史譚)이나 사실(史實)의 나열적인 기억에서 탈각시켜 국사 각 시대의 구조적(構造的) 특질과 그 각 시대 호상간의 맥락(脈絡)을 골격으로 하여 과학적인 국사의 체계를 파악하게 한다.
2. 국사의 전 발전과정을 통하여 발양된 우리 민족의 미점과 우수성을 발굴하여 민족애에 철저히 하는 동시에 또한 그 결점과 후진성을 판별하여 민족적 과업의 달성에 반성을 주게 하여 항시 현재의 위치와 실천의 계기에서 국사를 이해하게 한다.
3. 우리 민족이 각 시대에 있어서 세계사적으로 지니는 연관에 유의하여 세계사에 있어서의 국사의 특수성과 일반성을 아울러 이해케 하여 세계 사조의 진전에 기여하는 태도를 배양케 한다.9)

이 국사 지도 요령의 특징은 '각 시대의 구조적 특질'과 '맥락'을 파악하여 과학적인 국사의 체계를 파악하는 것, '우리 민족의 장단점을 파악하여 민족애에 철저히' 하는 동시에 '민족적 과업의 달성에 기여'케 하는 것, 한국사의

| | | 임병삼 외, 『먼나라 생활』, 동방문화사, 1949.
김상기, 『이웃나라의 생활』, 동지사, 1950.
손진태·이해남, 『이웃나라 생활』, 탐구당, 1952.
최남선, 『먼나라 역사』, 민중서관, 1953.
김성근, 『먼나라 역사』, 박문출판사, 1954 | |

9) 『초·중·고등학교 사회과·국사과 교육과정 기준』, 교육부, 2000, 386쪽.

특수성과 일반성을 이해하여 세계 사조의 전진에 기여하는 것 등으로 요약된다. 이를 위해 국사는 고등학교 3개년 동안 필수로 105시간을 교수하도록 하였다. 이는 해방과 6·25전쟁을 거치면서 국사에 대한 깊은 인식이 부족한 상황을 반영하는 것이었으나 내용과 형식면에서 부족한 측면이 있었다.[10]

이와 같은 국사 지도 요령은 1954년부터 정부가 실시한 도의교육의 연장선에 있는 것이기도 하였다. 1956년 문교부는 1) 관후고결한 인격 도야, 2) 애국애족의 사상 고취, 3) 협동심과 책임감의 양성, 4) 근로역작의 정신 앙양 등을 목표로 하는 '도의교육의 당면 목표'를 발표하였다.[11] 2)항의 애국애족의 사상 고취는 바로 국사과에도 해당하는 것이었다고 할 수 있다.

이후 1963년 제2차 교육과정이 마련되어 생활중심 혹은 경험중심의 교육과정을 표방하였으나 1968년 1·21사태를 비롯하여 푸에블로호 납치 사건(1968.1.23), 울진·삼척 무장공비 침투 사건(1968.10~11) 등을 겪으면서 정부는 이를 극복하기 위한 방안으로 반공이데올로기를 강화하고 3선 개헌안 통과를 위해 각 방면에서 통제를 강화하였다. 교육의 측면에서는 국민교육헌장의 선포를 통해 학생들에게 '민족 중흥의 역사적 사명'을 강조하였고, 이러한 이념을 구현하기 위한 방안으로서 국사교육 강화가 추진되었다. 이에 따라 1969년 제2차 교육과정이 부분 개정되었다. 이는 후술하는 바와 같이 교과서에서 '동학란'의 위상을 '5·16혁명'과 같이 '동학혁명'으로 격상시키는 결과를 초래하였다.

1969년 제2차 교육과정의 부분 개정은 1974년 12월 31일 발표된 제3차 교육과정을 통해 완성되었다. 이 시기 국사교육과 관련하여 주목해야 하는 것은 '국적 있는 교육'이라는 명분하에 1972년 구성된 국사교육강화위원회의 구성과 활동이다.[12] 이와 함께 이 시기 국사교육에서 주목할 만한 변화는 국사

---

[10] 최상훈, 「역사과 교육과정 60년의 변천과 진로」, 『사회과교육연구』 12-2, 한국사회과교육학회, 2012, 208쪽.

[11] 중앙대학교 부설 한국교육문제연구소, 『文敎史 1945~1973』, 중앙대학교출판국, 1974, 239~240쪽.

교과서를 비롯한 사회, 도덕 교과서의 국정화 혹은 단일화이다. 이와 함께 국난극복사라 할 수 있는 『시련과 극복』을 발행하여 배포하였다. 『시련과 극복』은 제3차 교육과정기에 국사교과서를 편찬하면서 그 내용이 대폭 반영되었다. 이와 같은 제3차 교육과정의 국사 교육의 목표는 다음과 같다.

    가. 국사교육을 통하여 올바른 민족사관을 확립시키고 민족적 자부심을 키워서 민족중흥에 이바지하게 한다.
    나. 각 시대의 특성을 그 시대의 규범 체계와 문화 현상을 통하여 종합적, 발전적으로 파악시킴으로써 현재를 알고 미래를 내다보는 능력을 기른다.
    다. 국사의 특수성과 세계사적 보편성을 인식시켜서 민족사에 대한 긍지를 가지게 하고 우리나라 발전에 기여하게 한다.
    라. 전통문화를 역사의식을 가지고 인식하게 하여 외래문화를 수용하는 바른 자세와 새 문화 창조에 이바지 하는 태도를 가지게 한다.
    마. 전통적 가지를 비판적으로 파악하게 하여서 투철한 역사의식을 가지고 당면한 국가 문제 해결에 적극 참여하는 자세를 키운다.[13]

1979년 10·26사태에 의해 박정희가 살해당하고 이후 12·12사태와 5·18 광주민주화운동을 진압하고 정권을 장악한 전두환은 1981년 12월 31일 문교부 고시 제442호로 제4차 교육과정을 공포하였다. 이 시기의 국사과 교육목표는 제3차 교육과정과 큰 차이 없이 "올바른 민족사관을 확립시키고, 우리 역사에 대한 긍지를 배양하며, 자주적인 태도로 민족중흥에 이바지"하는 것이었다. 다만 이 시기 국사교육의 특징은 근현대사 교육을 강조하면서 교과서의 근현대사 서술 분량이 전체 교과서 분량의 절반 정도를 차지하게 되었다.[14]

---

[12] 국사교육강화의원회의 구성과 활동에 대해서는 차미희의 연구(『한국 중고등학교의 국사교육』, 교육과학사, 2011)를 참조 바람.
[13] 「문교부령 제350호, 제3차 교육과정 고등학교 국사 목표」.
[14] 김한종, 『역사교육과정과 역사교과서』, 선인, 2006, 48쪽.

1988년 3월 31일 문교부 고시 제88-7호로 고시하고 1990년 3월 1일 신입생부터 시행하게 된 고등학교 제5차 교육과정에서는 국사과의 목표는 "한국의 역사를 구조적으로 파악하여 그 발전의 특성을 이해하고, 역사 학습 과정을 통해 탐구 기능과 문제 해결 능력을 기르며, 올바른 역사의식을 바탕으로 새 문화 창조와 민주 사회 발전에 기여"할 것으로 설정되었다. 이는 제3차 교육과정과 제4차 교육과정이 '민족사관'을 강조하면서 독재체제를 뒷받침하는 데 이용되었던 것에 비해 국가이데올로기가 축소되고 '민주 사회 발전'에 기여할 것을 강조하였다는 측면에서 진일보한 것이라 평가할 수 있으나 여전히 "새 역사 창조에 적극 참여하는 태도를 가지게" 하는 것을 목표로 하고 있다. 또한 교과목표의 "5) 향토문화에 대한 흥미와 관심을 높이고, 민족문화에 대한 자부심을 가지며, 새 역사 창조에 적극 참여하는 태도를 가지게 한다"는 것에서 향토사에 대한 인식을 고취하고자 하였다는 측면에서 의미 있다고 할 수 있다.

　1992년 교육부 고시 제1992-19호로 고시되어 1996년부터 시행된 고등학교 제6차 교육과정에서 규정한 『국사』는 "우리 민족의 역사적 사실과 그 속에 내재된 역사적 가치를 다음 세대에게 교육하기 위해 설정"한 것이었으며, "우리 민족의 본질과 그 문화, 그리고 사회적 존재로서의 역할과 시대의 사회현상 등을 탐구함으로써 우리 민족의 정체성을 밝혀주는 구실"을 하는 것이었다. 이로 보아 제6차 교육과정의 국사교육의 목표는 제5차 교육과정에서 크게 벗어나지 못하였음을 알 수 있다. 다만 주목되는 것은 국사교육의 목표로 "역사의 발전과정을 올바르게 인식하여 새 문화 창조와 자유민주주의 사회의 발전에 적극적으로 참여하는 태도를 기르게" 하는 데 있다는 점이다. 제5차 교육과정의 '민주사회의 발전'이라는 표현이 '자유민주주의사회의 발전'으로 변경되었던 것이다.

　제7차 교육과정은 총론에서부터 각론에 이르기까지 큰 변혁을 동반한 교육과정이었으며 국사교육에서도 마찬가지였다. 한국사 교육의 목적에서도 제6차 교육과정기까지 언급되었던 '민족의 정체성'이라는 문구가 사라지고

"우리 역사에 대한 자긍심을 바탕으로 근현대사에 나타난 특성을 세계사적 보편성과 관련하여 이해"15)하도록 하였다. 그리고 국사과목을 『한국사』와 『한국근현대사』로 구분하여 『한국사』는 국민공통기본교육과정인 10학년(고등학교 1학년)에, 심화교육과정인 『한국근현대사』는 제11학년과 제12학년에 편성하여 선택하도록 하였다. 이러한 편제는 결국 인문계 고등학교 인문과정의 학생들만 『한국근현대사』를 선택하는 구조였다. 따라서 자연과정을 선택하는 학생들은 사실상 한국근현대사에 대한 학습을 사실상 할 수 없게 되었다. 그리하여 제7차 교육과정 『국사』에는 동학농민운동에 대한 서술이 1쪽에 불과하였다.

  2009 개정 교육과정은 세계사적 맥락 속에서 한국사를 이해하는 것을 한국사 교육의 큰 목표로 삼으면서 동시에 한국사의 정체성을 유지해왔음을 이해하도록 하였다.16) 이를 위해 세계사와의 연관성이 보다 높다고 생각되는 한국근현대사의 비중을 높여 구성하였다.17) 이렇게 구성하였다 하더라도 2009 개정 교육과정에 따른 『한국사』는 제7차 교육과정시기의 『한국근현대사』보다는 서술 분량이 대폭 줄어들었다. 한편 2011년 2009 개정 교육과정이 부분 수정되었다. 이에 따라 8종의 『한국사』교과서가 검정, 통과되었다. 특히 '자유민주주의' 논란과 관련된 교학사판 『한국사』교과서는 '교과서 파동'이라 부를 수 있을 정도로 사회적으로 큰 문제가 되었다.18)

  이상에서 본 바와 같이 교육과정은 국사교육의 기본 방향을 규정하였다. 그리하여 교육과정의 변화에 따라 국사교육의 목표가 크지는 않지만 조금씩 변화를 보였던 것이다. 특히 제7차 교육과정은 한국사 교육에 획기적인 변화

---

15) 교육부 고시 제1887-15호 [별책7], 「제7차 교육과정 한국근현대사 목표」.
16) 교육과학기술부고시 제2010-24호, 「초·중등학교 교육과정 개정 고시」.
17) 『교육과학기술부고시 제2009-41호에 따른 고등학교 교육과정 해설 사회(역사)』, 교육과학기술부, 75쪽.
18) 이에 대해서는 조성운의 연구(앞의 논문, 『한국민족운동사연구』 78)를 참조 바람.

를 수반하였다. 그러나 2009 개정 교육과정이 마련되면서 한국사 특히 근현대사에 대한 교육은 또 다른 변화를 겪게 되었다. 이 변화는 앞에서 언급한 한국사 교육의 목표로 설정된 이른바 '자유민주주의' 논란과 관련된 것이었다.

3. 동학농민운동에 대한 국사교과서의 서술 변천

해방 이후 동학농민운동 서술의 변천을 살피기에 앞서 〈표 3〉을 통해 동학농민운동에 대한 서술 분량을 확인함으로써 동학농민운동이 국사교육에서 차지하는 비중을 알아보도록 하겠다.

〈표 3〉 동학농민운동의 서술 분량[19]

번호	교과서명	서술 분량(쪽), ( ) 안은 비율(%)	교과서 쪽수	발행연도	교육과정
1	국사교본	3(1.7)	177	1946	교수요목기
2	새국사교본	2(1)	207	1948	
3	국사	3(1.5)	197	1957	1차 교육과정
4	우리나라문화사	3(1.1)	280	1960	
5	고등국사	2(1)	203	1962	
6	고등국사	2(0.8)	258	1963	2차 교육과정
7	국사	3(1.5)	198	1965	
8	고등국사	3(1.3)	228	1965	
9	국사	4(1.5)	274	1972	
10	국사	5(2.1)	234	1975	3차 교육과정
11	국사	5(1.4)	354	1979	
12	국사(하)	6(3.0)	201	1982	4차 교육과정
13	국사(하)	6(3.0)	203	1987	
14	국사(하)	4(1.8)	225	1992	5차 교육과정

15	국사(하)	4(1.6)	252	1996	6차 교육과정
16	국사20)	3(0.7)	435	2002	7차 교육과정
17	한국사	8(1.9)	415	2011	2009 개정 교육과정
18	한국사	4(1.1)	373	2014	2009 수정 교육과정

〈표 3〉에서 볼 수 있듯이 동학농민운동의 서술 분량은 평균 3.9쪽, 1.56%이다.21) 여기에서 보이는 두드러진 특징은 제4차 교육과정 시기의 서술 비중이 다른 교육과정 시기와 비교하여 월등히 높다는 것이다. 즉 국사교과서가 제3차 교육과정까지는 단권으로 구성되어 있었으나 제4차 교육과정부터 제6차 교육과정까지는 상하 두 권으로 구성되어 하권에 근대사 부분을 수록하였다. 따라서 두 권으로 구성된 교과서의 전체 분량은 이전 시기 교과서의 분량과는 차이가 있을 수밖에 없었다. 그러므로 동학농민운동을 비롯한 주요 사건의 서술 분량이 이전 시기 교과서보다 많은 것은 당연한 일이라 할 수 있다.

그럼에도 불구하고 제5차 교육과정에 비해 제4차 교육과정기의 동학농민운동에 대한 서술 비중이 높은 것은 명백히 알 수 있다. 이는 '시련과 극복' 중심의 근현대사 교육을 강화한다는 제4차 교육과정의 국사과 교육과정의 방향과 궤를 같이 하는 것이었다. 그리하여 뒤의 〈표 8〉에서 확인할 수 있듯이 동학농민운동 서술과 관련한 학습자료가 제3차 교육과정기에는 폐정개혁

---

19) 청일전쟁이 별도로 서술되었을 경우에는 동학농민운동의 분량에 포함하여 계산하였음.
20) 2002년 국사의 경우 5장 사회 구조와 사회생활에 동학의 발생이 1쪽, 7장 근현대사의 흐름의 제1절 근현대의 정치변동과 제3절 근현대의 사회변동에 동학농민운동에 대한 서술이 각 1쪽씩 서술되어 3쪽이라 표기하였으며, 7장 근현대사의 흐름의 제1절 근현대의 정치변동과 제3절 근현대의 사회변동에 갑오개혁의 내용이 각각 1쪽씩 서술되어 2쪽이라 표기하였다. 또한 1번과 3번은 동학농민운동과 갑오개혁을 별도로 서술하지 않고 같은 절에서 서술하였으므로 쪽수를 같이 표기하였다.
21) 3번과 7번은 동학농민운동과 갑오개혁을 절을 구분하지 않고 서술하여 통계에서 제외하였다.

역대 교과서 사진

안 12개조(77년판)와 동학농민군의 봉기(79년판) 각각 하나뿐이던 것이 제4차 교육과정기에는 동학군 봉기지, 동학운동 봉기도, 12개조 폐정개혁안 사진·지도·사료가 각각 하나씩 소개되었던 것이라 할 수 있다.

다음으로 〈표 4〉를 통해 동학농민운동을 지칭하는 용어의 변천 과정을 살펴보자.

〈표 4〉 동학농민운동 용어의 변천

번호	교과서명	저자/편자	용어	발행연도
1	국사교본	진단학회	동학란	1946
2	새국사교본	이병도	동학란	1948
3	국사	이병도	동학란	1957
4	우리나라문화사	이홍직	동학란	1960
5	고등국사	역사교육연구회	동학란	1962
6	고등국사	김상기	동학란	1963
7	국사	이병도	동학란	1965

8	고등국사	최남선	동학란	1965
9	국사	이병도	동학혁명	1972
10	국사	문교부	동학혁명운동	1975
11	국사	국사편찬위원회 1종도서연구개발위원회	동학농민혁명운동	1979
12	국사(하)	국사편찬위원회 1종도서연구개발위원회	동학운동	1982
13	국사(하)	국사편찬위원회 1종도서연구개발위원회	동학운동	1987
14	국사(하)	국사편찬위원회 1종도서연구개발위원회	동학농민운동	1992
15	국사(하)	국사편찬위원회 1종도서연구개발위원회	동학농민운동	1996
16	국사	국사편찬위원회 국정도서편찬위원회	동학농민운동	2002
17	한국사	한철호 외	동학농민운동	2011
18	한국사	한철호 외	동학농민운동	2014

〈표 4〉에서 볼 수 있듯이 동학란이라는 용어는 제2차 교육과정이 적용되던 시기까지 사용되었으나 이병도의 『국사』(일조각, 1972)에서는 동학혁명을 사용하여 제3차 교육과정기까지 사용되었다. 그리고 제3차 교육과정기 교과서 발행제도의 변경에 따라 1979년 편찬된 국사교과서에는 동학농민혁명운동이라는 용어로 변경하여 동학교도만이 아닌 일반 농민층이 이 운동에 적극적으로 참여하였다는 것을 강조하였다. 제4차 교육과정기에는 동학운동, 제5차 교육과정기부터 현재까지는 동학농민운동이 사용되고 있다. 다만 현재 정부가 동학농민혁명을 공식적으로 사용하고 있다는 측면에서 교과서도 이 용어를 수용해야 한다는 주장도 있다.[22]

이러한 용어의 변천은 동학농민운동에 대한 당대의 연구 수준과 역사인식이 반영된 것으로 판단된다. 교육부 출연 연구기관인 한국교육학술정보

---

[22] 김양식, 「동학농민혁명에 관한 역사교과서의 서술내용의 문제점과 개선 방향」, 『동학학보』 24, 동학학회.

원이 제공하는 학술연구정보서비스(www.riss.kr)에서 동학란·동학농민운동·동학혁명·동학농민운동 등을 검색하면 논문제목에 이 용어가 사용된 시기를 대략 확인할 수 있다. 동학란은 대략 1970년대 중반까지 논문제목에 사용되며, 동학혁명과 동학농민운동은 1970년부터 사용되었고, 동학운동은 1974년에 최초로 사용되었다. 동학농민혁명과 동학농민운동은 1980년대에 접어들어 사용되기 시작하였다. 그리고 갑오농민전쟁은 1985년, 갑오농민혁명은 1987년부터 국내에서 발표된 논문에 사용되기 시작하였고, 갑오농민운동이라는 용어는 1990년 이후에 사용되었다. 〈표 3〉을 통해 보면 이와 같은 용어의 변화가 교과서에 그대로 반영되었음을 알 수 있다.

그러나 이러한 용어의 사용이 단순히 당대의 연구 수준과 역사인식을 반영하는 것만은 아니었다는 지적도 하지 않을 수 없다. 1963년 10월 3일 전북 정읍에서 거행된 동학혁명기념탑개막식에 참석한 공화당 대통령 후보 박정희는 "동학혁명은 부패와 당파싸움, 그리고 사대주의에 물든 탐관오리들의 도약에 항거한 최초의 대규모 서민혁명으로서 그 정신은 길이 계승되어야 한다"고 하였다. 나아가 "5·16혁명도 이념면으로 동학혁명과 일맥상통하는 것"이며, "동학혁명은 비록 성공은 못했지만 우리나라의 근대화에, 봉건잔재 타파에 커다란 이정표가 되었다."고 하였다.[23] 이는 박정희가 5·16군사정변을 동학농민운동에 비견하는 대사건으로 미화, 평가한 것이었다.

이로써 후술하는 바와 같이 1960년대 이후 식민사관의 극복과 민족사관의 확립이라는 역사학계의 흐름과 5·16군사정변 주체세력의 의도가 교차하는 지점이 있었고, '동학란'에 대한 재평가가 이루어지는 계기가 마련되었다고도 할 수 있다. 그러므로 동학농민운동에 대한 박정희의 인식은 국사교과서에 '동학혁명'이 반영될 수 있는 긍정적인 조건을 마련했다고도 할 수 있다. 그리하여 이병도가 『국사』(일조각, 1972)에서 '동학혁명'이라는 용어를 사용한 것은 동학혁명기념탑의 개막식 이래 정부가 '동학란'을 적극적으

---

[23] 「東學革命은 5·16과 相通」, 『동아일보』 1963년 10월 4일.

로 평가하기 시작한 것과 1968년 제2차 교육과정의 부분 개정 이래 민족사관에 의한 국사교육이 강조[24]되었던 사회적 분위기를 반영한 것으로 보인다. 즉 1968년의 1·21사태에 따른 남북 사이의 긴장 고조와 이에 따른 반공이데올로기의 강화, 3선 개헌에 대한 국민적 반발을 무마하기 위한 경제개발의 강조 등 정치적 환경 속에서 박정희정권은 민족주체성의 확립과 새로운 국민정신의 제창을 표방한 국민교육헌장의 반포 등으로 교육에 대한 국가의 통제를 강화[25]하면서 이를 민족사관이라 칭했던 것이다. 이러한 '민족사관'은 1972년 5월 국사교육강화를 위해 조직된 국사교육강화의원회의 활동으로 나타났고, 그 결과 동학농민운동을 지칭하는 용어도 '동학란'에서 '동학혁명'으로 변경되었던 것이라 할 수 있다.

그런데 1975년 문교부가 편찬한 『국사』에서는 '동학혁명운동'이라 하여 동학농민운동의 성격을 '혁명'에서 '혁명운동'으로 변경하였다. 그리고 1978년 교과서제도를 국정·검정·인정에서 1종·2종·인정으로 변경함에 따라 1979년 개정된 『국사』에서는 '동학농민혁명운동'이라 변경하였다. 이러한 용어의 변경은 앞서 언급한 바와 같이 5·16군사정변을 동학농민운동과 같은 반열에 올려놓고 싶은 정권의 의도가 반영된 것이나 민중이 주도한 동학농민운동을 '혁명'이라 규정했을 때 민중의 저항에 정당성을 부여한다는 점이 부담스러웠을 것이다. 그리하여 '혁명운동'이라 용어를 변경한 것으로 판단된다.

이러한 제3차 교육과정기의 역사서술은 "1974년 이후 사용되어 오던 기존 국사 교과서의 골격을 바탕으로 『시련과 극복』의 내용을 통합하고 그 동안의 학문적 성과를 반영하여 보완"[26]하는 것이었다. 『시련과 극복』은

---

[24] 차미희, 『한국 중·고등학교의 국사교육-국사과 독립시기(1974~1994)를 중심으로-』, 교육과학사, 2011, 37쪽.

[25] 차미희, 앞의 책, 24쪽.

[26] 김용만, 「고교 국사교과서의 특징과 지도상의 유의점」, 『首都敎育』 45, 서울특별시 교육연구원, 1979, 12~13쪽.

1972년부터 발행하였던 중고등학교 독본용 교과서였다.

그런데 제4차 교육과정이 시작된 1982년부터 '동학혁명'은 '동학운동'으로 '격하'되었고, 1992년 제5차 교육과정이 시행되면서 현재까지 '동학농민운동'이라는 용어가 사용되고 있다. 이는 '혁명'이라는 용어가 지니는 정치적 함의가 높았기 때문이라 생각된다. 즉 '10월 유신'에 의한 헌정질서의 유린과 군사정권의 장기집권, 개발독재와 급속한 산업화의 폐해에 따라 민주화를 요구하는 열망이 고조되고 노동자·농민 등 소외계층의 불만이 높아가자 그러한 '혁명적' 분위기의 고조에 위기를 느낀 정부는 국정교과서에서 '혁명'이라는 용어를 말살하고, '운동'이라는 무미건조한 용어를 사용하였던 것이다.[27] 이와 같이 용어의 변경은 정치적 의미를 내포하고 있었다. 즉『시련과 극복』은 박정희정권의 독재가 '10월유신'으로 전환하던 해에 발행되었다. 제목에서 알 수 있듯이『시련과 극복』은 국난극복사 위주로 꾸며진 독본용 교과서로서 실제 학교 현장에서 교수되었는가는 불분명하다. 이외에도 박정희 정권 하에서는『승공통일의 길』·『자유수호의 길』·『국민교육헌장 풀이』·『민주 통일의 길』·『승공민주통일의 길』등 교육과정에는 명시되지 않았으나 국정교과서로 발행되어 국민들에게 정권 차원의 국가정책에 대한 홍보나 특정 이념(반공이나 민족주의)을 주입하는 역할을 한 정책을 반영한 교과서들이 많이 편찬되었다.[28] 이는 '국적 있는 교육'과 '민족교육'을 강조한 박정희정권의 교육정책을 단적으로 보여주는 사례라 할 수 있다. 이러한 측면에서 보면 1970년대 국사교과서는 이와 같은 정권의 교육정책이 전적으로 반영될 수밖에 없었으며, 교과서에 사용된 용어 역시 정권의 요구를 반영하지 않을 수 없었을 것이다. 이는 정치적인 성격을 띨 수밖에 없는 국사과목과 국사교육

---

[27] 배항섭, 「동학난에서 농민전쟁으로」, 『내일을 여는 역사』 1, 내일을 여는 역사, 2000, 97쪽.
[28] 이난영, 「1970년대 박정희 집권기 국사교육의 특징-중고등학교 독본용 교과서 『시련과 극복』분석을 중심으로-」, 서울시립대학교 교육대학원 석사학위논문, 2003, 2쪽.

의 특성을 보여주는 것이라고도 할 수 있다.

〈표 5〉는 동학농민운동의 발생 배경에 대한 해방 이후 국사 교과서의 서술 변천에 대한 것이다.

〈표 5〉 동학농민운동 발생 배경에 대한 서술

번호	교과서명	관련 서술
1	국사교본	정부의 학정, 1890년 이래 농민봉기, 교조신원운동, 조병갑의 학정
2	새국사교본	교조신원운동, 민씨정권의 학정, 조병갑의 학정
3	국사	농민의 불평과 불만, 조병갑의 학정
4	우리나라문화사	양반과 관료의 악정, 외세 침투에 대한 반항, 조병갑의 학정
5	고등국사	외세의 침입, 개화 후의 빈번한 정변, 국가 경비 증대에 따른 중세의 부과, 지방관료의 가렴주구의 고질화
6	고등국사	탐관오리의 학정, 토호의 횡포, 동학의 교조신원운동
7	국사	교조신원운동, 농민의 불평과 불만
8	고등국사	척신정치, 외세와의 결탁에 따른 지배계급의 대립 격화, 관리의 주구, 기계문명의 증가에 따른 국민 부담의 가중
9	국사	외세의 침투, 과중한 조세 부담, 악질 관리의 횡포 → 농민층의 불평과 동요, 교조신원운동
10	국사	동학의 확산, 교조신원운동, 관리의 부패, 양왜의 배척
11	국사	열강의 침략, 일본의 경제적 침략, 교조신원운동
12	국사(하)	열강의 침투, 일본의 경제적 침투, 동학교세의 확산, 교조신원운동
13	국사(하)	열강의 침투, 일본의 경제적 침투, 동학교세의 확산, 교조신원운동
14	국사(하)	외세의 침략, 재정의 궁핍, 농민에 대한 수탈 강화, 외세의 경제 침탈, 농민층의 불만 증대, 사회변혁에 대한 욕구 고조, 동학 교세의 확대
15	국사(하)	열강의 정치·경제·군사적 침략, 지배세력의 무능, 재정의 궁핍, 농민에 대한 수탈 강화, 농민층의 불안과 불만 증대, 동학의 교세 확대
16	국사	외세의 침략, 재정의 궁핍, 농촌경제의 파탄, 동학 교세의 확대
17	한국사	지방관의 수탈과 외세의 경제 침탈, 교조신원운동
18	한국사	지방관의 수탈과 외세의 경제 침탈, 교조신원운동

〈표 5〉를 통해 알 수 있는 것은 해방 직후 발행된 『국사교본』부터 오늘날의 『한국사』에 이르기까지 동학농민운동의 발생 배경으로 조선 정부의 학정,

교조신원운동, 외세의 침투에 대한 저항 등을 들고 있다. 교육과정에 따라 강조점에는 차이가 있을 수 있으나 발생 배경에 대한 서술은 대동소이하다. 다만 외세의 침투에 대한 저항을 동학농민운동의 발생 배경으로 서술한 것은 1960년에 발행된 이홍직의 『우리나라문화사』가 처음이었다. 이는 1950년대까지의 국사교과서가 식민사관의 영향을 여전히 강하게 받고 있다는 것을 의미하는 근거가 될 수 있다. 즉 1922년 조선총독부가 발행한 『보통학교국사 아동용(하)』에는 동학농민운동의 발생을 다음과 같이 설명하였다.[29]

---

[29] 식민지시기 조선총독부의 역사교육에 대한 대표적인 연구는 다음과 같다.
崔敞鎬, 「일제통치하 한국에 있어서의 초등국사교육과정연구」, 『역사교육』 48, 역사교육연구회, 1990; 磯田一雄, 「第三次・第四次朝鮮教育令下の国史教科書の改訂状況―內地及び滿州の国史教科書との比較研究のための覚書―」, 『成城文芸』 130, 成城大学文芸学部, 1990; 이명화, 「일제총독부 간행 국사교과서와 식민사관」, 『역사비평』 1991년 겨울호, 역사비평사, 1991; 양정현, 「일제 강점기 역사교육 이념과 정책-1920~30년대 중반 보통학교를 중심으로-」, 『국사관논총』 77, 국사편찬위원회, 1997; 權五鉉, 「朝総督府における歴史教育内容史研究―国民意識形成の論理を中心に―」, 広島大学大学院博士学位論文, 1999; 박범희, 「일제시대 초등학교 역사교과서 내용 분석-보통학교국사와 초등국사를 중심으로-」, 한국교원대학교 대학원 석사학위논문, 2000; 이원식, 「일제의 교육정책과 역사교육」, 연세대학교 교육대학원 석사학위논문, 2003; 문동석, 「일제시대 초등학교 역사교육과정의 변천과 교과서-보통학교국사와 초등국사를 중심으로-」, 『사회과교육』 16, 한국사회과교육연구학회, 2004; 장신, 「한말・일제강점기의 교과서 발행제도와 역사교과서」, 『역사교육』 91, 역사교육연구회, 2004; 이병담, 「조선총독부 초등학교 『국사』에 나타난 식민사관과 신민 만들기」, 『일본어문학』 30, 일본어문학회, 2005; 이병담, 「조선총독부 초등학교 『국사』에 나타난 침략사관과 식민지 아동의 탄생」, 『일어일문학』 27, 대한일어일문학회, 2005; 金宝林, 「朝総督府発行歴史教科書の叙述分析―初等歴史教科書の蒙古叙述を中心に―」, 『일본문화연구』 20, 동아시아일본학회, 2006; 김경미, 「1940년대 조선의 '국사'교과서와 일본의 국사교과서」, 『한국교육사학』 28-2, 한국교육사학회, 2006; 박현옥, 「일제하 역사교과서와 식민지 지배 이데올로기-보통학교국사와 초등국사를 중심으로-」, 『중앙사론』 25, 한국중앙사학회, 2007; 사노 미치오, 「1910년대 조선총독부 학무국의 역사교육」, 『한국독립운동사연구』 38, 독립기념관 한국독립운동사연구소, 2011; 권오현, 「황국신민화 교육정책과 역사교육의 변화」, 『사회과교육연구』 18-4, 한국사회과교육학회, 2011; 김종준, 「일제시기 '(일본)국사'의 '조선사' 포섭논리」, 『한국학연구』 29, 인학대학교 한국학연구소, 2013; 조성운, 「1920년대 보통교육의 확대와 '보통학교국사'의 한국근대사 서술 검토」, 『한일 근대 지식장(場)과 교과서의 재인식』(동국대학교 일본학연구소 국제학술회의 발표지, 2014년 6월

청국은 조선을 속국과 같이 삼아 은밀히 자기에게 의지하고자 한 자를 도와 그 당 홀로 세력을 얻어 정치는 크게 혼란스러워졌다. 인민은 이에 고통스러워졌고, 드디어 1894년(명치 27)에 이르러 난을 일으켰다.30)

결국 일제는 조선에 대한 청의 내정간섭과 그에 따른 민중의 고통 때문에 동학농민운동이 발생하였다고 서술함으로써 동학농민운동이 일본을 비롯한 열강의 침략에 대한 저항이었다는 점을 전혀 서술하지 않았던 것이다. 이러한 조선총독부 역사교과서의 서술 흐름이 해방 이후부터 1950년대까지 그대로 유지되고 있는 것이다. 1960년대 이후 일본의 침략이 동학농민운동의 발생 요인으로서 서술되는 것은 식민사관에서 벗어나 민족사관을 확립하고자 하였던 당시 역사학계의 흐름을 반영하는 것으로 보인다.

〈표 6〉은 해방 이후 각 교육과정기의 국사 교과서에 서술된 동학농민운동의 발상지에 대한 서술을 도표화한 것이다.

〈표 6〉 동학농민운동의 발상지 서술

번호	교과서명	관련 서술
1	국사교본	그 무리 중에 동학교도가 많아 전봉준이라는 이를 괴수로 삼아 교도와 군민이 합하여 고부의 군기고를 점령하고 난을 일으키니 군수 조병갑은 이미 도망하였다. 이것이 곧 동학란의 시초이었다.
2	새국사교본	고부군수 조병갑이 만석보란 봇물을 수리하여 많은 인부를 부리고 그 봇물을 이용하는 사람에게 수세를 받아 사복을 채우니 이에 군민은 마침내 동학교도인 전봉준을 두목으로 삼아 난을 일으키는 동시에 무기고와 창고를 점령하였다.
3	국사	탐학한 고부군수 조병갑이 가렴주구를 그치지 아니하매, 동학교도를 중심으로 한 민중들이 전라도 지방의 동학접주 전봉준을 두목으로 삼고, 난을 일으켰다.
4	우리나라 문화사	동학란은 고종 31년(1894), 전라도 고부군수인 조병갑이 농민의 힘을 빌어 수축한 만석보의 물세를 강제로 징수한 것을 계기로 폭발하였다. 조병갑의 처사에 분격한 군민들은 동학의 간부인 전봉준을 수령으로 삼아 드디어 난을 일으켰던 것이다.

14일).
30) 『普通學校國史 兒童用』下卷, 조선총독부, 1922, 128쪽.

5	고등국사	고종 31년(1894) 고부군수 조병갑의 학정에 대한 전봉준 등의 거사를 계기로 전국적인 동학란을 발전하고 말았다.
6	고등국사	고종 30년 경 고부군수 조병갑이 여러 가지 방법으로 백성을 착취하매 그 이듬해 갑오(1894) 2월에 동학의 한 간부인 전봉준이 울분한 민중과 교도들을 지휘하여 제폭구민을 부르짖고 난을 일으켰다.
7	국사	탐학한 고부군수 조병갑이 가렴주구를 그치지 아니하매, 동학교도를 중심으로 한 민중들이 전라도 지방의 동학접주 전봉준을 두목으로 삼고, 난을 일으켰다.
8	고등국사	여기에 고종 31년(1894) 동학교도인 전봉준을 선두로 농민들이 궐기하여 고부군청을 습격하고 만석보를 파괴하는 반란이 일어났다.
9	국사	동학혁명의 직접적인 계기가 된 것은 전라도 고부군수 조병갑의 농민에 대한 탐학이었다. 그는 갖은 수단으로 농민을 괴롭혀 오다가, 농민의 힘을 빌려 수축한 만석보의 물세까지 강제로 징수하였다. 이에 평소의 불만이 아울러 폭발하여 1894년(고종 31년) 전라도 지방의 동학접주 전봉준을 영도자로 삼아 혁명을 일으켰다.
10	국사	1894년 3월 고부민란에서 발전한 농민의 동학혁명운동은
11	국사	고부민란에서 발전한 동학농민혁명운동은
12	국사(하)	고부군수 조병갑의 횡포와 착취에 항거하여 일어난 고부민란에서 발전한 동학운동은,
13	국사(하)	보은집회가 열린 지 약 10개월 뒤인 1894년 정월에 전라도 고부에서 동학운동의 불씨가 터졌다. 고부군수 조병갑의 횡포와 착취에 항거하여 일어난 고부민란에서 발전한 동학운동은,
14	국사(하)	동학농민운동은 대체로 다음의 네 단계로 발전하였다. 제1기는 고부민란의 시기로서, 고부군수 조병갑의 횡포와 착취에 항거하여, 전봉준이 1천여 명의 농민군을 이끌고 관아를 습격하여 군수를 내쫓고, 아전들을 징벌한 뒤 곡식을 농민들에게 나눠 주고 10여 일 만에 해산하였다.
15	국사(하)	동학농민운동은 대체로 다음의 네 단계로 발전하였다. 제1기는 고부민란의 시기로서, 고부군수 조병갑의 횡포와 착취에 항거하여, 전봉준이 1천여 명의 농민군을 이끌고 관아를 습격하여 군수를 내쫓고, 아전들을 징벌한 뒤 곡식을 농민들에게 나눠 주고 10여 일 만에 해산하였다(1894).
16	국사	동학농민운동은 1894년 전라도 고부에서 시작되었다. 전봉준을 중심으로 고부에서 봉기한 동학농민군은 보국안민과 제폭구민을 내세우고 전라도 일대를 공략한 다음 전주를 점령하였다(1894)
17	한국사	반봉건 기치를 높이 든 제1차 농민운동 전봉준은 전라도에서 가장 큰 동학 교세를 이끌던 손화중을 찾아가 함께 농민군을 조직하여 대규모로 봉기(무장기포)하였다(3.20).
18	한국사	반봉건의 기치를 높이 든 제1차 농민운동 전봉준은 전라도에서 가장 큰 동학 교세를 이끌던 무장(전북 고창)의 손화중과 함께 농민군을 조직해 대규모로 봉기하였다.

〈표 6〉에서 알 수 있듯이 교수요목기의 『국사교본』에서 고부농민봉기를 "동학란의 시초"라고 규정한 이래 제7차 교육과정기까지는 동학농민운동의 시작은 고부농민봉기라고 서술되었다. 그런데 2009 개정 교육과정이 마련되면서부터는 동학농민운동이 고부농민봉기로부터 비롯되었다는 명백한 서술이 이루어지고 있지 않다. 이는 1980년대 중반 이래의 동학농민운동에 대한 연구 성과를 반영한 것이었다.[31] 이와 같은 연구 성과를 적극 수용하여 김양식은 2009 개정 교육과정에 따라 편찬된 한국사 교과서의 동학농민운동에 대한 서술을 수정해야 한다고 주장하였다. 즉 그는 2009 개정 교육과정에 따른 한국사 교과서는 고종 때의 농민항쟁에 관한 직접적인 언급 없이 고부농민봉기를 동학농민혁명의 시작으로 보고 있다고 서술하면서 교과서의 서술이 고종대의 농민항쟁 ⇒ 고부농민봉기 ⇒ 무장기포로 이어지는 동학농민혁명의 큰 흐름을 이해하지 못하였거나 고종대의 농민항쟁의 비중을 과소평가한 역사인식을 보였다고 주장하였다.[32] 또 동학농민운동이 고부농민운동에서 시작되었다고 하는 교과서의 서술도 수정해야 한다고 주장하였다. 그에 따르면 고부농민봉기는 동학농민운동의 직접적인 前史이나 이전 군현 단위 농민항쟁의 연장선에서 이해해야 한다면서 동학농민혁명과 기본적으로 분리시켜 바라보아야 한다고 하였던 것이다.[33] 동학농민운동의 발상지에 대한 그의 주장은 고부농민봉기를 동학농민혁명의 시작으로 보아서는 안 되며 고종대의 농민항쟁과 마찬가지로 동학농민운동의 전사로 규정해야 한다는 것이다.

---

[31] 이에 대해서는 다음 연구가 참조된다.
신용하, 「갑오농민전쟁의 제1차 농민전쟁」, 『한국학보』 40, 일지사, 1985; 정창렬, 「古阜民亂의 硏究(上)」, 『한국사연구』 48, 한국사연구회, 1985 및 「古阜民亂의 硏究(下)」, 『한국사연구』 49, 한국사연구회, 1985; 김용섭, 「「全琫準供草」의 分析」, 『韓國近代農業史硏究』 Ⅲ, 지식산업사, 2001; 배항섭, 「고부민란과 동학농민전쟁의 발발」, 『조선후기 민중운동과 동학농민전쟁의 발발』, 경인문화사, 2004.

[32] 김양식, 앞의 논문, 161쪽.

[33] 김양식, 앞의 논문, 164쪽.

그러나 다른 연구에서는 2009 수정 교육과정에 따라 편찬된 8종의 한국사 교과서 최초 검정본을 분석한 연구에서 8종 모두 무장기포를 제1차 농민봉기라고 규정하였다면서 고부농민봉기를 동학농민운동의 시작이라고 명확하게 규정할 것을 주장하였다.[34] 실제로 학교 현장에서 사용되고 있는 8종 교과서 모두 고부농민봉기를 동학농민운동의 시작이라고 규정하지 않고 오히려 무장기포의 의미를 강조하고 있다. 따라서 이 부분에 대한 서술을 명백하게 하지 않으면 안 된다고 생각한다. 특기할 만한 것은 제7차 교육과정 국사교과서에서는 동학농민운동의 시작이 고부농민봉기라 명확히 규정하였음에도 불구하고 『한국근현대사』(금성판)에서는 "안핵사로 내려온 이용태가 민란 관련자를 역적죄로 몰아 혹독하게 탄압하면서 상황이 바뀌었다. 이에 전봉준 등은 무장으로 옮겨 농민군을 재조직하고 손화중, 김개남과 함께 봉기하였다. 이것이 제1차 농민봉기이다(1894.3)."[35]라 서술하여 같은 교육과정시기에 동학농민운동의 시작지에 대해 다른 서술을 하고 있다. 그런데 이 시기에 한국근현대사를 중점적으로 교수하였던 것이 한국근현대사 교과였으므로 『한국근현대사』의 서술이 학생들에게 보다 큰 영향을 미쳤으리라 생각된다. 따라서 제7차 교육과정 『한국근현대사』의 동학농민운동 서술은 이후 『한국사』 교과서의 동학농민운동 서술에 영향을 끼쳤으리라 판단된다.

그런데 제6차 교육과정 시기까지는 고부농민봉기를 고부민란이라 서술하여 고부에서 발생한 농민봉기를 '민란'이라는 개념으로 파악하고 있었으나 제7차 교육과정에 접어들어 '민란'이라는 용어를 사용하지 않고 "농민층은 고부 군수 조병갑의 탐욕스럽고 포악함에 봉기"하였다고 서술하였다. 따라서 고부민란을 고부농민봉기라 파악하고 있는 것이다. 이후 교과서 서술은

---

[34] 조성운, 앞의 논문, 232~233쪽. 물론 이 연구는 2009 수정 교육과정에 따라 최초 검정된 교과서를 저본으로 한 연구이므로 현재 고등학교 현장에서 사용하고 있는 교과서와는 그 내용이 다르다는 한계가 있다. 그러나 교학사판 한국사 교과서를 제외하고는 기본적인 서술이 바뀌지 않았으므로 연구의 취지에는 큰 손상이 없으리라 생각된다.

[35] 김태웅·홍순권·김한종 외, 『한국근현대사』, 금성출판사, 79쪽.

고부농민봉기를 사용하고 있다.

〈표 7〉은 동학농민운동의 전개과정에 대한 각 교육과정 시기의 서술을 도표화한 것이다.

〈표 7〉 동학농민운동에 대한 전개과정 서술

번호	교과서명	관련 서술
1	국사교본	교조신원운동(보은집회, 복합상소)→고부민란→백산전투→경군 파병(홍계훈)→정읍, 태인, 금구, 전주 점령→전주성 퇴각→재차 봉기
2	새국사교본	교조신원운동(보은집회, 복합상소)→고부민란→난의 확산→전주 점령:청에 원군 요청→전주성 퇴각→재차 봉기
3	국사	교세 확산→고부민란→전주 점령:청에 원군 요청→일본군의 입국과 청일전쟁→재차 봉기→공주에서 정부군과 일본군의 연합군에 패배
4	우리나라문화사	외세 침탈과 정부의 수탈→고부민란→난의 확산→전주 점령:청에 원병 요청→청일전쟁→재차 봉기→공주에서 정부군과 일본군의 연합군에 패배
5	고등국사	교조신원운동(삼례, 서울, 보은)→고부민란→청일 양군의 후원을 얻은 정부군에 진압
6	고등국사	교조신원운동→고부민란→전란도 일대 석권→전주 점령:청에 원병 요청→청일전쟁→재차 봉기
7	국사	고부민란→관군 대파→전주 점령:청에 원병 요청→청일전쟁→재차 봉기→공주에서 정부군과 일본군에 패배
8	고등국사	고부민란→전라도 일대 점령→전주 점령:청에 원병 요청→관군 파병→전주성 퇴각→청일전쟁→재차 봉기→관군과 일본군에 패배
9	국사	외세 침탈과 정부의 수탈→고부민란→관군 격파→전주 일대 점령→청에 원병 요청→해산→청일전쟁→재차 봉기→공주에서 관군과 일본군에 패배
10	국사	교조신원운동(삼례, 서울, 보은)→고부민란→고부, 태인, 부안, 정읍, 흥덕 휩씀→황토현전투→전주성 점령:청일 양군의 파병→정부와 폐정개혁의 타협:집강소 설치→청일전쟁→2차 봉기→공주에서 관군과 일본군에 패배
11	국사	교조신원운동(삼례, 서울, 보은)→고부민란→황토현전투→전주성점령→청군 개입→일본군 개입→정부와 폐정개혁에 타협, 해산→일본군의 궁궐 침입→청일전쟁→재차 봉기(남북접 합세)
12	국사(하)	교조신원운동(복합상소, 보은집회)→고부민란→고부, 태인, 부안, 정읍, 흥덕 휩씀→황토현전투→전주성 점령→청일 양군의 파병→정부와 폐정개혁에 타협:집강소 설치→청일전쟁→재차 봉기→공주에서 관군과 일본군에 패배
13	국사(하)	교조신원운동(삼례집회, 복합상소, 보은집회)→고부민란→고부, 태인, 부안, 정읍, 흥덕 휩씀→황토현전투→전주성 점령→청일 양군의 파병→정부

		와 폐정개혁에 타협:집강소 설치→청일전쟁→재차 봉기→공주에서 관군과 일본군에 패배
14	국사(하)	교조신원운동(삼례, 보은)→제1기(고부민란기)→제2기(황토현전투→정읍, 고창, 함평, 장성, 전주 점령)→제3기(전주화약기:집강소 설치):청일전쟁→제4기(2차 봉기)→공주 우금치에서 관군과 일본군에 패배
15	국사(하)	교조신원운동(삼례, 보은)→제1기(고부민란기)→제2기(황토현전투→정읍, 고창, 함평, 장성, 전주 점령)→제3기(전주화약기:집강소 설치):청일전쟁→제4기(2차 봉기)→공주 우금치에서 관군과 일본군에 패배→잔여세력 의병 참여
16	국사	고부에서 봉기→전주 점령→폐정개혁 건의, 집강소 설치→일본의 침략과 내정 개입→재차 봉기→공주 우금치에서 관군과 일본군에 패배→잔여세력 의병 참여
17	한국사	교조신원운동(삼례, 서울, 보은)→고부농민봉기→제1차 봉기(무장기포)→황토현전투→황룡촌전투→전주점령→청에 원병 요청 및 청군 개입→일본군 개입→전주화약→교정청 설치→일본군의 경복궁 점령→청일전쟁→제2차 봉기
18	한국사	교조신원운동→(삼례, 서울, 보은)→고부농민봉기→제1차 봉기→백산격문 발표→황토현전투→황룡촌전투→전주성 점령→청에 원병 요청 및 청군의 개입→일본군 개입→전주화약→교정청 설치→경복궁 점령→청일전쟁→제2차 봉기

〈표 7〉을 통해 알 수 있는 것은 동학농민운동의 전개과정에 대한 서술은 대략 세 시기로 나누어 볼 수 있다. 제1기는 교수요목기부터 제4차 교육과정 시기로서 동학농민운동을 고부농민봉기에서 제2차 봉기까지를 시기 구분을 하지 않고 서술하였다. 제2기는 동학농민운동을 고부민란기를 제1기, 황토현전투 이후 전주성 점령까지를 제2기, 전주화약기를 제3기, 2차봉기를 제4기로 구분하여 서술한 제5차 교육과정과 제6차 교육과정 시기이다. 제3기는 제7차 교육과정에서 현재까지의 시기로서 고부농민봉기를 동학농민운동의 전사로 파악하면서 무장기포를 제1차 봉기, 일본군 개입 이후를 제2차 봉기로 파악하고 있다.

이러한 동학농민운동에 대한 서술의 변천은 물론 동학농민운동에 대한 연구 성과를 교과서에 반영하는 과정이라 할 수 있다. 그러나 동학농민운동의 전개과정에 대해 제7차 교육과정 이후의 서술에 대해 비판적인 연구가 적지 않다. 오히려 제6차 교육과정기까지 교과서에 서술되었던 바와 같이 고부농민봉기를 동학농민운동의 전사가 아닌 시작점으로 보아야 한다는 주장도 적지 않다.36) 따라서 학계에서 논란이 되고 있는 사실을 교과서 일방적으로 수록하기 보다는 두 개의 학설을 동시에 수록하여 학생들의 역사적 사고력을 향상시킬 수 있는 계기로 삼는 것이 중요하다하고 생각된다. 즉 역사적 사고력의 향상을 한국사 교육의 중요한 목적으로 설정한 2009 개정 교육과정의 목표와도 일치하는 것이다.

이와 같은 주장이 가능한 것은 무장기포의 성격과 관련 있다. 무장기포는 고부농민봉기 이후 농민군이 해산하였는가 아니면 농민봉기를 보다 발전시키기 위한 계기로 파악하는가 하는 관점의 문제이다. 무장기포가 동학농민운동의 시작이라 주장하는 측은 고부농민봉기가 기존의 농민봉기와 마찬가지로 군수 조병갑의 경질 이후 해산되었다고 바라보지만 농민봉기를 보다 발전시키기 위해 계기로 바라보는 관점은 농민군 해산 이후 전봉준이 무장의 손화중에게 가는 과정에서 자신의 측근 50여 명을 전라도 각지에 보냈다는 점과 교조신원운동기부터 이미 사회변혁지향세력이 대규모의 봉기를 준비하고 있었다는 점을 주목하는 것이다. 즉 교조신원운동기부터 변혁을 지향하던 세력이 전봉준을 중심으로 이를 실천하였다는 것이며, 전봉준이 무장으로 가면서 측근 50여 명을 전라도 각지에 보내 봉기를 새로운 수준으로 발전시키자는 여론을 불러일으키고 그들을 무장으로 모이게 하였다는 것이다.37) 그러므로 현행 교과서의 동학농민운동에 대한 서술은 수정되어야 한

---

36) 이에 대해서는 다음 연구가 참조된다.
황선희, 「동학농민혁명운동의 발상지와 무장봉기」, 『동학학보』 8, 2004; 박대길, 「동학농민혁명의 시작, 고부봉기」, 『동학학보』 25, 2012; 성주현, 「동학농민혁명의 격문분석」, 전북사학회 편, 『동학농민혁명의 기억과 역사적 의의』, 전북사학회·정읍시, 2012; 조성운, 「황토현전투의 전개와 역사적 의의」, 『한국민족운동사연구』 77, 한국민족운동사학회, 2013; 조성운, 앞의 연구, 『한국민족운동사연구』 78, 한국민족운동사학회, 2014.

다고 생각된다.

다음으로 〈표 8〉을 통해 각 교육과정기의 동학농민운동의 의의에 대한 서술을 살펴보자.

〈표 8〉 동학농민운동의 의의에 대한 서술

번호	교과서명	관련 서술
1	국사교본	
2	새국사교본	동학란은 말하자면 일종의 계급전쟁으로, 주로 농민·노예가 당시 부패한 특권계급에 대하여 폭력적 항거를 보인데 불과한 것이니 오합의 무리이므로 실패에 돌아갈 것은 금쳐는 일이었다. 그러나 그것이 대내·대외적으로 끼친 바 영향은 매우 컸었으니 다음에 말할 청일전쟁과 갑오경장이 즉 그것이다.
3	국사	동학교도를 중심으로 한 이 전쟁은 처음 그 기세가 내외의 주목을 끌 만큼 굉장하였으나, 이를 영도할 만한 큰 인물이 없었고, 비조직적·무계획적인 폭동에 불과하였으므로 실패하고 말았다. 그러나 이것의 영향을 지대하였으니, 대외적으로는 청일전쟁의 도화선이 되고, 대내적으로는 갑오경장이라는 피동적인 개혁의 실시를 촉진시켰던 것이다.
4	우리나라문화사	안으로는 갑오경장을 일으키어 우리나라의 근대화를 촉진시키고, 밖으로는 청일전쟁을 유발하여 국제 정세의 변화를 초래하였다.
5	고등국사	동학란은 동학교도를 중심으로 일어났으나 이는 단순히 동학교도만의 반란이 아니요 관권에 시달리던 전 민중의 궐기였다. 또한 그 영향이 자못 커서 안으로는 갑오경장을 일으키고 밖으로는 청일 양국의 병력을 이 땅에 초치함으로서 청일전쟁을 일으키는 계기를 만드렀다.
6	고등국사	안에 있어서는 갑오경장을 일으켰으며, 밖으로는 청일전쟁의 도화선이 되어 내외 정세에 커다란 변화를 일으켰다.
7	국사	동학교도를 중심으로 한 이 전쟁은 처음 그 기세가 내외의 주목을 끌 만큼 굉장하였으나, 이를 영도할 만한 큰 인물이 없었고, 비조직적·무계획적인 폭동에 불과하였으므로 실패하고 말았다. 그러나 이것의 영향을 지대하였으니, 대외적으로는 청일전쟁의 도화선이 되고, 대내적으로는 갑오경장이라는 피동적인 개혁의 실시를 촉진시켰던 것이다.

---

37) 동학농민운동의 전개과정 중 사회변혁 지향세력의 움직임에 대해서는 다음의 연구가 참조된다.
정창렬, 앞의 논문(하), 한국사연구』49, 한국사연구회, 1985; 성주현, 「동학혁명 참여자의 혁명 이후 활동(1900-1919)」, 『문명연지』 6-1, 2005.

8	고등국사	동학란은 동학교도를 중심으로 봉기한 반란인 까닭에 이를 동학란이라 부르나, 실제로 여기 참가한 사람들은 정부 관리의 부패에 반감을 가졌던 백성들이었으니 결국 동학란은 민중의 반란이라 보아야 할 것이다. 이 동학란은 마침내 청군과 일본 우리나라 안에 군대를 들어오게 하여 청일전쟁을 일으키고, 또한 일본에 의하여 갑오경장을 실시하게 만들어 근대사회로 넘어가게 하는 계기가 되었다.
9	국사	동학교도를 중심으로 한 이 전쟁은 처음 그 기세가 내외의 주목을 끌 만큼 굉장하였으나, 이를 영도할 만한 큰 인물이 없었고, 비조직적·무계획적이었으므로 실패하고 말았다. 그러나 이 혁명의 영향은 상당하여, 대외적으로는 청일전쟁의 도화선이 되고, 대내적으로는 갑오경장이라는 근대적인 개혁의 실시를 촉진시켰다.
10	국사	일본이 침입하는 구실을 주어 마침내 청일전쟁을 일으키게 하였고, 안으로는 강제적인 갑오경장의 개혁을 단행하게 하였다.
11	국사	동학농민군의 혁명은 이와 같이 실패하였으나, 그 끼친 영향은 매우 컸다. 밖으로는 일본이 조선을 무력으로 침입할 구실을 삼아 대군을 파견하여 마침내 청일전쟁을 일으켰고, 안으로는 갑오경장이 추진되는 계기를 이루었다. 보다 중요한 것은, 성리학적 전통사회가 붕괴하기 시작하여 새로운 근대사회로 전진하는 중요한 계기를 이룬 점이다.
12	국사(하)	동학운동은 비록 실패하였으나, 그 끼친 영향은 매우 컸다. 안으로는 갑오경장이 이루어지는 계기가 되어, 성리학을 바탕으로 한 전통사회가 붕괴되기 시작하면서 새로운 근대사회로 전진하는 하나의 전기가 되었으며, 밖으로는 청과 일본이 조선에 군대를 파견함으로써 마침내 청·일전쟁이 일어났다.
13	국사(하)	동학운동은 비록 실패하였으나, 그 끼친 영향은 매우 컸다. 안으로는 갑오경장이 이루어지는 계기가 되어, 성리학을 바탕으로 한 전통사회가 붕괴되기 시작하면서 새로운 근대사회로 전진하는 하나의 전기가 되었으며, 밖으로는 청·일전쟁을 유발하여 마침내 청의 세력이 조선에서 후퇴하게 되었고, 일본의 조선 침략에 대한 발판을 굳히게 되었다.
14	국사(하)	동학농민운동은, 초기에는 이른바 민란의 양상을 띠고 있었으나, 정부의 수습책이 미흡하자 점차 민란의 성격을 벗어나 대대적인 농민전쟁의 성격을 띠어갔다. 구체적으로, 동학농민운동은 안으로는 봉건적 체제에 반대하여 노비 문서의 소각, 토지의 평균 분작 등 개혁정치를 요구하였고, 밖으로는 외세의 침략을 물리치려는 반봉건, 반침략의 근대민족운동의 성격을 띤 것이었다. 동학농민운동은 반봉건적 성격과 반침략적 성격 때문에, 당시의 집권세력과 일본 침략 세력의 탄압을 동시에 받아 실패하고 말았으나, 그 영향은 매우 컸다. 반봉건적 성격은 갑오개혁에도 일정한 영향을 끼쳐 성리학적 전통질서의 붕괴를 촉진하였고, 반침략적 성격은 동학농민군의 잔여세력이 의병운동에 가담함으로써 구국의병투쟁을 활성화시켰다.
15	국사(하)	동학농민운동은, 안으로는 봉건적 지배체제에 반대하여 노비문서의 소각, 토지의 평균분작 등 개혁정치를 요구하였고, 밖으로는 외세의 침략을 물리치려고 한, 반봉건적·반침략적 민족운동의 성격을 띤 것이었다.

		동학농민운동은 반봉건적 성격과 반침략적 서역 때문에, 당시의 집권세력과 일본 침략세력의 탄압을 동시에 받아 실패하고 말았으나, 그 영향은 매우 컸다. 반봉건적 성격은 갑오개혁에도 일정한 영향을 끼쳐 전통질서의 붕괴를 촉진하였으며, 반침략적 성격은 동학농민군의 잔여세력이 의병운동에 가담함으로써 구국무장투쟁을 활성화시켰다. 그러나 동학농민운동은 근대사회를 건설하기 위한 구체적인 방안을 제시하지 못한 한계성을 지녔으며, 근대 무기로 무장한 일본 침략군을 물리치기에는 역부족이었다.
16	국사	동학 농민 운동은 농민층이 전통적 지배 체제에 반대하는 개혁 정치를 요구하고, 외세의 침략을 자주적으로 물리치려 했다는 점에서 아래로부터의 반봉건적, 반침략적 민족 운동이었다. 비록 당시의 집권 세력과 일본 침략 세력의 탄압으로 실패하였지만, 이들의 요구는 갑오개혁에 부분적으로 반영되었다.
17	한국사	우리 역사상 최대 규모의 농민운동이었지만 결국 일본군의 개입으로 실패하였다. 안으로 정치와 사회 개혁을 이루고 밖으로 외세의 침략을 물리쳐 나라를 지키고자 한 농민항쟁이었다. 이 운동에서 제기된 양반 중심의 사회 질서에 대한 개혁요구는 갑오개혁에 반영됨으로써 새로운 질서의 성립을 촉진하였다. 또한 동학농민군의 잔여세력이 을미의병에 가담함으로써, 반침략 항일 투쟁의 토대를 마련하였다. 향후 농민층은 영학당, 활빈당 등의 무장 결사를 조직하여 민족운동에 적극 나섰으며, 을사늑약 이후에는 치열한 항일의병투쟁을 전개하였다.
18	한국사	동학농민운동은 일본군의 개입으로 실패하였다. 그렇지만 안으로 개혁정치를 통해 봉건지배질서를 타파하고, 밖으로 외세의 침략을 물리쳐 나라를 지키려고 했던 우리 역사상 최대 규모의 농민운동이었다. 이 운동에서 제기된 양반 중심의 사회질서에 대한 개혁 요구는 갑오개혁에 반영됨으로써 새로운 질서의 성립을 촉진하였다. 그러나 근대국가를 건설할 수 있는 정치개혁안을 제시하지는 못하였다. 한편, 동학농민군의 잔여세력이 의병에 가담함으로써 반침략 항일투쟁의 토대를 마련하였다. 향후 농민층은 활빈당 등의 무장결사를 조직해 민족운동에 적극 나섰고, 을사늑약 이후에는 치열하게 항일의병투쟁을 전개하였다.

〈표 8〉을 통해 확인할 수 있는 것은 『국사교본』에는 동학농민운동의 역사적 의의에 대해 서술이 전혀 없다는 것이다. 이는 저자인 이병도와 김상기가 그 의미 부여를 하지 않은 것으로 이해된다. 그러나 『국사교본』의 수정판과 같은 성격을 갖는 이병도의 『새국사교본』에는 동학농민운동을 "일종의 계급전쟁으로, 주로 농민·노예가 당시 부패한 특권계급에 대하여 폭력적 항거"라고 평가하면서도 뒤이어 "오합의 무리이므로 실패에 돌아갈 것"이라 하면

서 청일전쟁과 갑오개혁에 끼친 영향이 매우 컸다고 하여 한편으로는 식민지시기 관변학자들의 동학농민운동에 대한 인식에 머물면서 다른 한편으로는 이 운동이 한국근대사에 끼친 영향이 대단히 컸다는 사실에 의미를 부여하고 있다. 또 이병도는 『국사』(일조각, 1957) · 『국사』(일조각, 1965) · 『국사』(일조각, 1972)에서 동학농민운동을 "이를 영도할 만한 큰 인물이 없었고, 비조직적 · 무계획적인 폭동에 불과"하였다고 평가하였다. 이와 같이 이병도가 저술한 국사교과서에서는 동학농민운동을 '비조직적 · 무계획적인 폭동'이라 규정하였으나 같은 시기에 발간된 이홍직의 『우리나라문화사』(민교사, 1960)에서는 "갑오경장을 일으키어 우리나라의 근대화를 촉진"시켰고, 역사교육연구회의 『고등국사』(교유사, 1962)에서는 "단순한 동학교도만의 반란이 아니요 관권에 시달리던 전 민중의 궐기"라 평가되었다. 그리고 최남선은 『고등국사』(사조사, 1965)에서 동학농민운동을 "민중의 반란"이라 하였으나 그 원인을 "정부 관리의 부패"에서 찾았다. 이와 같이 교수요목기부터 제2차 교육과정기에 이르는 시기의 동학농민운동에 대한 교과서의 평가는 필자에 따라 상당한 차이가 있다. 이는 특히 제1차 교육과정기에 심각하였으며, 이러한 경향은 이후에도 개선되지 않고 1973년 교과서 국정화의 가장 커다란 구실이 되었다.[38]

1973년 국사교과서의 국정화 이후인 1977년 제3차 교육과정기에 발행된 국사교과서에서는 "안으로는 실학사상, 갑신정변, 동학혁명을 이은 갑오경장을 단행하게"한 사건으로 평가하였으며, 제3차 교육과정이 부분 수정된 1979년 발행된 국사교과서와 제4차 교육과정기의 국사교과서에는 "성리학적 전통사회가 붕괴하기 시작하여 새로운 근대사회로 전진하는 중요한 계기"로서 높게 평가하였다. 그리고 제5차 교육과정기의 국사교과서에서는 동학농민운동의 성격을 반봉건적 성격과 반침략적 성격이 있다고 하면서 반봉건적 성

---

[38] 박진동, 「해방후 역사교과서 발행제도의 추이」, 『역사교육』 91, 역사교육연구회, 2004, 34~35쪽.

격은 갑오개혁에 영향을 끼쳐 성리학적 전통질서의 붕괴를 촉진하였고, 반침략적 성격은 동학농민군의 잔여세력이 의병운동에 가담하여 구국의병투쟁을 활성화시켰음을 강조하였다. 이러한 제5차 교육과정기의 동학농민운동에 대한 평가는 제6차 교육과정에도 이어졌으나 이 시기에는 동시에 동학농민운동의 한계로서 근대적인 국가건설을 위한 구체적인 방안을 제시하지 못한 점과 근대 무기로 무장한 일본군을 물리치기에는 역부족이었다는 점을 지적하였다. 그리고 제7차 교육과정기에는 제6차 교육과정기의 평가와 대동소이한 평가를 하였으나 한국근현대사 과목이 선택과목으로 분리됨에 따라 교과서 서술이 소략해졌다. 2009 개정 교육과정에 접어들어서는 우리 역사상 최대 규모의 농민운동이었다는 점을 지적하면서 제5차 교육과정기 이래 반봉건·반침략의 성격을 강조하였다. 그러나 근대 국가 건설을 위한 정치개혁안을 마련하지 못한 점을 비판하였으며, 동학농민군의 잔여세력이 의병에 가담함으로써 반침략 항일투쟁의 토대를 마련하였고, 영학당과 활빈당의 활동 등 농민층이 민족운동에 적극 참여하는 계기가 되었다고 하였다.

그리고 동학농민운동의 결과 추진된 갑오개혁에 대한 평가 역시 필자에 따라 다르다는 점도 두드러진 특징이라 할 수 있다. 즉 이병도는 『국사』(일조각, 1957)·『국사』(일조각, 1965)·『국사』(일조각, 1972)에서 갑오개혁을 피동적인 개혁이라 규정하였다. 이는 제1차 교육과정과 제2차 교육과정을 거치면서 이병도가 집필한 교과서에서 일관되게 서술되고 있다. 그러나 제1차 교육과정기인 1960년 이홍직의 『우리나라문화사』 등 여타 교과서에서는 갑오개혁에 대해 "근대화를 촉진시"켰다거나 "근대사회로 넘어가는 계기"가 되었다라고 긍정적인 평가를 하고 있다. 다만 제3차 교육과정기인 1975년 편찬된 『국사』에서는 '강제적인 갑오경장'이라 표현하여 갑오개혁이 자주적인 성격을 띤 것이 아니라 일제에 의해 강제되었다는 서술을 하고 있다. 이는 이병도가 집필한 교과서의 갑오개혁에 대한 평가의 연장선에 있는 것이라 할 수 있다. 그러나 제3차 교육과정이 부분 수정된 1979년의 『국사』에서는 갑오개혁의 피동성 혹은 강제성에 대한 언급이 사라져 이후 국사교과서의 서술의 모범이 되었다.

이와 같이 동학농민운동과 갑오개혁에 대한 평가에서 이병도가 집필한 교과서와 그 외의 필자들이 집필한 교과서는 정반대의 평가를 하고 있다. 이는 앞에서도 언급한 1973년 국사교과서 국정화의 한 구실이 되었다고 할 수 있다.

한편 동학농민운동의 전개과정에서 조선정부는 청군의 파병을 요청하였고, 청국은 텐진조약에 따라 일본에 조선에 대한 군대의 파병을 알렸다. 이에 일본 역시 조선에 군대를 파병하여 청일전쟁이 발발하게 되었다. 이 청일전쟁에 대해 각 교육과정기의 국사교과서는 〈표 9〉와 같이 서술하였다.

〈표 9〉 청일전쟁에 대한 서술

번호	교과서명	관련 서술
1	국사교본	동학란이 일어나자 정부는 청국에 원병을 청하였으므로 淸將 葉志超는 6천의 군사를 거느리고 고종 31년 6월에 아산만에 상륙하였으며 일본도 天津條約에 의하여 또한 군함 7척과 陸兵 8천으로 인천에 상륙하여 그 중 1400명이 서울에 머무르게 되었다. 청일 두 나라 사이에 조선 문제를 걸고 교섭, 절충이 있었으나 마침내 깨어지고 그 해 7월 27일에 청국군함이 일본군함에게 포화를 퍼부음으로부터 청일전쟁은 시작되었다. 전쟁은 해륙에서 모두 청군에게 불리하였다.
2	새국사교본	처음 동학란이 일어났을 때 사대당으로 세도를 잡고 있던 민씨일파는 난의 확대를 너무나 두려워하여 원세개를 통하여 청국에 원병을 구하였다. 조선을 속국시 하는 청국은 이를 호기로 삼아 6천 명의 군대를 보내어 아산만에 상륙케 하였다. 갑신 이후 청국에게 세력을 잃은 일본도 이를 좋은 기회로 여기어 천진조약에 의하여 거류민 보호의 명목으로 군대 8천 명을 조선에 보내니 마치 두 씨름꾼이 조선이란 씨름터에 등장한 광경이었다. 동학란의 원인이 조선 내정의 적폐에 있었으므로 일본은 내정 개혁을 정부에 권고하는 동시에 청국에 대하여도 공동협조하기를 교섭하였다. 청은 듣지 않고 도리어 일본의 철병을 요구하였다. 일본은 이때 청국세력을 조선에서 일소하려 하여 일방 일공사와 친일당을 시켜 앞서 청국에 잡혀갔다 돌아온 대원군을 받들고 궐내에 들어가 민씨일파의 부청당(사대당)을 몰아내고 일방으로 청국에 선전하니 조선은 완전히 일청 양국의 병화중에 놓여 있었다. (중략) 그동안 청일전쟁은 아산만과 성환과 평양전에서 청군이 대패하고 그 후 여순과 위해위가 함락되매 청국은 화의를 제출하여 이홍장과 이등박문이 하관에서 조약을 맺고 싸움을 끝였다. 이 하관조약에서 조선의 독립을 완전히 승인하고 청국은 요동반도를 일본에 주기로 하였다. 그러나 일본이 요동반도를 차지함은 동양 평화를 깨트리는 근본이 된다 하여 노·불·독의 세 나라의 위압적 간섭으로 이를 도로 청국

		에 돌려주었다. 이에 민씨일파는 일본의 약함을 알고 친로적 경향을 띠우게 되었다. 박영효 일파가 폐위를 음모 하다가 발각되어 일본으로 망명하매 친일파의 개혁당은 일소되고 친로파를 섞은 제3차 김홍집 내각이 서게 되었다.
3	국사	동학란이 일어나자 청국은 조선의 청병으로 군대를 파견하매, 일본도 거류민 보호를 구실로 출병하고는 동학란의 원인이 내정 부패에 있으므로 이것을 개혁해야 한다 하고, 청에 대하여 이 개혁에 협동하기를 교섭하다가 거절당하고, 이어 청일전쟁이 벌어지게 되었다. 이때 일본은 대원군을 받들고, 김홍집(金弘集)을 수반으로 하여 혁신내각을 조직하고 개혁에 착수하였다.
4	우리나라 문화사	동학란이 일어나자 이에 당황한 정부에서는 곧 청에 원병을 요구하였는데, 조선에서의 세력 신장의 기회를 기다리고 있던 청은 이에 응하여 군대를 파견하였다. 일본도 시기를 고대하고 있던 처음으로 <u>공사관의 보호를 핑계 삼아 군대를 파견하였다</u>. 일본은 재빨리 서울을 점령하고 무력으로 정치의 지배권을 차지하여 청의 세력을 일소하려 하였으며, 청과의 일전을 사양하지 않으려는 강경한 태도를 취하였다. 동학란이 일단 평온하여지자 조선은 양군의 철퇴를 요구하고 청도 이에 응하였으며 열국도 이를 찬성하였으나, 일본은 이를 거절하고 도리어 조선의 내정개혁이라는 새로운 과제를 제출하였다. 여기서 회담은 결렬되고 양국은 드디어 교전상태에 들어가게 되었으니 이는 일본이 바라던 바였다. 아산만에서 <u>일본 해군의 공격으로 시작된 전쟁</u>은 성환, 평양에서의 전투가 모두 일본의 승전으로 귀하였고 드디어는 <u>만주, 싼뚱반도, 타이완까지 점령하기</u>에 이르렀다. 청은 할 수 없이 항복하고 양국 사이에 바칸(시모노세키)조약이 맺어졌는데, 여기서 청은 조선의 완전 독립국임을 승인하고, 랴오뚱반도와 타이완을 일본에 할양하고, 배상을 지불할 것 등을 약속하였다. 이리하여 청의 세력은 조선에서 완전히 물러나고 일본의 힘은 멀리 만주에까지 미치게 되었으니 조선은 완전히 일본의 지배하에 놓이는 것 같았다.
5	고등국사	여기에(정치 문란과 민란의 속발-인용자) 전부터 조선 침략의 기회를 노리던 일본은 이 기회에 조선에 있어서의 청의 세력을 일소하고자 청일전쟁을 조발하였고, 한편 조선에 있어서의 정치, 경제면에서의 우월권을 확립하고자 갑오경장이라는 급진적 대개혁을 단행하도록 강요하였다. (중략) 일본은 청일전쟁이 점차 자국에 유리하게 전개되자 가일층 개혁운동을 강화하여 급진적 개혁에 반대하는 대원군을 정계에서 내몰고, 갑신정변 이후 일본에 망명하였던 소장 정치인을 중심으로 신정부를 조직하여 고종으로 하여금 개혁정치의 근본 요강인 홍범14조를 맹서하고 (중략) 동학란이 일어나고 조선 정부의 요청에 따라 청군이 파병하니, 일본<u>은 이를 호기로 삼아 대병력을 보내어 안으로는 갑오경장을 강행하는 한편 또한 밖으로는 청세력을 구축하고자 청일전쟁을 일으켜 마침내 청의 굴복에 따라 마관조약을 체결하여 그의 목적을 달성하였던 것이다.</u> 마관조약은 청이 조선의 독립국임을 확인하고, 또 배상금 3억 량과 대만 및 요동반도를 일본에 할양한다는 내용이다.
6	고등국사	동학란이 일어나매 정부는 크게 당황하여 청에 원병을 요청하였다. 그리하여 청군이 아산만으로 건너오니(5월) <u>일본도 또한 거류민을 보호한다</u>는 하여 재빨리 군대를 보내어(동월) 인천과 서울 사이의 주요한 곳을 점령하였다. 당시 동학란이 일단 진정되었으므로 우리 정부에서는 양군의 철퇴를 요구하니 청국도 이에 응하였으나

254 · 민족종교의 두 얼굴

7	국사	침략의 일전을 각오한 일본은 이를 거절할 뿐만 아니라 청군에 향하여 공동으로 조선의 내정을 개혁시키자는 엉뚱한 제의를 하였다. 청군 측에서 이를 거부하자 <u>일본군이 아산만에서 청군을 공격함으로써 전쟁이 시작되었다.</u> 일군은 성환, 평양 등지에서 청군을 격파하고 다시 여순, 위해위 등 청국의 해군 근거지를 점령한 결과 청일 사이에 마침내 마관조약이 체결되었다(이듬해 3월). 이 조약에서 청일 양국은 조선의 완전 독립국임을 확인하고 청국은 일본에 요동반도와 대만 및 팽호열도를 베어주며 배상금을 낼 것을 약속하였다. 이에 대하여 전부터 요동지방에 야심을 품고 있던 아라사는 독일, 불란서를 움직여 일본이 요동반도를 차지하는 것은 동양 평화를 위태롭게 하는 것이라 하여 소위 삼국간섭을 일으킨바 일본은 할 수 없이 요동반도를 청국에 돌려보내었다.
		동학란이 일어나자 청국은 조선의 청병으로 군대를 파견하매, <u>일본도 거류민 보호를 구실로 출병하고는</u> 동학란의 원인이 내정 부패에 있으므로 이것을 개혁해야 한다 하고, 청에 대하여 이 개혁에 협동하기를 교섭하다가 거절당하고, 이어 청일전쟁이 벌어지게 되었다. 이때 일본은 대원군을 받들고, 김홍집(金弘集)을 수반으로 하여 혁신내각을 조직하고 개혁에 착수하였다.
8	고등국사	동학안이 일어나서 전주가 점령당하였을 때 조정에서는 어찌할 바를 모르고 청의 원세개와 상의하여 청병 1,500명을 불러와서 관군과 협력하여 동학군을 평정하였다. 그때 일본군은 임오군란 이후 조선에서의 지위가 땅에 떨어져서 항상 기회만을 기다리고 있던 차에 청군이 조선에 출병하니, 일본은 호기가 이르렀다 하여 <u>천진조약을 빙자하고 혼성여단을 파견하기에 이르렀다.</u> 일본은 그의 무력을 배경으로 조선에서의 지위를 확고히 하기 위하여 동학란의 원인이 조선 내정의 적폐에 있다 하고 그 개혁을 정부에 권고하는 동시에 청국에게도 합력 추진할 것을 요구하였다. 이는 순전히 내정간섭인 까닭에 청국은 듣지 않고 도리어 철병하기를 주장하니, 일본은 단독으로 이를 수행하겠다고 하고 조선 정부에 대하여 내정 개혁안을 제출함과 함께 청국과의 종속관계의 폐기를 요구하여 왔다. 조정에서 이를 듣지 않으니, 마침내 일군은 무력으로 왕궐을 점령하고 강제로 민씨정권을 넘어뜨린 후 대원군을 세워서 개화당의 정부를 수립시키고, 한편 청국에 선전하여 청일전쟁을 일으켰다. (중략) 일본은 갑오경장에 착수하는 한편 또한 청일전쟁을 일으켜서 마침내 고종 32년(1895)에는 청을 굴복시키고 마관조약의 체결로 목적을 달성하였다. 마관조약에 의하여 청국은 조선의 독립국임을 확인하고 또 배상금 3억 량과 대만 및 요동반도를 일본에 할양하기로 하였다. 그러나 일본이 요동반도 점유는 동양평화의 화근이 된다 하여 노, 독, 불 3국이 간섭하니 일본은 하는 수 없이 이를 청국에 환부하였다.
9	국사	동학혁명이 일어나자 청국이 조선의 요청으로 군대를 파견하게 되니, <u>일본도 거류민 보호를 구실로</u> 조선에 군대를 주둔시켰다. 그리고는 동학혁명의 원인이 내정 부패에 있으니 이것을 개혁해야 한다고 주장하고, 청에 대하여 이에 협동하기를 교섭하였다. 일본은 청에게 이 교섭이 거절당하자 독자적으로 흥선대원군을 받들고, 김홍집을 수반으로 혁신내각을 조직하고, 군국기무처라는 기관을 설치하며 개혁에 착수하였다. (중략) 동학혁명을 계기로 청일 양국의 군대가 조선에 파견되어 왔다 함은 앞에서도 말한 바 있다. 이들이 군사를 파견한 것은 다 같이 조선에 그들의 세력을 뿌리박자는

		것이었고, 조선정부의 친러적 경향을 막아 그들의 정치적, 경제적 이익을 확보하려는 데 있었다. 동학혁명이 일단 평온하여지자 조선은 양군의 철퇴를 요구하니, 청국은 이에 승낙하였고, 열국도 이를 찬성하였다. 그러나 일본만이 거절하고 동학혁명이 조선의 내정 부패에 있으므로 혁명의 요인을 제거하기 위해 내정개혁을 단행한 후에 철병하자고 하였다. 여기서 회담은 결렬되고 청일 양국은 아산만에서 <u>일본의 공격으로 전쟁에 돌입</u>하여 성환·평양 등지에서 일본이 승전하고, 만주를 점령하기에 이르니 청은 할 수 없이 항복하여 시모노세키조약이 맺어졌다. 이 조약에서 청은 조선이 독립국임을 승인하고 랴오둥반도와 타이완을 일본에 할양하며 중국 본토에서 일본의 상업적 진출을 허락하는 것 외에 막대한 배상금의 지급을 약속하였다. 이리하여 청의 세력은 조선에서 완전히 물러나고 일본은 조선뿐만 아니라 만주와 중국대륙으로 진출할 기반을 닦게 되었다. 그러나 이러한 일본의 야심은 극동 방면 진출에 열을 올리고 있던 러시아를 자극하게 도어 러시아는 일본의 랴오뚱반도 점유는 동양 평화를 위태롭게 한다는 이유로 독일과 프랑스의 협력을 얻어 그것을 청에 반환할 것을 요구하였다[삼국간섭, 1895]. 이러한 삼국의 요구에 일본이 굴복하자 조선에서는 민씨일파를 중심으로 일본의 지나친 간섭에서 벗어나려고 러시아세력에 의지하려는 친러적 경향이 나타났다.
10	국사	동학농민군 봉기에 당황한 정부는 청에 원병을 요청하였다. 청으로서는 민씨일파의 친러적 경향을 제거하는 기회로 여기어 군대를 파견했고, 한편 우니나라의 독점적 지배를 꾀하던 <u>일본도 텐진조약을 구실로 군대를 파견</u>하여 서울과 인천 등에 주둔하였다. 뒤이어 <u>일본은 아산만에서 청의 군함을 공격</u>하고 성환, 평양 등지에서 청군을 격파하였다. 이어 황해 해전에서 이기고 랴오뚱반도의 뤼순과 산뚱반도의 웨이하이웨이를 점령하고 타이완을 공격하였다.
11	국사	정부가 끌어들인 청군이 아산만에 상륙하고 이어 일본군이 출동하여 국제적인 문제로까지 확대되었다. (중략) 동학농민의 진압에 성공한 일본은 청일전쟁을 서두르면서 조선정부에 대하여 내정개혁을 강요하였다. 그 목적은 조선의 근대화를 위해서가 아니라 그들의 침략정책 추진상 책임의 소재를 밝힐 수 있는 정돈된 정부가 필요했기 때문이었다. 그리하여 일본군은 왕궁을 포위하고 대원군을 앞세워 민비세력을 몰아낸 후 김홍집 등의 개화파로 친일정부를 조직하여 그들의 개혁안대로 국정개혁을 단행하게 하였다. (중략) 일본은 청일전쟁에서 승리한 다음 시모노세키조약을 체결하여 조선에서의 청의 세력을 일소하였다. 그리고 청으로부터 요동반도와 타이완을 할양받고 배상금 2억냥을 차지하였다. 이와 같이 일본은 한반도뿐만 아니라 대륙으로 진출하여 열강의 아시아정책에도 변화를 일으키게 하였다. 그러나 남하정책의 일환으로 만주 경영을 추진하던 러시아는 곧 독일, 프랑스와 협동하여 일본에게 동양평화에 해롭다는 구실로 요동반도를 청에게 반환하도록 요구하였다. 이러한 삼국간섭에 맞설 힘이 없는 일본은 부득이 요동반도를 청에게 반환하여 국제적 위신이 추락하였다.
12	국사(하)	조선에 대한 간섭의 기회를 엿보고 있던 청일 양국군이 아산만과 인천 쪽으로 출동

		하여 국제적인 문제로까지 확대되었다. (중략) 동학군은 일본군이 궁궐에 침입하여 민씨세력을 몰아내고 청일전쟁을 도발하자 민족의 위급을 구하고자 다시 일어나 구국항쟁을 폈다. (중략) 동학군 진압에 성공한 일본은 청일전쟁을 서두르면서 조선정부에 대하여 그들의 정치적 영향력을 강화하고자 내정개혁을 강요하였는데, (중략) 일본은 청일전쟁에서 승리한 다음 시모노세키조약을 체결하여 조선에서 청의 세력을 일소하였다. 그리고 청으로부터 요동반도와 타이완을 할양받고 배상금 2억 냥을 차지하였다. 이와 같이 일본은 한반도뿐만 아니라 대륙으로 진출하여 열강의 아시아정책에도 변화를 일으키게 하였다. 남하정책의 일환으로 만주에 세력을 넓히던 러시아는 곧 독일, 프랑스와 제휴하여 일본에 대하여 동양평화에 해롭다는 구실을 들어 요동반도를 청에 반환할 것을 요구하는 3국간섭을 하였다. 이에 맞설 힘이 없는 일본은 부득이 요동반도를 청에 반환함으로써 국제적으로 위신이 떨어졌다.
13	국사(하)	조선에 대한 간섭의 기회를 엿보고 있던 청일 양국군이 아산만과 인천 쪽으로 출동하여 국제적인 문제로까지 확대되자 동학군은 외세의 간섭을 피하기 위하여 정부와 폐정개혁을 타협을 하고 일단 해산하였다. (중략) 동학군 진압에 성공한 일본은 청일전쟁을 서두르면서 조선정부에 대하여 그들의 정치적 영향력을 강화하고자 내정개혁을 강요하였는데, (중략) 청일전쟁에 승리한 일본은 시모노세키조약을 체결하여 조선에서 청의 세력을 몰아냈다. 그리고 청으로부터 요동반도와 타이완을 할양받고 배상금 2억 냥을 받았다. 이와 같이 일본은 한반도뿐만 아니라 중국에까지 세력을 뻗자 열강의 아시아정책도 변화가 일어나게 되었다. 남하정책의 일환으로 만주에 세력을 넓히던 러시아는 곧 독일, 프랑스와 제휴하여 일본에 대하여 동양평화에 해롭다는 구실을 들어 요동반도를 청에 반환할 것을 요구하였다. 이러한 삼국간섭에 맞설 힘이 없는 일본은 부득이 요동반도를 청에 반환함으로써 국제적으로 위신이 떨어졌다.
14	국사(하)	전주화약이 맺어졌으나 정부는 동학농민군의 개혁요구를 받아들여 실천할 의지가 없었다. 또 정부는 동학농민군을 무력으로 진압할 능력이 없었으므로 청에 파병을 요청하였다. 그리하여 청이 파병하게 되자 <u>일본도 텐진조약을 구실로 삼아 군대를 보내어</u> 마침내 청일전쟁이 일어나게 되었다. (중략) 동학농민운동을 계기로 청일 양국군이 조선에 들어왔으나 이미 정부와 동학농민군 사이에는 전주화약이 성립되어 외국 군대의 조선 주둔에 대한 명분이 사라졌다. 이러한 상황 속에서 일본은 동양 평화의 위협이 되는 조선에서의 내란을 예방하기 위해서는 조선의 내정 개혁이 불가피하다고 주장하였다. 그러나 그 내면적인 의도는 일본군의 조선 주둔의 명분을 찾고 나아가서 청과의 전쟁 구실을 만들어 청의 세력을 조선에서 물리친 후 조선에 대한 내정간섭을 통하여 경제적 이권 탈취는 물론 조선 침략의 기반을 닦으려는 것이었다. (중략) 일본은 청일전쟁에서 승세를 잡게 되자 조선에 대한 적극적인 간섭정책을 취하였다.

15	국사(하)	전주화약이 맺어졌으나 정부는 동학농민군의 개혁요구를 제대로 실천하지 못하였다. 이에 앞서 정부는 동학농민군을 무력으로 진압할 능력이 없었으므로 청에 파병을 요청하였다. 그리하여 청이 조선에 파병하게 되자 <u>일본도 텐진조약을 구실로 삼아 군대를 보내어</u> 마침내 청일전쟁이 일어나게 되었다. (중략) 동학농민운동을 계기로 청일 양국군이 조선에 들어왔으나 이미 정부와 동학농민군 사이에는 전주화약이 성립되어 외국 군대의 조선 주둔에 대한 명분이 사라졌다. 이러한 상황에서 일본은 조선에서의 내란을 예방하기 위해서는 조선의 내정 개혁이 필요하다고 주장하였다. 그러나 그 내면적인 의도는 일본군의 조선 주둔의 명분을 찾고 나아가서 청과의 전쟁 구실을 만들어 청의 세력을 조선에서 물리친 후 조선에 대한 내정간섭을 통하여 경제적 이권 탈취와 함께 조선 침략의 기반을 닦으려는 것이었다.
16	국사	일본군이 청일전쟁을 일으키면서 내정을 간섭하자 농민군은 다시 봉기하여 외세를 몰아내기 위하여 서울로 진격하였다. 하지만 <u>텐진조약을 빙자하여 우리나라에 파견된 우세한 무기로 무장한 일본군</u>에게 농민군은 공주 우금치에서 패하고 지도부가 체포되면서 이 운동은 끝났다.
17	한국사	이토 히로부미를 수상으로 한 내각이 반대파로부터 탄핵될 위기에 처하자 일본은 동학농민운동(1894)을 빌미로 삼아 돌파구를 마련하려 하였다. <u>일본은 조선 내의 자국민을 보호한다는 구실로 군대를 파병하고 텐진조약에 따라</u> 청에게 이 사실을 알렸다. 당초 동학농민군 진압을 위해 청군의 파견을 요청했던 조선정부는 청일 양국의 군사적 충돌을 우려하여 양국 군대의 철군을 요구하였다. 그러나 일본은 이를 무시한 채 경복궁을 강제로 점령하여 유리한 고지를 차지한 다음 청군을 기습하여 청일전쟁을 일으켰다91894). 평양전투에서 승리한 것을 계기로 승세를 잡은 일본은 랴오둥반도까지 쳐들어갔다. 결국 전쟁은 청이 이길 것이라는 국제사회의 예상과는 달리 일본의 승리로 막을 내렸다. 청과 일본은 전후 처리를 위해 시모노세키조약을 체결하였다 이를 통해 청은 조선에서 물러났고 일본에 랴오둥반도와 타이완 등을 할양했으며, 배상금 2억 냥을 지불하였다. 청은 일본에게 지급할 배상금을 구하기 위해 영토와 이권을 담보로 열강에게 차관을 얻었다. 이에 열강들의 침략이 확대되어 청은 반식민지 상태로 전락하였다. 반면 승리한 일본은 만주 침략에 유리한 고지를 확보했고 엄청난 배상금을 받아 산업화에 박차를 가하였다. 또한 일본의 침략에 저항하는 동학농민운동을 진압하고 갑오개혁을 강요하는 등 조선에 대한 영향력을 확대하였다. 청일전쟁을 계기로 오랫동안 이어져 왔던 중국 중심의 동아시아 국제 질서는 해체되었다.
18	한국사	이 무렵(갑신정변 무렵) 반대파로부터 탄핵될 위기에 처한 이토 히로부미 내각은 조선에서 일어난 동학농민운동을 빌미로 돌파구를 찾으려 하였다. 조선정부는 동학농민군을 진압하기 위해 청에 군대 파견을 요청하였다. 청이 군대 파견을 결정하고 텐진조약에 의거해 일본에 그 사실을 알려주자 <u>일본도 이를 기회로 조선에서 영향력 확대를 노리며 군대를 파견하였다.</u> 조선정부는 청일 양국의 군사적 충돌을 우려해 두 나라에 철군을 요구하였다. 그러나 일본은 이를 무시한 채 경복궁을 강제로 점령하여 조선정부를 장악하고 청군을 기습하여 청일전쟁을 일으켰다(1894). 이 전쟁은 국제 사회의 예상과 달리 일본의 승리로 막을 내렸다.

청과 일본은 전후 처리를 위해 시모노세키조약을 체결하였다. 그리하여 청은 조선에서 물러났고 일본에 랴오뚱반도와 타이완을 할양했으며, 배상금 2억 냥을 지불하였다. 청은 일본에 지급할 배상금을 구하기 위해 영토와 이권을 담보로 열강에게 차관을 얻었다. 그 결과 열강의 침략이 확대되어 반식민지 상태로 전락하였다. 반면 승리한 일본은 만주 침략에 유리한 고지를 확보했고, 엄청난 배상금으로 산업화에 박차를 가하였다. 또한 일본의 침략에 저항하는 동학농민운동을 진압하고 갑오개혁을 강요하는 등 조선에 대한 영향력을 확대하였다.
청일전쟁을 계기로 오랫동안 이어져 왔던 중국 중심의 동아시아 국제 질서는 해체되었다. 청은 조선에 대한 영향력을 완전히 상실한 반면 일본은 중국에서 서양 열강과 같은 지위를 얻으며 제국주의 대열에 합류하였다. 청의 허약한 실체가 드러나면서 청을 분할하려는 열강의 경쟁이 가속화되었다.
한편 청일전쟁의 승리로 일본이 랴오둥반도를 할양받자 러시아는 프랑스와 독일을 끌어들여 이를 저지시켰다(삼국간섭, 1895). 이후 일본은 한반도와 만주를 두고 러시아와 대립하였다.

〈표 9〉에서 볼 수 있듯이 청일전쟁에 대한 각 교과서의 서술은 크게 일본군의 조선 파병이 텐진조약에 근거한 것이라 서술하였다. 이러한 서술은 『국사교본』에서 비롯되어 제3차 교육과정에까지 그대로 서술되다가 1979년 제3차 교육과정이 부분 수정된 이후 편찬된 국사교과서와 제4차 교육과정기에는 보이지 않으나 제5차 교육과정기의 국사교과서에 다시 수록되어 제7차 교육과정기까지 수록되어 있다. 그러나 2009 개정 교육과정기의 한국사 교과서에는 일본군이 조선 내의 자국민을 보호한다는 명분하에 파병되었다고 서술되었으며, 2009 수정 교육과정기의 한국사 교과서에는 청이 텐진조약에 따라 조선에 대한 파병을 일본에 알리자 일본도 이를 기회로 조선에서 영향력 확대를 노리며 파견하였다고 서술되었다.

텐진조약에는 "장래 조선국에 변란이나 중대 사건이 일어나 중일 양국 혹은 1국이 파병을 요할 때에는 마땅히 우선 상대방 국가에 문서로 알릴 것이며, 그 사건이 진정되면 즉시 철회하고 다시 주둔하지 않는다"[39]고 하였을

---

[39] 텐진조약의 전문은 다음과 같다(최덕수 외 지음, 『조약으로 본 한국근대사』, 열린책들, 2010, 299~300쪽).
1. 다음을 의정한다. 중국은 조선에 주둔하고 있는 군대를 철수하고, 일본국은

뿐이다. 따라서 텐진조약에 따라 일본군이 조선에 파병되었다는 서술은 잘못된 것이라 할 수 있다. 결국 2009 개정 교육과정 이후에 와서야 비로소 텐진조약의 따라 일본군이 파병된 것이 아님을 명백히 한 것으로 판단된다.

다음으로 청일전쟁을 도발한 주체에 대한 것이다.『국사교본』에는 1894년 "7월 27일 청국군함이 일본군함에 포격"함으로써 청일전쟁이 시작되었다고 하였으나 이후의 교과서에서는 일본군이 먼저 공격한 것으로 서술되어 있다.『새국사교본』·『우리나라문화사』(이홍직)·『고등국사』(역사교육연구회)·『고등국사』(김상기)·『고등국사』(최남선)·『국사』(이병도, 1972)·『국사』(문교부, 1977)·『한국사』(한철호 외, 2011)·『한국사』(한철호 외, 2014)에는 '청국에 선전', '일본 해군의 공격', '청일전쟁을 일으켜', '일본의 공격', '청일전쟁을 도발', '청군을 기습' 등의 표현을 써서 일본군이 청일전쟁을 일으켰다고 서술하였다. 다만 이병도의『새국사교본』과 최남선의『고등국사』에는 일본이 청에 선전하였다고 하였으나 실제 일본군은 선전포고 없이 기습적으로 청군을 공격하였다는 것이 통설이다.

한편 청일전쟁의 결과 체결된 시모노세키조약에 관한 설명에 주목하지 않을 수 없다. 제2차 교육과정시기까지는 시모노세키조약을 하관조약(『새국사교본』)·바칸(시모노세키)조약·마관조약·시모노세키조약 등의 용어를 사용하였으나 제3차 교육과정 이후에는 시모노세키조약으로 통일되었다. 이는 국사교과서의 국정화의 근거가 되었던 '내용상의 혼돈'을 바로잡으려는 노력

공사관을 호위하기 위하여 조선에 주둔하고 있는 군대를 철수한다. 서명 날인한 날로부터 계산하여 4개월 이내에 각기 전체를 철수해 양국 간 분쟁이 야기될 우려를 없앤다. 중국군은 마산포에서, 일본군은 인청항에서 철수한다.
1. 양국은 다음을 함께 승인한다. 조선 국왕에게 병사를 교련할 것을 권하여 치안을 충분히 스스로 지키도록 한다. 도한 조선 국왕이 다른 나라의 무관 1인 혹은 여러 명을 고용해 교련을 위임케 하되 이후 중일 양국은 무관을 파견해 조선에서 교련하는 일이 없도록 한다.
1. 장래 조선국에 변란이나 중대 사건이 일어나 중일 양국 혹은 1국이 파병을 요할 때에는 마땅히 우선 상대방 국가에 문서로 알릴 것이며, 그 사건이 진정되면 즉시 철회하고 다시 주둔하지 않는다.

의 일환이었다고 생각된다. 그리고 제2차 교육과정까지 시모노세키조약에 대해 서술하면서 청이 조선의 독립국임을 승인하였다는 것을 중요하게 설명하였다. 그러나 제3차 교육과정 이후에는 이러한 설명은 이루어지지 않고 조선에서 청의 세력을 일소하고 조선에 대한 침략을 본격화하였다고 서술하였다. 특히 제3차 교육과정이 부분 수정된 1979년 이후의 교과서에서는 청일전쟁과 시모노세키조약이 일본의 한반도 침략뿐만 아니라 대륙(중국) 침략의 계기가 되었음을 서술하고 있다. 또한 2009 개정 교육과정 이후에는 시모노세키조약에 의해 일본이 청으로부터 받은 배상금이 일본의 산업화를 이끌었다는 점도 서술되었다. 따라서 청일전쟁에 대한 교과서 서술의 변천은 시공간적인 변화가 있었음을 알 수 있다. 즉 해방 직후의 교과서에서는 청일전쟁을 한국사적 관점에서만 바라보았으나 제3차 교육과정 이후에는 이를 일제의 아시아에 대한 침략, 일본 자본주의의 발달이라는 관점으로까지 확장하였던 것이다.

이와 같은 청일전쟁에 대한 서술의 변천은 물론 당대의 연구 수준을 반영하는 것이겠지만 다른 한편으로는 식민사관을 극복하는 과정이기도 하였다. 특히 청일전쟁을 청국이 도발하였다는 『국사교본』의 서술은 "이 해 7월 풍도 앞바다에서 우리 군함을 포격하여 전쟁을 시작하였으나 우리 군함이 응전하고 이를 격파하였다"40)고 서술한 『보통학교국사 아동용』의 내용과 동일하다. 또한 조선이 독립국임을 청이 승인했다는 시모노세키조약에 대한 서술은 이 조약의 본질을 파악하지 못한 채 일본의 주장을 그대로 수용한 것으로 보인다. 이는 해방 이후 국사교과서 집필자의 사관의 문제이기도 하지만 기본적인 사실 확인도 하지 않았거나 조선총독부의 역사서술을 무비판적으로 인용했기 때문이라 생각된다. 이러한 오류를 잡아가는 과정이 이후 한국사교과서의 개편 과정이었고 동시에 식민사관을 극복하는 과정이었다고도 할 수 있다.

---

40) 『普通學校國史 兒童用』 下卷, 조선총독부, 1922, 129쪽.

다른 한편 해방 이후 교과서의 변천과정을 통해 알 수 있는 것은 사진이나 표, 지도, 사료 및 도움글 등이 점차 많아졌다는 점이다. 이는 텍스트 위주의 서술이 아니라 학습자인 학생들의 역사적 사고력을 신장시키고자 하는 목적에서 이루어진 것으로 판단된다. 〈표 10〉은 동학농민운동과 관련된 각 교과서의 학습자료를 도표화한 것이다.

〈표 10〉 동학농민운동과 관련된 학습자료

번호	교과서명	사진, 표	지도	사료 및 도움글
1	국사교본			
2	새국사교본			
3	국사	대원군의 효유문		
4	우리나라문화사	잡혀가는 전봉준		
5	고등국사		동학란 봉기도	
6	고등국사			
7	국사	대원군의 효유문		
8	고등국사		동학소요지도	
9	국사	체포되어 압송되는 전봉준	동학혁명도(1894), 청일전쟁도(1894~95)	
10	국사			동학농민군의 12개 항목의 폐정개혁안
11	국사		동학농민군의 봉기	
12	국사(하)	동학군 봉기지	동학운동 봉기도	12개조 폐정개혁안
13	국사(하)	동학군 봉기지	동학운동 봉기도	12개조 폐정개혁안
14	국사(하)		동학의 교세 확장 동학농민운동의 전개	전봉준의 격문 폐정개혁 12조
15	국사(하)		동학의 교세 확장 동학농민운동의 전개	폐정개혁 12조
16	국사	동학농민운동의 지도자 전봉준		동학봉기를 알리는 격문(『동학사』) 후천개벽과 보국안민을 주장한 동학사상(최시형의 최초 설법, 『동경대전』)
17	한국사	사발통문, 전봉준, 김개남(추정), 손화중, 만석보유	제1차 농민봉기(1894.3~5),	사발통문 결의문, 되살아난 삼정의 문란(황현, 『오하기

		지비, 재판을 받기 위해 법정으로 출두하는 전봉준, ⟨표 1⟩ 동학농민운동의 내용과 성격, ⟨표 2⟩ 동학농민운동의 전개	제2차 농민봉기 (1894.9~1895.1)	문』), 정치운동으로 발전한 교조신원운동(보은집회 때 동학교도들이 서울에서 파견된 어사에게 보낸 글), 외세의 경제 침탈(동학교도들이 공주집회에서 충청감사에게 보내는 글, 1892), 백산격문(1894.3), 농민군 4대강령(정교, 『대한계년사』), 폐정개혁안 12개조(오지영, 『역사소설 동학사』), 전봉준공초, 일청전사 초안(1894.7.20, 양력)
18	한국사	전봉준, 김개남(추정), 손화중, 만석보유지비, 사발통문, 전봉준생가터 시비, 재판을 받기 위해 법정으로 출두하는 전봉준	동학농민봉기	백산격문(1894.3), 정치운동으로 발전한 교조신원운동(보은집회 때 동학교도들이 서울에서 파견된 어사에게 보낸 글), 농민군 4대 강령(정교, 『대한계년사』), 사발통문, 폐정개혁안 12개조(오지영, 『동학사』), 전봉준공초

⟨표 10⟩에서 확인할 수 있듯이 동학농민운동 관련 사진으로 교과서에 수록된 것은 대원군의 효유문, 잡혀가는 전봉준, 동학군 봉기지, 동학농민운동의 지도자 전봉준, 사발통문, 김개남(추정), 손화중, 만석보유지비, 전봉준생가터 시비 등이다. 제7차 교육과정까지는 전봉준의 사진과 동학군의 봉기지, 대원군의 효유문 등이 수록되었으나 2009 개정 교육과정부터 사발통문, 김개남(추정), 손화중, 만석보유지비, 전봉준생가터 시비 등이 수록되어 동학농민운동을 전봉준을 중심으로 서술하는 태도를 지양하고 있음을 확인할 수 있다. 특히 사발통문, 김개남(추정), 손화중 등의 사진이 수록된 것은 동학농민운동이 사회변혁지향세력에 의해 지도되었다는 사실을 강조하기 위한 것이었다고 생각된다.

다음으로 동학농민운동 관련 지도는 동학란봉기도, 동학소요지도, 동학혁명도, 청일전쟁도, 동학농민군의 봉기, 동학운동 봉기도, 동학의 교세 확장, 동학농민운동의 전개, 제1차 농민봉기, 제2차 농민봉기, 동학농민봉기 등이 있다. 이 지도들은 동학농민운동의 전개과정을 보여주는 것인데, 제6차 교육과정까지의 시기와 제7차 교육과정 이후의 시기로 나누어 볼 수 있다. 즉 제6차 교육과정까지의 시기에는 제1차 농민전쟁 제2차 농민전쟁을 구분하지 않고 동학농민운동의 전개과정을 표시하였는 데 비하여 제7차 교육과정부터는 제1차 농민전쟁과 제2차 농민전쟁으로 구분하여 표시하였다. 이는 해당 시기 동학농민운동에 대한 서술을 반영한 것이라 할 수 있다.

한편 교과서에 수록된 사료로는 폐정개혁안 12개조, 전봉준의 격문, 최시형의 최초 설법(『동경대전』), 사발통문,『오하기문』, 보은집회 때 동학교도들이 서울에서 파견된 어사에게 보낸 글, 공주집회에서 동학교도들이 충청감사에게 보낸 글, 백산격문, 농민군 4대 강령, 전봉준공초, 일청전사 초안 등이 있다. 제6차 교육과정기까지에는 폐정개혁안 12개조 외에 수록된 사료가 없었으나 제7차 교육과정부터 격문, 최시형의 설법, 사발통문의 결의문, 교조신원운동기 동학교도들이 어사나 감사에게 보낸 글, 백산격문, 농민군 4개 강령, 전봉준공초 등 동학농민운동의 중요한 문서나 격문, 동학사상을 알 수 있는 설법 등 다양한 자료를 제시하여 동학농민운동에 대한 이해를 돕고 있다. 그런데 교과서에 수록된 사료 중 폐정개혁안 12개조에 대해 최근 문제가 제기되었다.

사료를 학습자료로 수록한 최초의 교과서는 제3차 교육과정기의 『국사』였다. 이 교과서에 수록된 사료는 '폐정개혁안 12개조'였다. 이후 '폐정개혁안 12개조'는 2009 수정 교육과정기의 한국사교과서까지 계속 수록되었다. 제7차 교육과정기의 『한국사』에는 수록되지 않았으나 『한국근현대사』에는 수록되어 있어 사실상 제3차 교육과정 이후 '폐정개혁안 12개조'는 동학농민운동을 상징하는 대표적인 사료로 활용되었다. 특히 '토지는 평균하여 분작케 할 것'이라는 조항은 동학농민운동의 혁명적 성격을 입증하는 것으로 해석되어 왔다. 그러나 최근 '폐정개혁안 12개조'의 출처인 『동학사』(오지영, 1940)

가 1930년대에 작성된 것이라는 점과 그 내용이 「전봉준판결선고서」·『대한계년사』·『속음청사』·『고종실록』·『비서유찬: 조선교섭자료』·『동경조일신문』 등에 실린 폐정개혁안과 내용상의 차이가 커서 그 신빙성이 크게 의심받는다는 주장이 제기되었다.[41] 이러한 주장은 나름대로의 설득력이 있다. 다만 일부에서는 『동학사』의 저자인 오지영이 실제 동학농민운동의 지도부의 일원으로 참여하였고, 동학농민운동 당시 농민군이 주장한 내용이 워낙 많고 다양해서 '폐정개혁안 12개조'를 무조건 의심하는 것은 무리라는 주장도 있다.[42] 어쨌든 '폐정개혁안 12개조'에 대한 비판이 제기되면서 2009 개정 교육과정기의 6종의 『한국사』에 모두 수록되어 있었던 '폐정개혁안 12개조'가 2009 수정 교육과정에 따라 검정, 통과된 8종의 『한국사』에는 미래엔컬쳐와 리베르출판사의 『한국사』에만 수록되어 있고, 나머지 6종의 교과서에는 수록되지 않았다.[43] 이는 『동학사』의 기록에 대한 비판이 어느 정도 수용되었음을 의미한다고 할 수 있다.

그런데 해방 이후 국사교과서에 동학농민운동과 관련된 학습자료가 수록된 것은 제1차 교육과정기였으나 학습자료를 본격적으로 활용하기 시작한 것은 제4차 교육과정 이후라고 할 수 있다. 특히 제7차 교육과정의 『한국근현대사』(금성출판사)에는 안도현의 시 「서울로 가는 전봉준」, 1894년 이전 농민봉기 발생 추이를 나타내는 표, 사발통문 사진, 『취어』, 19세기 초 전라도지방 농민 계층 구성 표, 농민군 4대 강령, 제1차 농민봉기 지도, 동학농민운동 관련 문서, 동학농민군의 무기인 장태 사진, 폐정개혁안 12개조, 『오하기문』, 제2차 농민봉기 지도, 전봉준의 유고시 「운명」, 잡혀가는 전봉준 사진, 전주 덕진공원 내의 전봉준 동상과 김개남 추모비, 손화중 추모비의 사진 등이 수록되어 있다. 이는 『한국근현대사』의 과목 특성과 관련 있다고 할

---

[41] 오영섭, 「현행 고교 한국사 교과서의 독립운동사 서술 현황과 개선 방향」, 『한국민족운동사연구』 75, 한국민족운동사학회, 2013, 257쪽.
[42] 동학과 천도교의 민족운동 연구자인 성주현선생의 교시.
[43] 조성운, 앞의 논문, 『한국민족운동사연구』 78, 240쪽.

수 있으나 앞의 〈표 10〉에서 볼 수 있듯이 2009 개정 교육과정 이후에 학습자료의 활용은 활발하게 이루어지고 있음을 알 수 있다.

4. 맺음말-동학농민운동을 어떻게 가르칠 것인가?

이상에서 해방 이후 각 교육과정기의 국사교과서의 동학농민운동 서술의 변천에 대해 살펴보았다. 이를 통해 제2차 교육과정기까지 동학농민운동을 동학란이라 서술하였고, 1969년 제2차 교육과정이 일부 개정되고 제3차 교육과정기까지는 동학혁명, 동학농민혁명, 동학농민혁명운동이라 규정되어 동학농민운동의 혁명성에 주목하였다가 제4차 교육과정부터는 동학운동, 동학농민운동이라 규정하여 동학농민운동의 혁명성에 대해 제3차 교육과정기보다 강조하지 않고 있음을 알 수 있다. 이와 같이 해방 이후 국사교과서에 동학농민운동은 동학란 → 동학혁명 → 동학농민운동으로 그 용어가 변하였다.

이러한 용어의 변화는 당대의 연구 수준을 반영하는 것이지만 한편으로는 역대 정권의 역사관이 반영된 것이라고도 할 수 있다. 특히 1969년 제2차 교육과정의 일부 개정 이후 동학혁명이란 용어의 선택에는 박정희가 5·16 군사정변을 동학혁명과 같은 반열에 올려놓음으로써 군사정변에 정당성을 부여하고자 한 의도가 있는 것이라 생각된다. 이는 박정희정권이 강조했던 '국적 있는 교육' 혹은 '민족사관'과 직접 관련 있다고 판단된다.

한편 동학농민운동의 발생 배경에 대해서도 대략 제2차 교육과정까지는 일부 교과서를 제외하고는 외세의 침략보다는 국내의 부정부패와 지배층의 가렴주구, 동학의 교세 성장을 강조하는 서술이 주가 되었으나 제3차 교육과정 이후부터는 외세의 침략을 국내의 봉건적 지배와 착취, 동학 교세의 성장과 함께 주요한 배경으로 서술하고 있다는 특징을 보이고 있다. 동학농민운동이 시작된 지역으로는 제6차 교육과정까지는 고부를 명시하고 있으나 제7

차 교육과정 이후에는 고부는 동학농민운동의 전사로서 고종대의 농민항쟁의 연장선에서 서술하고 무장기포를 제1차 농민전쟁이라 서술함으로써 결국 무장에서 동학농민운동이 시작되었다고 서술하고 있다. 그리고 동학농민운동의 전개과정에 대해서는 교수요목기부터 현재에 이르기까지 대동소이하게 서술하고 있어 큰 변화를 찾아보기 어렵다. 다만 제5차 교육과정과 제6차 교육과정에서는 동학농민운동의 전개과정을 1기(고부민란기), 2기(전주성 점령까지), 3기(전주화약기), 4기(재봉기)로 구분하여 서술하다가 제7차 교육과정부터 제1차 농민전쟁과 제2차 농민전쟁으로 구분하여 설명하는 것이 특징적이다. 동학농민운동의 의의에 대해서는 제2차 교육과정기까지는 교과서마다 상반된 평가를 보이고 있다. 즉 넓은 의미에서는 갑오개혁과 청일전쟁을 촉발했다는 것에는 동의하면서 갑오개혁의 성격에 대해서는 '피동적인' 개혁으로 서술하였으나 또 다른 교과서에서는 '우리나라의 근대화를 촉진'시키거나 '근대사회로 넘어가는 계기'가 된 사건으로 서술하여 동학농민운동의 근대성을 높이 평가하기도 하였다. 이러한 평가는 국사교과서의 내용상의 혼돈이라는 비판을 유발시켜 제3차 교육과정에서 국사를 국정교과서화하는 구실이 되었다.

　다음으로 청일전쟁에 대해서는 제7차 교육과정까지 일본군의 파견이 텐진조약에 따른 것이라 서술되었으나 2009 개정 교육과정 이후에는 사라졌다. 텐진조약에는 일본군 파병에 관한 조항은 전혀 없으므로 교과서 서술의 오류를 바로 잡은 대표적인 사례라 할 수 있다. 그리고 청일전쟁을 도발한 주체에 대해서는 최초의 교과서인 『국사교본』에는 청군이 일본군을 공격함으로써 청일전쟁이 발발한 것으로 서술되어 있으나 이후의 교과서에서는 일본군이 청군을 먼저 공격하였음을 명시하였다. 『국사교본』의 이러한 서술은 조선총독부의 『보통학교국사 아동용』(1922)의 서술과 같은 것이다. 그리고 시모노세키조약에 대한 설명도 변화를 보였다. 제2차 교육과정까지는 이 조약의 결과 청이 조선의 독립국임을 승인한 것으로 서술하였으나 제3차 교육과정 이후에는 청의 세력이 조선에서 일소되었다는 정도로 서술되었고, 2009

개정 교육과정 이후에는 이 전쟁의 배상금으로 일본이 산업화를 이룰 수 있었다는 서술도 추가되어 청일전쟁에 대한 관점이 변화하였음을 알 수 있다.

동학농민운동 서술과 관련된 학습자료는 사진과 표, 지도, 사료 및 도움글 등으로 나눌 수 있는데, 학습자료가 본격적으로 활용된 것은 제4차 교육과정 이후임을 알 수 있었다. 이들 학습자료는 처음에는 동학농민운동과 직접 관련 있는 것을 수록하였으나 최근에 들어 다양한 자료를 수록하여 동학농민운동에 대한 종합적이고 입체적인 이해를 도모하고 있음을 알 수 있다.

이와 같이 보았을 때 동학농민운동에 대한 교과서의 서술은 해방 직후에는 지역적으로는 국내적인 관점을, 계급적으로는 지배층의 관점을 벗어나지 못하였음을 알 수 있다. 그런데 제3차 교육과정 이후 교과서의 서술은 지역적이고 지배층적인 관점에서 벗어나 지역적으로는 동아시아사적인 관점이 강조되고 있으며, 계급적으로는 피지배층의 관점을 강화하고 있음을 알 수 있다. 이러한 관점의 변화는 교육과정 상의 교육목표가 교과서 서술에 보다 충실히 반영되고 있다는 것을 의미한다. 특히 제7차 교육과정에서 '민족의 정체성'이 생략되고 '근현대사에 나타난 특성을 세계사적 보편성과 관련하여 이해'하도록 한 이후에 이러한 경향은 보다 명확해졌다고 생각된다.

이러한 국사교육의 목표는 20세기 후반부터 동아시아 사회에서 진행되어 온 '역사전쟁'을 슬기롭게 극복할 수 있는 방법이 올바른 역사인식의 확립이라는 인식이 반영된 것이라 생각된다. 따라서 현재 민간에서 논의되고 있는 한중일 3국의 공동역사교재의 집필과 출간이 정부 차원에서 추진되어야 한다는 생각이다.[44]

그리고 이러한 인식의 확산을 위해 학교 현장에서 동아시아적 관점에 대한 교육이 필요하다. 특히 동학농민운동은 한중일 3국이 모두 관계한 사건이므로 이에 대한 인식이나 평가는 3국의 관점에 따라 다를 수 있다. 이러한

---

[44] 이러한 의미에서 2005년 출간된 『미래를 여는 역사』(한중일3국공동역사편찬위원회, 한겨레신문사)는 의미 있는 작업이라 할 수 있다.

차이를 서로 인정하고 이해할 수 있는 토대를 마련하는 것은 곧 향후 3국 간의 '역사전쟁'을 종식시키고 평화체제를 확립하는 데 기본 조건이 될 것이라 생각한다.

* 논문 출처

『コリア硏究』 6, 立命館大學コリア硏究センタ-, 2015.

:
2011 개정 교육과정에 따른 동학농민운동에 대한 '한국사' 교과서 서술의 비판적 검토*

1. 머리말

　　사전적인 의미에서 교과서란 교육과정에서 학생용으로 사용되는 도서를 말한다. 교사용 도서인 지도서와 합하여 교과용 도서라고도 하는데, '교과용 도서에 관한 규정'(대통령령 제8660호)에는 "학교에서 교육을 위하여 사용되는 학생용의 주된 교재를 말하며, 교육인적자원부가 저작권을 가진 도서(1종도서)와 교육인적자원부장관의 검정을 받은 도서(2종도서)로 구분" 하고 있다.[1] 현재 중고등학교에서 사용되는 역사 교과서는 교육인적자원부장관의 검정을 받은 도서, 즉 검정도서로서 중학교에서는 『역사』, 고등학교에서는 『한국사』, 『세계사』, 『동아시아사』가 있다.

　　현재 한국 사회에서는 『한국사』교과서를 둘러싸고 치열한 논쟁이 이루어

---

* 본고는 2013년 10월 21일 교육부가 8종 교과서에 대해 수정, 보완을 '권고'하기 이전, 즉 검정통과본을 바탕으로 작성되었음을 밝힌다.
[1] 브리태니커 백과사전.

지고 있다. 이 논쟁은 『한국사』 교과서가 이른바 '자학사관'에 물들어 한국사를 부정적으로 보고 자랑스러운 역사 인식을 심어주고 있지 못하고 있다는 일부 학자와 언론, 그리고 정치권에서 촉발시켰음은 잘 알려진 사실이다. 이러한 논쟁 과정에서 2009년 이명박 정부는 2007 개정 교육과정에 따라 검정 통과된 고등학교 『역사』 교과서를 수정할 것을 지시하면서 교과서의 명칭도 『한국사』로 바꾸었다. 그리고 2011 개정 교육과정이 마련되면서 교과서 역시 새로 저술해야 하였다. 이에 따라 2013년 검정이 끝나 교학사 교과서를 포함하여 8종의 『한국사』 교과서가 검정을 통과하였다. 특히 이른바 '뉴라이트사관'에 입각하여 저술된 교학사판 『한국사』 교과서는 많은 논란을 불러일으키고 있다.[2]

이와 같이 한국사 교과서에 대한 논란이 격화되고 있는 현실에서 본고는 어떠한 관점에서 교과서를 서술할 것인가 하는 점에 대해 서술하고자 하는 것이 아니다. 교과서를 어떠한 관점에 따라 서술할 것이 아니라 있었던 그대로의 사실을 학생들에게 제대로 교육하는 것이 중요하다는 점을 말하고 싶은 것이다.

이러한 관점에서 본고에서는 2011 개정 교육과정에 따라 검정 통과된 8종 『한국사』 교과서의 동학농민운동 서술을 비판적으로 검토하고자 한다. 동학농민운동을 분석대상으로 삼은 것은 이 운동이 3·1운동과 함께 한국근대사에서 가장 큰 민족운동으로서 한국근대사의 중요한 분기점이 된다고 판단되기 때문이다. 또한 동학농민운동은 한국근대사상 최초의 아래로부터의 변혁운동으로서 민중들이 지향했던 목적이 한국근대사에서 차지하는 의미가 무

---

[2] 교학사판 『한국사』 교과서가 검정에 통과된 뒤 기존(진보적이라 불리는)의 역사학계에서는 다음과 같이 이 교과서를 비판적으로 검토, 분석한 결과를 내놓았고, 학술토론회를 개최하였다.
한국역사연구회·역사문제연구소·민족문제연구소·역사학연구소, 「뉴라이트 교과서' 검토」, 2013년 9월 10일; 아시아평화와역사교육연대, 역사교육연구소, 역사교육연구회, 역사교육학회, 역사와교육학회, 한국역사교육학회, 「고교 한국사 교과서 논란을 돌아본다」, 2013년 10월 2일.

엇인지를 파악할 수 있는 주제이기 때문이다. 뿐만 아니라 역사 교과서는 학생들의 역사의식의 형성에 가장 큰 영향을 미치고 있기 때문이다.

　이러한 목적을 바탕으로 본고에서는 2002년 이후 이른바 '역사교과서 문제'의 경과와 2011 개정 교육과정에 따라 서술된 8종의 『한국사』교과서의 내용체계를 살핀 후 각 교과서의 동학농민운동 서술에 대해 비판적으로 검토, 분석할 것이다. 이를 통해 학생들에게 올바른 동학농민운동상을 형성할 수 있는 기반을 마련할 수 있으리라 기대한다.

2. 2013년 검정 『한국사』 교과서의 검정과 내용체계

　　　　　　　　　　　　　　　　　　　　　우리나라 교육과정은 1945년 해방 직후부터 미군정의 '교육에 대한 긴급조치'(1945)·'교수요목기'(1946~1954)를 거쳐 1954년 4월 20일 문교부령 제35호로 공포된 '교육과정 시간배당 기준령'에 따라 제1차 교육과정(1954~1963)이 실시된 이래 제2차 교육과정기(1963~1974), 제3차 교육과정기(1974~1981), 제4차 교육과정기(1981~1988), 제5차 교육과정기(1988~1992), 제6차 교육과정기(1992~1997), 제7차 교육과정기(1997~2007), 그리고 2007 개정 교육과정과 2009 개정 교육과정으로 변화되었다.[3] 그리고 2010년에 2009 개정 교육과정을 일부 수정하였고, 2011년에 다시 교육과정을 마련하였다.

　이와 같은 교육과정의 개편 과정에서 역사 교육, 특히 한국사 교육에 중대한 변화가 초래된 것은 2007 개정 교육과정이라 할 수 있다. 우리나라 역사교

---

[3] 한철호, 「『한국사』 교과서 편향성 논란과 교육과정 개정 일정상의 문제점」, 『'한국사' 교육과정 논란과 역사교육 정상화 방안 모색』(한국사연구회, 한국역사연구회, 한국근현대사학회, 역사교육연구회, 한국역사교육학회, 역사와교육학회, 전국역사교사모임, 고등학교 '한국사' 집필자협의회, 역사문제연구소, 역사교육연구소, 민족문제연구소, 아시아평화와역사연구소 주최 학술회의 자료집, 이하 한국사연구회 외라 칭함), 2011년 5월 16일, 23~24쪽.

육과정은 제4차 교육과정부터 제7차 교육과정에 이르기까지 초등학교는 생활사와 인물사, 중학교는 정치사 중심의 통사, 고등학교는 문화사 중심, 또는 '사회경제사를 강조'와 같은 계열화의 기본적 원칙[4]을 지켜왔으나 2007 개정 교육과정에서 변화를 주었던 것이다.

이와 같은 변화는 중국의 동북공정, 일본의 역사 교과서 왜곡 등의 문제가 외교문제로까지 비화되는 상황에서 정부가 역사교육을 강화해야 할 필요성을 강하게 인식한 데 기인한다고 판단된다. 이에 따라 〈표 1〉과 같이 국민공통기본교육과정의 8학년(중2), 9학년(중3), 10학년(고1)에 『역사』 과목이 설치되었고, 11학년(고2)과 12학년(고3)에 『한국문화사』, 『세계역사의 이해』, 『동아시아사』를 선택하도록 하였다.

〈표 1〉 2007 개정 교육과정 중 중고등학교 역사 과목의 편제[5]

국민 공통 기본교육 과정			심화 선택 과목
8학년	9학년	10학년	11·12학년
역사(상) (한국사 2시간, 세계사 1시간)	역사(하) (한국사 1시간, 세계사 1시간)	역사(6단위)	한국문화사 (6단위 기준 증감) 세계역사의 이해 (6단위 기준 증감) 동아시아사 (6단위 기준 증감)

이 교육과정은 종래의 『국사』의 명칭을 『역사』로 바꾸고, 중·고등학교 간의 계열성을 확보하기 위해 한국사의 경우 중학교에서는 전근대사, 고등학교에서는 근·현대사를 위주로 서술하며, 고등학교 『역사』에서는 세계사를 보강하여 이를 배경으로 한국사의 흐름을 살피고자 하였다. 비록 중학교 『역

---

[4] 김한종, 「교육과정은 누가 어떻게 만들어야 하나?」, 한국사연구회 외, 앞의 학술회의 자료집, 8쪽.

[5] 교육인적자원부, 『사회과 교육과정』, 고시 제2007-79호[별책 7], 2007, 33쪽.

사』가 단순히 한국사와 세계사를 합쳐놓은 수준에 머무르고 역사과가 독립 교과로 분리되지 못한 채 사회과 내에서만 독립되는 한계가 있었지만, 모처럼만에 중·고교간의 계열화와 한국사·세계사의 유기적 연관성을 도모했다는 점에서 적지 않은 의미를 지닌 것이었다.[6]

그러나 2007 개정 교육과정은 실시되지도 못한 채 2009 개정 교육과정으로 바뀌었다. 이 결과 국민공통 기본교육 과정이 10학년에서 9학년으로 낮춰지고 고등학교 3개 학년 과정을 모두 선택교육과정으로 전환하면서 필수과목이던『역사』도 선택과목이 되었다. 그리고 학습 부담을 경감한다는 명분으로 선택교육과정의 과목 수를 3개 과목으로 축소하였다. 그 결과『한국문화사』과목이 없어지고,『세계역사의 이해』와『동아시아사』가 남게 되었다.

교육과정이 이와 같이 바뀌게 되자 고등학교 과정에서 '한국사' 명칭이 들어간 교과목이 전혀 없을 뿐 아니라 한국사 교육이 축소되었다는 문제가 제기되었다. 이에 대해 교육과학기술부는 갑자기 고교『역사』의 명칭을『한국사』로 바꾸는 대책을 내놓았다. 이 2009 개정 교육과정 중·고등학교 역사 과목의 편제는 〈표 2〉와 같다.

〈표 2〉 2009년 개정 교육과정 중 중고등학교 역사 과목의 편제[7]

국민 공통 기본교육 과정		선택중심 교육과정
8학년	9학년	10·11·12학년
역사(상) (한국사 2시간, 세계사 1시간)	역사(하) (한국사 1시간, 세계사 1시간)	한국사 (5단위 기준 증감) 세계사 (5단위 기준 증감) 동아시아사 (5단위 기준 증감)

[6] 한국교육과정평가원,「제7차 교육과정에 따른 교과용 도서 검정 체제 연구」, 2002; 교육인적자원부,『사회과 교육과정』, 교육인적자원부 고시 제2007-79호, 2007(한철호, 앞의 논문, 한국사연구회 외, 앞의 학술회의 자료집, 18~19쪽, 주)5 재인용).
[7] 국사편찬위원회 편사기획실,『역사과 교육과정 자료』, 2011.3. 참조.

한편 2009 개정 교육과정이 실시됨에 따라 2007년 개정 교육과정에 의거해서 집필된 고등학교 『역사』 교과서는 검정을 통과했음에도 학교 현장에서 사용할 수 없게 되는 매우 심각한 사태에 이르렀다. 즉 중학교 『역사』(상)과 고등학교 『역사』는 2009년 11월 검정을 출원하였고, 2010년 5월 1일 검정이 완료되었는데,[8] 2010년 5월 12일 교육과학기술부는 검정에 합격한 6종의 『역사』 교과서를 대상으로 〈표 3〉과 같이 9개 단원 중 3개 단원을 수정, 집필하라는 지시를 내린 것이다.[9] 결국 2009년 개정 교육과정에 입각하여 편찬된 『한국사』 교과서는 검정을 거치지 않고 학교 현장에서 사용되었다는 측면에서 우리나라 교과서 검정사상 초유의 파행을 초래하였던 것이다.

〈표 3〉 '2007 개정 교육과정' 고등학교 『역사』와
'2009 개정 교육과정' 고등학교 『한국사』의 내용 체계[10]

고등학교 『역사』(2007년 개정 교육과정)	고등학교 『한국사』(2009년 개정 교육과정)
1. 우리 역사의 형성과 발전	1. 우리 역사의 형성과 고대국가
2. 조선 사회의 변화와 서구 열강의 침략적 접근	2. 고려와 조선의 성립과 발전
3. 동아시아의 변화의 조선의 근대 개혁 운동	3. 조선 사회의 변화와 서구 열강의 침략적 접근
4. 근대국가 수립운동과 일본제국주의의 침략	4. 동아시아의 변화의 조선의 근대 개혁 운동
5. 일제의 식민지 지배와 민족운동의 전개	5. 근대국가 수립운동과 일본제국주의의 침략
6. 전체주의의 대두와 민족운동의 발전	6. 일제의 식민지 지배와 민족운동의 전개
7. 냉전체제와 대한민국 정부의 수립	7. 전체주의의 대두와 민족운동의 발전
8. 대한민국의 발전과 국제정세의 변화	8. 냉전체제와 대한민국 정부의 수립
9. 세계화와 우리의 미래	9. 대한민국의 발전과 국제정세의 변화

〈표 3〉에서 볼 수 있듯이 2009 개정 교육과정에 따르면 『한국사』 교과서는 2007 개정 교육과정의 『역사』 교과서의 '제1장 우리 역사의 형성과 발전'을

---

[8] 차미희, 「2009 개정 교육과정 고등학교 '한국사' 교과서의 전근대시대 내용분석」, 『2009 개정 교육과정 고등학교 '한국사' 교과서의 내용분석과 비판』, 2011 역사와 교육학회 춘계 학술대회 자료집, 4쪽.
[9] 한철호, 앞의 논문, 19쪽.
[10] 국사편찬위원회 편사기획실, 『역사과 교육과정 자료』, 2011.3 참조.

'우리 역사의 형성과 고대국가'로 변경하고, 2007 개정 교육과정『역사』교과서에 없었던 '고려와 조선의 성립과 발전'을 추가하면서 '제9장 세계화와 우리의 미래'를 삭제하도록 한 것에 불과하였다. 이는『역사』의 도입부에 해당되는 전근대사를 1개 단원에서 2개 단원으로 늘리되, 현대사에 해당되는 2개 단원을 1개 단원으로 줄임으로써 한국통사의 형식을 취하려는 의도[11])였다고 할 수 있다. 그러므로『한국사』교과서는 전근대사의 비중이 전체 분량의 1/3에 불과하고 내용도 개괄적인 서술이 되어버렸다.[12]

이처럼 파행적인 과정을 거쳐 성립한 2009 개정 교육과정에 따라 출판된『한국사』교과서에 대해서도 일부 언론과 학자들 사이에서 이른바 '좌편향성'에 대한 무분별한 비판이 제기되었다. 즉『한국사』교과서에 대한민국의 정통성과 기본이념을 충실히 반영하지 않은 관점과 서술이 여전히 남아있다는 것이다.

이러한 '좌편향성'에 대한 논란은 2002년 검정에 통과한 4종의『한국근·현대사』교과서 전시본이 공개된 이후 일부 언론이『한국근·현대사』교과서가 김대중 정부를 찬양하고 있다는 비판으로부터 시작되었다. 그 후 2004년『조선일보』가 교과서 문제를 비중 있게 다루었고, 당시 야당이던 한나라당이 국회에서『한국근·현대사』교과서의 편향성을 문제 삼으면서 본격화 되었다.[13] 이후 우리나라의 역사교과서 논쟁의 배경과 전개과정은 〈표 4〉와 같다.

---

[11] 한철호, 앞의 논문, 19쪽.
[12] 조성운, 「2009 개정 교육과정 고등학교 '한국사' 교과서의 식민지시기 내용분석」, 앞의 역사와교육학회 춘계학술대회 자료집, 39쪽.
[13] 김한종, 「역사 교과서 수정 논란의 전말」,『역사교육』83, 전국역사교사모임, 2008년 겨울호(양정현, 「역사교육에서 사실, 해석, 그리고 주체와 관점-2013년판 교학사『한국사』교과서에 대한 검토를 중심으로-」,『고교 한국사 교과서 논란을 돌아본다』(아시아평화와역사교육연대, 역사교육연구소, 역사교육연구회, 역사교육학회, 역사와교육학회, 한국역사교육학회 주최 학술토론회 자료집), 2013, 2쪽에서 재인용).

〈표 4〉 역사 교과서 논쟁의 배경, 유발주체, 전개과정

배경	제7차 교육과정에 따라 도입된 고등학교용 『한국근·현대사』 교과서의 검정(2002)과 6종 교과서의 발간(2003)
유발주체	뉴라이트, 교과서 포럼, 한국현대사학회, 보수 언론, 새누리당(구 한나라당) 등
전개과정	『한국근·현대사』 교과서 공격['국민의 정부 미화 논란(2002), 금성출판사 교과서 좌편향 공격(2004)] → 교과서 포럼 결성(2005) → 『해방전후사의 재인식』 2권 발행(2006) → 대안교과서 『한국근·현대사』 출간(2008) → 한국근현대사학회 결성(2011) → 교학사 교과서 검정 통과

(자료)권오현, 「한국과 일본의 닮은 꼴 역사교과서 논쟁」, 『고교 한국사 교과서 논란을 돌아본다』(아시아평화와역사교육연대, 역사교육연구소, 역사교육연구회, 역사교육학회, 역사와교육학회, 한국역사교육학회 주최 학술토론회 자료집), 2013, 30쪽, 〈표 1〉에서 정리.

이렇게 보면 역사교과서 논란은 일부 학자와 언론, 그리고 정치권에서 제기되었음을 알 수 있다. 이후 2008년 정권 교체 후 교육과학기술부장관 김도연이 역사교과서의 좌편향을 검토하겠다고 발언하여 집권세력이 주도하여 『한국근·현대사』 교과서의 서술 관점과 서술 내용에 대해 본격적으로 문제를 제기하였다. 이로써 한국사 교육문제는 사회적으로 매우 큰 파장을 불러일으켰다. 이러한 파장은 앞에서도 언급한 바 있듯이 대한민국의 정통성과 기본이념을 역사교과서에 충실히 반영하자는 일부 학자와 언론, 집권세력의 의도가 반영된 것이었다.

그렇다면 일부 학자와 언론, 그리고 집권세력이 주장하는 '대한민국의 정통성과 기본이념'이란 무엇을 의미하는 것일까? 이에 대해 양동안은 "첫째는 현재의 국사상황 및 민족상황이 어떤 과정을 거쳐서 초래된 것인지를 이해하게 해주는 정확한 지식을 제공하는 것이다. 둘째는 대한민국이라는 조국에 대한 자긍심 → 애국심을 함양하는 것이다."[14]고 말하였다. 즉 '자유민주

---

[14] 양동안, 「고교 한국사 교과서의 문제점과 대책」, 『고등학교 한국사 검정교과서의 문제점과 대책』(국가정상화추진위원회·자유민주연구학회 주최 학술토론회 자료집), 2011년 5월 20일, 9쪽. 이 글에 따르면 2009 개정 교육과정에 따라 서술된 6종의 『한국사』 교과서가 서술대상으로 삼아야 할 것을 서술대상으로 삼지 않은 사례로서 1. 건국의 핵심지도자인 이승만이 참여하거나 주도한 애국-민권-

주의체제의 옹호'라 할 수 있다. 이는 우리나라는 자유민주주의 체제이며, 한국현대사는 자유민주주의 체제의 수호 과정이고, 그것은 대한민국의 정통성으로 귀결된다는 것이다.

이러한 자유민주주의가 역사교과서에 반영된 것은 2011년 역사과 교육과정의 고시에서였다. 중고등학교 현대사 단원의 내용요소에서 '민주주의'로 표현되었던 부분들을 모두 '자유민주주의'로 바꾼 것이다. 즉 "4·19혁명으로부터 오늘날에 이르는 자유민주주의의 발전과정과 남겨진 과제를 살펴본다"15)를 학습내용의 성취기준으로 제시하였던 것이다. 이 '자유민주주의'는 교육과정 개정 시안에는 없던 것을 교육과학기술부에서 고시 직전에 일방적으로 수정16)하여 고시하였다. 교육과학기술부의 이러한 전횡에 따라 24명의 역사과 교육과정 개발진 중 21명이 사퇴하였다. 이와 같은 역사과 교육과정의 탈법적인 수정은 한국사학계 전체가 구시대적인 민중사관, 자폐적인 민족주의에 매몰되어 있다는 이른바 '뉴라이트'의 주장을 교육과학기술부가 수용한 것이라 할 수 있다.

이러한 과정을 거쳐 확정된 2011 개정 교육과정에 따른 『한국사』의 내용체계는 〈표 5〉와 같다.

독립운동을 서술하지 않거나 서술할 경우에는 이승만이 참여·주도한 사실, 2. 한반도의 비공산 통일국가 건국 및 대한민국 건국-유지-발전을 방해한 세력들의 방해 책동을 들었다. 그리고 서술하지 말거나 과대 서술하지 말아야 할 것을 과대 서술한 사례로서는 김원봉을 비롯한 공산주의자들의 활동과 항일무장투쟁을 서술하면서 김일성 관련 조직의 활동을 북한측의 주장대로 서술했다는 것을 들었다. 따라서 2011 개정 교육과정에 따라 서술된 교학사판『한국사』교과서는 이러한 주장과 같은 입장에서 서술되었다고 판단된다.

15) 교육과학기술부 고시 제2011-361호[별책 7],『사회과 교육과정』, 교육과학기술부, 74쪽.
16) 양정현, 앞의 논문, 13쪽.

〈표 5〉 2011 개정 교육과정에 따른 『한국사』의 내용체계[17]

영 역	내용 요소
우리 역사의 형성과 고대 국가의 발전	○ 선사 문화 ○ 고조선의 성립과 초기 철기 여러 나라의 성장 ○ 삼국과 가야의 발전과 대외관계 ○ 통일신라와 발해의 발전과 사회모습 ○ 고대국가의 국제교류와 문화발전
고려와 조선의 형성과 변천	○ 고려의 건국과 동아시아의 정세 ○ 고려의 경제제도와 경제생활 ○ 고려의 신분제도와 사회모습 ○ 고려의 사상적 특징 ○ 고려의 대외관계과 고려사회의 개방성
조선 유교 사회의 성립과 변화	○ 조선의 건국과 유교적 통치체제 정비, 국제관계 ○ 조선의 신분제와 양반문화 ○ 조선의 대외관계와 양난의 대내외적 영향 ○ 조선후기의 정치변동과 제도 개편 ○ 조선후기의 사회·경제적 변동 ○ 조선후기 사회개혁론의 대두 ○ 서민문화의 전개와 영향
국제질서의 변동과 근대국가 수립운동	○ 서구 열강의 접근과 조선의 대응 ○ 문호개방 및 개화사상과 위정척사사상 ○ 근대적 개혁 추진 과정 ○ 근대 국가 수립을 위한 노력 ○ 국권 수호 운동의 전개과 사상적 배경 ○ 개항 이후의 경제 변화와 사회 변화 ○ 독도와 간도
일제 강점과 민족운동의 전개	○ 국제정세의 변동과 동아시아의 변화 ○ 일본제국주의의 침략과 식민 통치 방식의 변화 ○ 3·1운동의 전개와 대한민국 임시정부의 활동 ○ 국내 민족운동의 전개 ○ 국외 민족운동의 전개 ○ 일제 강점기의 사회·경제적 변화 ○ 건국 노력과 국제사회의 움직임 파악
대한민국의 발전과 현대세계의 변화	○ 냉전질서의 형성과 대한민국 정부의 수립 ○ 6·25전쟁의 원인과 전개과정 및 참상과 영향 ○ 자유민주주의의 발전 ○ 경제 발전과 사회 변화 ○ 북한의 실상과 남북 간의 통일 노력 ○ 올바른 역사관과 주권 의식 ○ 국제적 위상의 향상

〈표 5〉를 통해 볼 수 있듯이 2011 개정 교육과정에 따른 『한국사』의 내용체계는 2009 개정 교육과정이 9개의 대단원으로 구성되었음에 비해 6개의 대단원으로 구성되었음을 확인할 수 있다. 특히 전근대사와 근·현대사의 비중을 균형 있게 조정한 것을 볼 수 있다. 이는 전근대사의 비중이 1/3 정도에 불과하였던 2009 개정 교육과정에 비해 전근대사의 비중이 높아졌음을 의미한다. 이로써 2007 개정 교육과정에서 중학교 전근대사 중심, 고등학교 근·현대사 중심의 계열성을 추구하던 역사교육의 일관적인 흐름이 중단되었다고 할 수 있다. 이 중 동학농민운동을 다룬 제4장 국제질서의 변동과 근대국가 수립운동의 교육목표는 다음과 같다.

> 이 시기 서구 열강의 팽창에 따른 동아시아 삼국의 대응과정을 바탕으로 개항 이후 갑신정변, 동학농민운동, 갑오개혁, 독립협회 활동, 광무개혁 등 자주적 근대국가를 수립하기 위한 노력과 과정을 살펴본다. 또한 동아시아 국제정세 변화를 바탕으로 일본의 국권 침탈 과정과 이에 맞서 전개된 다양한 국권 수호 운동을 파악한다. 시기는 흥선대원군 집권부터 일제에 의한 국권 상실까지를 대상으로 한다.
> ① 서구 제국주의 열강의 아시아 침략과정을 살펴보고, 서양세력의 침략적 접근 속에서 흥선대원군이 추진한 통사수교거부정책과 통치체제 재정비 노력을 파악한다.
> ② 동아시아 삼국의 문호 개방 과정을 살펴보고, 개항 이후 조선이 추진한 개화정책과 이를 둘러싼 갈등을 사상적 배경과 임오군란, 갑신정변을 통해 파악한다.
> ③ 동학농민운동이 반봉건적, 반침략적 근대민족운동의 성격을 지니고 있음을 파악하고, 갑오개혁 때 추진된 근대적 개혁내용을 살펴본다.
> ④ 독립협회의 활동과 대한제국이 추진한 광무개혁의 내용을 통해 근대국민국가 수립을 위한 노력을 파악한다.
> ⑤ 일제의 국권 침탈에 맞서 일어난 애국계몽운동과 의병운동 등 국권 수호 운동의 흐름과 사상적 배경을 이해한다.
> ⑥ 개항 이후 외세의 경제적 침탈이 조선사회에 미친 영향을 파악하고, 신문물의 유입으로 인한 사회변화에 대하여 살펴본다.

---

17) 교육과학기술부 고시 제2011-361호[별책 7], 『사회과 교육과정』, 교육과학기술부, 70~71쪽.

㉧ 독도가 우리의 영토임을 역사적 연원과 내력을 통해 증명하고, 일제에 의해 이루어진 독도 불법 편입 과정의 문제점과 간도협약의 부당성에 대하여 파악한다.[18]

앞의 인용문에서 볼 수 있듯이 2011 교육과정에서는 동학농민운동을 '서구 열강의 팽창에 따른 동아시아 삼국의 대응과정을 바탕으로 개항 이후 갑신정변, 동학농민운동, 갑오개혁, 독립협회 활동, 광무개혁 등 자주적 근대국가를 수립하기 위한 노력과 과정'이라는 관점에서 파악하고 있다. 이를 위해 동학농민운동이 반봉건·반침략적 성격을 갖고 있으며, 그 연장선에서 갑오개혁이 이루어지고 있다는 사실을 파악하도록 하고 있는 것이다. 즉 개항 이후 우리 역사의 전개과정을 자주적 근대국가 수립을 위한 역사로 서술하고 있는 것이다. 이는 앞에서 언급한 '대한민국의 정통성과 기본이념'을 구현하기 위한 것이라 판단된다.

3. 동학농민운동에 대한 서술 검토

이 장에서는 2013년 검정된 8종 교과서에 서술된 동학농민운동에 대해 비판적으로 검토하고자 한다. 이를 통해 향후 동학농민운동에 대한 교과서 서술의 방향도 찾을 수 있기를 기대한다.

먼저 〈표 6〉는 동학농민운동과 3·1운동에 대한 8종 교과서의 서술 분량을 비교한 것이다. 이는 동학농민운동과 3·1운동이 한국근대민족운동사상 가장 규모가 크고, 전국적으로 전개되었으며, 연구도 가장 활발하기 때문이다.

---

[18] 교육과학기술부 고시 제2011-361호[별책 7], 『사회과 교육과정』, 교육과학기술부, 73쪽.

〈표 6〉 출판사별 동학농민운동과 3·1운동의 서술 분량

출판사	동학농민운동 서술 분량 (쪽)	동학농민운동 중단원 쪽수 (비율)	3·1운동 서술 분량 (쪽)	3·1운동 중단원 쪽수 (비율)	교과서 쪽수
미래엔컬쳐	4	67(5.97)	3	68(4.41)	375
천재교육	4	57(7.01)	3	67(4.47)	383
금성출판사	6	74(8.10)	3	74(4.05)	451
비상교육	5	72(6.94)	5	72(6.94)	424
리베르	5	69(7.24)	3	70(4.28)	406
두산동아	6	60(10)	4	60(6.67)	348
지학사	4	74(5.40)	5	74(6.76)	423
교학사	6	70(8.57)	6	70(8.57)	369
평균	5	68(7.81)	4	69(5.77)	398

〈표 6〉를 통해 볼 수 있듯이 동학농민운동에 대한 서술 분량은 평균 5쪽, 7.81%로서 3·1운동의 4쪽, 5.77%에 비해 비중이 높다. 이 두 민족운동에 대한 서술은 여타의 민족운동의 서술이 1~2쪽에 불과한 것에 비해 양적으로 대단히 많은 편이다. 그런데 동학농민운동은 3·1운동보다 서술 분량이 더 많다는 점에서 『한국사』 교과서에서 동학농민운동을 매우 중요하게 서술하고 있음을 보여준다. 이는 동학농민운동이 한국근대민족운동사에서 차지하는 비중을 보여주는 것이라고도 할 수 있을 것이다.

다음으로 〈표 7〉은 8종 교과서 별로 동학농민운동을 다룬 중단원과 소단원, 소주제를 정리한 것이다.

〈표 7〉 출판사별 동학농민운동 단원의 중단원·소단원·소주제

출판사	중 단 원	소 단 원	소 주 제
미래엔컬쳐	3. 구국 운동과 근대 국가 수립 운동의 전개	2. 동학농민운동	지방관의 수탈과 외세의 침탈로 고통 받는 농민들 동학, 교조 신원 운동을 펼치다 고부 농민 봉기, 동학 농민 운동의

			첫 깃발이 오르다 반봉건의 기치를 높이 든 제1차 농민 운동 집강소를 설치하여 개혁을 추진하다 항일 구국 투쟁을 전개한 제2차 농민 운동 동학 농민 운동의 의의와 영향
천재교육	3. 동학농민운동과 갑오개혁	주제 1. 동학농민운동	농민층의 동요와 동학의 확산 고부 농민 봉기 농민군의 1차 봉기와 집강소 설치 동학 농민군의 2차 봉기 동학 농민 운동의 의의
금성출판사	4-3. 동학농민운동과 갑오개혁	1. 세상을 뒤흔든 고부봉기	일본의 경제적 침탈과 농민층의 동요 동학의 확산과 교조 신원 운동 고부 농민 봉기 제1차 농민 운동
		2. 청일전쟁과 갑오개혁	청·일 양국 군대의 상륙과 전주 화약의 성립 청·일 전쟁의 발발 1차 갑오개혁
		3. 다시 일어난 농민군	집강소 활동 제2차 농민 운동 우금치전투 동학 농민 운동의 역사적 의의
		4. 드러나는 일본의 야심	일본의 보호국화 시도 제2차 갑오개혁 실시 을미사변과 을미개혁 갑오·을미해혁의 의의와 한계
비상교육	3. 동학농민운동과 갑오개혁	1. 동학농민운동이 일어나다	농민층의 동요와 동학의 확산 교조신원운동의 전개 고부 농민 봉기 반봉건의 기치를 내건 제1차 봉기 청·일 전쟁과 삼국 간섭 반외세·반침략 투쟁을 펼친 제2차 봉기 동학 농민 운동의 의의
리베르	3. 동학농민운동과 갑오개혁	1. 동학농민운동	교조 신원 운동을 펼치다 동학 농민 운동이 일어나다 전주 화약 이후 청·일 전쟁이 일어나다 제2차 농민 봉기가 일어나다 동학 농민 운동, 반봉건적·반침략적 성격을 띠다

			농민들이 봉기하다
두산동아	5. 농민들 새로운 사회를 꿈꾸다		고부 민란이 일어나다 동학 농민 운동이 확산되다 (제1차 농민 봉기) 집강소를 설치하여 개혁을 추진하다 외세에 맞서 다시 봉기하다 (제2차 농민 봉기)
지학사	3. 동학농민운동과 갑오개혁	1. 동학농민운동의 전개	안팎의 문제로 농민들이 고통받다 동학교도, 교조 신원 운동을 펴다 고부에서 농민 봉기가 시작되다 보국안민을 내걸고 농민 봉기를 전개하다 집강소를 설치하여 개혁을 추진하다 제2차 봉기에서 반침략을 주장하다 반외세, 반봉건의 방향을 제시하다
교학사	3. 근대적 개혁의 추진과정	1. 동학농민운동의 발생 배경과 전개과정	일본과 청의 경제적 영향력 강화 교조 신원 운동과 지배층의 압제 지배층에 항거한 제1차 동학 농민 운동 반침략 운동의 제2차 동학 농민 운동
		2. 동학 농민 운동의 활동 양상과 의의	대도소와 집강소 설치 동학 농민 운동의 의의

〈표 7〉에서 볼 수 있듯이 8종 교과서 중 두산동아판 『한국사』 교과서를 제외한 나머지 7종 교과서는 중단원에서 동학농민운동을 갑오개혁과 함께 서술하였다. 이는 동학농민운동이 갑오개혁에 영향을 주었다는 것을 교과서 서술에 반영한 것이라 할 수 있다. 두산동아판 『한국사』 교과서도 중단원 '5. 농민들 새로운 사회를 꿈꾸다'에 이어 중단원 '6. 조선, 근대적 개혁을 추진하다'를 배치하여 동학농민운동과 갑오개혁의 연관성을 강조하고 있다. 따라서 8종 교과서 모두 동학농민운동과 갑오개혁을 근대적 개혁의 흐름이라는 연속선상에서 파악하고 있음을 알 수 있다.

그런데 금성출판사 『한국사』 교과서를 제외한 7종 교과서는 동학농민운동과 갑오개혁을 소단원을 구분하여 서술하였다. 이는 동학농민운동과 갑오개혁이 계기성이 있다는 점을 인정하면서도 이 두 주제는 각각 아래로부터의 개혁과 위로부터의 개혁을 대표하는 사건이라는 점을 반영한 것이라 생각된다. 그러함에도 금성출판사판『한국사』교과서는 중단원 '4-3. 동학농민운동과 갑오개혁'에서 소단원 '1. 세상을 뒤흔든 고부봉기', '2. 청일전쟁과 갑오개혁', '3. 다시 일어난 농민군', '4. 드러나는 일본의 야심'을 배치하여 다른 교과서와는 달리 동학농민운동과 갑오개혁을 시계열적으로 배치하였다. 이러한 서술방식은 동학농민운동과 갑오개혁을 하나의 과정으로 파악하여 서술한 것이라 판단된다. 이렇게 서술함으로써 학생들이 이 두 사실이 계기적 발전과정을 거쳤음을 보다 명확하게 이해할 수 있으리라 생각된다.

한편 8종 교과서의 서술이 특징적으로 나타나는 것은 소주제의 서술이다. 8종 교과서에서 보이는 공통점은 조선후기 사회경제의 변화, 농민봉기의 발생, 교조신원운동의 전개, 고부봉기의 발생까지를 동학농민운동의 배경으로 서술하였으며, 무장봉기 이후 전주성 점령까지의 1차 봉기, 청·일 양국군의 개입 이후의 2차 봉기의 순으로 설명하고 있다. 특히 천재교육과 두산동아판『한국사』를 제외한 6종의 교과서에는 교조신원운동을 동학농민운동의 중요한 발생 배경으로 서술하였음을 알 수 있다. 소주제로 다루지는 않았으나 천재교육과 두산동아판『한국사』도 1893년 보은집회에서 종교적인 요구 외에 외세 배척과 탐관오리 숙청 등의 주장을 통해 정치·사회운동으로 발전하였음을 서술함으로써 동학이라는 종교가 동학농민운동과 깊은 관련이 있다는 사실을 강조하였다. 그런데 천재교육판『한국사』는 보은집회만을 소개하여 공주집회, 삼례집회, 복합상소, 금구집회는 소개하지 않았다. 최초의 교조신원운동인 공주집회를 소개한 것은 금성출판사판·비상교육판·지학사판『한국사』교과서뿐이고 나머지 5종 교과서는 이를 소개하지 않았다. 금구집회를 소개한 것은 비상교육판『한국사』뿐이다. 이를 〈표 7〉에서 확인할 수 있다. 특히 천재교육, 금성출판사, 비상교육, 리베르, 두산동아, 지학사, 교학사 등 7종 교과서는 보은집회에서 척왜양 요구가 나타났다고 설명하였고, 이 중 천재교육·리베르·두산동아·지학사판『한국사』에는 탐관오리 숙청이라는 요구가 나타났음도 함께 서술하였다. 그러나 미래엔컬처판『한국사』

는 "삼례집회와 서울 복합상소, 보은집회(1893)로 이어지면서 종교적 요구를 넘어 점차 탐관오리 숙청, 외세 배척 등을 내세우는 정치운동으로 발전"하였다고 서술하여 탐관오리 숙청, 외세배척 요구가 어느 집회에서 나타났는가를 명확히 서술하지 않았다.

그런데 〈표 7〉에 나타나 있듯이 8종 교과서는 모두 1894년 3월의 무장봉기부터 제1차 봉기라 규정하였다.[19] 그러나 이에 대해 동학농민운동은 고부봉기로부터 보는 것이 타당하다는 주장도 지속적으로 제기되고 있다.[20] 8종의 『한국사』 교과서에서 동학농민운동의 발상지에 대한 서술은 〈표 8〉과 같다.

〈표 8〉 한국사 교과서에 서술된 동학농민운동의 발상지 서술

출판사	관 련 서 술
미래엔컬처	전봉준은 전라도에서 가장 큰 동학교세를 이끌던 무장(전북 고창)의 손화중과 함께 농민군을 조직해 대규모로 봉기하였다. 이어 농민군의 4대강령과 '제폭구민(除暴救民)', '보국안민(輔國安民)'의 내용이 담긴 백산 격문을 발표하였다.
천재교육	안핵사의 횡포를 지켜본 전봉준은 주변의 동학 접주들에게 통문을 띄워 봉기를 호소하였다. 무장에서 봉기한 농민군은 백산에 집결하여 전봉준, 손화중, 김개남을 중심으로 지휘부를 구성하였다.
금성출판사	전봉준 등 봉기를 이끌었던 지도부는 이용태의 탄압을 피해 고부를 탈출하였다. 그들은 동학 교단 조직을 이용하여 고부 인근에 있는 무장에서 다시 봉기하였다.
비상교육	고부농민봉기 가담자에 대한 안핵사의 처벌이 이어지자 전봉준은 손화중 등과 함께 전라도 각지에서 농민군을 모아 1894년 3월 무장(전북 고창)에서 봉기하였다.

---

[19] 이에 대해서는 다음 연구가 참조된다.
신용하, 「갑오농민전쟁의 제1차 농민전쟁」, 『한국학보』 40, 일지사, 1985; 정창렬, 「古阜民亂의 硏究(上)」, 『한국사연구』 48, 한국사연구회, 1985 및 「古阜民亂의 硏究(下)」, 『한국사연구』 49, 한국사연구회, 1985; 김용섭, 「「全琫準供草」의 分析」, 『韓國近代農業史硏究』 III, 지식산업사, 2001; 배항섭, 「고부민란과 동학농민전쟁의 발발」, 『조선후기 민중운동과 동학농민전쟁의 발발』, 경인문화사, 2004.

[20] 이에 대해서는 다음 연구가 참조된다.
박대길, 「동학농민혁명의 시작, 고부봉기」, 『동학학보』 25, 2012; 황선희, 「동학농민혁명운동의 발상지와 무장봉기」, 『동학학보』 8, 2004; 성주현, 「동학농민혁명의 격문분석」, 전북사학회 편, 『동학농민혁명의 기억과 역사적 의의』, 전북사학회·정읍시.

리베르	이에 전봉준이 전라도의 동학접주들에게 사발통문을 돌려 봉기를 호소하자, 전라도 지역의 동학도인 남접 계통의 손화중, 김개남 등이 합세하였다. 이들은 고부 백산에서 진용을 갖추고 나랏일을 돕고 백성을 편안하게 한다는 보국안민(輔國安民)과 포악한 것을 물리치고 백성을 구한다는 제폭구민(除暴救民)을 기치로 내걸고 봉기하였다.
두산동아	전봉준은 이웃의 동학지도자인 손화중, 김개남과 함께 1894년 3월 전라도 무장에서 다시 봉기하였다.(제1차 농민봉기)
지학사	전봉준은 손화중을 찾아가 손을 잡았고, 여기에 김개남이 합류하면서 동학지도부가 구성되었다. 이들은 무장에서 농민군을 재편성하여 다시 봉기하였다.
교학사	이에 전봉준은 손화중이 있는 무장에 남접도소를 설치하고 제1차 동학농민운동을 일으켰다.

  8종 교과서 모두 제1차 봉기를 설명하면서 무장에서 전봉준, 손화중, 김개남 등이 농민군 지도부를 구성하면서 제1차 동학농민운동을 일으켰다는 의미로 서술하였다. 6종 교과서는 '제1차 농민운동', '제1차 봉기'라는 제목의 소주제 하에 서술하였고, 두산동아판『한국사』는 "전봉준은 이웃의 동학지도자인 손화중, 김개남과 함께 1894년 3월 전라도 무장에서 다시 봉기하였다(제1차 농민봉기)."라 하였고, 교학사판『한국사』는 "이에 전봉준은 손화중이 있는 무장에 남접도소를 설치하고 제1차 동학농민운동을 일으켰다."고 본문 중에서 서술하였다.

  이처럼 8종 교과서 모두 동학농민운동이 무장봉기에서 비롯되었다고 규정하였다. 이러한 주장은 고부농민봉기가 계획대로 확산되지 않자 전봉준이 무장으로 이동하여 손화중, 김개남 등 동학교문을 끌어들이면서 동학교단이 정식으로 봉기와 연계[21])되었기 때문이라는 논거를 가지고 있다. 이는 고부농민봉기를 어떻게 평가하고 있는가와 직접 관련이 있다.

  즉 8종 교과서는 동학농민운동의 발생 배경으로서 조선후기 빈번하게 발생하는 농민봉기, 지방 수령의 봉건적인 수탈과 외세의 침탈에 따른 농민경제의 파탄, 그리고 그에 따른 반외세 의식의 고조 등을 들고 있다. 이러한 배경을 설명하는 과정에서 고부농민봉기를 조선후기의 일반적인 농민봉기

---

21) 김용섭, 앞의 글, 앞의 책, 155쪽.

와 마찬가지의 성격을 갖고 있다고 서술하고 있는 것이다. 이를 〈표 9〉에서 확인할 수 있다.

〈표 9〉 동학농민운동의 발생 배경

출판사	관 련 서 술
미래엔컬쳐	민씨정권 하의 정치 문란과 삼정의 문란에 따른 농민봉기 농민경제의 파탄-임오군란 이후의 청일 상인의 침투(영국산 면직물), 일본 상인의 곡물 수입으로 인한 곡물 가격의 폭등, 방곡령 ==〉일본에 대한 농민의 반감 증대
천재교육	집권세력의 부정 부패에 따른 수탈의 심화 국가재정의 악화에 따른 농민의 조세 부담 증가 지주층의 지대 수탈 외국 상인(특히 일본상인)의 진출 ==〉일본에 대한 농민의 반감 증대
금성출판사	일본의 경제적 침탈 : 곡물 수출과 면직물 수입→토착 수공업의 붕괴, 일본 상인의 내륙 침투로 인한 국내 상권의 붕괴 삼정의 문란과 개화정책의 추진, 일본에 대한 거액의 배상금에 따른 국가재정의 악화에 따른 농민봉기
비상교육	삼정의 문란, 지방관의 수탈, 일본으로의 곡물 수출의 증가, 청일상인에 의한 영국산 면직물의 수입, 당오전의 남발로 인한 물가의 폭등에 따른 농민생활의 곤궁화. 신식문물의 도입, 외교사절의 왕래 등 개화정책에 따른 부세 부담의 증대 ==〉농민봉기 동학사상의 전파
리베르	삼정의 문란, 지방관의 수탈→농민봉기 배상금과 개화정책의 추진에 따른 비용지출로 인한 재정 악화 임오군란, 갑신정변 이후의 청의 내정간섭과 청상인의 활동 증가(상민수륙무역장정) 청일상인의 면직물 수입, 일본상인의 곡물 유출로 인학 곡가의 폭등→방곡령 등 일본에 대한 반감 증대 동학의 전파(평등사상과 포접제, 교조신원운동:삼례집회·복합상소·보은집회) 보은집회 : 탐관오리 숙청, 일본과 서양세력의 축출 주장
두산동아	쌀의 유출에 따른 곡가의 폭등, 소작료 인상, 개화정책 추진에 따른 조세의 증가, 지방관의 부정부패에 따른 농민 부담의 증가==〉농민봉기 동학의 전파(교조신원운동 : 삼례집회, 복합상소, 보은집회)→탐관오리 처벌, 일본과 서양 세력 축출 요구
지학사	개화정책의 추진, 배상금의 지불로 국가재정이 악화에 따른 농민층의 세금 부담 증가 외세의 간섭과 민씨세력의 부정부패로 인한 농민 수탈의 심화 곡물의 유출, 청일상인의 경제 침탈(외국산 면제품)에 따른 국내 면포 산업의 몰락 ==〉지배층에 대한 불만과 일본에 대한 농민의 반감 증대

| | 동학의 전파(평등사상과 반침략사상, 포접제, 교조신원운동 : 공주집회, 삼례집회, 복합상소, 보은집회)
교조신원운동을 거치면 동학이 농민층의 요구를 수용
고부농민봉기 : 만석보 세워 강제로 물세를 거두는 등 농민 수탈→사발통문→고부관아 습격→군수 내쫓고 아전 징벌→정부는 조병갑 압송하고 새 군수 임명, 안핵사 이용태 파견, 농민 해산→안핵사 이용태 일체의 죄를 동학교도에게 돌리고 관련자 처벌 |
| 교학사 | 강화도조약과 조청상민수륙무역장정에 따른 청일의 경제적 영향력 증대
곡물 유출로 인한 곡가의 폭등(대토지소유에 대한 욕심 발생)→방곡령(일본의 방해), 외국 산 면제품의 수입
동학의 전파(교조신원운동 : 삼례집회, 복합상소, 보은집회, 금구집회)→척왜양창의 주장
고부농민봉기(전운사와 균전사의 횡포, 조병갑의 학정)→전봉준이 사발통문을 돌려 세력 규합 후 봉기 |

고부농민봉기와 무장봉기에 대한 이러한 평가는 〈표 10〉에서 볼 수 있듯이 교과서 본문 내용을 보완하는 각종 자료에서도 확인된다.

〈표 10〉 동학농민운동에 관련된 학습자료

출판사	사료 및 도움글	사진 및 그림	지도	그래프 및 연표
미래엔컬쳐	1. 보은집회 때 동학교도가 서울에서 파견된 어사에게 보낸 글 2. 농민군 4대 강령 3. 폐정개혁안 12개조(오지영, 『동학사』) 4. 전봉준공초(발췌 요약)	1. 전봉준, 김개남, 손화중 2. 만석보유지비(전북 정읍) 3. 고부농민봉기 당시 작성된 사발통문 4. 전봉준 생가터에 있는 시비 (전북 고창)	1. 동학농민봉기	1. 1894년 이전 농민봉기 발생 추이
천재교육	1. 1차 봉기 당시의 격문 2. 동학농민군의 폐정개혁안(전봉준 사형판결문) 3. 전봉준의 재판기록 4. 동학농민운동에 대한 박은식의 평가	1. 동학농민군의 사발통문 2. 만석보 유지비(전북 정읍) 3. 전봉준 고택(전북 정읍) 4. 동학혁명 백산창의비(전북 부안) 5. 황토현전적비(전북 정읍) 6. 황룡촌전투기념탑(전남 장성) 7. 전주 풍남문(전남 전주) 8. 동학혁명위령탑(충남 공주)	1. 동학농민군의 1차봉기 2. 동학농민군의 2차 봉기	
금성출판사	1. 보은집회에 대한 어윤	1. 무명동학농민군위령탑	1. 교조신원운동	1. 1894년 이

	중의 보고 2. 동학군 4대강령 3. 텐진조약 4. 항일의병을 표방한 농민군	2. 만석보유지비 3. 황토현기념탑(전북 정읍) 4. 부상을 입은 채 일본 영사관에서 법부 아문으로 이송되는 전봉준 5. 고부봉기기념제	2. 농민군의 1차 봉기 경로 3. 농민군의 2차 봉기 경로	전의 농민봉기 발생 추이 2. 1894년 동학농민운동, 청일전쟁, 갑오개혁의 전개
비상교육	1. 사발통문으로 본 고부 농민봉기 2. 장채의 등장 3. 동학농민군 4대강령 4. 집강소 설치 직전 농민군이 제시한 폐정개혁안 (정교, 『대한계년사』)	1. 갑오동학혁명기념탑(전북 정읍) 2. 최시형 3. 만석보유지비 4. 사발통문 5. 해남집강소 군비조달기록 6. 장태 7. 재판을 받으러 가는 전봉준	1. 제1차 동학농민운동 전개도 2. 제2차 동학농민운동 전개도	1. 동학농민운동의 전개과정
리베르	1. 전봉준의 고부 백산 봉기 격문 2. 폐정개혁안 12개조(오지영, 『동학사』) 3. 전봉준공초(요약) 4. 동학농민운동에 대한 다양한 학설	1. 백산봉기기록화 2. 사발통문 3. 만석보유지비 4. 장태 5. 전봉준 생가(전북 정읍) 6. 재판을 받으러 가는 전봉준 7. 집강소 기록화	1. 동학농민운동의 전개 2. 청일전쟁	
두산동아	1. 정부는 동학 포교의 자유를 인정하라 2. 동학농민군의 4대기율 3. 집강소, 평등사회를 꿈꾸다 4. 녹두장군 전봉준, 잡혀가다 5. 폐정개혁안 27개조 중 일부[전봉준 판결 선고서 (1895.3.29)] 6. 경군과 영병, 이서 시민에게 고시함 (1894.11.12)	1. 고창 선운사 동불암지 마애여래좌상 (전북 고창) 2. 제2대교주 최시형과 동경대전 3. 사발통문 4. 전봉준, 손화중, 김개남 5. 동학농민과 집강소의 결재 도장 6. 재판 받으러 가는 전봉준 7. 동학혁명군위령탑(충남 공주) 8. 동학혁명백산창의비(전북 부안) 9. 갑오동학혁명기념탑(전북 정읍) 10. 무명동학농민군위령탑(전북 정읍) 11. 동학혁명군위령탑(강원 홍천) 12. 동학농민혁명기념탑(전북 고창) 13. 동학혁명모의탑(전북 정읍)	1. 1860~1890년대 동학의 교세 확산 2. 동학농민군의 제1차 봉기 3. 동학농민군의 제2차 봉기와 일본군의 진압	
지학사	1. 양성우, '만석보' (1980) 2. 사발통문 3. 농민군의 4대강령 4. 백산기포의 격문 5. 전봉준공초	1. 만석보유지비(전북 정읍) 2. 최시형 3. 사발통문 4. 동학농민운동 기록화		

	6. 동학농민군의 폐정개혁안(전봉준 사형판결문)		
교학사	1. 고부군수 조병갑의 수탈 2. 동학농민의 4대강령 3. 전주화약 성립 당시 동학농민군의 13개조 폐정개혁안(정교, 『대한계년사』) 4. 날마다 여는 연회와 사치로 나라 창고가 비다 5. 수령들이 관직을 여관같이 생각한다 6. 황토현(정읍)전투 7. 황룡촌(장성)전투 8. 전주성 점령 9. 집강소 설치, 폐정개혁 실시하다(집강소 정강) 10. 시체가 산에 쌓이다 11. 최신 무기로 무장한 일본군에 밀리다 12. 전봉준 절명시	1. 만석보유지비(전북 정읍) 2. 전라감영 내 선화당 3. 동학혁명군위령탑(충남 공주) 4. 장태 5. 전주성 풍남문(전북 전주) 6. 재판을 받기 위해 법정으로 출두하는 전봉준	1. 제1차 동학농민운동 2. 제2차 동학농민운동

〈표 10〉에서 볼 수 있듯이 동학농민운동의 학습자료는 사료 및 도움글 44개, 사진 및 그림 54개, 지도 15개, 그래프 및 연표 4개이다. 이 중 무장봉기설을 뒷받침하는 농민군 4대 강령은 미래엔컬처, 천재교육, 금성출판사, 비상교육, 두산동아, 지학사, 교학사 등 7종 교과서에 수록되어 있으며, 백산격문은 리베르, 지학사 등 2종 교과서에 수록되어 있어 8종 교과서 모두에 무장봉기설을 뒷받침하는 자료가 수록되어 있는 것이다. 반면에 고부농민봉기가 동학농민운동의 출발점이라는 주장을 뒷받침하는 자료인 사발통문은 천재교육, 비상교육, 리베르, 두산동아, 리베르, 지학사 등 6종 교과서에 수록되어 있다.[22]

---

[22] 그런데 지학사판 『한국사』 225쪽에는 사발통문의 결의사항 중 '全州營을 陷落하고 京師로 直向할 事(京師直向)'라는 조항을 생략하고 3가지만 수록되어 있다. 이로 보아 이 조항을 집필자가 의도적으로 이를 삭제했다고 생각된다. 이는 교육

그런데 고부농민봉기를 준비하는 과정에서 전봉준이 작성한 '飛檄'과 里執綱에게 보낸 '通文'23)의 내용을 검토하면 이미 전봉준 등 고부지역의 동학지도부는 봉기를 준비하고 있었음을 알 수 있다. '비격'의 내용은 다음과 같다.

> 今之爲臣은 不思報國하고 도절록위하며 掩蔽聰明하고 가의도容이라. 총간지목을 謂之妖言하고 正直之人을 위之비도하여 內無포圍之하고 外多학民之官이라.
> 人民之心은 日益유變하여 入無학생之業하고 出無保구之策이라. 학政이 日사에 怨聲이 相續이로다.
> 自公卿以下로 以至方伯守領에 不念國家之危殆하고 도절비己윤家之計와 전選之門은 視作生화之路요 응試之場은 擧作交役之市라.
> 許多하뢰가 不納王庫하고 反充사장이라. 國有累積之債라도 不念國報요 교사음이가 無所위기라. 八路魚肉에 萬民도탄이라.
> 民爲國本이니 削則國殘이라. 吾道는 유초야유민이나 食君之土하고 服君之義하며 不可坐視 國家之危亡이라. 以報公 輔國安民으로 爲死生之誓라.
>
> 癸巳仲冬下旬   罪人 全琫準 書24)

그리고 '통문'에는 "滿朝의 奸臣賊子를 驅除하며 貪官汚吏를 擊懲하고 進하여 써倭를 逐하고 洋을 斥하여 國家를 萬年盤石의 上에 確立코자 하오니 惟我道人은 勿論이요 一般同胞兄弟도 本年 11월 20일을 期하여 古阜馬項市로 無漏來應하라. 若不應者 有하면 梟首하리라."25)고 하여 고부농민봉기에 '惟我道人'과 '一般同胞兄弟'가 참가할 것을 권유하였던 것이다. 또 봉기의 목적을 "滿朝의 奸臣賊子를 驅除하며 貪官汚吏를 擊懲하고 進하여 써倭를 逐하고 洋

과정의 구성에 따르지만 집필자 자신은 이 조항을 통해 고부농민봉기를 제1차 동학농민운동의 기점으로 보아야 하는 것이라 생각했기 때문이라 생각한다.
23) 이 통문은 사발통문의 내용과 동일하나 사발통문은 서명자가 20명으로서 이 통문의 15명과 차이가 난다.
24) 宋在燮, 『甲午東學革命亂과 全琫準將軍實記』(필사본), 1954.
25) 宋在燮, 『甲午東學革命亂과 全琫準將軍實記』(필사본), 1954.

을 斥하여 國家를 萬年盤石의 上에 確立"한다고 명확하게 선언하였다. 이는 반봉건과 반외세의 목적을 분명히 한 것으로 동학농민운동이 지향한 것과 차이가 없다. 이 통문에 서명한 사람은 全琫準, 宋斗浩, 鄭宗赫, 宋大和, 金道三, 宋柱玉, 宋柱晟, 黃洪謨, 黃贊五, 宋仁浩, 崔興烈, 李成夏, 崔景善, 金應七, 黃彩五 등 15명이었다.

이들 고부농민봉기의 지도부는 봉기의 "善後策을 討議하기 위하여 宋斗浩家에 都所를 定하고 每日 雲集하여 次序를 따라 條項을 定하"였는데, 그 내용은 다음과 같다.

1. 古阜城을 擊破하고 郡守 趙秉甲을 梟首할 事
2. 軍器廠과 火藥庫를 占領할 事
3. 郡守에게 阿諛하여 人民을 侵魚한 吏屬을 擊懲할 事
4. 全州營을 陷落하고 京師로 直向할 事[26]

이후 이들은 一將領 全琫準, 二將領 鄭宗赫, 三將領 金道三, 參謀 宋大和, 中軍 黃洪模, 火砲將 金應七 등 봉기군의 지휘부를 구성하였다.[27] 이를 통해 보면 전봉준은 고부농민봉기를 준비하면서 앞의 '비격'과 '통문'을 통해 지역민의 여론을 조성하는 한편 봉기 이후의 선후책을 토의하기 위하여 宋斗浩의 집에 도소를 설치하고, 봉기 후 수행할 4개 조항의 行動次序와 고부농민봉기의 지도부를 구성하였음을 알 수 있다. 특히 4항의 '경사직향'은 백산에서 선포한 농민군 4대 강령에도 포함되어 있다. 그러므로 이 격문은 전봉준, 손화중, 김개남 등 교조신원운동을 거치면서 성장한 동학교단 내의 사회변혁지향세력이 농민봉기를 전라도 일대로 확산시키고 더 나아가 전국적인 농민봉기를 구상하였던 증거라 할 수 있다.[28] 결국 고부농민봉기는 반봉건적인 성

---

[26] 宋在爕, 『甲午東學革命亂과 全琫準將軍實記』(필사본), 1954.
[27] 宋在爕, 『甲午東學革命亂과 全琫準將軍實記』(필사본), 1954.
[28] 조성운, 「황토현전투의 전개와 역사적 의의」, 『동학농민혁명 119주년 기념학술

격과 함께 반일, 반서양의 반외세를 지향하면서 봉기를 전국화 시키고자 한 계획을 가지고 있었다는 점에서 자연발생적으로 발생한 이전 시기의 농민봉기와는 구별된다고 할 것이다.

이러한 점에서 보면 8종의 『한국사』 교과서에서 채택한 무장봉기설은 논란의 여지가 있는 것이다. 따라서 1894년 3월의 무장봉기부터 동학농민운동의 제1차 농민봉기로 규정한 8종 교과서의 주장은 무리이며, 학계에서 논의되고 있는 두 주장이 정리되기 전까지는 두 주장을 교과서에 함께 소개하는 것이 타당하다고 생각된다.

또한 〈표 10〉에는 동학농민군이 주장하였던 폐정개혁안이 소개되어 있다. 2009년 개정 교육과정의 『한국사』에서는 오지영의 『동학사』에 수록되어 있던 이른바 '폐정개혁안 12개조'가 6종 교과서에 모두 수록되었으나 2011년 개정 교육과정에 따른 『한국사』에는 미래엔컬쳐와 리베르판 『한국사』는 폐정개혁안 12개조(오지영, 『동학사』), 천재교육·두산동아·지학사판 『한국사』에서는 전봉준 사형판결문에서 폐정개혁안 27개중 일부, 비상교육과 교학사판 『한국사』는 정교의 『대한계년사』에 수록된 폐정개혁안 13개조를 수록하였고, 금성출판사판 『한국사』에서는 오지영의 『동학사』에 수록된 폐정개혁안 12개조의 일부를 본문 속에서 소개하였다. 이와 같이 8종 교과서에서 폐정개혁안을 각각 다른 자료에 수록되어 있는 내용을 소개한 것은 그동안 진실로 여겨졌던 폐정개혁안 12개조의 신빙성에 의문을 가지게 되었기 때문이다. 그것은 폐정개혁안 12개조의 내용이 1894년 동학농민운동의 전개과정 중에 발표되었던 농민군 측의 어떠한 자료에도 나타나지 않기 때문이다. 따라서 동학농민군이 요구한 폐정개혁안에 대해서는 2차 사료의 성격을 갖는 오지영의 『동학사』나 정교의 『대한계년사』를 이용하는 것보다는 1차 사료를 정리하여 작성한 전봉준의 사형판결문을 이용하는 것이 타당하다 생각된다.

다음으로는 8종 교과서에서 무장봉기부터 전주성 점령까지를 다룬 제1차

대회 자료집』, 정읍시·한국민족운동사학회, 2011년 6월.

봉기와 일본군 개입 이후의 제2차 봉기에 대해 살펴보자. 〈표 11〉과 〈표 12〉은 8종 교과서의 제1차 농민봉기와 제2차 농민봉기에 대한 서술 내용을 정리한 것이며, 〈표 13〉은 동학농민운동의 의의와 영향을 정리한 것이다.

〈표 11〉 제1차 동학농민운동

출판사	관련 서술
미래엔컬처	무장의 손화중과 농민군 조직해 봉기→백산격문 발표(4대강령, 제폭구민, 보국안민)→동학교도보다 많은 일반 농민이 참여하여 탐관오리 제거와 조세수탈 시정 주장→황토현전투→정읍, 고창 점령→장성 황룡촌전투→전주성 점령→청에 원병 요청→청군 아산만 상륙→일본군도 인천에 상륙(**공사관과 거류민 보호를 규정한 제물포조약을 구실**)→전주화약→집강소 설치(행정과 치안 담당, 폐정개혁안 실천, 청일 양군의 철수 요구)
천재교육	안핵사의 횡포→통문 발송→무장에서 봉기→백산 집결(전봉준, 손화중, 김개남을 중심으로 지휘부 구성)→황토현전투 후 남쪽으로 진출→장성 황룡촌전투(경군)→전주성 점령→청에 군사 지원 요청, 아산만 도착→일본군 인천 상륙(텐진조약 구실)→전주화약(청일 양국군 철병 요구, 폐정개혁 조건)→집강소 설치(폐정개혁안 실천)
금성출판사	안핵사의 탄압→고부 탈출, 무장에서 봉기→고부점령→백산 이동(4대강령, 제폭구민의 격문 발표, 농민군 지휘부 구성)→황토현전투(전라감영군)→정읍, 고창, 영광, 함평 점령→장성 황룡촌전투(관군)→전주성 점령→청에 구원 요청→일본도 파병(가류민 보호, 텐진조약 구실)→전주화약(폐정개혁 요구 수용, 전주성 철수)→집강소 설치(폐정개혁 추진):농민군의 힘이 약한 곳에서는 지방관을 감시, 농민군의 힘이 강한 곳에서는 집강소가 지방관을 제치고 통치기능 수행, 신임 전라관찰사 김학진과 농민군은 집강소 제도화→전주에 대도소 설치(집강소의 총본부):폐정개혁안 조항 서술 **교정청 설치(1차 갑오개혁에서 서술)**→청일 양국군에 철수 요청→청에 공동으로 내정 간섭 제의(일본)→청의 거부→경복궁 점령→풍도 앞바다에서 청의 군함공격(청일전쟁)→아산만 주둔 청국 습격→성환, 평양전투→청의 북양함대 압록강 어귀에서 격파
비상교육	고부농민봉기 가담자에 대한 안핵사의 처벌→무장봉기(손화중 등)→고부 점령→백산으로 이동(보국안민, 제폭구민을 담은 격문 발표)→태인 점령→황토현전투→정읍, 고창, 무장, 함평 등 점령→장성에서 관군 격파(황룡촌전투 명칭 생략)→전주성 점령→청에 지원 요청→텐진조약을 구실로 일본군 파병→전주화약→집강소 설치(치안 유지와 행정 개혁) 교정청 설치→청일 양국군 철수 요구→일본은 조선의 내정을 공동으로 개혁하자며 청에 제의하며 철군 거부→청과의 교섭이 잘 이루어지지 않음→경복궁 점령(친일정권 수립)→아산만 청군 공격(청일전쟁)→성환전투, 평양전투, 서해 해전 승리(일본)→뤼순, 평후 점령→시모노세키조약(청일):조선은 자주독립국 인정, 일본에 랴오둥반도와 타이완, 펑후열도 할양, 배상금 지불→삼국간섭(러, 프, 독):랴오둥 반도 청에 돌려주고 배상금 추가
리베르	조병갑의 학정(만석보사건)→고부민란(동학도와 농민, 관아 점령, 관리 처벌, 양곡 몰수하여 농민에게 돌려줌, 만석보 밑의 신보 허뭄)→안핵사 이용태의 민란 참가자와 주모자 처벌로 농민 불만 폭발→전봉준 사발통문 발송→손화중, 김개남 합세하여 백산에 진을 치고 보국안민과 제폭구민을 내걸고 봉기→황토현전투, 황룡촌전투→전주성 점령→청에 파병 요청→텐진조약

296 · 민족종교의 두 얼굴

출판사	관련 서술
	을 구실로 일본도 파병→전주화약(폐정개혁안:탐관오리와 악덕지주 처벌, 신분제 폐지)→집강소 설치(행정과 치안 담당하면서 폐정개혁안 시행) 교정청 설치→청일 양국군 철수 요구→경복궁 포위(일본)→청의 항의→아산만의 청군 기습공격(청일전쟁)
두산동아	무장봉기(1894년 3월 손화중, 김개남):제폭구민, 보국안민→고부 점령→백산에 창의소(전봉준을 대장으로 한 지휘부 구성, 격문과 4대행동기율 발표, 폐정개혁 요구)→황토현전투→정읍, 고창 점령:다양한 출신의 지도자가 지휘부에 참여→4월 전주성 점령→청에 원병 요청→일본도 파병(일본 거류민 보호 명분)→전주화약(폐정개혁 요구)→전라도 일대에 집강소 설치, 개혁 추진(노비문서 소각, 탐관오리 숙청, 부패한 양반 토호 징벌, 잡세 폐지, 농민부채 탕감==)평등사회 추구) 조선정부는 청일양국군 철수 요구→일본 조선 정부 요구 거절, 경복궁 점령, 정권 교체→청일전쟁
지학사	전봉준이 손화중, 김개남과 동학지도부 구성한 후 무장에서 봉기 고부 점령→백산 이동:4대강령, 보국안민, 제폭구민의 내용이 담긴 격문 발표 백산→태인→금구 원평에 진을 침(4천여 명이 1만여 명으로 증가, 일반농민도 참여, 탐관오리 축출과 조세수탈 시정 등 주장)→황토현전투→황룡촌전투(중앙군)→전주성 점령→정부 청에 원병 요청→텐진조약을 구실로 일본도 파병→전주화약 후 해산(정부는 농민군의 신변 보장 약속, 개혁안 일부 수용)→집강소 설치(행정, 치안 담당, 개혁 추진):부패한 지방관과 향리, 횡포한 양반 처벌→정부는 교정철 설치(개혁 추진, 청일 양군의 철수 요구)
교학사	고부농민봉기를 진정시키기 위해 안핵사 보내 화약→농민 해산 후 다시 동학교도 탄압→전봉준이 무장에 남접도소 설치(== 제1차 봉기 4대강령 발표→전주 점령→정부는 청에 원병 요청→텐진조약에 따라 청은 일본에 파병 통보→일본도 파병→전주화약 체결(정부:일본의 개입에 따른 혼란 우려, 동학농민군:장기전으로 갈수록 전투가 불리해짐)

〈표 12〉 제2차 동학농민운동

출판사	관련 서술
미래엔컬쳐	일본은 조선정부의 철군 요구 거부→경복궁 점령→청일전쟁 도발→농민군 재봉기(교주 최시형의 지시로 동학교단 조직 전체 동원)→논산에서 남북접 연합부대 형성 후 서울 향해 북상:전라, 충청, 경상, 강원, 경기, 황해도에서 봉기→우금치전투 패배(정부군과 일본군의 연합부대)→농민군 토벌:대규모 학살→전봉준, 김개남, 손화중 체포
천재교육	전주화약 후 청일양군 철수 요구→경복궁 점령, 내정 간섭→청일전쟁 농민군 삼례에서 재봉기→논산에서 남북접 합류→우금치전투 패배(정부군과 일본군의 연합부대)→전봉준 등 지도자와 가담자 체포, 처형→농민군 잔여세력 의병 참여
금성출판사	경복궁 점령, 내정간섭→농민군 재봉기, 삼례 집결→충청도의 북접도 참여→남북접 논산에서 집결 후 서울 향해 북상, 경상, 황해, 강원도에서도 봉기→우금치전투 패배(정부군과 일본군의 연합부대)→12월 전봉준 체포

비상교육	평양전투 승리 후 일본군은 정부군과 연합하여 동학농민군 진압 계획→재봉기→남북접 논산에 집결, 경상, 강원, 경기, 평안, 황해도에서도 봉기→우금치전투 패배(무기의 열세):각지의 아전들이 조직한 민보군도 관군에 정보 주고 농민군 공격→12월 전봉준, 김개남, 손화중 체포
리베르	일본 청일전쟁에서 승기 잡은 후 조선에 내정 개혁 요구→갑오개혁 경복궁 점령, 내정간섭(김홍집 내각)→농민군 진압 위해 일본군 남하→재봉기(삼례)→논산에서 남북접 합세 후 북상→우금치전투 패배(일본군과 관군 연합부대, 무기 열세):이때 남원의 김개남부대는 금산과 청주를 거쳐 청주성 공격, 일본군에 패배→전봉준, 김개남, 손화중 체포
두산동아	9월 중순 삼례에서 재봉기: 최시형을 비롯한 동학교단 지도자들 참여→논산 집결→우금치전투 패배→일본군은 동학 지도자, 단순 가담자 모두 처형할 것 지시→정부군, 민보군(양반과 부호들이 조직)이 농민군 탄압→전봉준, 손화중, 김개남 체포 ===)갑오개혁과 의병운동에 이어짐
지학사	일본 철병 요구 거부→경복궁 점령→청일전쟁→삼례에서 재봉기→북접 가세→남북접 논산에서 연합→우금치전투 패배(관군 및 일본군, 화력에서 열세)→전봉준 등 지도자 체포
교학사	철병 요구→일본 거부→경복궁 점령→청일전쟁→재봉기:북접 참여→논산에서 남북접 합류→우금치전투 패배(일본군과 민보군, 화력에서 열세):김개남이 민보군을 조직한 사족들을 강력하게 처벌, 반대하는 자에게는 살육과 약탈을 허용. 이는 결과적으로 전세를 불리하게 하였다고 서술.→전봉준, 김개남, 손화중, 손병희 부대 해산, 체포→항전 계속(장흥 석대들전투, 금산 대둔산전투)

〈표 13〉 동학농민운동의 의의와 영향

출판사	관련 서술
미래엔컬쳐	반봉건·반침략적 성격, 갑오개혁에 반영, 근대국가를 건설할 수 있는 정치개혁안 제시 못함, 을사늑약 이후 의병투쟁에 가담하여 항일투쟁의 토대 마련, 활빈당 등의 무장 결사 조직
천재교육	반봉건·반침략적 성격의 사회변혁운동, 갑오개혁에서 일부 실현, 항일의병투쟁으로 계승, 근대사회 건설을 위한 구체 방안 제시 못함, 근대무기로 무장한 일본을 물리치기에는 역부족
금성출판사	임술농민봉기의 연장선에 있으나 아래로부터의 개혁이나 근대 국가 건설을 위한 대안을 갖고 있지 못함(반봉건성), 반외세항쟁(2차농민봉기)
비상교육	반봉건·반침략의 성격, 갑오개혁에 영향, 활빈당 등 민중운동이나 의병투쟁에 참여
리베르	반봉건·반침략적 민족운동, 갑오개혁에 일정 부분 반영, 을미의병 가담하여 항일투쟁의 토대 마련, 영학당과 활빈당 등 무장결사 조직. 근대 국가 건설을 위한 구체적 방안 제시 못하고 농민층 이외의 광범한 지지가 부족
두산동아	갑오개혁에 영향, 항일의병운동으로 연결
지학사	정치와 사회 개혁, 외세의 침략을 막으려 했던 운동→농민의 사회개혁운동에 영향, 의병운동에 가담, 갑오개혁에 영향(신분제도와 봉건적 악습의 폐지)
교학사	갑오개혁에 부분적 반영, 반침략·반일의식은 항일의병활동으로 연결

〈표 11〉, 〈표 12〉, 〈표 13〉에서 보면 8종의 『한국사』 교과서는 대략 제1차 농민봉기와 제2차 농민봉기를 다음과 같이 서술하였다.

안핵사 이용태의 횡포에 따라 전봉준이 무장으로 이동하여 손화중, 김개남 등과 연계하여 봉기를 일으켰다. 이들은 각지에 통문을 발송하였고, 백산에서 전봉준, 손화중, 김개남을 중심으로 지휘부를 구성하였다. 이후 황토현전투와 황룡촌전투에서 승리하고 전주성을 함락시켰다. 정부가 청에 원군을 요청하여 청군이 출병하고 일본군도 이에 대응하여 출병하자 정부와 농민군은 전주화약을 체결하였다. 농민군은 집강소를 설치하여 개혁을 추진하는 한편 조선정부와 농민군은 청일 양국군의 철병을 요구하였다. 일본은 조선정부의 요구를 거부하고 경복궁을 포위, 점령하고 조선정부에 내정개혁을 요구하였다. 그리고 일본군은 청군을 공격하여 청일전쟁이 발생하였다. 상황이 이와 같이 진행되자 최시형 등 동학교단의 지도부는 교단 차원에서 봉기하기로 결정하고 논산에서 '남접과 북접'이 연합하여 정부와 일본군의 연합군에 저항하였다. 그러나 우금치전투에서 패배하여 동학농민운동은 좌절하였다. 이후 농민군의 잔여세력은 〈표 13〉에서 보이듯이 의병에 합류하거나 영학당, 활빈당 등을 조직하여 활동하였다. 그리고 8종 교과서 모두 동학농민운동의 반봉건성과 반침략성(반외세)을 강조하고 있음을 알 수 있다.

이와 같은 서술은 전체적으로는 역사적 사실과 일치하는 것이지만 세세한 부분에서는 사실 오류도 발견되었다. 먼저 살펴볼 것은 동학농민운동의 전개과정에서 일본군이 개입하게 되는 원인에 대한 문제이다. 미래엔컬쳐, 금성출판사, 두산동아출판사판 『한국사』를 제외한 5종 교과서는 청일전쟁의 배경을 서술하면서 텐진조약을 구실로 일본군이 조선에 파견되었다고 서술하였다. 그리고 미래엔컬쳐판 『한국사』는 "일본 공사관과 거류민 보호를 규정한 제물포조약을 구실"(196쪽)로 일본군이 파견되었다며 일본군 파견의 원인으로서 제물포조약을 명시하였다. 그리고 금성출판사판 『한국사』는 "일본은 조선에는 자국민을 보호한다는 이유를 댔으며, 청에는 갑신정변 후 체결한 텐진조약을 내세웠다."(214쪽)고 서술하여 일본이 조선과 청에 각각 다른 이유를 댔다고 서술하였고, 두산동아출판사판 『한국사』는 "일본 거류민의 보호를 명분"(170쪽)으로 일본군을 파견하였다고 서술하였다. 즉 청일전쟁의 가장 중요한 배경 중의 하나인 일본군 파견의 원인을 텐진조약과 제물포조약으로 달리 파악하고 있는 것이다. 그런데 텐진조약29)에는 청·일 두 나라 중 어느 한 나라가 파병했을 때 다른 한 나라도 자동 파병한다는 조항이 없으므로 텐진조약을 구실로 조선에 파병했다는 서술은 타당하지 않다. 그러므로 일본군의 파병은 제물포조약에 근거했다는 것이 옳다고 생각된다. 다만 또한 미래엔컬쳐판 『한국사』가 '일본공사관과 거류민 보호를 규정'했다고 한 제물포조약에는 '거류민 보호' 규정이 없고 공사관 경비에 관한 조항이 있을 뿐이다. 따라서 '거류민 보호' 또는 '자국민 보호'라는 표현은 일본이 내세웠던 이유이지 제물포조약에 규정된 것은 아니었다.30) 이러한 점을 감안하여 교과

---

29) 텐진조약에는 "1. 장래 조선국에 변란이나 중대 사건이 일어나 중일 양국 혹은 1국이 파병을 할 때에는 마땅히 우선 상대방 국가에 문서로 알릴 것이며, 그 사건이 진정되면 즉시 철회하고 다시 주둔하지 않는다."고 규정되어 있다(최덕수 외 지음, 『조약으로 본 한국근대사』, 주식회사 열린책들, 2010, 299~300쪽).

30) 제물포조약은 다음과 같다(최덕수 외 지음, 『조약으로 본 한국근대사』, 주식회사 열린책들, 2010, 270~271쪽).
일본력으로는 7월 23일, 조선력으로는 6월 9일 사변에 조선의 흉도들이 일본 공사관을 습격해, 공사관원들이 많은 화난을 당했고 조선에서 초빙한 일본 육군교도도 참혹하게 살해당했다. 일본국은 和好를 위해 타당하게 협의 처리하였으며, 조선국은 아래의 6개 조관 및 따로 정한 속약 2개 조관을 실행할 것을 약속하여 징벌과 선후 처리를 잘한다는 뜻을 표시하였다.

제1조 지금으로부터 20일 이내에 조선국은 흉도들을 잡고 그 수괴를 엄히 징계한다. 일본국은 관리를 파견해 함께 조사하고 처리한다. 만약 기한 내로 잡지 못하면 마땅히 일본국이 판단해 처리한다.
제2조 일본국 관리 중 피해를 당한 사람에 대해서는 조선국이 예의를 두텁게 해 장례를 후히 치른다.
제3조 조선은 5만 원을 지불해 피해를 당한 일본 관리와 그 가족들, 부상자들을 특별히 돌보아 준다.
제4조 흉도들의 폭거로 인해 일본국이 받은 손해와 공사를 호위한 수군과 육군의 비용 중에서 50만 원을 조선국에서 塡補한다.[매년 10만 원씩 지불해 5년 안에 완전히 청산한다.]
제5조 일본 공사관에 약간의 군사를 두어 경비하게 한다. [병영을 설치하고 수

서 서술에 유의하여야 할 것이라 생각된다.

미래엔컬쳐판『한국사』는 "1870년대 후반부터 2대 교주 최시형이 조직망인 포접제를 정비하였다."(194쪽)고 하였으나 接制는 1861년 교조 최제우가 16명의 接主를 임명하며 동학의 교단조직으로 성립하였다. 1864년 교조 최제우가 처형당하는 등 동학이 탄압을 받으며 조직이 와해된 것을 1870년대 중반 최시형이 동학의 새 지도자로 성장하면서 완전히 복원하였다. 이후 동학의 교세가 커지면서 접조직은 많은 교도를 확보하면 여러 접으로 분화되었다. 이렇게 늘어난 접들은 제각기 독립적이지만 최초의 접주와 인맥관계를 형성하면서 한 집단을 이루는데, 이를 포라 부르며, 포의 책임자를 대접주라 하였다. 포 조직이 동학교단에 동시적으로 나타나는 것은 1883년이다.[31] 따라서 포접제가 정비되는 것은 1880년대 전반으로 보아야 할 것이다.

교학사판『한국사』의 경우 '지배층에 항거한 제1차 동학농민운동'이라는 소절에서 "정부는 고부농민봉기가 일어나자 새로운 군수를 임명하여, 농민봉기를 진정시키고, 안핵사를 보내 화약을 청하였다. 그러나 농민들이 해산하자 다시 동학교도를 탄압하였다"(183쪽)고 서술하였다. 그런데 안핵사 이용태가 농민들에게 '화약을 청하였다기보다는 회유하였다는 것이 옳은 표현일 것이며, 교과서 표현대로 화약을 청하였다고 하면 전주화약으로 오인할 소지가 많다. 또한 해산 이후 동학교도를 탄압한 것이 아니라 동학교도를 포함한 농민들을 탄압하였다고 하는 것이 맞는 표현이다. 고부농민봉기에

리하는 것은 조선국이 맡는다. 만양 1년 후 조선의 兵民이 법률을 지켜 일본 공사가 경비가 불필요하다고 여기면 철병해도 무방하다.
제6조 조선은 특별히 대관을 파견해 국서를 전달하고 일본에 사과한다.

대일본국 메이지 15년 8월 30일
대조선 개국 491년 7월 17일
일본국 변리공사 하나부사 요시모토(花房義質) (인)
조선국 전권대신 이유원(李裕元) (인)
전권부관 김홍집(金弘集) (인)

[31] 이희근, 「1894년 東學敎團의 包接制」,『史學志』30, 단국사학회, 1997, 194쪽.

참여한 사람들이 모두 동학교도가 아니기 때문이다. 따라서 동학교도를 탄압하였다는 서술은 학생들에게 사실 관계를 오인할 수 있게 하는 서술이다.

또 "동학농민군의 목적은 탐관오리를 몰아내어 국왕의 선정이 회복하고, 이를 통해 전통적 질서를 복구하여 백성들의 삶을 안정시키는 것이었다."고 하여 마치 동학농민운동이 조선왕조의 성리학적 질서를 재확립하는 데 목적이 있는 것으로 설명하였다.[32] 따라서 교학사판『한국사』는 본문 서술에서는 동학농민운동의 반봉건성은 인정하지 않고 반침략성만을 인정하는 취지의 서술을 하였다. 그러면서도 동학농민운동의 학습목표로서 "동학농민운동이 가지고 있는 반봉건적, 반침략적 성격을 파악할 수 있다."(182쪽)고 하여 서로 충돌하는 서술을 하였다. 이에 대해 수정이 필요하다.

다음으로 볼 것은 제2차 농민봉기 시 남접과 북접이 논산에서 연합하였다는 문제이다. 8종 교과서의 남·북접 관련 서술은 〈표 14〉와 같다.

〈표 14〉 남·북접과 관련된 8종 교과서의 서술

출판사	관련 서술
미래엔컬쳐	전봉준의 남접 부대와 손병희의 북접 부대는 논산에서 남·북접 연합부대를 형성한 후 서울을 향해 북상하였다.
천재교육	그동안 종교활동을 강조하며 봉기에 반대하였던 동학교단의 지도부가 이끄는 북접도 봉기에 참여하였다. 한성으로 진격하기 위해 북상하던 남접의 농민군은 논산에서 북접군과 합류하였다.
금성출판사	1894년 9월 전봉준이 이끄는 남접의 교도들이 전주 근교에 있는 삼례에 집결하기 시작하였다. 제1차 봉기 때에는 전라도의 남접 세력만 봉기하였으나 2차 봉기에서는 충청도의 북접세력도 함께 봉기하였다. 남·북접의 농민군은 논산에 집결한 후 서울을 향해 북상하였다.
비상교육	손병희가 이끄는 북접군과 전봉준이 이끄는 남접군이 서울 진격을 위해 논산에서 합류하였다.
리베르	이에 전봉준이 전라도의 동학 접주들에게 사발통문을 돌려 봉기를 호소하자, 전라도지역의 동학도인 남접계통의 손화중, 김개남 등이 합세하였다.

---

[32] 이러한 주장은 유영익의 연구(「동학농민운동의 기본성격」,『한국사시민강좌』 40, 일조각, 2007)를 참조 바람.

	농민군은 논산에서 남접과 북접이 합세하여 북상하였는데, 공주 우금치에서 일본군과 관군의 연합부대와 대치하였다.
두산동아	동학농민군 지도부는 1차 봉기에 가담하지 않았던 최시형을 비롯한 동학 교단 지도자들을 설득하여 반일운동에 나서도록 하였다. 10월 중순 동학농민군 주력부대는 논산에 집결하였다.
지학사	그동안 종교활동을 강조하면서 농민봉기에 반대하였던 북접도 손병희의 지도 아래 농민군을 이끌고 가세하였다. 북접은 남접과 연합하여 공주로 나아갔다.
교학사	1차 봉기에 참여하지 않았던 북접의 최시형도 봉기 참여를 결정하였다. 이후 동학농민군 지도자들은 남접과 북접의 연합세력을 형성하였다. 손병희의 북접 농민군은 논산에서 전봉준 부대와 합류하였다.

〈표 14〉에서 볼 수 있듯이 두산동아판 『한국사』를 제외한 나머지 7종 교과서는 남접과 북접의 연합부대가 논산에서 합류하여 서울로 북상하였다는 내용의 기술을 하면서 전봉준이 이끄는 부대는 남접, 최시형이 이끄는 부대는 북접의 지휘를 받는 것으로 기술하였다. 즉 남접과 북접이 교단 내에서 대등한 조직인 것처럼 서술하였다. 그러나 동학의 교단 조직에는 남접은 존재하지 않으며, 북접은 제2대 교주인 최시형이 있는 동학교단의 본부를 가리키는 용어이다.33) 그런데 두산동아판 『한국사』는 이러한 문제를 해결하기 위해 남접과 북접이라는 용어를 사용하지 않은 것으로 보인다. 따라서 교과서 서술의 필요상 남접과 북접이라는 용어를 사용해야 한다면 이에 대한 정확한 설명을 해야 학생들이 오해하지 않을 것이라 생각된다.

---

33) 이에 대해서는 다음 논문이 참조된다.
朴孟洙, 「東學의 南·北接에 대한 批判的 檢討」, 『한국학론집』 25, 한양대학교 동아시아문화연구소, 1994; 표영삼, 「接·包 組織과 南·北接의 實像」, 『한국학론집』 25, 한양대학교 동아시아문화연구소, 1994; 이희근, 「1894년 東學敎團의 包接制」, 『史學志』 30, 단국사학회, 1997; 박맹수, 「동학과 동학농민혁명연구에 대한 재검토」, 『동학연구』 9·10, 한국동학학회, 2001; 황묘희, 「동학혁명운동과 남북접문제」, 『동학학보』 4, 동학학회, 2002.

4. 맺음말

본고는 2011 개정 교육과정에 따라 편찬된 8종 『한국사』교과서의 동학농민운동에 대한 서술 내용을 분석한 것이다. 이를 위해 2011 개정 교육과정이 성립되는 과정을 먼저 살핀 후 교과서의 내용체계를 검토하였다. 이상의 검토를 통해 몇 가지 사실을 확인할 수 있었다.

첫째, 2002년 이후 일부 학자와 언론, 정치권에서 유발시킨 '교과서 논쟁'이 특정한 이념 혹은 목적으로 역사교육을 추동하고 있다는 것을 확인할 수 있었다. 그리고 이러한 논쟁의 과정에서 성립한 2011 개정 교육과정에서는 '자유민주주의'라는 표현을 역사과 교육과정의 고시에 삽입함으로써 한국현대사의 서술은 자유민주주의 체제의 수호 과정이며, 그것은 대한민국의 정통성으로 귀결된다는 역사인식의 틀을 마련하였다. 그리하여 이 교육과정의 고시에 따라 편찬된 『한국사』의 내용요소에는 '민주주의의 발전'이 아니라 '자유민주주의의 발전'이 들어가게 되었다.

둘째, 2011 개정 교육과정에 따라 편찬된 『한국사』는 갑신정변, 동학농민운동, 갑오개혁, 독립협회, 광무개혁으로 이어지는 개항 이후의 역사를 자주적 근대국가 수립을 위한 역사로 서술하고 있다. 다시 말하면 동학농민운동은 개항 이후 자주적 근대국가를 수립하기 위한 우리 민족의 노력 가운데 하나라는 점을 강조하고 있다. 그리고 동시에 동학농민운동의 성격을 반봉건·반침략이라 규정하였다. 다만 교학사판『한국사』는 동학농민운동의 반침략성을 인정하면서도 동학농민운동은 '전통적 질서를 복구하여 백성들의 삶을 안정'시키는 데 목적이 있다며 오히려 봉건적 성격을 갖고 있다는 의미로 서술하고 있는 것이 특징이다.

셋째, 8종 교과서 모두 동학농민운동과 갑오개혁과의 관련성에 대해 깊이 있게 서술하였다. 이는 동학농민군이 주장한 내용들 가운데 상당수가 갑오개혁에 반영되었기 때문이라고 할 수 있다. 그리하여 8종 교과서 모두 중단원에서 동학농민운동과 갑오개혁을 함께 다루고 있다. 그러나 금성출판사판

『한국사』는 소단원에서 동학농민운동과 갑오개혁을 일어난 사건 순으로 서술하였으나 그 외의 7종 교과서는 동학농민운동과 갑오개혁을 다른 소단원에서 서술하였다. 학생들이 이 두 사건을 계기적으로 이해하는 데는 금성출판사판 『한국사』의 서술 방식이 좋을 것이라 생각된다.

넷째, 8종 교과서는 동학농민운동을 서술하면서 조선후기 사회경제의 변화, 농민봉기의 발생, 교조신원운동의 전개, 고부봉기의 발생까지를 동학농민운동의 배경으로 설명하였으며, 무장봉기 이후 전주성 점령까지의 1차 봉기, 청·일 양국군의 개입 이후의 2차 봉기의 순으로 설명하고 있는 것이다. 여기에서 문제가 될 수 있는 것은 8종 교과서 모두 무장봉기부터 동학농민운동이 시작되었다고 서술한 것이다. 즉 고부농민봉기는 동학농민운동의 배경일 뿐이라는 것이다. 이에 대해서는 학계에서 다른 의견도 있으므로 이 두 학설을 함께 소개하는 것이 옳을 것이라 생각된다.

다섯째, 8개 교과서에 수록된 학습자료는 모두 116개이다. 이 중 8종 교과서는 백산격문이나 4대강령을 모두 수록하고 있어 무장봉기설을 뒷받침하고 있다. 고부봉기설을 뒷받침한다고 할 수 있는 사발통문은 6종의 교과서에 수록되어 있으나 그 의미를 제대로 설명한 것은 한 종도 없다. 따라서 향후 사발통문의 역사적 의미에 대한 설명을 보강해야 한다고 생각된다.

여섯째, 폐정개혁안에 대한 것이다. 2009 개정 교육과정에 따라 편찬된 『한국사』에는 오지영이 쓴 『동학사』에 수록된 '폐정개혁안 12개조'가 수록되었으나 2011 개정 교육과정에 따라 편찬된 『한국사』에는 『동학사』뿐만 아니라 『대한계년사』와 「전봉준 판결문」에 수록된 폐정개혁안이 교과서 별로 달리 수록되어 있다. 오지영의 『동학사』가 신빙성에 의심이 있다는 점에서 이해되는 일이지만 『대한계년사』 역시 그러한 측면에서 자유롭지 못하다는 점을 고려하면 「전봉준 판결문」을 참고하는 것이 옳다고 생각된다.

일곱째, 일본군의 조선 파견과 관련한 것이다. 미래엔컬쳐, 금성출판사, 두산동아판 『한국사』를 제외한 5종 교과서는 일본군의 파견 배경으로서 텐진조약을 들고 있으나 이것은 사실이 아니다. 텐진조약에는 어느 한 나라가 조선에 파병하면 다른 한 나라도 자동적으로 파견할 수 있다는 조항이 없다. 그리하여 일본은 자국민의 보호라는 명분을 내걸었던 것이다. 그리하여 미래엔컬쳐판 『한국사』는 제물포조약을, 금성출판사판·두산동아판 『한국사』는 자국민 보호를 이유로 댔다고 서술하고 있는 것이다. 향후 이에 대해 보다 명확한 서술이 있어야 할 것이다.

여덟째, 남접과 북접의 문제이다. 두산동아판 『한국사』를 제외하면 7종의 교과서에서 남접과 북접이 마치 대등한 조직인 것으로 서술하였다. 그러나 남접은 동학의 그 어떤 기록에도 동학 교단의 조직으로 나타나 있지 않다. 그리고 북접은 최시형이 있는 동학교단의 본부를 의미하는 것이다. 이에 대해 명확히 구분해야 할 것이다.

요컨대 8종 교과서의 동학농민운동에 대한 서술은 무장봉기설을 바탕으로 서술되고 있다. 이에 대해서는 이견이 있으므로 향후 변경되어야 한다고 생각한다. 또한 일본군 파견의 배경으로서 서술된 톈진조약이나 남·북접과 같이 명확히 역사적 사실과 다른 내용이 수록되어 있다. 역사 교과서가 학생들의 역사 지식과 역사 인식에 미치는 영향이 대단히 크다는 점에 유의하여 보다 완성도 높은 교과서 편찬이 되기를 바란다.

* 논문 출처
『한국민족운동사연구』 78, 한국민족운동사학회, 2014.

| 참고문헌 |

『신인간』『농민』『黨聲』『東經大全』『慶州崔氏見谷派譜』『大先生文集』『侍天敎宗繹史』『侍天敎歷史』『天道敎書』『大阪朝日新聞』『南遊隨錄』『주한일본공사관기록』『천도교창건사』『崔先生文集道源記書』『林下遺稿』『東學亂記錄』(상, 하)『개벽』『조선일보』『동아일보』『天道敎創建錄』『農民』『朝鮮農民』『東學思想硏究資料集』(壹)『天道敎靑年會會報』『高宗實錄』『侍天敎歷史』『天道敎會史草稿』『천도교회월보』『駐韓日本公使館記錄』『묵암비망록』『관보』「水雲行錄」

鄭喬, 『民會實記』, 1898.
李寅燮, 『元韓國一進會歷史』, 1911.
『普通學校國史 兒童用』下卷, 조선총독부, 1922.
최병현, 『남원군동학사』, 1924.
장도빈, 『갑오동학란과 전봉준』, 덕흥서림, 1926.
趙基栞, 『天道敎靑年黨一覽』, 天道敎靑年黨本部, 1928.
趙基栞編, 『天道敎靑年黨小史』, 천도교청년당본부, 1935.
吳知泳, 『東學史』, 영창서관, 1940.
蔡根植, 『武裝獨立運動秘史』, 대한민국공보처, 1949.
宋在燮, 『甲午東學革命亂과 全琫準將軍實記』(필사본), 1954.
李炳憲 編著, 『三一運動秘史』, 時事時報社出版局, 1959.
『東學亂記錄』(상), 국사편찬위원회, 1959.
류홍렬, 『韓國天主敎會史』(상), 웅진출판사, 1962.
金承學, 『韓國獨立史』, 독립문화사, 1966.
이돈화, 『天道敎創建史』, 경인문화사, 1970.
조동걸, 『일제하 한국농민운동사』, 한길사, 1979.
최현식, 『갑오동학혁명사』, 금강출판사, 1980.
홍석창, 『수원지방 3.1운동사』, 왕도출판사, 1981.
강재언, 『한국근현대사연구』, 한울, 1982.
노태구, 『동학혁명의 연구』, 백산서당, 1982.
한우근, 『동학과 농민봉기』(하), 일조각, 1983.

천도교중앙총부,『천도교종령집』, 1983.
金善鎭,『일제 만행을 고발한다』, 미래문화사, 1983.
이현희,『동학사상과 동학혁명』, 청아출판사, 1984.
신복룡.『동학사상과 갑오농민혁명』, 평민사, 1985.
『한국민중운동사자료대계』1-7, 여강출판사, 1985.
金義煥,『近代朝鮮東学農民運動史の研究 一八六〇年・一八九三年を中心に』, 和泉書院, 1986.
『수원지방교회사자료집』, 감리교본부교육국, 1987.
이영복・전봉준,『녹두장군 전봉준 : 동학혁명의 지도자이자 농민의 대변자였던 그의 인생』, 세진, 1989.
天道敎有志敎人一同,『東學・天道敎略史』, 1990.
飛田雄一,『日帝下の朝鮮農民運動』, 未來社, 1991.
동학농민전쟁100주년기념사업추진위원회,『동학농민전쟁연구자료집1』, 여강출판사, 1991.
동학농민혁명백주년기념사업회,『동학농민혁명의 현재적 의미와 백주년 기념사업』, 1992.
정태수 편,『미군정기 한국교육사자료집』(상), 홍지원, 1992.
전하우,『(巨儒) 全琫準의 改革思想』, 영원사, 1993.
지수걸,『일제하 농민조합운동연구』, 역삽평사, 1993.
이준식,『농촌사회 변동과 농민운동』, 민영사, 1993.
동학농민혁명기념사업회,『동학농민운동과 사회변동 : 전주MBC특별기획 동학농민혁명 100주년 기념학술대회』한울, 1993.
동학농민전쟁백주년기념사업추진위원회,『동학농민전쟁역사기행 : 동학농민전쟁의 발자취를 찾아서』, 여강출판사, 1993.
우윤,『전봉준과 갑오농민전쟁』, 창작과비평사, 1993.
정신문화연구원편,『동학농민운동』, 1994.
신용하,『동학농민군 집강소의 사회신분제도개혁과 토지개혁』, 1994.
이상식,『동학농민혁명과 광주, 전남』, 전남대학교 출판부, 1994.
우금치동학농민전쟁100주년기념사업회,『숨쉬는 우금티 동학농민전쟁전적지 안내』, 1994.
역사문제연구소,『농민전쟁 100년의 인식과 쟁점』, 거름, 1994.
동학혁명백주년기념사업회,『동학혁명100주년기년논총』상・하, 1994.
동학농민혁명기념사업회,『황토재에서 우금재까지』, 동남풍, 1994.

최정간,『해월 최시형가의 사람들』, 웅진출판사, 1994.
역사문제연구소,『동학농민전쟁사료대계』1-6, 여강출판사, 1994.
이이화,『발굴동학농민전쟁 - 인물열전』, 한겨레출판, 1994.
영광향토문화연구회,『동학농민혁명 영광사료집』, 1995.
신복룡,『동양사상과 갑오농민혁명』, 평민사, 1995.
김은정,『동학농민혁명 100년 : 혁명의 등불, 그 황톳길의 역사찾기』, 나남출판, 1995.
역사문제연구소,『다시 피는 녹두꽃』, 역사비평사, 1995.
박성수,『동학농민운동과 갑오개혁』, 금성출판사, 1995.
동학농민혁명기념사업회,『동학농민혁명의 지역적 전개와 사회변동』, 새길, 1995.
원종규,『갑오농민전쟁 100돌 기념논문집』, 집문당, 1995.
이상식,『전남동학농민혁명사』, 전라남도, 1996.
이이화,『전봉준과 동학농민전쟁』, 역사문제연구소, 1996.
신용하,『동학과 갑오농민전쟁』, 일조각, 1996.
사예연구소,『동학농민전쟁사료총서』(전30권), 1996.
이상식,『전남지방 동학농민혁명 자료집』, 전라남도, 1996.
역사문제연구소 동학농민전쟁백주년기념사업추진위원회,『시천교종역사동하도종역사』, 사예연구소, 1996.
역사문제연구소 동학농민전쟁백주년기념사업추진위원회,『갑오척사록(외)』, 사예연구소, 1996.
역사문제연구소 동학농민전쟁백주년기념사업추진위원회,『巡撫先鋒陣謄錄』, 사예연구소, 1996.
역사문제연구소 동학농민전쟁백주년기념사업추진위원회,『兩湖招討謄錄 [外]』, 사예연구소, 1996.
역사문제연구소 동학농민전쟁백주년기념사업추진위원회,『避亂錄(大橋金氏家 甲午避亂錄) [外]』, 사예연구소, 1996.
한규무,『일제하 한국기독교 농촌운동 1925~1935』, 한국기독교역사연구소, 1997.
신용하,『동학과 갑오농민전쟁』, 일조각, 1996.
동학농민혁명기념사업회,『동학농민혁명과 농민군 지도부의 성격』, 서경문화사, 1997.
역사문제연구소,『전봉준과 그의 동지들 : 다시 피는 녹두꽃』 2, 역사비평사, 1997.
이민교,『동학농민혁명과 완주 삼례』, 화성, 1997.
이인화,『내포지역 동학농민운동의 전개과정과 그 결과 : 충남 당진지역을 중심으로』, 객현연구소, 1997.
유영익,『동학농민봉기와 갑오경장 : 청일전쟁기(1894-1895) 조선인 지도자들의 사상과 행동』, 일조각, 1998.
『감리교회와 독립운동』, 에이맨, 1998.
조경달, 『異端の民衆反亂: 東學と甲午農民戰爭』, 岩波書店, 1998.
신순철, 『전라도 고창지역의 동학농민혁명』, 고창문화원, 1998.
신순철, 『(실록)동학농민혁명사』, 서경문화사, 1998.
조규태, 『1920년대 천도교의 문화운동연구』, 서강대 박사학위논문, 1998.
이규성, 『해월 최시형과 동학사상』, 예문서원, 1999.
權五鉉, 『朝総督府府における歴史教育内容史研究—国民意識形成の論理を中心に—』, 広島大学大学院博士学位論文, 1999.
부산예술문화대학 동학연구소 엮음, 『해월 최시형과 동학사상』, 예문서원, 1999.
『초·중·고등학교 사회과·국사과 교육과정 기준』, 교육부, 2000.
金正仁, 「日帝强占期 天道教團의 民族運動 연구」, 서울대박사학위논문, 2002.
조성운, 『일제하 농민운동과 농촌사회』, 혜안, 2002.
배항섭, 『조선후기 민중운동과 동학농민전쟁의 발발』, 경인문화사, 2004.
이이화, 『대접주 김인배, 동학농민혁명의 선두에 서다』, 푸른역사, 2004.
한명근, 『한말 한일합병론연구』, 국학자료원, 2006.
천도교중앙총부 교서편찬위원회, 『천도교약사』, 천도교중앙총부출판부, 2006.
차미희, 『중등 국사교육의 내용 변천에 대한 연구 : 국사과 독립시기를 중심으로』, 고려대학교 대학원 박사학위논문, 2006.
김한종, 『역사교육과정과 역사교과서』, 선인, 2006.
교육인적자원부, 『사회과 교육과정』, 고시 제2007-79호[별책 7], 2007.
조성운, 「일제하 수원지역 3·1운동과 민족대표의 관련성」, 『수원학연구』 4, 2007.
『교육과학기술부고시 제2009-41호에 따른 고등학교 교육과정 해설 사회(역사)』, 교육과학기술부.
최덕수 외 지음, 『조약으로 본 한국근대사』, 주식회사 열린책들, 2010.
교육과학기술부 고시 제2010-24호, 「초·중등학교 교육과정 개정 고시」.
교육과학기술부 고시 제2011-361회[별책 7], 『사회과 교육과정』, 교육과학기술부, 2011.
국사편찬위원회 편사기획실, 『역사과 교육과정 자료』, 2011.
차미희, 『한국 중·고등학교의 국사교육-국사과 독립시기(1974~1994)를 중심으로-』, 교육과학사, 2011.
양동안, 「고교 한국사 교과서의 문제점과 대책」, 『고등학교 한국사 검정교과서의 문제점과 대책』(국가정상화추진위원회·자유민주연구학회 주최 학술토론회 자료집), 2011년 5월 20일.

한국역사연구회·역사문제연구소·민족문제연구소·역사학연구소, 「'뉴라이트 교과서' 검토」, 2013년 9월 10일.
아시아평화와역사교육연대, 역사교육연구소, 역사교육연구회, 역사교육학회, 역사와교육학회, 한국역사교육학회, 「고교 한국사 교과서 논란을 돌아본다」, 2013년 10월 2일.
井上勝生, 『明治日本の植民地支配 : 北海道から朝鮮へ』, 岩波書店, 2013.
中塚明·井上勝生·朴孟洙, 『学農民戰爭と日本 : もう一つの日淸戰爭』, 高文硏, 2013.

朴慶植, 「[朝鮮近代의]開国と甲午農民戦争(『歷史学研究』特集朝鮮史の諸問題 1953.7)」, 『歷史學硏究』 특집호, 1953.
姜在彦, 「朝鮮における封建體制の解體と農民戰爭 (1) - 甲午農民戰爭に關する若干の硏究 -」, 『歷史學硏究』 173, 1954.
姜在彦, 「朝鮮における封建體制の解體と農民戰爭 (2) - 甲午農民戰爭に關する若干の硏究 -(1)」, 『歷史學硏究』 174, 1954.
김용섭, 「동학란 연구론」, 『역사교육』 3, 1958.
김용섭, 「전봉준 공초 분석」, 『사학연구』 2, 1958.
최태호, 「갑오동란의 역사적 의의(상)」, 『경제학연구』 1, 중앙대학교 경제학연구회, 1958.
오익제, 「한국농협운동의 선구-조선농민사와 조선농민공생조합운동-」, 『한국사상』 5, 1962.
김용덕, 「사상 및 실학-북학사상과 동학」, 『사학연구』 16, 1963.
김용덕, 「동학사상연구」, 『중앙대논문집』 9, 1964.
한우근, 「동학군의 폐정개혁안 검토」, 『역사학보』 23, 역사학회, 1964.
한우근, 「동학란 기인에 관한 연구」, 『아세아연구』 7-3·4, 1964.
김의환, 「1892·3년의 東學農民運動과 그 性格 - 參禮聚會·伏閣上疏·報恩集會를 中心으로 -」, 『한국사연구』 5, 한국사연구회, 1970.
조항래, 「日本의 對韓侵略政策과 舊韓末親日團體(2)-一進會 組織過程의 時代的 背景과 그 活動相」, 『霞汀徐廷德敎授華甲紀念學術論叢』, 霞汀徐廷德敎授華甲紀念論文集刊行委員會, 1970.
한우근, 『동학란 기인에 관한 연구-그 사회적 배경과 삼정문란을 중심으로』, 일조각, 1971.
조병창, 「수원지방을 중심으로 한 3.1운동 소고」, 단국대 석사학위논문, 1971.

한우근, 「동학농민군의 제2차 봉기」, 『한국사』 17, 국사편찬위원회, 1973.
김대상, 「전봉준의 9월 재기와 그의 혈전」, 『나라사랑』 15, 외솔회, 1974.
김용덕, 「동학군의 조직에 관하여」, 『한국사상』 12, 1974.
김용덕, 「격문을 통해서 본 전봉준의 혁명사상」, 『나라사랑』 15, 외솔회, 1974.
중앙대학교 부설 한국교육문제연구소, 『文敎史』, 1974.
具良根, 「東學農民軍の第二次峰起と日本軍との交戰を中心に一」, 『学術論文』 18, 朝鮮奬學會, 1975.
김의환, 「東學農民運動史硏究 : 敎祖伸寃運動의 發展을 中心으로」, 『논문집』 2·3, 부산여자대학교, 1975.
具良根, 「東學農民の第二次峰起と日本軍の部署」, 『新韓學報』 18, 新韓學術研究會, 1976.
金義煥, 「甲午年 9月 再起後의 東學 農民抗爭과 그 性格」, 『한국학연구』 12, 동국대교 한국학연구소, 1977.
이정희, 「해방 이후의 중학교 국사교육의 변천과정」, 이화여자대학교 교육대학원 석사학위논문, 1977.
김용만, 「고교 국사교과서의 특징과 지도상의 유의점」, 『首都敎育』 45, 서울특별시 교육연구원, 1979.
김창수, 「동학농민혁명과 외병차입문제」, 『동국사학』 15, 1981.
민경배, 「한국기독교의 농촌사회운동」, 『동방학지』 38, 1983.
성주현, 「일생을 교회와 민족에 바친 정암 이종훈」, 『新人間』 통권 573호, 1983.
권병탁, 「동학운동의 농민전쟁적 성격」, 『사회과학연구』 4-1, 영남대학교 사회과학연구소, 1984.
신용하, 「갑오농민전쟁의 제1차 농민전쟁」, 『한국학보』 40, 일지사, 1985.
정창렬, 「古阜民亂의 硏究(上)」, 『한국사연구』 48, 한국사연구회, 1985.
정창렬, 「古阜民亂의 硏究(下)」, 『한국사연구』 49, 한국사연구회, 1985.
신용하, 「동학농민군 지휘자 전봉준·손화중·최영창(경선) 판결선고서 원본」, 『한국학보』 11-2, 1985.
지수걸, 「조선농민사의 단체성격에 관한 연구」, 『역사학보』 106, 1985.
최종민, 「동학농민전쟁의 농업사적 고찰」, 『농업생명과학연구』 17, 전북대학교 농업과학기술연구소, 1986.
박맹수, 「海月 崔時亨의 初期行蹟과 思想」, 『청계사학』 3, 한국정신문화연구원 청계사학회, 1986.
박맹수, 「東學 2世敎主 崔時亨硏究 : 家系와 結婚過程을 中心으로」, 『韓國現代史論叢』,

吳世昌敎授華甲紀念論叢刊行委員會, 1986.
황영익, 「동학농민전쟁에 관한 경제사적 연구」, 『경영경제연구』, 조선대학교, 1987.
정창렬, 「갑오농민전쟁과 갑오개혁」, 『한국사연구입문』 제2판, 지식산업사, 1987.
신용하, 「동학과 갑오농민전쟁의 민족주의」, 『한국학보』 13-2, 1987.
김현숙, 「일제하 민간협동조합운동에 관한 연구」, 『일제하의 사회운동』, 1987.
안병욱, 「갑오농민전쟁의 성격과 연구 현황」, 『한국근현대사연구입문』, 역사비평사, 1988.
성기섭, 「동학농민혁명의 사회적 배경」, 『동방』 7-1, 한국외국어대학교 동양어대학, 1988.
최기성, 「동학농민혁명운동 원인과 고부에 관한 연구」, 『전북사학』 11·12, 전북대학교 사학회, 1989.
양상현, 「1894년 농민전쟁과 항일의병전쟁」, 『남북한역사인식의 비교강의』, 일송정, 1989.
조대현, 「동학농민군의 자치조직과 활동 : 집강소를 중심으로」, 『김화논총』 2, 1989.
黃善嬉, 「1920년대의 천도교와 신문화운동-이돈화의 三大開闢論을 중심으로」, 『龍巖 軍文變敎授華甲紀念史學論叢』, 1989.
조규태, 「舊韓末 平安道地方의 東學-교세의 신장과 성격에 대한 검토를 중심으로」, 『동아연구』 21, 1990.
배항섭, 「강원도에 서린 동학농민군의 발자취」, 『역사비평』 13, 1990.
이영호, 「갑오농민전쟁 이후 동학농민의 동향과 민족운동」, 『역사와현실』 3, 1990.
崔敦鎬, 「일제통치하 한국에 있어서의 초등국사교육과정연구」, 『역사교육』 48, 역사교육연구회, 1990.
磯田一雄, 「第三次·第四次朝鮮敎育令下の国史敎科書の改訂状況ー内地及び満州の国史敎科書との比較研究のための覚書ー」, 『成城文芸』 130, 成城大学文芸学部, 1990.
이명화, 「일제총독부 간행 국사교과서와 식민사관」, 『역사비평』 1991년 겨울호, 역사비평사, 1991.
장봉선, 「全琫準實記」, 동학농민전쟁100주년기업사업추진위원회 편, 『동학농민전쟁 연구자료집(1)』, 여강출판사, 1991.
이영호, 「1894년농 민전쟁의 지도부와 서장옥」, 『인하사학』 3, 1991.
김한종, 「해방 이후 국사교과서의 변천과 지배이데올로기」, 『역사비평』 15, 역사비평사, 1991.
劉準基, 「天道敎의 新敎育運動」, 『汕耘史學』 6, 1992.

노용필,「동학농민군의 집강소에 대한 일고찰」,『역사학보』133, 1992.
신용하,「동학과 갑오농민전쟁의 결합」,『한국학보』18-2, 1992.
신용하,「갑오농민전쟁의 제2차 동학농민전쟁」,『한국문화』14, 서울대학교 규장학 한국학연구원, 1993.
金昌洙,「文化運動硏究의 現段階와 課題」,『한민족독립운동사』12, 1993.
박맹수,「동학의 교단조직과 지도체제의 변화」,『1894년 농민전쟁연구』3, 역사비평사, 1993.
조경달,「1894년 농민전쟁에 있어서 동학지도자의 역할-서병학·서인주를 중심으로-」,『역사연구』2, 역사학연구소, 1993.
박맹수,「동학의 교단조직과 지도체제의 변화」,『1894년 농민전쟁연구』3, 역사비평사, 1993.
이진영,「동학농민전쟁기 전라도 태인 고현내면의 반농민군 구성과 활동-김기술과 도강 김씨를 중심으로-」,『전라문화논총』6, 1993.
金昌洙,「문화운동연구의 현단계와 과제」,『한민족독립운동사』12, 1993.
송찬섭,「농민전쟁에서 동학은 어떠한 일을 하였는가」, 역사학연구소 1894년 농민전쟁연구분과 엮음,『농민전쟁 100년의 인식과 쟁점』, 1994.
김정식,「서구자본주의 침투와 동학농민전쟁의 관계에 관한 연구」,『한국항만경제학회지』10, 한국항만경제학회, 1994.
朴孟洙,「東學의 南·北接에 대한 批判的 檢討」,『한국학론집』25, 한양대학교 동아시아문화연구소, 1994.
표영삼,「接·包 組織과 南·北接의 實像」,『한국학론집』25, 한양대학교 동아시아문화연구소, 1994.
배항섭,「1894년 동학농민전쟁에 나타난 토지개혁 구상 : 평균분작 문제를 중심으로」,『사총』43, 고대사학회, 1994.
신용하,「동학농민군 집강소의 사회신분제 개혁과 토지개혁 정책」,『진단학보』78, 1994.
신용하,「항일민족운동으로서의 제2차 동학농민전쟁」,『한국독립운동사연구』8, 독립기념관 한국독립운동사연구소, 1994.
신영우,「충청지역 동학농민전쟁의 성격」,『호서문화연구』12, 충북대학교 중원문화연구소, 1994.
이진영,「동학농민혁명과 고부 : 19세기 후반 전라도 고부의 사회사상」,『전라문화논총』7, 1994.
최기성,「동학농민혁명과 고부 : 19세기 고부의 폐정 실태」,『전라문화논총』7, 1994.

이희권, 「동학농민혁명과 고부 : 19게디 후반 고부의 사회조직 구조」, 『전라문화논총』 7, 1994.
윤원호, 「동학농민혁명과 고부 : 19세기 고부의 사회경제」, 『전라문화논총』 7, 1994.
최현식, 「동학농민혁명과 고부 : 고부와 갑오동학혁명」, 『전라문화논총』 7, 1994.
박명규, 「동학농민혁명과 고부 : 19세기 말 고부지방 농민층의 존재형태」, 『전라문화논총』 7, 1994.
배항섭, 「동학농민전쟁의 배경」, 『근현대사강좌』 5, 1994.
이이화, 「동학농민전쟁의 역사적 의의」, 『백제문화』 23, 공주대학교 백제문화연구소, 1994.
정진영, 「동학농민전쟁과 안동」, 『안동문화』 15, 안동대학교 안동문화연구소, 1994.
신영우, 「충청도의 동학교단과 농민전쟁」, 『백제문화』 23, 공주대학교 백제문화연구소, 1994.
박걸순, 「동학농민전쟁 이후 음성지방 향촌사회의 동향과 갈등상」, 『호서문화연구』 12, 충북대학교 중원문화연구소, 1994.
채길순, 「충청지역 동학혁명의 전개과정」, 『호서문화연구』 12, 충북대학교 중원문화연구소, 1994.
배항섭, 「충청지역 동학농민군의 동향과 동학교단」, 『백제문화』 23, 공주대학교 백제문화연구소, 1994.
박맹수, 「동학농민전쟁과 공주전투」, 『백제문화』 23, 공주대학교 백제문화연구소, 1994.
유영익, 「동학은 란인가 혁명인가 : 동학농민봉기는 보수지향의 의거였다. 동학은 혁명이다」, 『한국논단』 62-1, 1994.
정창렬, 「동학농민전쟁인가 갑오농민전쟁인가」, 『근현대사강좌』 5, 1994.
이진영, 「김개남과 동학농민전쟁」, 『한국근현대사연구』 2, 한국근현대사학회, 1995.
우윤, 「고종조 농민항쟁·갑오농민전쟁에 대한 연구성과와 과제」, 『한국사론』 25, 국사편찬위원회, 1995.
신복룡, 「전봉준의 생애에 관한 몇 가지 쟁점」, 『한국정치외교사논총』 12, 1995.
표영삼, 「동학사상과 접포조직」, 『한국사상』 22, 한국사상사학회, 1995.
유영익, 「갑오농민봉기의 보수적 성격」, 『한국정치외교사논총』 12-1, 한국정치외교사논총, 1995.
윤석준, 「1894년 동학농민전쟁의 경제적 의의에 관한 연구」, 『경영논총』 29-1, 연세대학교 경영대학원, 1995.
박영석, 「동학농민혁명의 역사적 의의」, 『호남문화연구』 23, 전남대학교 호남문화연구소, 1995.
양진석, 「1894년 충청도지역의 농민전쟁」, 『1894년 농민전쟁연구4』, 역사비평사, 1995.
박진태, 「1894년 경상도지역의 농민전쟁」, 『1894년 농민전쟁연구4』, 역사비평사, 1995.
박찬승, 「1894년 호남 남부지역의 농민전쟁」, 『1894년 농민전쟁연구4』, 역사비평사, 1995.
정은경, 「1894년 황해도·강원도지역의 농민전쟁」, 『1894년 농민전쟁연구4』, 역사비평사, 1995.
이이화, 「동학농민전쟁과정에 나타난 장성전투의 의미」, 『호남문화연구』 23, 전남대학교 호남학연구원, 1995.
김양식, 「전남동부지역의 동학농민군 활동 : 영호도서를 중심으로」, 『호남문화연구』 23, 전남대학교 호암학연구원, 1995.
박준성, 「1894년 강원도 농민군의 활동과 반농민군의 대응」, 『동학농민혁명의 지역적 전개와 사회변동』, 새길, 1995.
박찬승, 「전남지방의 동학농민전쟁」, 『호남문화연구』 23, 전남대학교 호남문화연구소, 1995.
이상식, 「한말 광주·전남의 동학농민혁명과 의병전쟁」, 『역사학연구』 9, 전남사학회, 1995.
이상식, 「동학농민혁명과 광주, 전남」, 『역사학연구』 10, 전남사학회, 1995.
서영희, 「1894년 농민전쟁의 2차봉기」, 『1894년 농민전쟁연구4』, 역사비평사, 1995.
조재곤, 「청일전쟁에 대한 농민군의 인식과 대응」, 『1894년 농민전쟁연구4』, 역사비평사, 1995.
장규식, 「1920-30년대 YMCA 농촌사업의 전개와 그 성격」, 『한국기독교와 역사』 4, 한국기독교역사연구소, 1995.
이도행, 「충남 서북부지역의 동학농민전쟁」, 『역사와역사교육』 1, 웅진사학회, 1996.
윤해동, 「한말 일제하 天道敎 金起田의 '近代'수용과 '民族主義'」, 『역사문제연구』 1, 1996.
鄭用書, 「日帝下 天道敎靑年黨의 政治·經濟思想硏究」, 연세대 석사학위논문, 1997.
김영작, 「동학농민봉기에 나타난 '내셔널리즘'의 특성」, 『근현대사강좌』 9, 1997.
이희근, 「1894년 東學敎團의 包接制」, 『史學志』 30, 단국사학회, 1997.
김정기, 「청주지선의 전선가설과 충청도 동학농민전쟁」, 『호서문화논총』 11, 서원대학교 호서문화연구소, 1997.

이진영, 「전라도 임실현의 동학과 동학농민전쟁」, 『전북사학』 19·20, 전북대학교 사학회, 1997.
엄찬호, 「강원도 동학의 전래와 농민항쟁」, 『강원문화사연구』 2, 강원향토문화연구회, 1997.
최홍규, 「경기지역의 동학과 동학농민군 활동 : 특히 수원지방과 관련하여」, 『경기사론』 1, 경기대학교 사학회, 1997.
한규무, 『일제하 한국기독교 농촌운동연구』, 한국기독교역사연구소, 1997.
양정현, 「일제 강점기 역사교육 이념과 정책-1920~30년대 중반 보통학교를 중심으로-」, 『국사관논총』 77, 국사편찬위원회, 1997.
유승률, 「1894년 금산지역 의회군의 조직과 활동」, 『충남사학』 10, 충남대학교 사학회, 1998.
曺圭泰, 「天道敎의 文化運動論 定立과 그 패러다임」, 『한국민족운동사연구』 19, 1998.
조규태, 『1920년대 天道敎의 文化運動硏究』, 서강대 박사학위논문, 1998.
최효식, 「水雲 崔濟愚의 生涯와 思想」, 『동학연구』 2, 한국동학학회, 1998.
박지태, 「일제하 서울에서의 조선농민사 활동」, 『향토서울』 58, 1998.
박지태, 「朝鮮農民社의 組織과 活動」 『한국민족운동사연구』 19, 한국민족운동사학회, 1998.
김병하, 「동학농민혁명운동과 전봉준의 경제사상」, 『민족문화연구총서』 19, 영남대학교 민족문화연구소, 1998.
강창일, 「동학농민전쟁과 일본의 동향」, 『한국사론』 41·42, 서울대학교 인문대학 국사학과, 1999.
井上勝生, 「甲午農民戰爭(東學農民戰爭)と日本の彈壓」, 『近代天皇制の形成·確立に關する基礎的硏究』, 北海道大學 文學部, 1999.
이준식, 「최동희의 민족혁명운동과 코민테른」, 『역사와 현실』 32, 1999.
井上勝生, 「甲午農民戰爭(東學農民戰爭)と日本軍」, 『近代日本の內と外』, 吉川廣文館, 1999.
조성운, 「해월 최시형의 도통전수와 초기 포교활동」, 『동학연구』 7, 2000.
이기원, 「강원지역 동학농민전쟁 연구」, 『강원사학』 15·16, 강원대학교 사학회, 2000.
배항섭, 「동학난에서 농민전쟁으로」, 『내일을 여는 역사』 1, 내일을 여는 역사, 2000.
이희근, 「1894년 동학지도부의 제2차 기병 추진과 그 성격」, 『동학연구』 6, 한국동학학회, 2000.
성주현, 「1920년대 경기지역의 천도교와 청년동맹의 활동」, 『경기사학』 4, 2000.

조성운,「日帝下 水原地域 天道敎의 成長과 民族運動」,『경기사론』4·5합집, 2001.
조규태,「천도교의 민족문화운동」,『일제하 경기도지역 종교계의 민족문화운동』, 경기문화재단, 2001.
김용섭,「「全琫準供草」의 分析」,『韓國近代農業史研究』Ⅲ, 지식산업사, 2001.
井上勝生,「甲午農民戰爭 日本軍による最初の東アジア民衆虐殺 -東学農民戰爭 淸算されない加害責任-」,『世界』693, 岩波書店, 2001.
황선희,「동학·천도교의 민족운동 연구 동향과 전망」,『동학연구』8, 한국동학학회, 2001.
박맹수,「동학과 동학농민혁명연구에 대한 재검토」,『동학연구』9·10, 한국동학학회, 2001.
박맹수,「동학농민전쟁기 일본군의 무기-스나이더 소총과 무라타 소총을 중심으로-」,『한국근현대사연구』17, 한국근현대사학회, 2001.
이용창,「한말 崔麟의 일본 유학과 현실인식」,『역사와 현실』41, 한국역사연구회, 2001.
김정인,「손병희의 문명개화노선과 3.1운동」,『한국독립운동사연구』19, 한국독립운동사연구, 2002.
황묘희,「동학혁명운동과 남북접문제」,『동학학보』4, 동학학회, 2002.
신영우,「1894년 동학농민군의 청주성 점거 시도」,『충북사학』13, 충북사학회, 2002.
정용서,「1930年代 天道敎勢力의 農業問題 認識과 農業改革論」『東方學志』117, 2002.
한국교육과정평가원,「제7차 교육과정에 따른 교과용 도서 검정 체제 연구」, 2002.
이진영,「전라도 무주지역의 동학농민혁명 전개양상」,『동학연구』12, 2002.
김창수,「동학농민혁명의 전개」,『동학연구』11, 한국동학학회, 2002.
김종준,「進步會·一進支會의 활동과 향촌사회의 동향」,『韓國史論』, 서울대 국사학과, 2002.
조성운,「日帝下 朝鮮農民共生組合이 組織과 活動」『동학연구』13, 한국동학학회, 2003.
조성운,「日帝下 맹산군농민사의 活動과 民族運動」,『정신문화연구』91, 2003.
井上勝生,『札幌農学校·北海道帝国大学における植民学の展開にかんする基礎的研究』, 北海道大学, 2003.
이진영,「충청도 내포지역의 동학농민전쟁 전개양상과 특성」,『동학연구』14·15, 한국동학학회, 2003.
최효식,「義菴 孫秉熙와 3·1독립운동」,『동학연구』14·15, 한국동학학회, 2003.

황선희, 「동학농민혁명운동의 발상지와 무장봉기」, 『동학학보』 8, 2004.
박진동, 「해방후 역사교과서 발행제도의 추이」, 『역사교육』 91, 역사교육연구회, 2004.
문동석, 「일제시대 초등학교 역사교육과정의 변천과 교과서-보통학교국사와 초등국사를 중심으로-」, 『사회과교육』 16, 한국사회과교육연구학회, 2004.
배항섭, 「동학농민군의 대외인식-대일관·대청관을 중심으로-」, 『태동고전연구』 20, 한림대학교태동고전연구소, 2004.
박맹수, 「19세기 말 동아시아 전쟁에 대한 일본인의 '왜곡된' 기억-동학농민전쟁과 청일전쟁을 중심으로-」, 『역사와 현실』 51, 한국역사연구회, 2004.
김동명, 「일제하 동화형협력운동의 논리와 전개-최린의 자치운동의 모색과 좌절」, 『한일관계사연구』 21, 2004.
강문호, 「동학농민혁명과 청군」, 『동학연구』 17, 한국동학학회, 2004.
성주현, 「1904년 진보회의 조직과 정부 및 일본의 대응」, 『京畿史學』 8, 경기사학회, 2004.
박찬승, 「동학농민전쟁기 일본군·조선군의 동학도 학살」, 『역사와 현실』 54, 한국역사연구회, 2004.
장신, 「한말·일제강점기의 교과서 발행제도와 역사교과서」, 『역사교육』 91, 역사교육연구회, 2004.
이병담, 「조선총독부 초등학교 『국사』에 나타난 식민사관과 신민 만들기」, 『일본어문학』 30, 일본어문학회, 2005.
이병담, 「조선총독부 초등학교 『국사』에 나타난 침략사관과 식민지 아동의 탄생」, 『일어일문학』 27, 대한일어일문학회, 2005.
성주현, 「동학혁명 참여자의 혁명 이후 활동(1900-1919)」, 『문명연지』 6-1, 2005.
강효숙, 「청일전쟁에 있어 일본군의 동학농민군 진압」, 『열린정신 인문학연구』 6, 원광대학교 인문학연구소, 2005.
최기성, 「동학농민혁명운동과 청일전쟁에 대한 연구」, 『전북사학』 28, 전북대학교 사학회, 2005.
이용창, 「東學敎團의 民會設立運動과 進步會」, 『中央史學』 21, 한국중앙사학회, 2005.
이현희, 「대한민국에서의 동학농민혁명 연구의 현황과 특성」, 『동학학보』 12, 동학학회, 2006.
井上勝生, 『甲午農民戰争と鎮圧日本軍に関する基礎的研究』, 北海道大学, 2006.
이용창, 「동학농민운동 이후 손병희의 단일지도체제 확립과정과 동향」, 『한국민족운동사연구』 46, 한국민족운동사학회, 2006.

金宝林, 「朝総督府府発行歴史教科書の叙述分析ー初等歴史教科書の蒙古叙述を中心に一」, 『일본문화연구』 20, 동아시아일본학회, 2006.
김경미, 「1940년대 조선의 '국사'교과서와 일본의 국사교과서」, 『한국교육사학』 28-2, 한국교육사학회, 2006.
박현옥, 「일제하 역사교과서와 식민지 지배 이데올로기-보통학교국사와 초등국사를 중심으로-」, 『중앙사론』 25, 한국중앙사학회, 2007.
조경달, 「일본에 있어서의 갑오농민전쟁 연구 상황」, 『동학학보』 13, 동학학회, 2007.
김용준, 「영어권에서의 동학과 동학혁명 연구 현황」, 『동학학보』 13, 동학학회, 2007.
쿠르바노프, 「러시아에서의 동학 연구 현황」, 『동학학보』 13, 동학학회, 2007.
강기주, 「중국 동학농민혁명 연구의 특성」, 『동학학보』 13, 동학학회, 2007.
배항섭, 「최근 북한학계의 동학농민전쟁 연구 동향과 특징」, 『민족문화연구』 46, 고려대학교 민족문화연구원, 2007.
유영익, 「동학농민운동의 기본성격」, 『한국사시민강좌』 40, 일조각, 2007.
성주현, 「제2차 동학혁명과 삼례기포」, 『한국민족운동사연구』 50, 한국민족운동사학회, 2007.
신영우, 「1894년 일본군 중로군의 진압책과 동학농민군의 대응」, 『역사와 실학』 33, 역사실학회, 2007.
강효숙, 「제2차 동학농민전쟁 시기 일본군의 농민군 진압」, 『한국민족운동사연구』 52, 한국민족운동사학회, 2007.
강효숙, 「제2차 동학농민전쟁과 일본군」, 『전북사학』 30, 2007.
박맹수, 「동학농민혁명기 전라도 지식인의 삶과 향촌사회-강진유생 박기현의 『일사』를 중심으로-」, 『한국사상사학』 31, 한국사상사학회, 2008.
김진겸, 「해방 이후 한국사 교과서의 기독교 관련 서술 분석」, 단국대학교 교육대학원 석사학위논문, 2008.
양정현, 「국사교과서 고대사 서술에서 민족·국가 인식의 변천」, 『한국고대사연구』 52, 한국고대사학회, 2008.
김한종, 「역사 교과서 수정 논란의 전말」, 『역사교육』 83, 전국역사교사모임, 2008년 겨울호.
강효숙, 「황해·평안도의 제2차 동학농민전쟁」, 『한국근현대사연구』 47, 한국근현대사학회, 2008.
강효숙, 「제2차 동학농민전쟁과 일본군 관련 사료 해제-일본 방위성 방위연구소 도서관 소장 자료를 중심으로-」, 『한국근현대사연구』 47, 한국근현대사학회, 2008.
신영우, 「1894 일본군의 동학농민군 학살」, 『역사와 실학』 35, 역사실학회, 2008.

박맹수, 「김낙철계 동학농민군의 활동과 갑오 이후의 동향」, 『동학학보』 17, 동학학회, 2009.
성주현, 「박인호계의 동학혁명과 그 이후의 동향」, 『동학학보』 17, 동학학회, 2009.
강대덕, 「원주지역 동학농민운동의 조직과 활동」, 『강원문화사연구』 14, 강원향토문화연구회, 2009.
강효숙, 「청일전쟁기 일본군의 조선병참부-황해·평안도 지역을 중심으로-」, 『한국근현대사연구』 51, 한국근현대사학회, 2009.
井上勝生, 「東学農民軍包囲殲滅作戦と日本政府・大本営 -日清戦争から「韓国併合」100年を問う-(「韓国併合」100年を問う)」, 『思想』 1029, 2010.
박맹수, 「매천 황현의 동학농민군과 일본군에 대한 인식」, 『한국근현대사연구』 55, 한국근현대사학회, 2010.
김남석, 「1894년 충남 면천지역의 동학농민전쟁연구」, 『충청문화연구』 5, 충남대학교 충청문화연구소, 2010.
강효숙, 「제19대대장 南小西郎의 경력서-제2차 동학농민전쟁기 일본군에 의한 동학농민군 진압 기록」, 『역사연구』 19, 역사학연구소, 2010.
박맹수, 「동학농민혁명기 재조일본인의 전쟁협력 실태와 그 성격」, 『한국독립운동사연구』 36, 독립기념관 독립운동사연구소, 2010.
박맹수, 「동학농민전쟁기 일본군의 정보수집활동」, 『역사연구』 19, 역사학연구소, 2010.
홍동현, 「1894년 일본 언론의 동학농민전쟁 인식」, 『역사문제연구』 24, 역사문제연구소, 2010.
성주현, 「서장옥과 금산지역 동학군의 활동」, 『한성사학』 26, 2011.
박맹수, 「동학의 창도와 개벽사상」, 『동학농민혁명의 기억과 역사적 의의』, 전북사학회·정읍시, 2011.
강효숙, 「동학농민군 탄압 인물과 그 행적-미나미 코시로, 이두황, 이도재를 중심으로-」, 『동학학보』 22, 2011.
사노 미치오, 「1910년대 조선총독부 학무국의 역사교육」, 『한국독립운동사연구』 38, 독립기념과 한국독립운동사연구소, 2011.
권오현, 「황국신민화 교육정책과 역사교육의 변화」, 『사회과교육연구』 18-4, 한국사회과교과교육학회, 2011.
이노우에 가즈오, 「어느 청일전쟁 전사자의 비석으로부터-동학농민군 토멸부태의 비문을 둘러싸고-」, 『동학학보』 23, 동학학회, 2011.
박대길, 「동학농민혁명의 시작, 고부봉기」, 『동학학보』 25, 2012.

신영우,「북접농민군의 충청도 귀환과 영동 용산전투」,『동학학보』24, 한국동학학회, 2012.

신영우,「1894년 고창지역 동학농민군의 진압과 민보군」,『동학학보』26, 한국동학학회, 2012.

김양식,「동학농민혁명에 관한 역사교과서의 서술내용의 문제점과 개선 방향」,『동학학보』24, 동학학회, 2012.

최상훈,「역사과 교육과정 60년의 변천과 진로」,『사회과교육연구』12-2, 한국사회교과교육학회, 2012.

조성운,「황토현전투의 전개와 역사적 의의」,『한국민족운동사연구』77, 한국민족운동사학회, 2013.

김종준,「일제시기 '(일본)국사'의 '조선사' 포섭논리」,『한국학연구』29, 인학대학교 한국학연구소, 2013.

| 찾아보기 |

[ㄱ]

갑오개혁 15, 252, 253, 267, 286
갑오농민전쟁 236
姜洙 52, 53, 56
강시원 47, 52
姜元甫 68
姜錠 53
경복궁 점령 사건 24
고등중학교 224
고등학교 국사 지도 요령 227
고려혁명위원회 132, 149~151
고부농민봉기 13, 22, 23, 25, 72, 79, 85, 87, 89, 90, 106, 243, 244~247, 286~288, 290, 292~294, 301
高錫柱 113
高在棠 135
高柱元 117, 121
공동경작 173, 176, 206
공동경작계 195, 200
孔炳台 117, 119
공생조합 관서연합회 168, 185, 201
공석정 128
공작계 173, 176, 195, 196, 200, 207, 209~213
공주전투 23
공주집회 286
郭錦錫 127
교과서 파동 231

교과용 도서 검인정 규정 225
교과용 도서에 관한 규정 271
교수요목 251
교육법 224
교육에 대한 긴급조치 273
교조신원운동 13, 26, 30, 52, 70, 75, 84, 113, 240, 247, 286, 294
具洛書 117
具日善 53
舊鄕 55
국길현 114, 138
국민교육헌장 228, 237
『국사교본』 225, 243, 250
국사교육강화위원회 228
弓尙元 155
권동진 114, 133, 142, 144, 146, 147, 151
권병덕 147, 149
權一元 53
權在天 135
금구집회 72, 86, 286
기봉규 124
길선주 147, 158
길응철 157~160, 166, 168
김각화 157
金開南 60, 67, 69, 71, 72, 74, 75, 77, 82~85, 87, 89, 91, 136, 244, 263, 265, 288, 294, 299
金慶瑞 51, 53, 54
金敬和 45

찾아보기 · 323

金慶化	53	김상화	157
김기범	174	金生員	45
金起田	131, 183	金錫祥	155
김낙철	33	金先達	68
김노적	128	金聖基	67, 72, 83, 84
金達觀	99, 104	金聖烈	119, 123
김달백	174	김세환	122, 128
김달현	206	金岩回	99
김대건	64	金永根	112
金大植	118, 124	金榮基	72, 83
김대현	168	金英培	126
金德明	71, 82, 83	김영보	123
金道三	87, 294	金永淳	56
김도수	163, 168	김옥균	61
김도준	164	金用汝	53
金來鉉	113, 135	金龍鎭	56
金利涉	168	金元八	113
金蓂培	114, 138	金有卿	117, 118, 122, 125
金命洙	99	김윤식	143
金明植	119	金應七	294
金明濬	114, 138	김의진	125
김문명	124	김이서	47, 58, 68
金文汝	45	金益培	123, 126
金文鉉	86, 94, 98, 103	김인배	33
金秉鼐	52	金仁泰	117, 118, 121, 123
金秉濟	157	김재식	124
김병조	147	金在仁	118
김병호	128	金在泓	67, 72, 83, 84
김봉국	139	金正淡	118, 121, 123
金士賢	53	金正模	123
金士顯	53	김정일	163
金相根	118, 123, 126	金鼎鉉	112, 113
김상기	250	金周瑞	68, 111
김상섭	163	金俊植	137
김상학	163	金俊淵	183

金纘基　126
김창식　123
金致洪　97
金泰悅　135
金學習　118, 121
김학화　157
金漢式　113, 116
김현설　128
金顯祚　119, 123
金顯周　118
金顯哲　183
김홍규　142, 143
金興烈　118, 123

[ㄴ]

나영선　168
羅龍煥　114, 137, 138, 141, 147, 149
羅仁協　141, 147, 149
羅正完　112
羅昌世　127
羅天綱　112, 116~118, 121, 126
南啓天　68
南應三　74
남접　303
남정철　143
노석기　137
농민고무공장　193
농민공생조합 관서연합회　188
농민군 4대 강령　264, 265
농민병원　169
농민사운동　200
농민조합운동　175
농촌지도자강습회　163

농촌진흥운동　200, 203, 207, 212

[ㄷ]

大同會　114, 138
독립후비보병 제19대대　32
『東經大全』　50~52, 112
동학농민운동　223, 232, 233, 235~241, 244, 252, 253, 266
동학농민혁명　235, 243, 266
동학농민혁명운동　235, 266
동학란　235~237, 266
『동학사』　264, 265, 295
동학운동　235, 238, 266
동학혁명　235~238, 266
동학혁명운동　237

[ㄹ]

柳尙文　99
柳榮浩　99

[ㅁ]

만석보유지비　263
맹산군농민사　170, 176
맹산군종리원　159
맹산노동사　159
맹산농민공생조합　166, 168
孟山農友會　160
孟英在　134
無極大道　66

무라타 소총　30
無爲而化　76
무장기포　243, 244, 246, 247
무장봉기　79, 287, 290, 292, 295
『묵암비망록』　141
文炳魯　166, 168
미나미 코시로(南小四郎)　32
민립대학기성준비회　132, 149
민보군　27
閔士葉　68
민족문화수호운동　146, 150
민족문화수호운동본부　142, 143
민족사관　236, 237, 266
민족연합전선　25
민족자결주의　145, 146
민중시위운동　142, 143, 146, 151
民會　114

[ㅂ]

朴君瑞　53
朴奎錫　56
朴奎熙　126
朴達成　125, 181
朴大汝　44, 46
朴萬根　127
박명원　168
박문규　104, 106
박봉득　128
朴思稷　125, 183, 187
朴士憲　53
朴商基　126, 127
朴商勳　126, 127
朴錫圭　68
박선태　128
박승극　128
朴時正　118
朴榮來　118
박영식　128
박영효　61, 143
朴龍傑　55
朴容九　135
박용석　123
박용완　163, 168
朴容殷　118
朴庸淮　125
박운석　123
朴源明　74, 88, 103
朴允祚　155
박은식　16
朴寅浩　27, 114, 132, 137~141
朴在舜　117
박정희　236, 238, 266
朴周大　69
朴準麒　159, 166, 168
朴準承　141
박진혁　166
朴瓚熙　183
朴春瑞　45, 51, 53, 54
朴春彦　45
朴致弘　155
朴夏善　68
朴衡采　114, 138
方京律　158
방병주　174
方殷俊　155
방응현　168
方壬柱　160
方正煥　140

方鎭垣　155
方煥祺　166
方孝俊　155
裵相玉　74, 75, 77
裵應相　119
裵在務　126
白樂烈　113, 118, 119, 123, 124
白樂溫　118, 123
白蘭洙　112
백남렬　124
白南杓　118, 124
白士吉　67
백산격문　264
백산대회　79, 91, 92
白重彬　157
범국민신생활운동　142, 146, 150
변기재　128
병인양요　62
보은집회　70, 84, 113, 286, 287
『보통학교국사 아동용』　261
복합상소　83, 286, 287
北道中主人　40, 47, 48, 57, 69
북접　303
북창소년회　171

[ㅅ]

사발통문　72, 73, 79, 85, 87, 106, 263~265
4·19혁명　279
사회변혁지향세력　60, 67, 70, 72, 247
산업혁명　62
3로 분진책　23
삼례봉기　25

삼례집회　286, 287
3·1운동　110, 111, 123, 125, 199, 272
『새국사교본』　225, 250, 260
徐君孝　68
徐丙學　60, 67, 70, 77, 83~85, 112
西鮮農民經濟部　165, 194
徐仁周　60, 67, 70~72, 77, 82~86, 112, 129
서장옥　68
서학　61
鮮于全　183
成漢瑞　68
少年經理社　171
소비조합　167, 187
孫寬嬅　140
손병흠　137
孫秉熙　17, 70, 114, 116, 117, 121, 129, 131~133, 135~137, 139, 140, 142~144, 149~151
손봉조　67
孫秉熙　68
孫天民　68, 135
孫化中　60, 67, 71, 72, 74, 75, 77, 82~85, 87, 89, 91, 244, 247, 263, 265, 288, 294, 299
宋大和　294
宋斗浩　294
宋鳳浩　100
宋榮秀　126
宋益憲　121
宋仁浩　294
宋柱晟　294
宋柱玉　294
修心正氣　76
「水雲行錄」　68

수원청년동맹 126, 130
수진농민조합 126, 130
스나이더 소총 30
시모노세키조약 260, 261, 267
시민혁명 62
시천주사상 66
侍天主 76
식민사관 236, 240, 261
신간회운동 110, 127
신광우 114
申奎植 112
신미양요 62
申聖祐 53
辛壽集 135
신영구 143
申龍九 112, 113
辛在蓮 135
辛在俊 135
申正熙 84, 136
申泰熙 118
新鄕 55
沈相賢 135
10·26사태 229
12·12사태 229

[ㅇ]

安敎善 75, 112, 129
安國彬 164
安承寬 112, 113
安政玉 117
安鍾麟 118, 123
安鍾煥 123
안종후 123

안효선 77
알선부 185, 186
엄주동 114, 138
엡윗청년회 126
역사교육연구회 251
연원제 139, 202
염석주 128
廉世煥 135, 136
영학당 252, 299
영해교조신원운동 54, 55, 58
吳權善 74
吳明哲 45, 47, 58, 68
吳世昌 114, 133, 142, 144~147, 151
오영창 139
5·18광주민주화운동 229
吳知泳 16, 139~141, 264, 265, 295
吳昌燮 135
오페르트 도굴사건 62
『龍潭遺詞』 50~52, 112
우금치전투 27, 136, 299
우성규 118, 123, 124, 128
禹鍾烈 118, 123
운천소년회 212
원세록 96
柳光烈 183
俞道濬 121
劉明奎 115
有無相資 66, 76
俞相濬 121
劉聖運 45
劉聖元 53
유영호 99, 104
劉寅常 56
俞鎭哲 127
柳泰洪 67, 70, 82~84

俞熙濬　117, 122, 125
육임제　136
尹冕鎬　135
윤여대　147
尹英欽　126
윤용구　143
윤익선　139
尹駿欽　118
尹鎭泓　164
尹泰益　118
乙卯天書　63
의병　299
이각래　128
이건상　128
이경호　98, 99, 103
李昆陽　98
이관국　155
李觀永　68, 70, 135
이광양　102
李圭植　112, 121
李圭泰　136
이근창　99
李根豊　135
李乃兼　68
李德有　118, 121
이도재　32
李敦化　16, 125, 133, 139, 150
李東基　115
李東洙　140
이두순　174
이두황　32, 84, 96, 97
李武中　68
李敏道　112, 113, 117
李民淳　68
李邦彦　74

李秉虁　119
이병도　236, 250~253, 260
李丙瓚　126, 127
李炳春　141
李炳憲　117, 118, 121~123, 125, 129
李寶成　119
李鳳九　117, 119, 121
李鳳洙　183
李士明　74
이상농촌　205
이상재　143
李星九　117, 118
李成夏　294
李晟煥　181, 183, 187
이순모　124
李陽燮　155
이연숙　117, 118, 122, 125, 126, 128, 129
李演鸝
李榮緖　117
李容九　114, 115, 129, 134~136
이용규　168
李容復　94
이용순　174
이용태　244, 299, 301
李庸憲　127
李元八　68, 53, 135
李仁彦　53
李在燮　99, 100, 104
李在淵　135
이정근　123, 124
李正緒　119
李正兩　118
이종근　123
이종린　139
李鍾奭　116, 117, 121, 129, 141

李鍾一　141~143, 145~147
李鍾喆　118, 121
李鍾煥　117, 118, 126
李鍾勳　114, 132~139, 141~151
李昌輝　183
2009 개정 교육과정　231
2009 수정 교육과정　244
李喆和　95, 96
이택화　157
李八元　53
이필선　164
李弼濟　52, 54, 55, 67
이홍직　251, 252
李和卿　135
李會信　117, 118, 121, 165, 166
인덕청년회　158
인천농민조합　204
일본군　27, 28, 30, 31
1·21사태　237
일진회　115, 116, 129
一進會宣言書　115
일청전사 초안　264
任奎鎬　68
任基準　75, 77
林淇鎭　116, 129
林德來　126, 127
林禮煥　141
林蔓祚　53
任命準　135, 136
林炳昇　112
林淳灝　135
林淳化　135
임술농민봉기　61
林禮煥　142, 147
임정재　135

任貞準　68
林學善　135, 136
任漢錫　97
林衡來　126, 127

[ㅈ]

자유민주주의　279
자학사관　272
張基煥　118
장도빈　16
張煉秀　117, 118
張晩秀　112
張泳萬　118
張載健　127
장태　265
장효근　143
全國煥　114, 138
全奎錫　135, 136
全文汝　53
전봉준　17, 24, 27, 35, 60, 67, 70~77, 81~89, 91, 247, 263, 265, 288, 293~295, 299, 303
전봉준공초　264
전봉준생가터　263
全聖文　53, 56
전조선농민사　204
전주성 점령　246
전주화약　23, 32, 299
全昌鎭　135
接代表講習會　157
정경수　136
鄭景洙　115, 135, 138
鄭敬源　134

鄭桂玩 139, 141
鄭廣朝 140, 150, 195
정교 295
鄭麒永 117
정덕화 155
정도영 116, 117, 121
정영찬 165, 166
정운구 46
정일섭 125
鄭宗赫 294
鄭昌國 53
정춘수 147
鄭致兼 53
丁泰奉 126, 127
정태원 163
제1차 교육과정 227
제1차 농민봉기 244, 295
제1차 농민전쟁 267
제2차 교육과정 228
제3차 교육과정 228, 229, 233, 235
제4차 교육과정 229, 233, 234
제5차 교육과정 230, 233
제6차 교육과정 230, 233
제7차 교육과정 230, 231, 244
제너럴 셔먼호사건 62
제물포조약 299, 300
조교순 123
趙基栞 183
趙東述 118
조동식 174
조명재 128
조병갑 86~88, 244, 247
조선노동사 201, 203
朝鮮農民共生組合 171, 180, 184, 187, 200, 201

조선농민공생조합중앙회 193, 202
朝鮮農民社 153~155, 159, 175, 179, 180, 182~184, 186, 201, 203, 204, 206
『朝鮮農民』 159, 183
조원조 167
조인성 139
조일공수동맹 31
조처항 159, 160, 165, 166
趙羲淵 32, 114
종의사후원회 139
종학강습소 119
중립회 114, 138
中央摠部師範講習所 119
池泳泰 126, 127
池弘允 115
진명구락부 126
進步會 114, 115, 129, 137, 138, 155
陳始泳 117, 121
陳鍾九 118, 121
집강소 22, 23, 34

[ㅊ]

車基錫 135, 136
차한걸 124
차희식 123
天道教教理講習會 122, 125
천도교종학강습소 155, 175
천도교청년교리강연부 125
천도교청년당 122, 125, 156, 157, 182, 184, 207, 210
천도교청년회 수원지회 122
천도교청년회 125, 157, 175
천도구국단 143, 146

天師問答　65
청년운동　110
청년회연합회　159
청일전쟁　31, 259, 261, 267, 286, 299, 300
청일전쟁도　264
崔慶常　56
崔景善　74, 87, 294
崔基焉　155
최남선　144, 146, 260
崔東昊　140
崔東羲　132, 140, 149~151
崔斗善　183
崔麟　131, 144, 146, 147, 150, 151, 202, 210
崔敏淳　118
崔秉冀　126
최보국　163
최성학　124
최세청　40, 55
崔淳喜　119
최시형　24, 39, 40, 42, 44~70, 75~77, 82~84, 116, 129, 131, 132, 134~137, 140, 141, 149, 151, 264, 299, 301, 303
최신복　128
崔良業　64
崔榮九　114, 138
최영년　99
崔永善　118, 121
최옥　62
최제우　39, 40, 42, 44, 46~51, 53~55, 57, 62~67, 69, 76, 80, 111, 301
崔中羲　68
崔赫來　117, 118
崔亨善　117, 121

崔惠根　51
崔興烈　294
崔喜慶　51, 53, 54

[ㅌ]

텐진조약　253, 259, 260, 267, 299, 300
통제부　189, 202

[ㅍ]

평남도농사연합회　166, 194
평안협동조합　167
평양고무공장　194
평양전투　30
폐정개혁안 12개조　264, 265, 295
布更始制度　202
布德會　156
포접제　202, 301
河致旭　68

[ㅎ]

한규설　143
韓夢鷹　159, 164
韓世敎　116, 118, 123
한원빈　186
韓偉健　183
韓振祐　53
韓興敎　118
行動次序　294

허원형　203
홍계훈　95, 97
洪基億　137, 141
洪基兆　141, 147
홍면주　102
洪秉箕　114, 135~140, 143, 147, 149, 151
홍영식　61
洪鍾珏　118, 122, 123, 125, 126, 128, 129
홍진혁　163, 165
활빈당　252, 299
황룡촌전투　299
黃文奎　53
黃聖伯　45
黃汝章　53
황의돈　16
黃在民　53, 68
黃周一　52
黃贊五　294
黃彩五　294
황토현전투　80, 92~94, 96, 97, 103~105, 246, 299
黃河一　85
黃洪謨　294
후비보병 독립 제19대대　23, 29
後天開闢　66, 76
훈춘사건　126

저자_ 조성운

동국대학교 국사교육과를 졸업하고 동 대학원 사학과에서 석·박사 학위를 취득했다.
교토대학 인문과학연구소에서 외국인공동연구자로서 연구하였으며, 동국대학교와 경기대학교에서 강의하였다. 식민지시기 농민운동으로 박사학위를 받았으나 현재에는 식민지 근대관광과 역사교육에 관심을 두고 연구하고 있다.
저서로는 『일제하 농촌사회와 농민운동』(혜안, 2002), 『일제하 수원지역의 민족운동』(국학자료원, 2003), 『식민지 근대관광과 일본시찰』(경인문화사, 2011), 『소년운동을 민족운동으로 승화시킨 방정환』(역사공간, 2012)이 있다. 이외에도 다수의 공저와 논문이 있으며, 역서로는 『시선의 확장』(선인, 2014)이 있다.